基于核心素养的“融学课型”设计与实践

方建兰 □ 主编

吉林大学出版社
·长春·

图书在版编目（CIP）数据

基于核心素养的“融学课型”设计与实践 / 方建兰主编. — 长春 : 吉林大学出版社, 2021.6

ISBN 978-7-5692-8422-5

Ⅰ. ①基… Ⅱ. ①方… Ⅲ. ①中小学—课程设计—研究 Ⅳ. ①G632.3

中国版本图书馆CIP数据核字(2021)第119160号

书　　名　基于核心素养的“融学课型”设计与实践
　　　　　JIYU HEXIN SUYANG DE“RONGXUE KEXING”SHEJI YU SHIJIAN

作　　者　方建兰　主编
策划编辑　黄国彬
责任编辑　殷丽爽
责任校对　李潇潇
装帧设计　文人雅士
出版发行　吉林大学出版社
社　　址　长春市人民大街4059号
邮政编码　130021
发行电话　0431-89580028/29/21
网　　址　http://www.jlup.com.cn
电子邮箱　jdcbs@jlu.edu.cn
印　　刷　廊坊市海涛印刷有限公司
开　　本　787mm × 1092mm　1/16
印　　张　34.5
字　　数　620千字
版　　次　2021年6月 第一版
印　　次　2021年6月 第一次
书　　号　ISBN 978-7-5692-8422-5
定　　价　145.00元

《基于核心素养的“融学课型”设计与实践》

编 委 会

主　编　方建兰

副主编　陈贤彬　陈兴苗

编　委　（按姓氏笔画排序）

上官如靓　王　羽　王　翔　仇明芹　包利华
任思思　许海燕　李　玢　肖文彬　肖华龙
张　亮　陈思叶　陈巧辉　金晓青　杨　静
郭瀚远　郭华清　郭骁林　俞　越　俞晓红
姜梦莹　侯东微　钱洪芹　徐　洁　Louise
黄莹莹　董欣怡

序

促进小学教学的研究和发展，我觉得可以从以下三个方面进行有关“课”的新突破：

一是课程。课程是一个体系，课程是一种顶层设计，课程也是一种思想和文化。基于核心素养的课程建设是一种学理支撑和方向引导。

核心素养提出了育人的目标体系，指向整个课程体系的设计，指引学生学习的方向，促进教师专业的发展。

▲ 核心素养是“关键素养”，不是“全面素养”。

▲ 核心素养是“高级素养”，不是“低级素养”，甚至也不是“基础素养”。

▲ 核心素养既要反映“全球化”的要求，更要体现“本土性”的要求。

把核心素养落实到学科课程之中，并不意味着针对核心素养重新设计全新的课程，而是必须明确核心素养和学科课程之间的对应与关联。

二是课型。课型指的是在一定教学理论指导下和丰富的教学经验基础上，为完成特定的教学目标和内容而围绕某一主题形成的稳定且简明的教学结构框架及其具体可操作的实践活动方式。

课型是一种模型、一种样式。课型是学习理论应用于学习实践的中介环节。研究和建模小学课型不仅可以丰富和发展核心素养理论，而且也有利于提高各学科的学习效果。

学科不同，课型不同。内容不同，课型也有差异。建立丰富而多样的课型，是小学教学发展的必由之路。

三是课堂。课堂正在经历从“独学”到“融学”的发展。融学课堂是促进学生全面发展的全方位、全过程和全员式的课堂样式，是一个整体融合的课堂教学体系。

融学课堂的“融”不是为了学习的“大而全”，也不是为了学习的“浮而热”，而是为了促进学生的“深度学习”。融学以“学生”为主体，以“多元学习”为内容，以“深度学习”为目的。

融学有三个课堂标志：一是教师主动地把课堂让位给了学生；二是课堂展开了广域的多元学习；三是学生在课堂真正地进行了有过程的深度学习。

杭州翡翠城学校在方建兰校长的带领下，积极投身于课题研究，进行课程解读、课型建构和课堂改进，取得了良好的、长足的成绩。《基于核心素养的“融学课型”设计与实施》的出版，记录了学校发展的一个生长点，留下了教师发展的一些脚印。可喜可贺！

是为序！

汪　潮

（汪潮：浙江外国语学院终身教授、小学教育研究所所长）

2020年12月12日

前 言

杭州翡翠城学校从2017年开办以来，秉承绿城育华“仁爱•求真”的校训，以人为本，践行“全人教育”理念，落实“五育并举”方略，观照儿童天性，在国家课程的基础上，开拓展学课程和融学课程，并以基于学生主动学习的融学新课堂的构建为切入点，进行教学研究与实践探索，期许以课堂的改变转变学习方式的改变，从而撬动学校的改变，使“为每一个学生提供适性的教育”成为可能。

2017年，我们开始思考基于人的发展进行国家课程的整合性学习。

2018年，我们发现教师的课堂学习方式亟待改变，提出创造性学习、融合性学习，研究和构建“融学课堂”的样态，以期改变教师理念和行为，从而发展学生，发展学校。

2019年申报课题《融学课堂：基于主动学习的小学新课堂构建与实施》（规划课题，编号01247）并被余杭区、杭州市立项。

本课题研究的意义表现在以下三个方面：

1. 转变学生学习方式，提升学生学习力。此项研究能够针对学校存在课堂教学问题，改变以教为主、以单学科为主的学习，探索新的学习方式，培养学生主动学习、融合学习、综合性学习能力。

2. 构建课堂学习新样式，提升教师研究力。在培养学生、转变学生学习方式的同时，必然是教师教学理念和教学行为的改变。本研究凸显“融学”，教师实施整合导学设计和方法，从而在实践中提升教师的专业化水平。

3. 创新学校课堂文化，提升学校影响力。对融学新场景、融学新课堂、融学新评价的研究，将有效落实学生在课堂中的主体地位，创设新的“以生为本，个性发展”的课堂文化。

此研究得到了汪潮、陈永华、蒋永贵等教授的认可和指点。

“课题研究是前沿的，课堂教学要关注学科之间的结合、整合和融合。融学的实质是学，而不是融。融只是手段，不要简单地否定单一的学习。学习场要融合，学习不只是在教室。融学课堂不是低级课堂，是一个高阶的课堂。融学课堂不是单一的课堂，是一个多元的现代课堂。应该说，融学课堂是多维融合视野下适合学生主动学习的课堂。”（浙江外国语学院汪潮教授）

“未来的学习是泛学习。学习是一个非常宽泛的概念。融与学是双向的。从课堂形态来说应指向未来学生的核心素养的综合的融学，比如，指向学习场景的融学，指向学材内容的融学，指向学习方式的融学，还有指向学习历程的融学等。”（《教学月刊》社社长陈永华）

“从课堂切入一定是对的。基本问题要理清：聚焦课堂研究的原问题：学什么？怎么学？为什么要学？”（杭州师范大学颐学院将永贵教授）

在专家的引领和科研课题组成员的协作下，各学科组根据学科特点与内容，确立小课题研究。全校各学科教师积极投入行动研究，其中有50%的教师参与“融学课型”的教学实践。从确立研究小课题，到深入课堂教学设计、教学实施、教学研讨，再到提炼典型课型、总结研究成果，初步构建了多样化的融学课堂。

▲新场景融学课堂。对课堂的学习场景进行时间、空间的革新。比如分区式、模拟式、体验式的新场景学习。分区式，将教室分成不同的学习功能区，让不同需求的学生有不同层面的发展；模拟式，将生活中的真实场景引入，让学生在真实的场景中学习；体验式场景，打破教室的禁锢，走入大自然、社会社区、各类场馆等，进行体验式学习。

▲新学材融学课堂。对学科教材、学习内容进行重组、整合、调整。比如单元整组学习，对单元进行整体设计，整体推进，进行跨学科融合：文理融合学习、同类融合学习、主题融合学习。例如以“春生、夏长、秋收、冬藏”为序列，进行融学实践。一年级开展计算与测量“小贸易员”融学，这是数学、科学、语文、美术等学科学习的整合。二年级开展艺术拍卖融学，这是语文、美术及品德教育的整合。四年级“我的学校”DT设计（STEM）。

▲新学程融学课堂。助学式融学课堂：借助学习单、导图、批学、比较等学习策略，助力学生亲历学习过程：活动式融学课堂：以语言、游戏、表演等实践活动，促进学生主动学习。协同式融学课堂：中外教协同、家校协同、学科协同。

▲新技术融学课堂。微课学习：利用微课进行前置学习、分解难点、凸显抽象等。翻转课堂学习：先学后导，尝试互测、知识过关等，让学成为主导。线上线下互助学习：利用AirPlxver、希沃等平台系统，将线上线下打通，课内课外联通，拓宽学习时空，让学习随时随地发生。

一路经历，眼见着课堂学习在悄悄改变：学生学习主体凸显、课堂学习方式多样、师生关系民主和谐，教师教学理念得到改变、研究意识和能力逐步提升，教师之间的合作以及学术研讨氛围渐浓。此时此刻，我们很欣慰地发现学校、教师、学生都在发生积极的变化。

欣慰之余，特别感谢导师汪潮教授、杨一青校长，还有一直关心学校发展的绿城育华小学老校长申屠杭西女士；感谢引领学校学科组团队成长的吴萍老师（英语）、徐慧琴老师（音乐）、魏丽君老师（语文）、朱乐平老师（数学）、吕立峰老师（数学）、姜向阳老师（科学）、徐素珍老师（数学）、来文教授等名师、专家；也非常感谢学校参与课题研究的老师们，特别是陈贤彬老师为本课题的研究付出了大量辛勤的劳动。

宋代朱熹在《朱子全书·论学》提出“小立课程，大作功夫”，这是“以生为本”的课程观和教学观。何为小？教师少教也；何为大？学生多做也。由此，学校着力课堂教学革新，聚焦课堂教学效能，把“以学定教，先学后教，为学而设”的理念付诸行动，研究本学科、跨学科、全学科的融合性学习，建构多样态的“融学课型”，让学生在适合的课程学习中成为主学、善学、乐学的主人，并促进其全面性、个性和可持续性发展。

方建兰

2021年2月28日

目 录

第一章　课程：核心素养

近几年，在教育界，“核心素养”成为一个热词。但是对于核心素养这一概念的内涵外延，却众说纷纭、莫衷一是。所以，很有必要对此概念进行梳理和界定。

一、核心素养的核心要求

（一）核心素养的演化

“核心素养”这个概念来源于西方，英文是“key competencies”。“key”在英语中有“关键的”“必不可少的”等含义；“competencies”也可以直译为“能力”，但从它所包含的内容看，译成“素养”更为恰当。

“核心素养”最早出现在经济合作与发展组织（简称经合组织OECD）和欧盟理事会的研究报告中。1997年经合组织启动了“素养的界定与遴选：理论和概念基础”（Definition and Selection of Competencies：Theoretical and Conceptual Foundations，即DeSeCo）研究项目，此时并未在项目名称中直接使用“核心素养”一词，但2003年出版最终研究报告《核心素养促进成功的生活和健全的社会》（*Key Competencies for a Successful Life and a Well-Functioning Society*）时，则使用了该词。为推进核心素养走进教育实践，2005年经合组织又发布了《核心素养的界定与遴选：行动纲要》（*The Definition and Selection of Key Competencies：Executive Summary*），以增强核心素养应用于教育实践的可操作性。

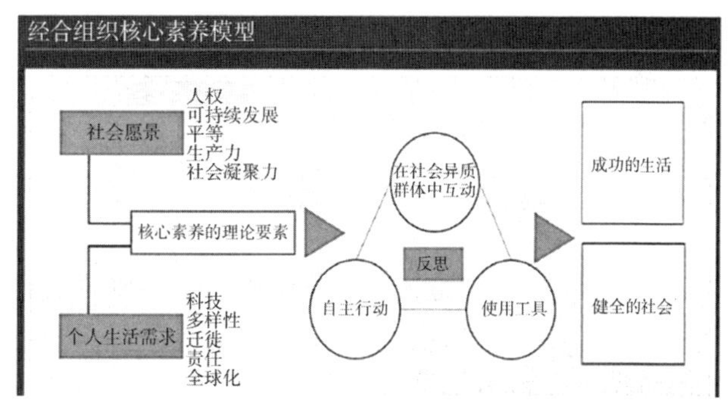

图1-1　经合组织核心素养模型

欧盟的核心素养框架（如图1-1所示）受到经合组织研究项目的影响。欧盟的一个研究小组在2002年3月发布的研究报告《知识经济时代的核心素养》中首次使用了“key competencies”这一概念，并认为“核心素养代表了一系列知识、技能和态度的集合，它们是可迁移的、多功能的，这些素养是每个人发展自我、融入社会及胜任工作所必需的”。2006年12月，欧洲议会和欧盟理事会通过了关于核心素养的建议案《以核心素养促进终生学习》（*Key Competences for Lifelong Learning*），标志着8项核心素养最终版本正式发布。欧盟理事会与欧盟委员会联合发布的2010年的报告《面向变化中的世界的核心素养》（ *Key Competences for a Changing World*）中，“key competences”一词竟然出现了381次，真正成了“关键词”。

在国际上，与“key competences”同样火爆的一个词是“21st century skills”，有人将之译为“21世纪技能”或者“21世纪能力”，从该词所包含的内容看，译为“21世纪素养”比较合适。实际上，英文中的“competences”和“skills”，在描述人的发展的维度时，在词义上没有本质区别，而且在具体内容上，“核心素养”与“21世纪素养”也是大同小异。

21世纪素养的研究始于美国。2002年，美国在联邦教育部的领导下，成立了“21世纪素养合作组织”。该组织制定了《21世纪素养框架》，2007年该组织发布了该《框架》的更新版本。新加坡和日本受美国影响较大。新加坡教育部于2010年3月颁布了“21世纪素养”，日本国立教育政策研究所于2013年3月发布了题为《培养适应社会变化的素质与能力的教育课程编制的基本原理》报告，提出了日本的“21世纪能力”。

仅从字面上看，“21世纪素养”比“核心素养”更具有时代感，更能反映社会变迁对于人的素质的新要求。因此，本书认为，不可随意界定核心素养，根据以上分析，可以把核心素养简单界定为：为了适应21世纪的社会变革，人所应该具备的关键素养。简而言之，核心素养即“21世纪关键素养”。

当今世界各界（1997年来，经合组织、联合国教科文组织、欧盟等开展重点研究）非常关注“核心素养”问题，把它当作竞争力的最重要元素，理论界也形成了一个称为“核心理论”的新的流派。各国又有不同的模式，如英国模式是把核心素养与国家课程紧密结合，澳大利亚模式是把核心素养细化并落实到各个学科，芬兰模式是把核心素养与整体的课程设计一体化。

（二）核心素养的特征

我们一直在发问，到底要培养什么样的人？怎样培养人？时代变了，要求变了，人们呼唤核心素养的出现。核心素养在国际上被解释为：学生在接受相应学段的教育过程中，逐步形成的适应个人终身发展和社会发展需要的必备品格和关键能力。

概括地说，核心素养的基本特点是：

▲ 核心素养是所有学生应具有的最关键、最必要的基础素养；

▲ 核心素养是知识、能力和态度等的综合表现；

▲ 核心素养可以通过接受教育来形成和发展；

▲ 核心素养具有发展连续性和阶段性；

▲ 核心素养兼具个人价值和社会价值；

▲ 学生发展核心素养是一个体系，其作用具有整合性。

核心素养在教育改革中的功能主要是解决两个问题：一是培养什么样的人，二是怎样培养。

换句话说，核心素养提出了育人的目标体系，它将指导整个课程体系的设计，指引学生学习的方向，指导教学实践，促进教师专业的发展，指导教育评价，即培养评估如何进行。

科学性、时代性、民族性是核心素养的三个研究原则。即研究要讲科学性，要基于学生身心发展规律，采用科学的研究程序；研究要有时代性，要面向未来反映今天的时代需求；研究要有民族性，要立足国情和现实需要，传承优秀传统文化。我国学生核心素养需要的框架要结合我国社会发展阶段的特点，要适应我国现阶段的国情、校情。

（三）核心素养的分界

要理解“核心素养”这一概念，把握核心素养的本质，需要进行相关的界说。

1. 核心素养是“关键素养”，不是“全面素养”

有人认为，“核心素养”一词可有可无，因为核心素养只是素质教育、三维目标、全面发展、综合素质等词汇的另一种表述方式，唯一的不同是，“核心素养”的表述好像更为时髦、更有国际范儿、更能吸引眼球，但本质上是换汤不换药、新瓶装旧酒。

把核心素养等同于全面素养，显然是不对的。从词义上看，核心素养必须是“核心”的素养，核心素养之外，还应该有“非核心素养”。否则，所有的素养放在一起，就不是“核心”的素养了。核心素养不是面面俱到的素养“大杂烩”，而是全部素养清单中的“关键素养”。从此意义上讲，核心素养是素质教育、三维目标、全面发展、综合素质等中的“关键少数”素养，是各种素养中的“优先选项”，是素质教育、三维目标、全面发展、综合素质等的“聚焦版”。

2. 核心素养要反映“个体需求”，更要反映“社会需要”

在以人为本的权利时代，核心素养要反映个体发展的需要，为个体过上成功的生活做准备。但是，个人的生存与发展不能脱离具体的社会环境。21世纪对于学生素养发展的要求，与我国古代或者西方古希腊时期对学生素养发展的要求大相径庭。个人的核心素养应该适应、促进21世纪的社会变迁与社会进步。

从产生背景看，1996年经合组织正式提出了“知识经济”的概念，1997年经合组织开始发起关于核心素养的研究。显而易见，核心素养的研究是为了应对21世纪特别是知识经济的挑战。经济是基础，经济形态的变革会带动社会其他维度相应变革。伴随着两大阵营对垒的解除，伴随着世界贸易组织（WTO）的跨国界影响，伴随着信息技术革命的神速进展，世界在21世纪进入了知识经济、全球化和信息化时代。核心素养是对这个大变局的应对，核心素养具有鲜明的时代性和全球化特征。

核心素养框架的确定必须具有时代性与前瞻性。在核心素养指标的遴选方面，从全球范围来看，国际组织、一些国家和地区在核心素养的选取上都反映了经济社会发展的最新要求，强调创新与创造力、信息素养、国际视野、沟通与交流、团队合作、社会参与及社会贡献、自我规划与管理等素养，内容虽不尽相同，但都是为适应21世纪的挑战。

从此意义上看，核心素养是适应个人终身发展和社会发展所需要的“关键素养”，只有具备这些素养，学生才能成功地适应社会，在自我实现的同时促进社会的发展。

3. 核心素养是“高级素养”，不是“低级素养”，甚至也不是“基础素养”

学生的生存与发展需要多种素养，但是，面对21世纪的挑战，这些素养的重要性并不是平列并重的，而是需要有优先顺序。这些优先选项是什么呢？创新能力、信息素养、合作能力、社会责任、交流技能等排在前列，这些素养事关个体能否更好适应21世纪的挑战，事关国家发展和民族振兴。我们的“应试教育”也培养了一些素养，如死记硬背（记忆）的素养、题海战术（应对考试）的素养等，在新的世界大势下，这些素养都是低级素养，没有竞争力。核心素养是高级素养，学生的发展需要这些高级素养，国家参与国际竞争需要这些高级素养。中国的国民素质和学生素质需要更新换代，中国的教育目标需要升级换代，核心素养为更新换代指明了方向。

核心素养之所以是“高级素养”，还有两个原因：一是核心素养是跨学科的，高于学科知识；二是核心素养是综合性的，是知识、能力、态度的综合与超越。

核心素养作为“关键少数”的高级素养，甚至也不是基础素养。例如，身体素质对于人的生存与发展至关重要，可以视为基础素养，但因为“太基础”了，国外的核心素养框架中几乎都没有将之列入。另外，传统的“读写算”等基础素养也未被纳入其中。

4. 核心素养要反映“全球化”的要求，更要体现“本土性”的要求

我国的“核心素养热”，显然是受到了国外的影响。在全球化背景下，各国的学生核心素养的范围会有一定的甚至相当的共性，如对信息素养的要求，但因为国情差异，特别是各国发展面临的关键问题不同，核心素养的厘定和培育也需要有内容差异和程度差异。

就我国而言，有两个核心素养必须被大力提倡：一是创新能力。中国教育最大的短板是所培养的学生创新能力不够，不能满足知识经济时代建设创新型国家的要求，不能适应国际竞争的要求。在一些地区和学校，我们的教育是在培养“会考试的人”，而不是“会创造的人”。二是民主素养。中国社会走向全面进步要求加快政治民主化进程，进而要求培养学生的民主素质。因此，在新的国内外形势下，核心素养是对素质教育、三维目标、全面发展、综合素质等的聚焦强化版和升级转型版。核心素养为教育教学改革提供了重点更突出、焦点更集中的教育目标，为转变学生学习方式、教师教学方式、政府和学校的管理方式指明了方向。

（四）核心素养的内容

2016年9月，教育部颁布《中国学生发展核心素养》，确立了中国学生发展核心素养总体框架（如图1-2所示），以培养“全面发展的人”为核心，分为文化基础、自主发展、社会参与三个方面，综合表现为人文底蕴、科学精神、学会学习、健康生活、责任担当、实践创新六大素养，具体细化为国家认同等18个基本要点。《中国学生发展核心素养》的颁布，预示着中国基础教育改革进入新的阶段。

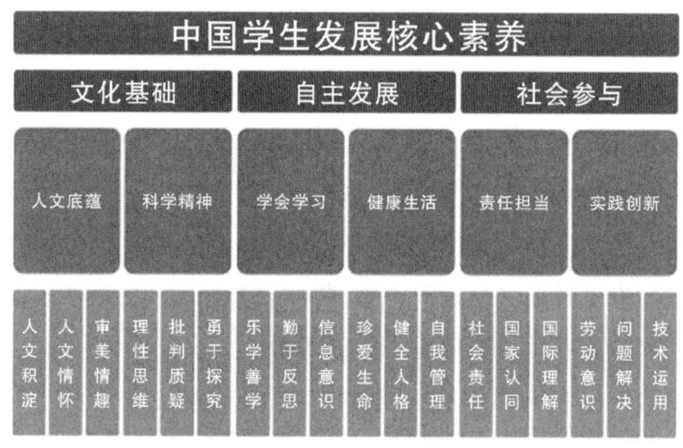

图1-2　中国学生发展核心素养总体框架

二、核心素养的中国表达

中国学生发展核心素养应植根于中华优秀传统文化土壤中，主动、积极回应中国现代化建设的伟大召唤，从基础教育课程改革的经验总结和深度反思中汲取丰富的营养，获得重要启示，紧贴中国学生发展的实际，从中国学生发展的特点和需求出发。

国家督学、教育部中小学教材审查委员会委员、原江苏省教科所所长成尚荣提出了核心素养的中国表达思路，彰显了“中国元素”。

（一）总体思路

（1）中国学生发展核心素养应植根于中华优秀传统文化土壤中。在传统文化宝藏中，教育理论、教育思想、教育经验熠熠闪光，塑造着中国教育之魂。细察中国优秀的文化传统，不难发现对人、对学生发展的宝贵思想，不难发现所蕴含着的文化精神、科学理性、创新实践的基因。具有中国特色的现代化建设要深植于中华优秀传统文化土壤中，具有中国特色的教育现代化建设同样要深植于中华优秀传统文化土壤中。毋庸置疑，中国学生发展核心素养的研制，在吸收“外来”的同时，必须不忘文化的“本来”。这样，中国学生发展核心素养才会有中国根、民族魂、世界眼；这样，中国学生才能在世界文化的激荡中站稳自己的脚跟，又跟上世界前行的步伐。

（2）中国学生发展核心素养应主动、积极响应中国现代化建设的伟大召唤。现阶段，建设中国特色社会主义的主要任务，就是全面建成小康社会。同时，一系列支撑发展的重大理念、重大政策、重大工程和重大项目，为今后中国经济社会的发展指明了方向和路径。这是对全国各行各业的召唤，当然也是对教育改革、发展的召唤，必然对学生当下和未来发展提出更高的新的要求。这些要求聚焦在学生发展核心素养上，尤其是文化底蕴、科学精神、学会学习、健康生活、责任担当与创新实践等素养要求的发展上，包括家国情怀、社会责任、法治意识、思维品质、创新精神和实践能力等。培养具有这些素养的学生，才能担当起振兴中华的重任，实现自己的人生梦。这一重要的现实基础和未来发展的需求，必然促使中国学生发展核心素养，体现中国的时代色彩。

（3）中国学生发展核心素养应从基础教育课程改革的经验总结和深度反思中汲取丰富的营养，获得重要启示。我国基础教育课程改革正在走向深入。2014年，教育部发布的《关于全面深化课程改革落实立德树人根本任务的意见》进一步明确了深化课改的指导思想、基本原则、主要任务，以及着力推进改革的关键领域和主要环节等。我国的课改，在促进学生素养方面创造并积累了丰富的经验，越来越把课改目标指向学生的发展，指向核心素养的培养。课程目标的鲜明、课程内容的丰富、课程结构的明晰、课程的创造性实施、学习方式的变革、评价理念及方式的转变、课程管理权限的分享，尤其是立德树人根本任务的提出，使得课改的方向更明确，学生发展的核心素养逐步明晰起来。在课改的过程中，我们学会了反思、学会了改变。这一切的一切，都为研制学生发展核心素养提供了重要的理论思考、价值启示和经验基础。

（4）中国学生发展核心素养应紧贴中国学生发展的实际，从中国学生发展的特点和需求出发。中国学生发展既具有当代学生发展的一般特点，又具有中国学生发展的个性特点。一个普遍的共识就是：中国学生所受的知识教育、规范教育过多过强，因而自主意识、学习品质、思维方式、探究精神、实践能力等是比较薄弱的。这些不足与弱点的克服是一个长期的过程，这不是一个自然的过程，必须有良好教育的积极干预。令人高兴的是，这一现状正在逐步改变，但我们还只是在起步，且还面临着新的问题和新的挑战。

（二）具体特点

中国表达的核心素养有如下几个特点。

1. 研究脉络的特点

中国学生发展核心素养，既基于素质教育，又是素质教育的坚守、提升与超越。核心素养的提出，绝不是对素质教育的否定，核心素养与素质教育在方向上、理念上、重点上具有内在的一致性与紧密的关联性。核心素养命题是素质教育的延续与坚守，同时又是对素质教育的提升与超越。其具体表现是："素质"或"素养"的发展都是先天遗传和后天培养相互作用的结果，但素养更强调后天培养，更强调其可发展性，因而也更强调教育的使命；核心素养发展更指向人，聚焦于学生发展，将学生发展置于教育、课程的核心地位，以学生发展为本的理念可以进一步得到落实。在通用性上，国际上一般使用核心素养概念，几乎不使用素质教育概念，这有利于中国教育与世界教育在同一个语境下进行对话，有利于教育理论研究和发展；在使用中，我们可以提出"学科素养"，而"学科素质"就不合适、不恰当，"学科素养"同样聚焦于人，凸显学科育人、教育育人的理念。总之，核心素养命题不但没有切断历史，还给素质教育注入了新内涵、新机制、新动力，这是具有中国特点的。

2. 内涵界定的特点

不同的国家和国际组织，对核心素养的内涵都有自己的界定。从总体上看，他们往往以"技能"或"能力"来呈现（当然，他们所提出的技能、能力与传统意义上的技能、能力还是有差异的）。而我国将核心素养界定为“必备品格和关键能力”，即不但重视能力还重视品格，品格与能力同时成为核心素养的内涵。这一界定对核心素养价值与内涵的理解更完整。这来自我们自己的思考。其一，能力固然重要，但人的发展不仅需要能力，要以能力为重，但还需要品格，增强社会责任感等，品格与能力共同支撑着人的发展。其二，品格与能力又互相支撑。能力应当有方向感、价值感和道德意义，缺少价值判断与道德支撑的能力，很有可能让这把双刃剑的另一刃显得更危险。品格与能力是并列关系，品格又具有引领能力发展方向的意义。其三，中华传统文化的底色与亮色是伦理道德文化。“国无德不兴，人无德不立”是中华民族特有的文化传统，这一传统已被历史和现实所证明，也将继续被未来所证明。我们不妨关注一下新加坡，新加坡已将“做增强自信的人”“做积极奉献的人”“做心系祖国的公民”等列入核心素养的内涵，这说明核心素养中“品格”问题已引起了大家的关注，相信中国的这一表达将会进一步引起世界的关注。

3. 价值取向的特点

不同的国家有着不同的选择，有偏向于成功生活的，有偏向于终身学习的，也有偏向于个人发展的，还有采用综合性取向的。中国的价值取向非常鲜明：“学生发展核心素养，是指学生应具备的、能够适应终身发展和社会发展需要的必备品格和关键能力。”（出自《中国学生发展核心素养》）那就是既有个人发展取向，又有社会发展取向，而且二者是统一的、融合的。国家研制的学生发展核心素养，是“国家标准”，体现了国家对学生发展的共同的基本要求，这样的“国家标准”从总体上保证人才质量，满足社会发展需求，以促进社会发展。但是，这并不否认满足个人发展的需求。核心素养的本体就是人，就是学生每一个个体。发展核心素养，就是要促进个人的终身发展。从另一个角度说，只有真正促进个人的终身发展，才能真正促进社会发展；反之，社会发展了，才能推动个人发展。有人认为，“国家标准”体现的是国家意志，而国家意志必然无法实现个人发展、个性发展的价值，我以为这是一种误解。坚持个人终身发展与社会发展价值的统一、融合、互动，这正是中国的一种表达与追求，这种表达与追求，将核心素养的研制以及今后的实施、落实推到一个新境界。

4. 核心素养结构的特点

不同的结构反映了不同的理念和不同的理解。我国专家组的研究，从核心素养的特性出发，形成核心素养的几个维度，形成合理的结构，进而建构核心素养的内容，那就是：核心素养的自主性——自主发展维度、核心素养的社会性——社会参与维度、核心素养的文化性——文化学习、修炼维度。这三个维度建构了中国学生发展核心素养的整体框架，是完整的、合理的，用框架反映核心素养的特性，以特性来支撑框架。而在具体呈现时，这一框架是内隐的，内隐并不意味它的不存在，恰恰使之显得既清晰又很深刻，恰恰引导教师和学生不必去记住那些条条，而是获得框架性的整体力量。此外，这一框架中，文化学习、修炼的维度，将学会学习、使用并创造工具、思维能力等置于重要位置，它们并不与具体学科一一对应，却对学科的教与学起到引领作用。这一结构性的中国表达意蕴是十分丰富的。

5. 核心素养落实的特点

中国学生发展核心素养体系提出核心素养的学段、学科特点问题，当前正在研制学科核心素养。目前大家对学科核心素养的概念还有些质疑，这些质疑不无道理，可以让我们的研究更严谨、认识更深刻、表达更精准。但是有一点是明确的，学生发展核心素养不是虚空的，它必须落实，落实在课程开发与设计中，也要落实在学科教学中。同时，学科育人的理念，也必然要求学科内容的选择、目标的设立以及所展开的教学过程，一定要以核心素养为目标、为依据，有目的、有计划地落实核心素养。这样的落实不能不从学科特质、学科特定内容出发，寻找到学科教学与核心素养的联结点、触发点、结合点、落实点。正因如此，学科核心素养概念的提出并使之落实是必须的，也是必然的。国际上的研究亦如此。他们研究核心素养本来就是为了深度引领课程改革，有的国家还提出以核心课程为载体，如美国。中国在这方面的研究与落实起步比较早，起点也比较高，这还表现在对三维目标——知识与技能、过程与方法、情感态度价值观与核心素养关系的研究上。提出三维目标是课改的一大进步，即从教学大纲走向内容课程标准。三维目标还不是终极目标，它还必须在整合、提升中走向核心素养，它是核心素养形成的要素和路径，因此还应从内容课程标准走向成就课程标准。

6. 核心素养实施的特点

我国非常重视核心素养的实施。教育部在2014年发布的《关于全面深化课程改革落实立德树人根本任务的意见》中就非常明确：以“坚持系统设计、整体规划育人各个环节的改革”为基本原则，统筹各学段，统筹各学科，统筹课标、教材、教学、评价、考试等环节，统筹各教育力量，统筹各种阵地，形成“多方参与、齐心协力、互相配合的育人工作格局”，基本确立“相互配套、协调一致的人才培养体制”，进而实现“全科育人、全程育人、全员育人”的目标。这是整体思考、复杂性思维范式的具体体现，也是中国表达的生动体现。

如果要对核心素养的中国表达从总体上做一个概括的话，那就是：其一，中国学生发展核心素养是一个结构，具有方向性、理念性、价值性、落实性的召唤，因而它是一个召唤性结构。其二，中国学生发展核心素养的根本任务是落实立德树人的根本宗旨，探索、建构具有中国特色的立德树人的育人模式。其三，中国学生发展核心素养体系深植于中华优秀的文化传统土壤中，又面向现代化、面向世界、面向未来，既具有中国文化底蕴，又具有时代特点，两者融合、互动、支撑。

三、核心素养的学科关联

山东省济南市特殊教育中心于生丹先生敏锐地发现了核心素养和学科课程对应和关联的困境。

2016年3月，《普通高中课程标准（2017版）》编制的“普通高中各学科核心素养一览表”公布，共计15门学科63条学科核心素养，这就是俗称的“学科核心素养”体系。2016年9月，教育部基础教育二司和北京师范大学联合发布《中国学生发展核心素养》，这就是俗称的“核心素养体系”。这两项工作的先后完成，可以说是教育部推进深化课程改革、落实立德树人过程中的重要成果。但是，“学科核心素养”体系与“核心素养”既不是一一对应的关系，也不是派生的关系。我们发现，齐头并进的两套核心素养体系，在与学科课程之间的对应和关联之中存在障碍：核心素养如何对应和关联学科课程？核心素养如何统领学科课程标准？

更为必要的是，我们要思考核心素养和学科课程无法建立对应和关联的潜在风险。（1）学科课程的实践偏离核心素养的要求。学科课程的实施是一个动态的过程，预期设定的目标和最后的实践存在一定偏离，这是必然的。但是，课程实施总要依据一定的目标，以确保课程在一定范围内波动性的统一，而不是漫无边际地展开。要实现学科课程改革的预期目标，改革必须具有必要性和可行性。深化课程改革的必要性自不待言，目标的可行性应从目标能否以及是否被及时细化为执行方案来衡量。“核心素养”理念的接受并不是深化课程改革的重点和难点，如何落实在课程与教学层面才是改革的关键。也就是说，核心素养的实施路径是否科学才是问题的关键。（2）学科课程的壁垒难以打破，最终核心素养被划分为学科核心素养，形成分科主义。核心素养体系至少要发挥两个功能：一是在理论上，引导学科课程从“知识本位”走向“素养本位”。我们开设学科课程，最终的目的不是“教学科”而是“教学生”。各科课程聚合在这一目标之下，构成一个育人系统。二是在课程实施中，建立以“学生核心素养”为统领的课程体系和评价标准，树立科学的教育质量观。

下面提出核心素养和学科课程建立对应和关联的策略。

1. 把核心素养融入学校课程之中

学校课程是一个国家教育系统中实现其教育目标的重要载体。核心素养回答了在21世纪“培养什么样的人”的问题，实现这一教育目标，需要将核心素养融入学校课程体系之中。

对于把核心素养融入学校各学段的学科课程的国家，核心素养和学科课程的关系也呈现出两种实践样态。

第一种是“一对总的关系”。即每门学科课程都要承担起所有核心素养的培养责任，如新西兰的各门课程都要体现出培养国家规定的五种核心素养，即思维素养，理解语言、符号及文本的素养，自我管理素养，参与贡献的素养，与他人互动的素养。

第二种是“一对分的关系”。即一门学科课程有侧重地对部分核心素养做出独特贡献。如我国台湾地区的课程设计思想。台湾地区的课程设计是将学生核心素养的具体指标直接分解到不同学科之中，通过不同的课程共同培养出学生的核心素养。某一项核心素养，可以透过不同领域/科目来促进与培养。例如，“多元文化与国际理解”可通过社会、国语、艺术领域来贯穿统整。同一领域/科目的学习也可以促进不同的核心素养的培养。例如自然科学领域的学习，应该有助于“系统思考与问题解决”“规划执行与创新应变”“信息科技与媒体素养”的养成。但是，一个领域/科目未必要呼应所有的九项核心素养。

所以，把核心素养主要落实到学科课程之中，意味着并不针对这些素养重新设计出全新的课程，而是首先明确核心素养和学科课程之间的对应与关联，即学科课程需要承担哪些核心素养的培养。

2. 遵照核心素养，编制各学科课程标准

自从20世纪80年代美国率先编制学科课程标准，引发了波及世界的“标准驱动”的教育改革运动。此运动的重要标志是研制国家级或全国性的课程标准。学科课程标准规定了一门学科的基本要求，是落实教育目的或目标的重要文本，是国家人才培养规格在学科教育中的具体表现。“核心素养”成为新时期的人才诉求，基于核心素养的课程标准的研制与修订便是各个国家教育工作的当务之急。

一般说来，学科课程标准的编制既受制于国家教育目的，又受制于对学科课程本质或育人价值的理解。在核心素养视野下，任何核心素养都不是一门单独的学科可以完成的。特定学科的育人价值表现为其对于核心素养的共性贡献与个性贡献。例如，科学课程除了主要促进学生科学素养的发展外，一定程度上也能够促进其他素养如人文素养、艺术素养的发展，这就是共性贡献。但更为重要的是学科课程对于特定核心素养的独特或个性贡献。例如，历史学科对于学生历史时空观念的培养，就是历史学科对核心素养的独特的、个性化的贡献。而学生对人地关系的正确处理的素养，显然是地理学科的独特的、个性化的贡献。

再如，我国台湾地区的核心素养共计三面九项，即“自主行动”“沟通互动”“社会参与”三大面向，以及“身心素质与自我精进”“系统思考与解决问题”“规划执行与创新应变”“符号运用与沟通表达”“科技信息与媒体素养”“艺术涵养与美感素养”“道德实践与公民意识”“人际关系与团队合作”“多元文化与国际理解”九大项目。普通高中数学的学科育人价值主要体现在其中五项：“自主行动”面向中的“系统思考与解决问题”，“沟通互动”面向中的“符号运用与沟通表达”“科技信息与媒体素养”“艺术涵养与美感素养”以及“社会参与”面向中的“多元文化与国际理解”。其中，“多元文化与国际理解”一项由多门学科共同完成，社会、国语、艺术领域唱重头戏，数学学科的学科特点重点体现在“沟通互动”这个面向。这一面向中的三项都需要数学学科的参与。“身心素质与自我精进”“规划执行与创新应变”“道德实践与公民意识”与“人际关系与团队合作”则不是数学学科的长项，数学学科甚至可以不用考虑设计与之相关的学习内容，这种空无也是学科特点的一种表现。

在此基础上，再确定学习重点。学习重点由学习表现与学习内容两个方面所组成。学习重点用以引导课程设计、教材发展、教科用书审查及学习评量等，并配合教学加以实践。学习重点由理念、目标与特性发展而来，并与核心素养进行双向检核，以了解二者的对应情形。学习重点展现课程纲要的具体内涵，能呼应核心素养。由此可见，我国台湾地区的课标研制依据教育目标（核心素养），同时依据学科课程本质或育人价值，只有“三个面向九大项目”一套核心素养体系，并分解在各学科或领域，以此确定学习内容及水平。

我国当前的课程改革，无论是课程标准的修订，还是新版教科书的编写，主要还是依据学科课程体系。只有明晰本学科在特定核心素养形成和提升上的教育意义，揭示学科与核心素养的内在关联，才能发现学科的独特育人价值，同时也能发现本学科与其他学科在什么核心素养方面能共同“并肩作战”。寻找自己在这个大的育人系统中的坐标，以此为依据确立本学科的内容、范围与水平，并且寻找与其他学科合作的渠道与方式。唯有如此，“核心素养”才能与课程标准对接，才能转化为学科素养，才能在学科教育中发挥出整体的育人效果。

（资料来源：于生丹.核心素养与学科课程的对应与关联［J］.当代教育科学，2016（22）：20-23.）

有人还提出了学生的综合素质的要素及其各自的比分，对我们研究核心素养颇有启示，如图1-3所示。

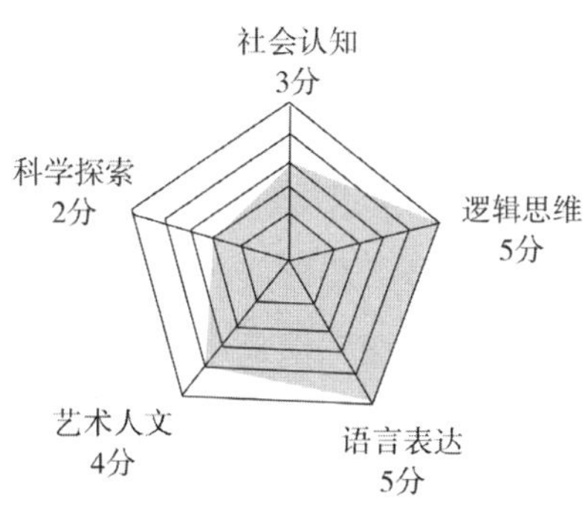

图1-3　学生综合素质要素及比分图

四、学科的核心素养

目前在我国还没有初中、小学、幼儿园各学科的核心素养，只能基于高中生，对各学科核心素养进行初步解读。

（一）语文学科的核心素养

1. 语言建构与运用

语言建构与运用是指学生在丰富的语言实践中，通过主动的积累、梳理和整合，逐步掌握祖国语言文字特点及其运用规律，形成个体的言语经验，在具体的语言情境中正确有效地运用祖国语言文字进行交流沟通的能力。

语言建构与运用是语文核心素养的重要组成部分，也是语文素养整体结构的基础层面。学生语文运用能力的形成、思维品质与审美品质的发展、文化的传承与理解，都是以语言的建构与运用为基础，并在学生个体言语经验的建构过程中得以实现的。学生语言建构与运用的水平是其语文素养的重要表征之一。

因此，语言建构与运用的标准是：应该能积累较为丰富的语言材料和言语活动经验，具有良好的语感；能在已经积累的语言材料间建立起有机的联系，能将自己获得的语言材料整合成为有结构的系统；能理解并掌握汉语言文字运用的基本规律，能凭借语感和语言运用规律有效地完成交际活动；能依据具体的语言情境有效地运用口头和书面语言与不同的对象交流沟通，能将具体的语言作品置于特定的交际情境和历史文化情境中理解、分析和评价；能通过梳理和整合，将自己获得的言语活动经验逐渐转化为富有个性的具体的语文学习方法和策略，并能在语言实践中自觉地运用。

2. 思维发展与提升

思维发展与提升是指学生在语文学习过程中获得的思维能力发展和思维品质的提升。

语言的发展与思维的发展相互依存、相辅相成，因此，思维发展与提升也是学生语文核心素养的重要组成部分，是学生语文素养形成和发展的重要表征之一。

因此，思维发展与提升的标准是：应该能获得对语言和文学形象的直觉体验；能在阅读与鉴赏、表达与交流、梳理与探究活动中运用联想和想象，丰富自己对现实生活和文学形象的感受与理解，丰富自己的经验与语言表达；能够辨识、分析、比较、归纳和概括基本的语言现象和文学形象，并能有依据、有条理地表达自己的观点和发现；能运用基本的语言规律和逻辑规则分析、判别语言，有效地运用口头语言和书面语言与人交流沟通，准确、清晰、生动、有逻辑性地表达自己的认识；能运用批判性思维审视言语作品，探究和发现语言现象和文学现象，形成自己对语言和文学的认识；能自觉分析和反思自己的言语活动经验，提高语言运用的能力和思维的深刻性、灵活性、敏捷性、批判性、独创性。

3. 审美鉴赏与创造

审美鉴赏与创造是指学生在语文活动中体验、欣赏、评价、表现和创造美的能力及品质。

语文活动是人形成审美体验、发展审美能力的重要途径。在语文学习中，学生是通过阅读鉴赏优秀作品、品味语言艺术而体验丰富情感、激发审美想象、感受思想魅力、领悟人生哲理，并逐渐学会运用口头和书面语言表现美和创造美，形成自觉的审美意识和审美能力，养成高雅的审美情趣和高尚的品位。因此，审美鉴赏与创造是学生语文核心素养的重要组成部分，也是其语文素养形成和发展的重要表征之一。

因此，审美鉴赏与创造的标准是：应该能感受汉语汉字独特的美，表现出热爱祖国语言文字的感情；能感受和体验语言文字作品所表现的形象美和情感美，能欣赏、鉴别和评价不同时代、不同风格的语言和文学作品，分析其思想情感和语言特点，具有正确的价值观、高雅的审美情趣和高尚的审美品位；能运用语言文字表达自己的审美体验，表现自己对美好事物的情感、态度和观念，表现和创造自己心中的美好形象，具有创新意识。

4. 文化传承与理解

文化传承与理解是指学生在语文学习中，能继承中华优秀传统文化，理解、借鉴不同民族和地区文化的能力，以及在语文学习过程中表现出来的文化视野、文化自觉的意识和文化自信的态度。

语言文字是文化的载体，又是文化的重要组成部分。学习语言文字的过程也是文化获得的过程。通过语言文字的学习，实现文化的传承与理解是语文核心素养的重要组成部分，也是学生语文素养形成和发展的重要表征之一。

因此，文化传承与理解的标准是：应该能借助语言文字，体会中华文化的博大精深、源远流长，继承中华优秀传统文化，理解并认同中华文化，形成热爱中华文化的感情，提高道德修养，增强文化自信；能借助语言文字的学习，初步理解、包容和借鉴不同民族、不同区域、不同国家的文化，尊重多样文化，吸收人类文化的精华；能关注并积极参与当代文化传播与交流，在运用祖国语言文字的过程中，提高自己的文化自觉，初步形成对个人与国家、个人与社会、个人与自然关系的思考和认识，树立积极向上的人生理想，增强为民族振兴而努力的使命感和社会责任感。

（二）数学学科的核心素养

1. 数学抽象

数学抽象是指舍去事物的一切物理属性，得到数学研究对象的思维过程。主要包括：从数量与数量关系、图形与图形关系中抽象出数学概念及概念之间的关系，从事物的具体背景中抽象出一般规律和结构，并且用数学符号或者数学术语予以表征。

数学抽象是数学的基本思想，是形成理性思维的重要基础，反映了数学的本质特征，贯穿在数学的产生、发展、应用的过程中。数学抽象使得数学成为一个高度概括、表达准确、结论一般、有序多级的系统。

在数学抽象核心素养的形成过程中，积累从具体到抽象的活动经验。学生能更好地理解数学概念、命题、方法和体系，能通过抽象、概括去认识、理解、把握事物的数学本质，能逐渐养成一般性思考问题的习惯，能在其他学科的学习中主动运用数学抽象的思维方式解决问题。

2. 逻辑推理

逻辑推理是指从一些事实和命题出发，依据逻辑规则推出一个命题的思维过程。

主要包括两类：一类是从特殊到一般的推理，推理形式主要有归纳、类比；一类是从一般到特殊的推理，推理形式主要有演绎。

逻辑推理是得到数学结论、构建数学体系的重要方式，是数学严谨性的基本保证，是人们在数学活动中进行交流的基本思维品质。

在逻辑推理核心素养的形成过程中，学生能够发现问题和提出命题；能掌握推理的基本形式，表述论证的过程；能理解数学知识之间的联系，建构知识框架；形成有论据、有条理、合乎逻辑的思维品质，增强数学交流能力。

3. 数学建模

数学建模是对现实问题进行数学抽象，用数学语言表达问题、用数学知识与方法构建模型解决问题的过程。主要包括：在实际情境中从数学的视角发现问题、提出问题、分析问题、构建模型、求解结论、验证结果并改进模型，最终解决实际问题。

数学模型搭建了数学与外部世界的桥梁，是数学应用的重要形式。数学建模是应用数学解决实际问题的基本手段，也是推动数学发展的动力。

在数学建模核心素养的形成过程中，积累用数学解决实际问题的经验。学生能够在实际情境中发现和提出问题；能够针对问题建立数学模型；能够运用数学知识求解模型，并尝试基于现实背景验证模型和完善模型；能够提升应用能力，增强创新意识。

4. 直观想象

直观想象是指借助几何直观和空间想象感知事物的形态与变化，利用图形理解和解决数学问题的过程。主要包括：借助空间认识事物的位置关系、形态变化与运动规律；利用图形描述、分析数学问题；建立形与数的联系；构建数学问题的直观模型，探索解决问题的思路。

直观想象是发现和提出数学问题、分析和解决数学问题的重要手段，是探索和形成论证思路、进行逻辑推理、构建抽象结构的思维基础。

在直观想象核心素养的形成过程中，学生能够进一步发展几何直观和空间想象能力，增强运用图形和空间想象思考问题的意识，提升数形结合的能力，感悟事物的本质，培养创新思维。

5. 数学运算

数学运算是指在明晰运算对象的基础上，依据运算法则解决数学问题的过程。主要包括：理解运算对象，掌握运算法则，探究运算方向，选择运算方法，设计运算程序，求得运算结果等。

数学运算是数学活动的基本形式，也是演绎推理的一种形式，是得到数学结果的重要手段。数学运算是计算机解决问题的基础。

在数学运算核心素养的形成过程中，学生能够进一步发展数学运算能力；能有效借助运算方法解决实际问题；能够通过运算促进数学思维发展，养成程序化思考问题的习惯；形成一丝不苟、严谨求实的科学精神。

6. 数据分析

数据分析是指针对研究对象获得相关数据，运用统计方法对数据中的有用信息进行分析和推断，形成知识的过程。主要包括：收集数据，整理数据，提取信息，构建模型对信息进行分析、推断，获得结论。

数据分析是大数据时代数学应用的主要方法，已经深入到现代社会生活和科学研究的各个方面。

在数据分析核心素养的形成过程中，学生能够提升数据处理的能力，增强基于数据表达现实问题的意识，养成通过数据思考问题的习惯，积累依托数据探索事物本质、关联和规律的活动经验。

（三）英语学科的核心素养

1. 语言能力

语言能力是在社会情境中借助语言，以听、说、读、看、写等方式理解和表达意义的能力。通过本课程的学习，学生能进一步发展语言意识和英语语感；掌握英语语言知识并在语境中整合性运用所学知识；理解口、笔语语篇所传递的意义，识别并赏析其恰当表达意义的手段；进行人际交流。

2. 文化品格

文化品格指对中外文化的理解和对优秀文化的认同，是学生在全球化背景下表现出的知识素质、人文修养和行为取向。通过本课程的学习，学生能获得文化知识，理解文化内涵，比较文化异同，吸收文化精华，形成正确的价值观念和道德情感，自信、自尊、自强，具备一定的跨文化沟通和传播中华优秀文化的能力。

3. 思维品质

思维品质指人的思维个性特征，反映其在思维的逻辑性、批判性、创新性等方面所表现出的水平和特点。通过本课程的学习，学生能辨析语言和文化中的各种现象；

分类、概括信息，建构新概念；分析、推断信息的逻辑关系；正确评判各种思想观点，理性表达自己的观点，具备初步用英语进行多元思维的能力。

4. 学习能力

学习能力指学生积极运用和主动调适英语学习策略、拓宽英语学习渠道、努力提升英语学习效率的意识和能力。通过本课程的学习，学生保持对英语学习的兴趣，具有明确的目标意识，能够多渠道获取学习资源，有效规划学习时间和学习任务，选择恰当的策略与方法，监控、反思、调整和评价自己的学习。

（四）道德与法治学科的核心素养

1. 政治认同

政治认同是指人们对一定社会制度和意识形态的认可和赞同。通过本课程的学习，学生能够确信发展中国特色社会主义是国家富强、民族振兴、人民幸福的根本保障；理解中国共产党的领导是中国特色社会主义最本质的特征，拥护中国共产党的领导；认同社会主义核心价值观是建设什么样的国家、建设什么样的社会、培育什么样的公民的最基本的价值标准，自觉践行社会主义核心价值观。

2. 理性精神

理性精神是人们在认识和改造世界的过程中表现出来的理智、自主、反思等思维品质和行为特征。通过本课程的学习，学生能够运用马克思主义哲学的观点和方法观察事物、分析问题、解决矛盾，面对经济、政治、文化、社会和生态文明建设中的问题，做出理性的解释、判断和选择，坚定理想信念，树立文化自信，以负责任的态度和行动促进社会和谐。

3. 法治意识

法治意识是人们对法律的认可、崇尚与遵从，是关于法治的思想、知识和态度，主要包括规则意识、程序意识和权利义务意识等。通过本课程的学习，学生能够理解法治是人类文明演进中逐步形成的国家治理方式；形成宪法至上、法律权威、法律面前人人平等的观念；懂得行使权利与履行义务的关系；养成依法办事、依法维权、履行法定义务的习惯；具有法治让社会更和谐、生活更美好的认知和情感。

4. 公共参与

公共参与是公民主动有序参与社会公共事务和国家治理，承担公共责任，维护公共利益，践行公共精神的意愿与能力。通过本课程的学习，学生能够具有人民当家做主和勇于担当的责任感；了解有序参与公共事务的途径、方式和规则；积累参与民主管理、民主决策、民主监督的实践经验；提高通过对话协商、沟通与合作表达诉求、解决问题的能力。

（五）科学（物理与化学）学科的核心素养

【物理】

1. 物理观念

从物理学视角形成的关于物质、运动与相互作用、能量等的基本认识，是物理概念和规律等在头脑中的提炼和升华。“物理观念”主要包括物质观念、运动观念、相互作用观念、能量观念及其应用等要素。

2. 科学思维

从物理学视角对客观事物的本质属性、内在规律及相互关系的认识方式，是基于经验事实建构理想模型的抽象概括过程；是分析综合、推理论证等科学思维方法的内化；是基于事实证据和科学推理对不同观点和结论提出质疑、批判，进而提出创造性见解的能力与品质。“科学思维”主要包括模型建构、科学推理、科学论证、质疑创新等要素。

3. 实验探究

提出物理问题，形成猜想和假设，获取和处理信息，基于证据得出结论并做出解释，以及对实验探究过程和结果进行交流、评估、反思的能力。“实验探究”主要包括问题、证据、解释、交流等要素。

4. 科学态度与责任

在认识科学本质，理解科学・技术・社会・环境（STSE）的关系的基础上逐渐形成的对科学和技术应有的正确态度以及责任感。“科学态度与责任”主要包括科学本质、科学态度、科学伦理、STSE等要素。

【化学】

1. 宏观辨识与微观探析

能通过观察、辨识一定条件下物质的形态及变化的宏观现象，初步掌握物质及其变化的分类方法，并能运用符号表征物质及其变化；能从物质的微观层面理解其组成、结构和性质的联系，形成“结构决定性质，性质决定应用”的观念；能根据物质的微观结构预测物质在特定条件下可能具有的性质和可能发生的变化。

2. 变化观念与平衡思想

能认识物质是在不断运动的，物质的变化是有条件的；能从内因和外因、量变与质变等方面较全面地分析物质的化学变化，关注化学变化中的能量转化；能从不同视角对纷繁复杂的化学变化进行分类研究，逐步揭示各类变化的特征和规律；能用对立统一、联系发展和动态平衡的观点考察、分析化学反应，预测在一定条件下某种物质可能发生的化学变化。

3. 证据推理与模型认知

能初步学会收集各种证据，对物质的性质及其变化提出可能的假设；基于证据进行分析推理，证实或证伪假设；能解释证据与结论之间的关系，确定形成科学结论所需要的证据和寻找证据的途径；能认识化学现象与模型之间的联系，能运用多种模型来描述和解释化学现象，预测物质及其变化的可能结果；能依据物质及其变化的信息建构模型，建立解决复杂化学问题的思维框架。

4. 实验探究与创新意识

发现和提出有探究价值的化学问题，能依据探究目的设计并优化实验方案，完成实验操作，能对观察记录的实验信息进行加工并获得结论；能和同学交流实验探究的成果，提出进一步探究或改进实验的设想；能尊重事实和证据，不迷信权威，具有独立思考、敢于质疑和批判的创新精神。

5. 科学精神与社会责任

具有终身学习的意识和严谨求实的科学态度；崇尚真理，形成真理面前人人平等的意识；关注与化学有关的社会热点问题，认识环境保护和资源合理开发的重要性，具有可持续发展意识和绿色化学观念；深刻理解化学、技术、社会和环境之间的相互关系，赞赏化学对社会发展的重大贡献，能运用已有知识和方法综合分析化学过程对自然可能带来的各种影响，权衡利弊，勇于承担责任，积极参与有关化学问题的社会决策。

（六）音乐学科的核心素养

1. 自主音乐需要

自主音乐需要是学生自觉进行音乐学习和音乐活动的基本动力，也是学生自主发展素养在音乐学科的具体体现。发展学生自主音乐需要有情感、认知和意志等不同层次，其一是对音乐产生兴趣爱好，将参加学习音乐和音乐活动作为获得快乐生活，满足审美需求的一种途径；其二是在有实际体验的情况下，主动将音乐作为保持心理健康和谐的工具；其三是把学习音乐作为提高文化修养、促进自我发展与完善的自觉追求，将参加音乐活动作为一种文明生活的方式。对于经过十余年学校音乐教育的高中生来说，自主音乐需要主要表现在：能积极参加各类音乐活动；对音乐具有一定的兴趣爱好；能经常用音乐给自己带来快乐情绪；能主动选择合适的音乐活动调节情绪、平和心理；参加音乐活动时具有较主动的审美意识。

2. 音乐实践能力

音乐实践能力是学生音乐素养的重点。普通高中学生应具备的音乐实践能力主要包括音乐表达与表现能力、音乐欣赏与审美能力、音乐创造与想象能力、音乐交流与合作能力，其中最核心的是用音乐表达情感的能力。学生掌握音乐实践能力应以用为本，围绕学生在校时和毕业后经常进行的音乐活动，重点培养选择合适作品进行表达和交流的能力、感受和表现优秀作品的能力、即兴表演和创作的能力等。音乐能力的基础源于音乐实践经验，因此，学生应具有较丰富的歌唱和聆听经验积累，应熟悉经典音乐作品的情感内涵，熟悉各类常用的音乐活动形式。作为音乐实践活动的基本技能，学生应能够较准确地歌唱若干首中外著名歌曲和公共活动常用歌曲，能视谱歌唱或演奏简单作品，能较好地融入集体歌唱或演奏等表演活动，以便在需要音乐的场合选用合适的形式与作品参与音乐活动。

3. 音乐情感体验

音乐情感体验是指学生在听、唱、奏、动等音乐活动中，通过直接体验（音乐感知觉直接产生的情绪体验）和间接体验（音乐表象及联想产生的情感体验），用音乐表达与抒发情感，或从音乐感悟与激发情感，这是音乐从音响形式转化为情感本质的关键过程。音乐情感体验能力是重要的音乐素养。高中学生的音乐情感体验有三种主要实践形式：一是在音乐实践中体验美感；二是用音乐作品抒情咏志；三是通过音乐活动怡情养性。培养学生音乐情感体验能力应侧重高中阶段音乐课的实际育人功能：学生在兴致所至时能选唱昂扬、欢乐、抒情的音乐作品，抒发自己向上向善爱美的志向与感情；在心理失衡时能选听励志、和谐、优美的音乐作品，调节情绪和修养性情；在参加集体音乐活动时能有意识地从优秀音乐作品中感悟美德、陶冶情操；能对日常生活中尤其是网络、演出和影视中的音乐做出正确的价值评判。

4. 音乐文化理解

音乐文化理解是重要的社会人文素养。高中学生对音乐做必要的文化理解，有助于学生从社会发展的角度认识音乐，也有助于学生从音乐发展的角度认识社会。音乐文化理解应包括认知音乐的艺术形式和文化特征；了解音乐与其他艺术的关系；理解音乐发展与社会发展的相互影响。考虑到学生高中毕业后参加音乐实践活动的实际需要，学生对音乐的文化理解应以四方面为重点：识别中国与世界音乐的主要种类与特征；认知音乐的主要形式、艺术特征与文化价值；了解音乐在舞蹈、戏剧、影视中的应用及它们的相互关系；知晓音乐发展的时代背景与社会意义。

（七）体育与健康学科的核心素养

1. 运动能力

运动能力是体能、技战术能力和心理能力等在身体活动中的综合表现，是人类身体活动的基础。学生能够运用所学的运动知识、技能和方法，参加与组织展示和比赛活动，使体能与运动技能水平显著提高，掌握和运用选学运动项目的裁判知识和规则，具有分析问题和解决问题的能力；能够独立制订和实施体能锻炼计划，并对练习效果做出合理评价；了解国内外的重大体育赛事和重大体育事件，具有运动欣赏能力。

2. 健康行为

健康行为是增进身心健康和积极适应外部环境的综合表现，是改善健康状况并逐渐形成良好生活方式的关键。学生能够积极主动参与校内外的体育锻炼，掌握科学的锻炼方法，逐步形成锻炼习惯，掌握健康技能，学会健康管理；情绪稳定、包容豁达、乐观开朗，善于交往合作，适应自然环境的能力强；关注健康，珍爱生命，热爱生活，养成良好的生活方式，改善身心健康状况，提高生活和生存能力。

3. 体育品德

体育品德是指在体育运动中应当遵循的行为规范以及形成的价值追求和精神风貌，对维护社会规范、促进社会风尚具有积极作用。学生在体育与健康学习中自尊自强，主动克服内外困难，具有勇敢顽强、积极进取、挑战自我、追求卓越的精神；能够正确对待比赛的胜负结果，胜不骄、败不馁；胜任运动角色，表现出负责任的行为；遵守规则，尊重他人，具有公平竞争的意识和行为。

（八）美术学科的核心素养

1. 图像识读

图像识读指对美术作品、图形、影像及其他视觉符号的观看、识别和解读。

通过本课程的学习，学生能以联系、比较的方法进行整体观看，感受图像的造型、色彩、材质、肌理、空间等形式特征；以阅读、搜索、思考和讨论等方式，识别与解读图像的内涵和意义；从维度、材料、技法、风格及发展脉络等方面识别图像的类别；知道图像在学习、生活和工作中的作用与价值，选择、辨析和解读现实生活中的视觉文化现象和信息。

2. 美术表现

美术表现指运用传统与现代媒材、技术和美术语言创造视觉形象。

通过本课程的学习，学生能形成空间意识和造型意识；了解并运用传统与现代媒介、技术，结合美术语言，通过观察、想象、构思、表现等过程，创造有意味的视觉形象，表达自己的意图、思想和情感；联系现实生活，结合其他学科知识，自觉运用美术表现能力，解决学习、生活和工作中的问题。

3. 审美判断

审美判断指对美术作品和现实中的审美对象进行感知、评价、判断与表达。

通过本课程的学习，学生能感受和认识美的独特性和多样性，形成基本的审美能力，显示健康的审美趣味；用形式美原理和其他知识对自然、生活和艺术中的审美对象进行感知、描述、分析、评价和判断；通过语言、文字和图像等方式表达自己的审美感受，用美术的方式美化生活和环境。

4. 创意实践

创意实践指由创新意识主导的思维和行为。

通过本课程的学习，学生能养成创新意识，学习和借鉴美术作品中的创意和方法，运用形象思维，大胆想象，尝试创作有创意的美术作品；通过各种方式搜集信息，进行分析、思考和探究，联系现实生活，对物品和环境进行符合实用功能与审美要求的创意构想，并通过草图、模型等予以呈现，与他人交流，不断加以改进和优化。

5. 文化理解

文化理解指从文化的角度观察和理解美术作品、美术现象和观念。

通过本课程的学习，学生能逐渐形成从文化的角度观察和理解美术作品、美术现象和观念的习惯，了解美术与文化的关系；认识中华优秀传统美术的文化内涵及其独特艺术魅力，形成对中华文化的认同感；理解不同国家、地区、民族和时代的美术作品所体现的文化多样性，欣赏外国优秀的美术作品；尊重艺术家、设计师和手工艺者的创造成果和对人类文化的贡献。

（九）信息技术学科的核心素养

1. 信息意识

信息意识是指个体对信息的敏感度和对信息价值的判断力。具备较强信息意识的学生能够根据解决问题的需要，自觉、主动地寻求恰当的方式获取与处理信息；能敏锐感觉到信息的变化，获取相关信息，采用有效策略对信息来源的可靠性、内容的准确性、指向的目的性做出合理判断，对信息可能产生的影响进行预期分析，为解决问题提供参考；在合作解决问题的过程中，能与团队成员共享信息，实现信息的最大价值。

2. 计算思维

计算思维是个体在运用计算机科学领域的思想方法形成问题解决方案的过程中产生的一系列思维活动。具备计算思维的学生在信息活动中能够采用计算机可以处理的方式界定问题、抽象特征、建立结构模型、合理组织数据；通过判断、分析与综合各种信息资源，运用合理的算法形成解决问题方案；总结利用计算机解决问题的过程与方法，并迁移到与之相关的其他问题解决之中。

3. 数字化学习与创新

数字化学习与创新是指个体通过评估和选择常见的数字化资源与工具，有效地管理学习过程与学习资源，创造性地解决问题，从而完成学习任务的能力，形成创新作品的能力。具备数字化学习能力的学生能够认识到数字化学习环境的优势和局限，适应数字化学习环境，养成相应的学习习惯；掌握数字化学习系统、学习资源与学习工具的功能和用法，并用来开展自主学习、协同工作、知识分享与创新创造。

4. 信息社会责任

信息社会责任指信息社会中个体在文化修养、道德规范和行为自律等方面应尽的责任。具备信息社会责任的学生具有一定的信息安全意识，能够遵守信息法律法规，信守信息社会的道德与伦理准则，在现实空间和虚拟空间中遵守公共规则，既能有效维护信息活动中个体的合法权益，又能积极维护他人合法权益和公共信息安全；关注信息技术革命所带来的环境问题与人文问题。对于信息技术创新所产生的新观念和新事物，能具备积极的学习态度、理性的价值判断能力和负责的行动能力。

五、小学学科核心素养

小学学科核心素养是一个多学科、多层次的体系。小学生的学科核心素养既不是基本素养的综合，也不同于高中学生的学科核心素养，有其自身的结构和要素。根据我们的初步认识，将小学与高中各学科核心素养总结如下，见表1–1.

表1–1　小学学科核心素养

序号	学科	学科核心素养
1	语文	高中：语言建构与运用、思维发展与提升、审美鉴赏与创造、文化传承与理解
		小学：语文态度、语言素养、人文素养
2	数学	高中：数学抽象、逻辑推理、数学建模、直观想象、数学运算、数据分析
		小学：数学意识、数学建模、数学操作
3	英语	高中：语言能力、文化品格、思维品质、学习能力
		小学：听说能力、语言交际、文化了解
4	道法	高中政治：政治认同、理性精神、法治意识、公共参与
		小学道德与法治：道德认识、道德行为、法治意识
5	科学	高中物理：物理观念、科学思维、实验探究、科学态度与责任 高中化学：宏观辨识与微观探析、变化观念与平衡思想、证据推理与模型认知、实验探究与创新意识、科学精神与社会责任
		小学科学：科学观念、科学思维、探究实践
6	音乐	高中：自主音乐需要、音乐实践能力、音乐情感体验、音乐文化理解
		小学：节奏体验、音乐实践能力、音乐文化理解
7	体育与保健	高中体育：运动能力、健康行为、体育品德
		小学：健康意识、运动技能、体育品德
8	美术	高中：图像识读、美术表现、审美判断、创意实践
		小学：图像识读、美术表现、审美判断
9	综合	高中信息技术：信息意识、计算思维、数字化学习与创新、信息社会责任
		小学综合性学习：信息意识、综合方法、整合能力

下面以语文为例，对小学生语文核心素养的内涵进行系统解读。根据浙江外国语学院教育学院汪潮教授的研究，它主要包括三个核心要素。

（一）语文态度素养

1. 语文态度素养的意义

“态度决定人生”，这大概是对态度重要性最为经典的阐述了。于是就有了一个简单的公式：素养=（知识+能力）×态度。其中的“态度”是一个关键变量，这说明“态度”在核心素养中具有极其重要的地位，是人生发展的“必备品格”。

小学生学语文也是如此，态度决定小学生的行为倾向和行为力量，对语文学习具有现实和战略意义。大凡学习态度端正的小学生，其语文学得都好。在某种意义可以说，语文学习就是学习良好的态度。而且，学习态度具有很强的迁移作用，良好的语文学习态度对其他学科的学习、今后的学习和工作都有十分重要的良好影响。

一位小学一年级语文老师上课时的“起立”“坐下”用词都用英语，并美其名曰是“双语教学”。其实，从培养学生语文核心素养出发，这是一种不负责任的做法。这折射出对母语的感情和态度问题。当然，汪教授并不是简单地判定小学语文课上不能讲英语，而是从更宽泛的意义上理解，良好的语文学习态度应包括热爱祖国的语言文字和祖国的语言文化。要培养学生理解和运用祖国语文的正确态度，主要包括：尊重祖国语文（汉字、汉语、汉文）的态度；关心汉语文化、尊重多样文化、吸取人类优秀文化营养的态度；逐步养成主动学习汉语文的态度；等等。

2. 语文态度素养的结构

语文态度素养是由众多非智力因素构成的，是一种意向心理状态。它的主要因素有以下几个。

（1）语文学习的意愿

意愿是一种意念性的愿望，是一种倾向性的心理状态，它是语文学习发生的心理前提。小学生有良好的语文学习意愿，就会产生积极的学习需求和倾向。意愿强烈，就有学习热情；没有意愿，就缺少学习动力。良好语文学习意愿的形成，是小学语文学习中的重中之重。

（2）语文学习的兴趣

兴趣有外在兴趣和内在兴趣之分，尽管都是必要的，但是建立在内在兴趣上的学习才是长久的。小学生的语文学习少不了动作、表演和游戏，但这些是外在的、形式上的，培养学生对汉字、汉语和汉文的内在兴趣才是更为核心的。

（3）语文学习的习惯

“习惯成自然”，习惯的重要性不言而喻。习惯与方法是密不可分的，方法的程序化、熟练化和自动化便成为习惯。关注语文学习良好习惯的培养，应是小学语文学习始终如一的重点任务和要求。

在以上三个因素中，意愿是启动因素，兴趣是维持因素，而习惯是形成因素，它们共同构建一个语文态度素养。

3. 语文学习态度的养成

通过分析，语文学习态度养成的主要指标有以下几个。

（1）语文学习意愿的形成。如参与的意愿、合作的意愿、表达的意愿、探究的意愿、评价的意愿等。

（2）语文学习兴趣的激发。如倾听的兴趣、说话的兴趣、阅读的兴趣、写字的兴趣等。

（3）语文学习习惯的培养。如预习的习惯、读书的习惯、批注的习惯、比较的习惯、质疑的习惯、总结的习惯、复习的习惯等。

（二）语言文字素养

小学生学语文的关键之所在是学好语言。应该说，“语言素养”是小学生语文核心素养中的“关键因素”。下面对这个关键因素做三点分析。

1. 语言素养的结构

“语言素养”是“一体两翼”的综合体：语言是体，情感和思维是两翼。通过语言文字的学习和训练，培养学生良好的情感，发展学生的思维能力。

（1）语言是“主体”

语言素养包括三个要素：语言、情感和思维。其中最基本、最重要的是语言，它是本质。其他两项都是基本属性，应有机地渗透到语言之中，既不能凌驾其上，也不能游离其外。

▲ 语言的内容

小学生学习的“语言”包括语言知识（字、词、句、段、篇）和语言能力（听、说、读、习、写）。这里的“习”指的是“习作”，“写”指的是“写字”。在小学阶段，要在“两点论”的基础上体现“重点论”，准确把握以下三个关键点。

一是在“语言知识”里，“字、词、句”的学习比“段、篇”的学习更为关键。其核心是“句子”。因为“字”“词”是语言的构成单位，而“句子”是语言使用的单位。小学生不是研究语言的组成，而是学习和运用语言的表达。“段、篇”的学习则是初中以后学习的关键所在了。

二是在“语言能力”里，“读、习、写”的学习比“听、说”的学习更为关键。在小学阶段，要利用学生的口语优势促进读、习、写能力的发展。简言之，书面语言比口头语言更有学习的需要。

三是语言能力的培养比语言知识的学习更为关键。知识是短暂的，能力是长久的。知识的学习可以传授，能力的培养则需要大量训练，逐步习得。这就决定了在小学语文学习中优先和侧重培养学生语言能力的必要了。

▲ 语言的感受

简称语感。语感指的是对语言文学敏锐的领悟和品味能力，主要包括变化感、形象感、意蕴感和情趣感。语感有两个教学特性：一是强调整体把握，立足于语言环境和语言氛围；二是强调个人经验、个人感悟和个人的语言修养。小学语文要为学生的语感培养打好基础。

如教二年级《黄山奇石》的首句：“闻名中外的黄山风景区在我国安徽省南部”，可以进行“闻名中外”“黄山风景区”“我国安徽省南部”三个词组的不同组合训练，以培养学生对语言的敏锐和灵活运用。

▲ 语言的品质

学习语言，不能停留在一定的数量和表层上，应该进入到语言品质的习得。常言道：人有人品、字有字品，语言也有自己的品质。小学语文的语言品质主要有以下内容：语言的完整性、语言的条理性、语言的具体性、语言的组织性、语言的快速性、语言的准确性。

（2）情感是“左翼”

中国传统文化是左尊右卑。汪教授把情感比作“左翼”就是想表明：在小学语文学习中，一般来说，“情感”有比“思维”更重要的意义。

由于受唯理智教育的影响较深，造成了教师在认识上的片面性，往往趋向于以牺牲情感目标为代价，而只集中在认知目标的达成上。有的教案上找不到情感目标的内容，有的教案上虽有体现，但在课堂上却没有落实。由于情感因素在教学中的销蚀，因而对学生的美好情感的培养和陶冶便大大地削弱了。语文学习的一个重要特点，就是认知和情感的统一。“知之越深，则爱之越切”，而爱之越切，则知之越深。所以，要十分关注学生对情感的自身感悟和体验。

◆ 生发情感

情感是人的意识对一定客体的波动性和感染性，当人的心理活动受到外在事物的影响时，一般会表现出两种状态：一种是平衡的状态，这就是理智；一种是波动的状态，这就是情感。情感的感染性，就是以情动情。在一定条件下，一个人的情感可以使他人产生同样的或与之相联系的情感，反之亦然，这是情感共鸣。而一个人在悲伤时，会觉得云愁月惨，这是移情的表现。

◆ 体会情感

语文教学中引导学生抓住文章的关键词句反复推敲，细细品味，深刻感受文章所要传递的思想感情，准确把握情感基调，获得真切的情感体验。语文情感的类型有情趣感、理智感和道德感等。《草地夜行》中有这么一句话：“小鬼，快离开我！”他急忙说，“我掉进泥潭里了。”教学时，可以把它变换语序为：“我掉进泥潭里了，”他急忙说，“小鬼，快离开我！”学生经过比较分析，认为变换前的语序更能充分表现出老红军在危急时刻先想到别人的高尚品质。这是一种道德感。

◆ **升华情感**

教学中，学生把握和体验了情感之后，应巧妙设计教学环节，如采用配乐诵读、即兴表演、想象复述等形式，及时再现情景，增加情感的深刻性、丰富性，使学生被激发起来的情感向高层次升华，提高情感的感染作用，使之成为教育学生的一种潜移默化的精神感召力量。

（3）思维是“右翼”

小学语文是一门语言和思维相统一的学科，小学语文教学正是在语言和思维的结合点上既训练了学生的语言，又发展了学生的思维。学生的思维是以语言为载体的思维，是语言水平上的思维，思维发展总是与语言发展同步协调向前发展的。学生的语言发展了，思维也发展了，语文能力也得到了提高。小学语文学习中的思维要把握好两个“点”。

◆ **思维的诱发点**

从教材的角度看，一篇课文的重点、难点、疑点、特点，一段文字的关键词、中心句，以至于特殊的标点符号，都是思维的诱发点；从认识的角度看，凡是学生不能理解的难点，都是思维的诱发点。问题是思维的开始，讨论是思维的交锋。提出问题引思，发动讨论激思，是思维训练的基本出发点。

◆ **思维的转换点**

一是形象思维和抽象思维的相互转换。例如，理解课文，是通过篇、句、词、字的逆序式阅读，凭借思想内容，实现从现象到本质的认识。这就从教学结构上完成了从形象思维训练到抽象思维训练的转换。二是集中思维和发散思维的相互转换。从语言内容看，凡是能引起学生争论的地方，就可以沿着“发散→集中”和“集中→发散”两种程序进行思维训练。从语言形式看，凡是可用多种表达形式的地方，都具有发散思维的训练价值。

2. 语言素养的类型

任何一篇课文都是通过具体可感的语言表达一定的思想，是特定的内容和特定的形式的统一体。语言学习过程应该是一个理解语言文字和理解内容相统一的过程。这个过程是由两个相互联系的阶段构成的：第一阶段是借助语言理解课文的思想内容；第二阶段是在理解内容的基础上，体会课文内容的语言表达特点。学习语文不仅要注意语言内容，更要关注语言表达形式，并把语言表达形式作为学习的主要目标。

（1）语言表达方式

如词法、句式、句型、语段结构、文章框架等。六上《月光曲》一文的结构线索：一开始贝多芬走在路上，为听到琴声而惊喜；而后走近茅屋，为听到对话而感动；接着走进茅屋，为弹奏一曲而激动，为再奏一曲而陶醉；最后离开茅屋，为记录创作而兴奋。这里，地点的变化与情感的变化形成一种联系。可以进行“根据情感发展的表达需要，选择相应的事件和顺序”的训练。

（2）语法修辞手法

如比喻、拟人、排比、反问、夸张等。四下《桂林山水》一文不但是欣赏自然的美景，而且是学习运用排比句描写漓江的美丽。如“漓江的水真静啊，……漓江的水真清啊，……漓江的水真绿啊，……”一句，不仅表现了漓江水“静、清、绿”的特点，显得层次清楚，而且排比句有它的节奏性，更衬托出桂林山水的气势。

（3）作者思维方式

从观察方法看，四上《观潮》一文是根据“潮前、潮来、潮后”记叙的，六上《少年闰土》第一段是从高到低、从远到近表达的。从写作构思看，三下《一个小村庄的故事》一文采用了前后对比的方式，四上《那片绿绿的爬山虎》一文采用了三次出现爬山虎的反复方式，四下《生命 生命》采用三举例的方式，五下《刷子李》则用了“一波三折”的方式，这些都是学习思维方式的典型例子。

3. *语言素养的层次*

语言素养有四个层次：认读、理解、积累和运用。培养学生的语言素养要着重于“积累”和“运用”。

（1）积累语言

包括四个基本方面：

- 语言知识的积累。包括字、词、句、段、篇知识的逐步积累和丰富。
- 语感的积累。积累语言中所蕴含的变化感、形象感、意蕴感和情趣感。
- 语言法则的积累。包括词法、句法、章法和修辞法则。
- 规范语言的积累。如课文精彩片段的记忆、优秀诗文的诵背等。

（2）运用语言

语文教师要指导学生在丰富的语言实践中，通过主动的积累、梳理和整合，逐步掌握祖国语言文字特点及其运用规律，形成个体的言语经验，在具体的语言情境中正确有效地运用祖国语言文字进行听说读写交流和运用。

从知识划分看，“运用语言”包括字词运用、句子运用、语段运用和篇章运用。不同的学段侧重点应该有所不同：第一学段侧重字词运用和句子运用，第二学段侧重句子运用和语段运用，第三学段侧重语段运用和篇章运用。

从能力划分看，“运用语言”包括听话运用、说话运用、阅读运用和习作运用。同样，不同的学段侧重点应该有所不同：第一学段侧重听话运用和说话运用，第二学段侧重阅读运用，第三学段侧重阅读运用和习作运用。

（三）语文人文素养

人文素养指的是以人为核心的文化素养，它是由人文知识、人文精神、人文观念构成的一个有机体。

1. 语文人文素养的使然

中国的母语教育是以汉语文为主要标志的，汉语文不仅是一种语音、符号系统，在其中也积淀了民族的精神、智慧和文化，是中国古今文化的结晶，融汇着各个不同历史时期、各个民族文化的精华。中华民族的思维、意识、心理、风俗等自然表露在语言之中。所以，母语教学既包括语言知识的传授和语言能力的培养，又包括民族情感、民族思想及特有的思维方式的教育，而后者体现了教育的人文价值。语文教学要关注学生的可持续发展，从提高人文素养的高度进行语文学习活动。

时下某些小语课堂为了追求“新意”，教师太强势，科学性太高，思想性太浓，把课堂变相地演化为“科学研究所”、政治教育的“熔炉”，致使文化熏陶消失殆尽。其实，从更为宽泛的意义上说，师生之间的交往有知识的、思想的、能力的交流，更是一种文化交流，课堂教学是一种特定的文化行为。

2. 语文人文素养的内容

语文课程和教学中的文化无处不在，而且博大精深。所以，要关注学生在语文学习中表现出的文化视野、文化自觉的意识和文化自信的良好品质。

以汉字文化素养为例，应着重研究三个学习策略。

（1）渗透汉字的字理

字理者，造字原理、规则也。如“六书”造字法及现代汉字结构规律。当然，了解字理并不是枯燥的文字讲解，而是要把汉字的字理知识与汉字字形、精美的图形结合起来理解。

（2）渗透汉字的演化

要有选择、有步骤地展现汉字诞生和演变的过程，同时以通俗的语言解释其字形、字义的变化，使学生更深入地理解每个汉字的意义。当然，这是有机渗透，并不是逢字必讲其演化。一节课选择一、二个重点字即可，有所渗透，逐步积累。

（3）渗透汉字的故事

可以选取一些经典的汉字故事，包括历史故事、神话传说、文化习俗等，促进学生学习汉字兴趣的不断形成。

3. 语文人文素养的养成

（1）在语言积累中丰富人文知识

语言中有人文底蕴，精彩的语言中人文底蕴更为丰富。在语文教学中，对精彩的语言现象必须让学生多读、多背、多写，让学生在积累语言中培养人文意识。

（2）在语言感悟中弘扬人文精神

语文中的人文底蕴是蕴含在字里行间的。这些意蕴要用心去感悟，领会语言背后的形象，进而穿透形象而领略其背后之意义。随着语言的积累，就能逐步形成强烈的人文意识。人文精神和人文观念是渐进的、沉淀的。

（3）在语言品读中体会人文意蕴

良好的朗读，不仅可以帮助学生加深理解课文内容，领会文章表达的思想感情，而且可以再现作品形象，使学生与作者之间产生情感、理念上的共鸣。

对于小学生的语文核心素养来说，态度素养是必备品质，语言素养是关键要素，人文素养是根本保证，或者说态度素养是语文学习的动力系统，语言素养是语文学习的操练系统，而人文素养是语文学习的支撑系统。这三者共同构建一个小学生语文学习的核心体系。

六、小学科学核心素养

下面再介绍一下科学的核心素养（根据胡卫平教授的讲座整理）。

1. 科学观念及应用

这里为什么选用“观念”这个词，而不是“知识”或“概念”？

就知识角度而言，我国传统应试教育影响深远，我们所教的知识当中有很多具体的、死记硬背的、事实性的……结果知识学了一大堆，但学习者不一定能构建起某种观念进而真正了解某个知识点的内涵。所以，当国际上在做“素养”的时候，会用一些相关的词，比如“会用科学知识”，但我们没有用“知识”这个词。第二，可以用“科学概念”或者“核心概念”，然而这里的“概念”和我们所理解的“概念”实则不是一个“概念”，这个“概念”相当于中国人所理解的“观念”。

我们所说的“概念”指的是什么呢？概念是一类事物的共同属性和本质特征在大

脑中的一些反映，是抽象的。

如果小学刚开始，你让孩子学概念，是不是太抽象了？所以我们用“观念”这个词，实际上“观念”就是学生在科学的学习和实践中所形成的、对科学事物的本质和规律的一些见解、一些观点、一些思想，胡教授认为是我们平时说的科学概念、科学规律、科学原理在大脑中的内化与升华，到时再解决问题的时候，你就不会忘掉了，因为你形成了“观念”。所以科学的第一个素养就应该是观念。胡教授认为科学观念是培养学生本质且与科学联系非常重要的素养。

2. 科学思维及创新

关于科学核心素养有哪些方面，我们调研了很多科学家，得出来一个结果：所有人的回答里面，排在第一位的是态度责任，排在第二位的就是科学思维。

这个思维方式特别重要，我们国家在科学教育中培养学生，最大的问题就是没有很好地培养学生的思维，其中最核心的是思维方法，当然还有观察方法、实验方法等。

科学里边有很多的思维方式，这些思维方式也可以代表着一般的思维方式，比如抽象、概括、比较、分类、归纳、演绎，包括重组思维、发散思维、突破定势、直觉思维等……那么为了和科学领域结合得比较紧一点，我们用了以下几个方式。

（1）模型建构

模型建构是抽象概括的结果，就是在真实情境里怎样建成一个模型，而这个模型建构对于我们国家的学生是最差的。我们国家的学生比较擅长什么呢？给他一个模型，比如一个支点，在什么地方运动，或者是一个小球做什么运动？这样的模型给他建构了，他代入公式去做，这是我们擅长的。但是真实情境的问题，就不一定会。所以模型建构是非常重要的一个素养。

（2）科学推理与科学论证

我们将科学推理和科学论证这两个素养合在一起说，因为论证过程中会用到推理，“reasoning”是科学推理。现在很多学生，比如我们的博士生、硕士生在写论文的时候，有的连摘要都写不清楚，逻辑和思路不清，它不仅仅和语文有关系，如果科学学好了，有这样的思维，就不会写不清楚，所以推理是很重要的。论证（argumentation）素养，实际上是批判性思维——有人叫审辨性思维。它最核心的就是基于证据的思维，基于证据和逻辑，并且这个证据要能够经得起检验，可以辨别真伪。这个素养我们的公民特别缺乏，特别是现在网络的发展，很多人在网上发一些帖子是凭自己情绪的好坏，胡教授觉得我们国家要强盛、要发展，这个素养是非常重要的。

（3）创新素养创新是一种高阶思维

创新能力对于我们国家来讲是至关重要的，我们国家的创新还有非常大的空间。改革开放40多年，我们可以想一下，我们真正从0到1的颠覆性的技术有多少？我们原创性的、对自然规律的科学发现有多少？所以我们的创新确实肩负着很大的挑战。但实际上“创新问题”在儿童和青少年时期是非常重要的。我们国家从20世纪90年代开始提出自主创新、提高自主创新力、建设创新型国家，再后来，钱学森提到“创新人才培养”的问题，特别是“科技创新人才培养”的问题……教育部列了很多项目，很多“985”的高校都有这样的项目。

胡教授在1998年到2001年做了一项研究，结果使他非常震惊。他比较了1000多名中国的儿童、青少年和英国的1000多名儿童、青少年的科学创造力，科学创造有七个方面，我们有六个方面低于英国的学生——非常可怕的是，创造性的技术产品设计能力持续下降，这正好是关键技术需要的能力。

3. 科学探究与实践

探究是一种教学方式，也是一种学习方式，这是以往的理解。2001年课改以后，我们把“探究”作为综合能力，因此探究能力要作为素养。调研中，很多科学家说这个“探究”是啥？他不是很清楚。他知道观察、实验，却不知道探究。为什么用“实践”？因为我们科学尽管研究规律，但现在的趋势是科学、技术、工程要整合，所以增加了一个实践。所以“实践”既是形成其他素养的基础，同时它本身又是素养。

4. 科学态度与责任

最后一个特别关键的素养是态度责任。这是科学学习和实践过程中所形成的对科学思维的正确态度——责任感和价值观。科学态度包括：（1）好奇心、内在的动机。（2）严谨求实的态度、基于证据的态度。（3）质疑、创新的态度。（4）合作分享的态度。严谨求实，实际上就是批判性思维的倾向。比如，有好奇心的事情、探究兴趣的事情。

第二章　课型：初步建模

课型是一种模型，一种样式。课型是学习理论应用于学习实践的中介环节。研究和建模小学课型（如图2-1所示）不仅可以丰富和发展核心素养理论，而且有利于提高各学科的学习效率。

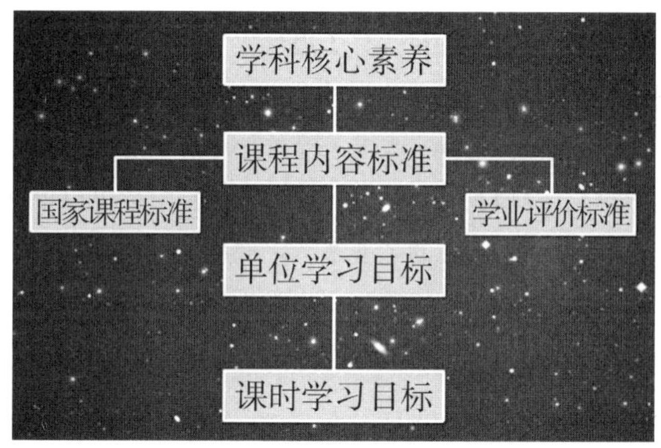

图2-1　学科建模图

一、课型的重要功能

1. 描述组建功能

课型筛选了被实践证明行之有效的教学经验，加以概括和简化，组建成一种相对稳定的结构框架和活动程序，用来描述某一特定教学过程所涉及的各种因素以及它们之间的相互关系。课型的描述组建往往是围绕某一确定主题进行的，这就使样本具有了强大的凝聚力和独特的个性特点。经过课型描述组建的理论，是精练浓缩的；经过课型描述组建的实践，则增强了典型性和优效性。课型描述组建功能的发挥，可使成功的教学经验得到整理加工，提高了教学理论的概括层次，使教学方法趋于结构化、稳定化。优秀教师可借助课型的描述组建功能，将个人教学经验进行积累、加工、升华，使之转化为一般理论。

2. 咨询阐释功能

课型作为教学理论的简化形态，可以通过简明扼要的语言文字或象征性的符号图形来阐释教学理论的基本特征，使教师直观而迅速地把握和领会其精神，从而完成给实践者提供咨询的任务。课型咨询阐释功能的发挥，有利于教学理论的普及与传播。实践者能通过对课型理论要点的理解和操作要领的把握，增强其驾驭课型的信心和选用课型的针对性。课型具有了咨询阐释功能，便成了教学理论的“解说员”和“宣传员”，使其内蕴的教学理论随着课型的运用，而进驻实践者的头脑，并说服实践者自觉接受教学理论的指导，克服教学实践的盲目性而增强其有效性。

3. 示范引导功能

课型为一定的教学理论运用于实践设计了较为完备、便于操作的实施程序。掌握若干常用的课型，青年教师初登讲台就有了进行教学的“常远见武器”。在规范的课型的示范引导下，可以很快地过渡到独立教学，从而大大减少盲目摸索、尝试错误所浪费的时间和精力。课型的示范引导功能，旨在交给教师教学的“基本套路”，并不限制或扼杀教师的创造性。教师在运用这些“基本套路”时，可以根据具体教学条件或情境灵活调整，形成适合教学实际的“变式”。课型示范引导功能的发挥，对于青年教师尽快独立教学、学校教学工作规范化、正常教学秩序的建立等，具有非常重要的意义。

4. 诊断预测功能

对照课型的理论基础、功能目标、实施条件、操作程序，可以对教学活动进行诊断，解决教学中存在的问题，如教学目标不正确、实施条件不具备、操作要领不规范等，说明原因，可据此改进教学。课型同时还可以帮助预测预期的教学效果，因为它揭示出一种“如果……就必须……”的规律性联系。课型诊断预测功能的发挥，可以有效地增强对教学过程的控制和调节，使之朝着预期的方向发展，取得预期的教学效果。

5. 系统改进功能

教师通过应用课型，使教学活动过程系统化，构成一个整体优化的系统。为了适应新的教学目标，就要求与之相应的教学条件、自动程序等因素做一些改进，要求教师提高能力水平，以促进样本转化，直到以更有效、更完善的新样本取代已僵化、显得落后的旧样本。课型的系统改进功能是建立在教学整体的基础之上的，它要求我们以整体的、动态的眼光看待教学过程的样本优化转换问题。课型系统改进功能的发挥，可带动课堂教学师生关系、教学评价、教学管理等教学领域的一系列改革。现代教学的改革应着眼课型的整体优化转换，而不应再像以往那样满足于微观方法的修修补补。

二、课型的基本界说

（一）课型的结构

课型的构成要素应该具有不可或缺性、不可替代性。理论基础、功能目标、实现条件、活动程序四个要素构成了一个完整的课型的基本结构。

1. 理论基础

课型都是在一定理论指导下建立的。课型所赖以建立的教学理论或思想，乃是课型深层内隐的灵魂和精髓，它决定着课型的方向性和独特性。理论基础在课型结构中既自成独立的因素，又渗透或蕴含在其他因素之中，其他因素都是依据理论基础而建立的。例如，程序课型的理论基础是行为主义心理学，非指导性课型的理论基础则是人本主义心理学。有些课型的理论主题是一致的，如布鲁纳的概念获得课型、加涅的累积性课型、奥苏伯尔的先行组织者课型等，其理论基础都是现代认知心理学理论。鉴别一个课型成熟的程度，一般从其理论基础中即可窥见一斑。

2. 功能目标

任何课型都是指向一定的功能目标，或者说总是为了完成特定的功能目标而设计创立的。功能目标是人们对教学活动能在学习者身上产生“什么样的”和“有多大的”效用所做的预先估计。它在课型的构成因素中居于核心地位，对其他因素具有制约作用，是教学评价的标准和尺度。如德国的范例课型，其功能目标在于使学生掌握从基本概念和基本知识中选出来的示范性材料，能举一反三，培养独立思考和独立工作的能力；合作课型的功能目标则是使学生具有民主精神独立人格和创造才能等。功能目标的实现程度以及人们对教学目标认识的发展，往往又作为一种反馈信息，帮助人们调整或重组结构程序，使课型日臻完善。

3. 实现条件

这是指促使课型发挥效力、达到一定功能目标所需要的各种条件。任何课型在特定的条件下才能有效。课型的实现条件包括的内容很多，有教师、学生、课程内容、教学手段、教学的进空组合等。如布卢掌握课型即将决定学习结果的性质的三大变量——认知前提行为、情感前提特性、教学的质量作为样本实现条件。良好的学校条件能使大多数学生更好地掌握和运用课型，成功地达到预期的目的。

4. 活动程序

任何课型都有一套独特的操作程序，其能详细具体地说明教学活动的逻辑步骤，以及步骤所要完成的任务等。例如，加涅的累积系课型和操作程序是注意、选择性知觉、表演、语义性编码、检索、反应组织、反馈、进控制八个步骤。一般说来，活动程序的实施在于处理教师、学生与教学内容的关系及其时间顺序。例如，程序课型就要求把教学内容设计成一系列小步子，每一程序学习一小步教材，回答机器或程序课本提出的问题，并及时强化，再进入下一程序学习。由于教学过程中既有教材内容的展开顺序、教学方法交替运用的顺序，又有内在的复杂的心理活动顺序，所以人们常常从不同侧面提出教学活动的基本阶段及其逻辑顺序。活动程序只能是基本的和相对稳定的，而不应是僵化的和一成不变的。

（二）课型的特点

1. 操作性

课型所提供的教学程序都是便于人们理解、把握和运用的。这是课型区别于一般教学理论的重要特点。

课型之所以具有操作性，是因为一方面课型总是从某一特定角度、立场和侧面来说明教学的规律，比较接近教学实际而易被人们理解和操作；另一方面，课型的产生不是为了空洞的思辨，而是为了让人们去掌握和运用，因此它有一套操作的系统要求和基本程序，课型的操作性特点使得课型可以被传授和学习、被示范和模仿，使得课型的运用成为一种技术、技能和技巧，而被教师用来完成教学任务、获得预期的效果。

2. 简约性

任何课型都是简约化了的教学结构理论框架及活动方式，大都以精练的语言、象征性的图式或明确的符号表达出来。一般说来，简约化后的课型的形态主要有：（1）条文型。这类样本通过非概念化的语言“跳跃式”表达，相对全面，便于操作。（2）框图型。这类样本仅暗示大意，通常只将变量的逻辑关系勾画出来。（3）公式型。这类样本主要采用数学公式或类似形式表达。因此，课型既能使那些纷繁杂乱的实践经验理论化，又能在人们头脑中形成一个比抽象的理论更具体、简明的框架，从而便于人们去理解、交流、运用和传播。

3. 针对性

每种课型都有它特定的作用，即明确的针对性。正和教育活动中没有包治百病的教育处方一样，在教学活动中也不可能有一种普遍有效的可以对一切教学目标都适用的万能样本。当然，可能有些课型的适用范围更宽广一些，但也有些样本只能适用于极为特殊的教学情境。因此，使用课型需要有鉴别不同类型的教学目标的能力，以便选用与特殊的目标相适应的特定样本。如果超越课型的运用范围，或者不具备相应的教学条件，就很难取得好的教学效果。例如，发现式课型较适用于数理科教学，却不适用于体育教学；程序式课型长于知识技能训练，而对培养探究精神和科学态度则相形见绌。

4. 整体性

任何课型都是由各个要素有机构成的整体，本身都有一套比较完整的结构和机制。在运用时，必须整体把握，既透彻了解其理论原理，又切实掌握其方式方法。如暗示学习，是以无意识心理学为其理论根据的，又有其独特的策略方法，如暗示教学三原则、放松练习和瑜伽调息、教材的编选、情境的创设以及音乐的转换等。如果不能很好地领会其理论的精微，或不能严格按要求操作，都只能降低学习效果而不能发挥课型的应有功能。那种无视课型的整体性，放弃理论学习而简单套用其程序步骤的做法，是对提高学习水平有害而无益的。

5. 开放性

课型是一个动态开放的系统，有一个产生、发展、完善的过程。虽然课型一旦形成，其基本结构保持相对稳定，但这并不意味着该课型就从此不变了。课型总是随着教学实践、观念和理论的发展变化，而不断地得到丰富、创新和发展而日臻完善的。一种有影响的课型之所以具有较强的生命力，就在于它在原有基础上能不断充实与提高，否则它就会被逐渐淘汰。因此，课型的不断变革与改革，正是它得以具有优效性的重要保证。教师广泛而深入的教学实践，为课型的发展和完善提供了广阔的前景和丰富的养料。

（三）课型的本质

所谓课型，是指在一定的教学理论指导下和丰富的教学经验基础上，为完成特定的教学目标和内容而围绕某一主题形成的、稳定且简明的教学结构理论框架及其具体可操作的实践活动方式。

这一定义具有如下本质要求。

（1）强调课型是指向教学结构的。在现代教学论中，教学结构包括理论结构和实践结构两方面。理论意义上的结构是指教师、学生、教材这三个基本要素的关系。实践意义上的教学结构包括纵横两个方面：纵向结构是指教学过程中各阶段、环节、步骤之间的相互联系，表现为一定的程序；横向结构则是指构成现实教学活动各要素即教学内容、教学目标、教学手段、教学方法等因素的相互联系，表现为影响教学目标达成的诸要素在一定时空结构内或某一教学环节中的组合方式。所以，课型是对学习结构的一种反映和再现。

（2）从静态和动态两方面揭示了课型的中介性。从静态看，课型是教学结构的稳定而简明的理论框架，是立体网络的、多侧面分层次的，很直观地向人们显示了教学诸因素的组合状态，对人们从理论上认识把握课型有重要作用；从动态看，课型是具体可操作的实践活动方式，是依序运动的、因果相连的，很明确地规范了教学过程的展开序列，为人们在实践上操作运用课型提供了具体指导。

（3）强调了特定的教学目标和内容对课型的制约。课型总是和教学目标、教学内容相联系的，后者制约前者的性质、功能、特点和范围。课型栖身不是目的和内容，而只能是实现特定的教学目标和内容的工具和手段，不过课型与教学目标和内容之间常有微妙的对应关系。

（4）指出课型接受教学思想的指导并具有教学经验的基础。告诉我们课型的生成原理和逻辑起点，有利于在实际教学中认识和选择课型、运用和检验课型、归纳和演绎课型、发展和创新课型。教学思想的指导，可以保障课型的科学性和先进性；教学经验的基础，可以保证课型的可行性和有效性。

三、课型的发展趋势

1. 从课型的总体种类看，趋向多元化

20世纪50年代以前，教学实践中基本上由赫尔巴特“教师为中心”的课型和杜威“学生为中心”的课型先后占主导地位，教学形式单一。20世纪50年代以后，出现了课型的空前繁荣景象，并且新的课型层出不穷。特别是中国的新课程改革以来，多种多样的课型正在形成庞大丰富的“课型库”，为教学实践提供了优选课型的广阔余地。

2. 从课型的理论基础看，趋向多元化

当代国内外课型的理论基础非常广泛，已不再单纯依据哲学认识论和教育学了。随着现代心理学的迅猛发展，课型的心理学色彩越来越浓厚。除此之外，当代课型的

理论基础，像系统论、控制论、信息论、社会学、管理学、工艺学、美学等，呈现出多元化、融合化的趋势，这将给课型科学性的增强带来深远的影响。

3. 从课型的形成途径看，趋向演绎化

著名的课型，像非指导性课型、集体性课型等，大都属于演绎课型。与起点于经验、形成于归纳课型的特点不同，演绎课型起点于理论假设、形成于演绎，它更加强调课型的科学理论基础。这为人们自觉地利用科学理论做指导，主动设计和建构一定的课型来达到预期的目的提供了可能。演绎将成为课型生成的重要途径。

4. 从课型的师生地位看，趋向合作化

新课程改革以来，师生在教学过程中的地位和作用发生了深刻的变化。随着学生主体地位的确立、师生合作关系的形成，传统教学论中的“教师中心论”逐渐被现代教学论的“教师主导学生主体论”所取代。这种新的教学观反映到课型的发展中，就导致了由教师中心课型向师生合作课型的发展变化。

5. 从课型的目标指向看，趋向情意化

当代国内外课型的发展，顺应教学改革的深入发展和社会需要人才规格的不断变化，其目标不仅指向认知领域和技能领域，而且指向以往课型所忽略的情意领域。情意型课型的出现和完善，将给现代教学带来一场革命。它强调教学的科学性和艺术性的高度统一，在教学实践中有着很好的发展前景。

6. 从课型的操作程序看，趋向灵活化

当代许多课型在操作程序上都强调根据具体教学情况和需要灵活变化。如吴也显主编《我国中小学常用课堂模式》（云南教育出版社，1993年）一书中涉及的多数课型，都专门列出若干“变式”作为对“基本式”的补充。此外，有的课型甚至本身就没有一个固定的程序存在，尤其是艺术化的、创造性的、情意型的课型更是如此。是不是所有的课型都必须有一个唯一的、固定的操作程序?看来这是一个可以讨论的问题。

7. 从课型的技术手段看，趋向现代化

当代课型越来越重视引进现代科学技术的新成果，日益现代化。随着高新技术的飞速发展，像基因技术、纳米技术、机器人技术等，正在越来越多、越来越成功地介入教学过程。程序课型开创了机辅教学的先河，所以信息加工课型就引进了信息加工、人工智能、计算机等新科学技术成果（如图2–2所示）。

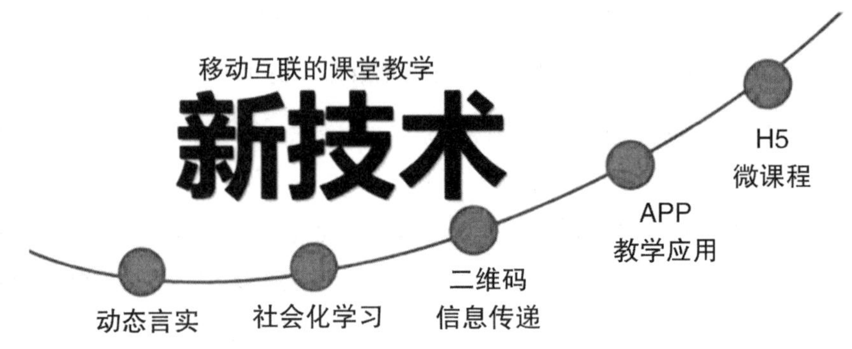

图2-2　移动互联网的课堂教学新技术

8. 从课型的研究发展看，趋向精细化

当代课型研究精细化的表现之一，就是除继续研究一般课型外，将主要精力用于研究学科教学的课型。冯克诚主编的《实用课堂教学模式与方法改革全书》（中央编译出版社，1994年）中的“下篇”，就分“语文教学的课堂模式与方法”“数学教学的课堂模式与方法”“外语教学的课堂模式与方法”“思想政治教学的课堂模式与方法”“历史教学的课堂模式与方法”“地理教学的课堂模式与方法”“物理教学的课堂模式与方法”“其他各科（包括生物、自然、音乐、美术、体育等）教学的课堂模式与方法”八大部分，系统收录了数百种学科教学的课型。课型研究精细化趋势的出现，必将促使课型的研究向纵深发展。

四、课型的初步建构

课型泛指课的类型或模型，是课堂教学最具有操作性的教学结构和教学程序。

（一）课型的理论建模

现代教学理论认为，教学过程结构是课型分类的主要依据之一，特定的样式必然有特定的教学过程结构。

1. 课的类型

它是在对各种课进行分类的基础上产生的。在教学中，有的课主要是传授新知识，有的课主要是复习巩固应用知识，有的课要进行实验操作，培养学生的动手能力……课型就是把各种课按照某种标准划分为不同类型，每一种类型就是一种课型。

2. 课的模型

它是对各类型的课在教材、教法方面的共同特征抽象概括的基础上形成的。

课型的分类，因基点的选择不同而有区别。如果以教学任务作为课的分类基点，课可划分为新授课、练习课、复习课、讲评课、实验课等，统称单一课。如果以教学内容的不同性质作为课的分类基点，课可划分为自然科学课、人文科学课、思维科学课、艺术科学课等，每一类课型又可再分为若干个亚型。例如，科学课型中新授课，按内容的不同可再分为：以“事实学习”为中心内容的课型、以“概念学习”为中心内容的课型、以“规律学习”为中心内容的课型、以“联系学习”为中心内容的课型、以“方法（技能）学习”为中心内容的课型。

如果以课的教学组织形式和教学方法作为分类基点，课可划分为讲授课、讨论课、自学辅导课、练习课、实践或实习课、参观或见习课等。

为了适应新课改的要求，基于核心素养可以设计几种新的课型，其中解疑存疑、自悟互教、讨论合作型的优势最为明显。

（1）解疑存疑型

此种课型的原则是让学生自读课文，带着问题走向课堂，再读课文自我感悟，交流讨论，接受指导，解决疑难。解疑存疑型课堂可设置设疑→解疑→存疑三个教学板块。

（2）自悟互教型

课堂要从“知识本位”走向“能力本位”。它的课堂结构建立在“能力本位”的基础上。这种课型强调让学生参与从目标制定到解决问题的全过程：自学自悟→互学互帮→检查导学。

（3）讨论合作型

讨论合作学习将学习过程置于多向交流中，其间有认同、碰撞、吸纳、排斥……创新的火花常常闪烁其间。讨论合作学习的一般步骤可以是：定标→引导→自结。

（二）课型的常式

基于学理，提出小学的现代课型的总体框架，便于进一步讨论和修正。

小学的现代课型（汪潮）

一、独　学

指的是一个人的自主学习。

独学是一种学习本质。学习是一个主观自在行为。任何的教学都应尽可能放手让学生自主学习和探究学习。起于独学，终于独学。

独学是一种学习视野。独学的内容可以是对教学内容的总体感知和初步理解，可以是欣赏教学内容的精彩，也可以是对教学内容的质疑和追问，还可以是其他的内容。

独学是一种学习快乐。独学是轻松而愉悦的。可以“素学”，可以研学，也可以选学。

任何的课堂教学都应以学生的独学为学情基础。

二、对　学

指的是一对一、一对多人的合作学习。

对学是一种互动交流的学习。对学、互学、合学是课堂教学的优势所在，应积极采用。

对学是一种质疑解惑的学习。对学不是图热闹搞形式，它的目的是发挥同伴的答疑作用。如果没有疑问不必安排对学。

对学是一种提升效率的学习。交流是一种新的学习力，在交流中互答互促，提高学习效果。

三、导　学

指的是教师指导学生的学习。

导学是一种教师的指导。小学课堂教学离不开教师的有效指导。只是要求：学在前，导在后；多学少导。

导学是一种重点的突破。教师的指导不能面面俱到，要导在重点处、难点处、疑点处。

导学是一种学习的提升。教师的指导是为了学生更好地学习、更快地发展，所以，指导既要基于学情，又要有一定的高度。

四、补　学

指的是学习后期的再学习。

补学是一种反思。对已有学习的反思、修正、补充和丰富。通过课堂练习（试误练习、比较练习），使学习更加正确而丰满。

补学是一种整理。对已有学习的梳理和调整，使学习内容更有条理和系统，便于学习成果的保存和内化。

补学是一种拓展。可以补充一些课外材料，进行拓展性学习。宜少不宜多，适度而止。

（三）课型的变式

根据我们对小学核心素养的初步认识，提出小学各学科的主要课型见表2–1。

表2–1 小学各学科主要课型

序号	学 科	本 质	学科核心素养	课 型
1	小学语文	语 言	态度素养 语言素养 人文素养	习惯课型、方法课型 语言课型、思维课型 情感课型、文化课型
2	小学数学	思 维	数学意识 数学建模 数学操作	生活课型、理解课型 归纳课型、演绎课型 计算课型、图形课型
3	小学英语	语 感	听说能力 语言交际 文化了解	语音课型、主持人课型 情景剧课型、角色对话课型 英语故事课型、国际理解课型
4	小学道法	情 感	道德认识 道德行为 法治意识	认知课型、判断课型 内化课型、实践课程 活动课型、模拟法庭课型
5	小学科学	精 神	科学观念 科学思维 探究实践	科学观察课型、科普课型 科学阅读课型、论证课型 实验课型、科学技术课型
6	小学音乐	乐 感	节奏体验 音乐实践能力 音乐文化理解	节奏课型、体验课型 乐器课型、表演课型 欣赏课型、主持课型
7	小学体育与保健	体 质	健康意识 运动技能 体育品德	生活课型、大众课型 运动课型、竞技课型 观赏课型、评议课型
8	小学美术	美 感	图像识读 美术表现 审美判断	认识课型、判断课型 造型课型、设计课型 观赏课型、评议课型
9	小学综合	融 合	信息意识 综合方法 整合能力	测试课型、竞赛课型 展览课型、手抄报课型 戏剧课型、社区服务课型

第三章　课堂：融学方式

融学课型有三个标志：一是教师主动地让位给了学生；二是课堂展开了广域的多元学习；三是学生在课堂真正地进行了深度学习。现分述如下。

一、教师让学

“让学”这一概念是由德国哲学家海德格尔首次提出的。他在《人，诗意地安居》一书中写道“教所要求的是：让学。”他认为“称职的教师要求学生去学的东西首先是学本身，而非旁的什么东西。”意思是说：教学要关注学习及其过程。（海德格尔著，《人，诗意地安居》，郜元宝译，上海远东出版社，2004年版，第28页）

在小学教学界，继“学生主体”“生本课堂”之后，出现了一个新名词“让学”。“让”就是谦让、给予，有一种位置变化、重点转移之意。“让学”就是把课堂的时间、场所、机会等尽可能让位给学生的学习。从教室功能看，要变课堂、教堂为学堂；从教师和学生的关系看，要更多地让位给学生；从讲授和学习的关系看，要更多地让位给学习。“让学”的主要精神是：教师放手尽可能让学生自己主动、深入地进行学习。

（一）“让学”的课程观：灵动开放

“让学”的基本前提是课程的全方位开放。唯有课程的开放，才能保证学生在课堂上的主体地位和学习活动的展开。

1. 课程目标的开放

从常规教学看，教学目标是由课程标准所决定的，而开放的课程不仅要完成课程标准确定的教学目标，还应充分体现时代发展的特征，体现学生可持续性发展的特点。（1）教学目标有单一性和多元性之分，“让学”的课堂教学提倡多元性。（2）教学目标有认知性和实践性之分，“让学”的课堂教学提倡实践性。（3）教学目标有群体性和个体性之分，“让学”的课堂教学提倡个体性。（4）教学目标有外显性和内隐性之分，“让学”的课堂教学提倡内隐性。

2. 课程内容的开放

第一，要适当补充教学内容。要引进“鲜活”的学习内容，补充教材中没有而在学生生活中常用的知识。第二，要适当拓展课程内容。课程不仅具有鲜明的独立性，而且有广阔的兼容性。课程内容应拓宽视野，引进和整合各门学科的知识。第三，适度开发课程内容。主要是：开发计算机网络信息资源，开发多媒体技术，利用社会环境、家庭生活中的课堂资源，利用校园文化资源，等等。最为重要的是开发学生自身的学习资源。

3. 课程时空的开放

时空不仅仅是物质的，它还有特定的社会文化意义。“让学”的课堂时空要开放：（1）教学时间的开放。课堂教学时间要向学生开放，为学生留出充足的自学时间、思考时间、操练时间和休闲时间。（2）教学空间的开放。拓宽学习空间，使学生从狭小的空间地带走向广阔的发展天地，营造宽松、多样、立体的学习氛围。（3）思维空间的开放。思维从问题开始，要创设质疑问难的情境，挖掘教学内容中有利于学生思维发展的问题。“让学”的课堂教学要更多地提倡发散性思维、逆向性思维和直觉思维。

4. 课程评价的开放

开放的课程应以促进学生主体发展为根本目标，形成评价目标多元、评价内容多样、评价手段灵活的评价体系。为了“让学”，特别应注重学生的主体性评价、学习的过程性评价和实践性评价。

（二）“让学”的教学观：学多于教

“教”与“学”之间的关系十分复杂，从逻辑联系看，主要有四种关系：（1）教等于学。这种关系意指教师教多少，学生也就学多少。这是一种“名师出高徒”的关系。如果以细线围成的圆面积代表学习量，以粗线围成的圆面积代表讲授量，在这种关系下，两圆重合，面积相等。这时$T=L$（T为教，L为学）。（2）学多于教。这种关系意指学生所拥有的信息能超过教师所具有的知识。这种关系称为“青出于蓝而胜于蓝”。这时，$L>T$。（3）教大于学。这种关系意指学生对于教师所教的内容无法全部吸收，只能学到部分知识。至于每个学生能学到多少知识，则取决于学生个人的能力和努力程度。这种关系就像常说的“一桶水对一杯水”。这时，$T>L$。（4）有教无学。这种关系意指学生对教师所教的内容全然不知，犹如“对牛弹琴”。这时，$L\cap T=\varphi$。一般来说，在现有的课堂教学中，最常出现的是“教大于学”，其次是“教等于学”，最容易被忽视的是“学多于教”和“有教无学”。

“让学”的前提性命题是：学生的主要职责是学习、学生是天生的学习者、学生的学习潜能是无限的。课堂教学犹如“植树”，树木是自己长的，别人替代不了它的生长。而且，外界对树的作用主要是根部，而不是技叶。应该充分相信，任何一个学生都是有学习本能和学习潜能的，都有发展的可能性，教师的教是无法也不可能替代学生学的一切方面的。人本心理学代表人物罗杰斯曾断言：“没有任何人能教会任何人任何东西”。同理，学生学会任何东西，不是教师教会的，最终都是学生通过自己的内化掌握的。所以，融学课堂教学应当建立在“学多于教”的逻辑起点上，这是现代小学课堂教学应当追求的境界。美国心理学家布鲁纳的“学科结构理论”、德国根舍因的“范例教学理论”、苏联教育家沙塔洛夫的“纲要信号理论”等，都是以“学多于教”为出发点和归宿的。“让学”要求把课堂教学建立在“学多于教”这样一种乐观的理念之上，更多地追求学生的实际学习效果。

（三）“让学”的学生观：现实存在

融学课堂的主体是学生，“生本”的课堂表现为以学生为本，以生命为本，以生动为本，以生长为本。“以学生为本”要求尽可能相信学生、尊重学生、依靠学生、展示学生，让学生全体、全面、全程发展。而这些都是以学生的现实存在为基础和保证的。

“让学”的重要目的是促进学生“现实性”的发展。应该看到，今天的学生已不仅仅是一种简单的“可能性”、机械的“被动体”，他们在现实社会中，实际上已经具有一种“现实性”和“主动体”的存在，他们的思想观念、行为方式，对整个社会已经有一种现实的作用，具有一种现实的社会功能。“让学”应充分关注学生的以下特征。

1. 学生是关系中的人

学生是存在于现实生活各种关系中的人，他的主体作用的发挥依赖于各种关系的处理和协调。自由、宽松、和谐的“关系”是学生主体作用发挥的基础。影响学生的各种关系主要是人与人的关系、人与自我的关系、人与自然的关系、人与社会的关系等。

2. 学生是现实社会中的人

学生的生活是一种复杂的现实，这种现实构成一个社会。学生主体性的发挥离不开现实社会的制约。如果离开现实社会去理解学生主体，是不真实的、不深刻的。

3. 学生是世界背景中的人

随着全世界的开放，出现了“地球村庄”“世界公民”的现象。学生作为世界范围的一个成员，必然受到世界性潮流的影响。我们要有世界性的战略眼光，善于与世界各国的教育进行对接、交流和融合，提升与世界对话的能力。

4. 学生是文化中的人

生活在一定文化背景下的人，必然有相应的文化意识、文化精神和文化性格。文化有传统文化和现代文化之分、有中国文化和外国文化之别，这必然对学生提出新时代的文化要求：弘扬现代中国文化，继承中华传统优秀文化，尊重各国、各民族的多元文化，在各种文化的相互碰击、交融中发挥学生的主体作用。

（四）“让学”的方法观：自主学习

“让学”倡导自主学习的方法。自主学习指的是学生对学习过程进行自我调控的学习方式。这种学习方式要求学生在学习活动中充分发挥自身的主体性。其主要特征有以下几个。

1. 主动性

学习的主动性表现在两个方面：一是学习兴趣。兴趣有直接和间接之分，直接兴趣指向学习过程本身，间接兴趣指向学习活动结果。学生有了学习兴趣，特别是直接兴趣，学习就会成为一种愉悦的体验和享受。二是学习责任。教师应当对学生的学习负责，这是不容置疑的。但是如果学生自己意识到学习的责任，把学习与自己的生活、生命、生长有机地联系起来，这种学习才是一种真正意义上的学习。“让学”要求把学习责任从教师身上转移到学生身上，让学生自觉地担负起学习责任。

2. 独立性

如果说主动性表现为“我要学”，那么独立性则表现为“我能学”。每个学生都有显在的和潜在的学习能力，而且都有一种表现自己独立学习能力的要求。从某种意义上说，学生的课堂学习过程就是一个争取独立和日益独立的过程。“让学”把课堂学习建立在学生独立性的基础上，要求学生摆脱对教师的依赖，独立自主地开展学习活动。“让学”的学习不是为了“占有”别人的知识，而是为了独立“生长”自己的知识。教师要充分尊重学生的独立性，积极鼓励学生独立学习，并创造机会让学生独立学习，从而让学生发挥自己的独立性，培养学生独立的学习能力。

3. 异步性

“让学”的学习是在学生了解自身条件的基础上，根据自身的需要，制定出具体的课堂学习目标，选择相关的学习内容，并对学习结果做出自我评估。“让学”的异步性充分尊重学生的原始状态和个别差异，促进不同水平的学生都得到差异发展。

我们在倡导“让学”的同时更应注重有效的“让学”，防止学生学习的“形式”“惰性”和“虚假”。例如，有的老师认为“让学”就是“学生上台，教师下台”或“学生在台上，教师在幕后。”有的老师认为课堂就是学生的展示舞台。有的老师把自己讲课的时间规定为不能超过三分之一或二分之一，为的是保证学生的自主学习时间。如此之类，都是形式的、肤浅的，偏离了“让学”的本质所在。

融学课堂的现实折射出一种信号：不是要不要“让学”，而是需要以辩证的态度对待“让学”。为此提出如下建议：（1）放手不等于甩手。学生是学习的真正主人，教师要尊重学生，放手让学生自主学习，大胆发言，自我表现。但是教师的“主导”作用始终贯穿其中，要有放有收，放手不等于甩手不管。（2）自由不等于自流。“让学”的课堂从某种意义上说，学生是自由的，他们可以自由想、自由说、自由做，不受某种僵化的教条束缚。但由于学生身心发育不完善，自觉、自控能力往往较差，教师的准绳稍有放松，课堂就会混乱不堪。因此，教师要掌舵，随时调整方向，自由不等于放任自流。（3）万言堂不等于乱言堂。有许多老师为充分发挥学生的主动积极性，允许学生在课堂上发言不举手就站起来。难度低的问题便出现学生纷纷起立，七嘴八舌地回答同一个问题。课堂上言论自由有其积极的一面，但没有了“序”，万言堂就成了乱言堂，课堂学习效益就低，这其中的“度”还需教师悉心把握。（4）因势利导不等于千依百顺。对于教学过程中的突发事件，教师既要做到动态生成，因势利导，又不能千依百顺，任学生牵着鼻子走，要迅速朝着既定的课堂教学目标前进。

（五）“让学”的教师观：合作导师

“让学”强调学生的主动学习，但也关注教师在学生建构知识过程中提供一定的帮助和支持（“支架式教学”），使学生的学习进一步深入。“让学”不弱化教师对学生的引导作用，也不提倡学生的“无师自通”。

1. 教师是课堂的“组织者”

融学课堂不是一个既定系统，而是一个预设系统。教师应根据具体的教学情况适当调整教学目标、结构、进程和方式。对于同一个教学内容，可以建构不同的实施方案，有的可以通过认知去解决，有的可以通过体验去完成，有的则通过综合性活动去实现。融学课堂要求教师掌握三个教学策略：一是“低入”。设计简约、适度的内容和方式为开端，用最适合学生的为起点，用最直接的方式交给学生，为学生的主动探究提供更大的空间。“低入”营造了一种近乎“零干预”的课堂气氛，使学生易学、乐学、能学，有利于学生积极参与、自由发挥、充分思索。当然，简约不简单，“低入”不是不要难度，而是在深思熟虑的基础上精心设计的有效教学。二是“先学”。教师要设置“前置性学习”，让学生在学习新知识之前尝试自主学习，全面了解学习内容。久而久之，有利于学生学习习惯、自学能力的培养。三是“理答”。对学生的学习状况进行全面而有效的梳理，并设计有效的应答、应对策略。这是教师教学机制和教学艺术的体现。

2. 教师是学生学习的“导师”

“教师”与“导师”虽一字之差，却体现了两种不同的教育理念。“教师”的职责是“传道、授业、解惑”，教师带着学生走向教材，师生之间是一种自上而下的垂直式关系，师道尊严，学生缺乏自主性。“导师”的职责是“向导、伙伴、顾问”，学生带着教材走向教师，师生之间是一种坦诚的碰撞、交流和沟通，教育者应置于学生中间，为学生指明前进的方向，为学生的学习活动提供指导。形象地说，这是“纤夫”和“牧者”的区别。作为牧者的“导师”，其主要表现是情境的诱导、过程的引导、习惯的辅导、方法的指导、品行的教导等。

3. 教师是课程的开发者

新课程改革后已经把教师从“教育方法”时代带入“教育内容”时代。教师不仅是课程的执行者、使用者，同时还是课程的建构者、开发者。教师应大力开发和利用新的课程资源：既要开发校内资源，又要注重校外资源的开发；既要开发显性的课程资源，又要注重隐性课程资源的开发；既要开发近距离的课程资源，又要注重远距离课程资源的开发。特别是要随机利用生成性课程资源。随着教学进程的推进，某些偶发事件、情感的闪念、思维的火花、学生的观点等都可能是新的课程资源和教学内容。

4. 教师是教学研究的“专家”

要真正实现“让学”，教师要从烦琐的、机械的传授中解放出来，成为一名研究者，研究课堂教学的规律和特点。教师成为研究者是促进教师形成“让学”意识和提升“让学”水平的重要保证。

二、多元学习

融学课堂是促进学生全面发展的全方位、全过程和全员式的课堂样式，以便建立一个整体融合的课堂教学体系。它有三个定位：（1）全方位。从课程内容角度，整体构建课程体系，促进学生全面、和谐发展。学校课程体系是一个整体，每一门课程都有其不可替代性，学校质量管理应覆盖全部课程。（2）全过程。依托学生在一所学校连续几年学习时间相对完整的优势，依托学生在认知、行为和价值观发展等方面相对连贯性的优势，学制相对较长的优势，遵循学生身心发展规律，学校课程关注学生成长的全过程。（3）全员式。构建一个学校管理者、教师、学生和家长等主要关联体积极参与的、互动的全员式质量管理系统。

融学课堂的主要理论支持是多元智能理论。

多元智能理论从1983年由美国哈佛大学发展心理学家霍华德·加德纳（Howard Gardner）教授提出以来，已经逐渐引起世界广泛关注，并成为许多西方国家教育改革的指导思想之一。不仅加德纳本人的有关著作被译成20多种语言，其他专门研究多元智能理论的著作和论文在美国等西方国家有关心理和教育的研究成果中也占有很大比重。《纽约时报》称他为美国当今最有影响力的发展心理学家和教育学家。中国的课程改革的理论依据之一就是多元智能理论。

（一）多元智能理论的产生

19世纪80年代，英国生物学家高尔顿（Galton）开创了对智力进行测量的先河。1905年，法国心理学家比奈（Binet）和西蒙（Simon）为了鉴别智力有缺陷的儿童以让他们接受特殊的教育，编制了世界上第一个正规的智力测验量表。1916年，德国心理学家施太伦提出了“智商”的概念，智商即智力商数，它是用数值来表示智力水平的重要概念。从此，智力测试便风靡美国乃至全世界。然而，也正是从智力测试产生之日起，关于智力测试局限性的争论就从未停止过，人们对它的批判主要是针对智力测试的潜在理念即智力是一元的、是一种单一的整合的能力而提出的。

1935年，亚历山大第一次提出“非智力因素”这个概念。所谓“非智力因素”是指记忆力、注意力、观察力、想象力、思维力等智力因素之外的一切心理因素，主要包括动机、兴趣、情感、意志、性格等，这些非智力因素都是直接影响和制约智力因素发展的意向性因素。但是，这一理论提出后，并未受到人们的关注。

1967年，美国在哈佛大学教育研究生院创立《零点项目》，由美国著名哲学家戈尔曼主持。《零点项目》主要任务是研究在学校中加强艺术教育，开发人脑的形象思维问题。在从这以后的二十年间，美国对该项目的投入达上亿美元，参与研究的科学家、教育家超过百人，他们先后在100多所学校做实验，有的人从幼儿园开始连续进行20多年的跟踪对比研究，出版了几十本专著，发表了上千篇论文。多元智能理论就是这个项目在20世纪80年代的一个重要成果。

哈佛大学霍华德·加德纳教授在参与此项研究中首先重新考察了大量的、迄今没有相对联系的资料，即关于神童的研究、关于脑损伤病人的研究、关于有特殊技能而心智不全者的研究、关于正常儿童的研究、关于正常成人的研究、关于不同领域的专家以及各种不同文化中个体的研究。通过对这些研究的分析整理，他提出了自己对智力的独特理论观点。基于多年来对人类潜能的大量实验研究，加德纳在1983年出版的《智力的结构》一书中，首次提出并着重论述了他的多元智能理论的基本结构，并认为支撑多元理论的是个体身上相对独立存在着的、与特定的认知领域或知识范畴相联系的八种智力，这些为多元智能理论奠定了理论基础。

传统智力理论认为语言能力和数理逻辑能力是智力的核心，智力是以这两者整合方式而存在的一种能力。针对这种仅徘徊在操作层面，而未揭示智力全貌和本质的传统的有关智力的狭隘定义，研究者们从20世纪70年代开始，就从心理学的不同领域对智力的概念进行了重新的检验，其中最有影响的当属耶鲁大学的心理学家罗伯特·斯滕伯格（Robert Stenberg）所提出的三元智力理论（分析性智力、创造性智力、实践性智力）。而20世纪80年代哈佛大学认知心理学家加德纳所提出的多元智能理论，认为智能是人在特定情景中解决问题并有所创造的能力。他认为我们每个人都拥有八种主要智能：语言智能、逻辑—数理智能、空间智能、运动智能、音乐智能、人际交往智能、内省智能、自然观察智能。他提出了“智能本位评价”的理念，扩展了学生学习评估的基础。他主张“情景化”评估，改正了以前教育评估的功能和方法。加德纳的多元智能理论是对传统的“一元智能”观的强有力挑战，给人以耳目一新之感。尤其是当前在新课程改革中，大部分教师对学生评价颇感困惑之时，多元智能理论可以给我们诸多启示。

（二）多元智能理论的解读

1. “智能”的含义

多元智能理论认为：智能是在某种社会或文化环境的价值标准下，个体用以解决自己遇到的真正难题或生产及创造出有效产品所需要的能力。具体包括如下含义。

（1）每一个体的智能各具特点。根据多元智能理论，作为个体，我们每个人都同时拥有相对独立的八种智能，但每个人身上的八种相对独立的智能在现实生活中并不是绝对孤立、毫不相干的，而是以不同方式、不同程度有机地组合在一起。正是这八种智能在每个人身上以不同方式、不同程度组合，使得每一个人的智能各具特点。

（2）个体智能的发展方向和程度受环境和教育的影响和制约。多元智能理论认为，个体智能的发展受到环境包括社会环境、自然环境和教育条件的极大影响与制约，其发展方向和程度因环境和教育条件不同而表现出差异。尽管各种环境和教育条件下的人们身上都存在着八种智能，但不同环境和教育条件下人们智能的发展方向和程度都有着明显的区别。

（3）智能强调的是个体解决实际问题的能力和生产及创造出社会需要的有效产品的能力。根据多元智能理论，智能应该强调两个方面的能力，一个方面的能力是解决实际问题的能力，另一个方面的能力是生产及创造出社会需要的有效产品的能力。根据加德纳的分析，传统的智能理论产生于重视言语—语言智能和逻辑—数理智能的现代工业社会，智能被解释为一种以语言能力和数理逻辑能力为核心的整合的能力。

（4）多元智能理论重视的是多维地看待智能问题的视角。加德纳认为，承认智能是由同样重要的多种能力而不是由一两种核心能力构成，承认各种智能是多维度地、相对独立地表现出来而不是以整合的方式表现出来，应该是多元智能理论的本质之所在。

2. “多元智能”的结构

加德纳认为，支撑多元智能理论的是个体身上相对独立存在着的、与特定的认知领域和知识领域相联系的八种智能：语言智能、节奏智能、数理智能、空间智能、动觉智能、自省智能、交流智能和自然观察智能。

（1）言语—语言智能

指的是用言语思维、语言表达和欣赏语言深层内涵的能力，也就是人有效运用口头语言或文字语言的能力。加德纳认为，语言一直是人类社会不可或缺的“人类智能的卓越典范”。语言有四个功能。

▲ 语言的口头表达。可以使用语言说服他人采取某一行动。

▲ 语言的记忆潜力。使用语言记忆信息，它具有增强记忆的功能。

▲ 语言的解释功能。指的是使用语言解释事物的能力。包括使用口语和书面语的能力。

▲ 反思功能。指的是使用语言反思或解释语言活动的能力。

Armstrong（1999）对加德纳课堂智能的解释是：有效地运用口头语言或书写文字

的能力。这里应当注意的是：课堂智能的核心是“运用语言”。在上述四个能力中都强调了使用语言的能力。

（2）音乐—节奏智能

指感受、辨别、记忆、改变和表达音乐的能力，表现为个人对音乐包括节奏、音调、音色和旋律的敏感以及通过作曲、演奏和歌唱等表达音乐的能力。

（3）逻辑—数理智能

指运算和推理的能力，表现为对事物间各种关系如类比、对比、因果和逻辑等关系的敏感以及通过数理运算和逻辑推理等进行思维的能力。

（4）视觉—空间智能

指感受、辨别、记忆和改变物体的空间关系并借此表达思想和感情的能力，表现为对线条、形状、结构、色彩和空间关系的敏感以及通过平面图形和立体造型将它们表现出来的能力。

（5）身体—动觉智能

指运用四肢和躯干的能力，表现为能够较好地控制自己的身体、对事件能够做出恰当的身体反应以及善于利用身体语言来表达自己的思想和情感的能力。

（6）自知—自省智能

指认识、洞察和反省自身的能力，表现为能够正确地意识和评价自身的情绪、动机、欲望、个性、意志，并在正确的自我意识和自我评价的基础上形成自尊、自律和自制的能力。

（7）交往—交流智能

指与人相处和交往的能力，表现为觉察、体验他人情绪、情感和意图并据此做出适宜反应的能力。

（8）自然观察智能

指个体辨别环境（不仅是自然环境，还包括人造环境）的特征并加以分类和利用的能力。（加德纳在1995年补充）

加德纳后来补充了“存在智能（existential intelligence）”，这是人们表现出的对生命、死亡和终极现实提出问题，并思考这些问题的倾向性。另外，有其他学者从“自知—自省”智能分拆出“灵性智能（spiritual intelligence）”。

（三）多元智能理论的意义

加德纳的多元智能理论对传统的智力理论有三个突破：一是智力不再是传统意义

上的以“逻辑—数理”智力为核心的智力，而是一种潜能，是中枢神经系统的潜在发展能力。二是智力不是一种能力，而是既独立又联系的多种智力。三是智力不是用一个标准来衡量的某种特质，而是随着社会文化背景的不同而变化的为特定文化所珍视的能力。

多元智能理论在美国教育改革的理论和实践中产生了广泛的影响，并且已经成为当前美国教育改革的重要理论基础之一。运用多元智能理论分析我国的教育问题，对于促进我国的教育改革和学生课堂素养的提高有着重要的积极意义。

1. 多元智能理论与智力观

多元智能理论的杰出贡献是倡导智能的“多元性”，使我们对智能的思考从“一元”走向“多元”。

多元智能理论的“智力观”认为：（1）每个人都有八种智能，只是强弱各异，各如其面。八种智能中多数智能都很强的人甚少。（2）不仅多元智能人各不同，而且同一智能的各个方面强弱也不同。如一个人目不识丁，但他讲故事却娓娓动听。（3）每个学生都有自己的优势智能，有自己的学习风格和方法。每个学生都是多种不同智能不同程度的组合，问题不再是一个学生有多聪明，而是一个学生在哪些方面聪明和怎样聪明。

所以，真正有效的教育必须认识到智力的广泛性和多样性，并使培养和发展学生的各方面的能力占有同等重要的地位。

2. 多元智能理论与学生观

多元智能理论倡导新的学生观，可以概括为：学生是学习的主人、学生是发展中的人、学生是具有发展潜能的人、学生是有个体差异的人。

在学生观上，多元智能理论认为几乎每个人都是聪明的，但聪明的范畴和性质呈现出差异。“天生我才必有用”。学生的差异性不应该成为教育上的负担，相反，是一种宝贵的资源。我们要改变以往的学生观，用赏识和发现的目光去看待学生，改变以往用一把尺子衡量学生的标准，要重新认识到每位学生都是一个天才，只要我们正确地引导和挖掘他们，每个学生都能成才。

多元智能并不主张将所有人都培养成全才，而是认为应该根据学生的不同情况来确定每个学生最适合的发展道路。通俗来讲，多元智能理论不是让学生千军万马过独木桥，也不是简单地要求给学生多架几座桥，而是主张给每个学生都铺一座桥，让“各得其所”成为现实。也就是让每个学生都来有所学，学有所得，得有所长。教育的价值除了为社会培养有用之才，更在于发展和解放人本身。

根据多元智能理论，每个人都有其独特的治理结构和学习方法，所以，对每个学生都采取同样的教材和教法是不合理的。多元智能理论为教师们提供了一个积极乐观的学生观，即每个学生都有闪光点和可取之处，教师应从多方面去了解学生的特长，并相应地采取适合其特点的有效方法，使其特长得到充分的发挥。

3. 多元智能理论与教学观

多元智能理论倡导的是一种多元个性化的、因材施教的教学观。

多元智能理论为我们挑战传统的课程设计思路并形成新的、有时代特点的课程设计思路提供了有意义的借鉴。根据多元智能理论的理念和实践，课程设计思路可以概括为两点：一是“为多元智能而教”，二是“通过多元智能来学”。

（1）提供多样化智能活动

教学的任务就应该是向学生提供多种多样的智能活动机会，在充分尊重学生发展独特性的同时，保证儿童的全面发展。

（2）选择最合适的教学方式

多元智能理论强调应该根据每个学生的智能优势和智能弱势选择最适合学生个体的方法。教学要关注学生差异，善待学生的差异，在教学中，根据学生的差异，运用多样化的教学模式，促进学生潜能的开发，最终促进每个学生都成为优秀的学生。

（3）促进优势智能的迁移

多元智能理论强调八种智能中的每一种在人类认知结构中均具有同等重要的地位，教育应该对不同的智能一视同仁，但它更强调每一个人的智能特点是不一样的，强调每一个人都应该在充分展示自己智能长项的同时，将自己优势领域的意志品质等迁移到弱势智能领域中，从而使自己的弱势智能领域得到发展。

4. 多元智能理论与评价观

多元智能理论对传统的标准化智力测验和学生成绩考查提出了严厉的批评。传统的智力测验过分强调语言和数理逻辑方面的能力，只采用纸笔测试的方式，过分强调死记硬背知识，缺乏对学生理解能力、动手能力、应用能力和创造能力的客观考核。因此，有其片面性和局限性。多元智能理论认为，人的智力不是单一的能力，而是由多种能力构成，因此，评价指标、评价方式也应多元化，并使学校教育从纸笔测试中解放出来，注重对不同人的不同智能的培养。

多元智能理论认为：评价学生的目的在于发展学生的智能，为学生提供有益的反馈，使学生认识自己智能的状态，进而采取针对性措施，弥补自己的劣势，发展自己的优势。评价的目的不仅要促进学生各种智能的发展，更要促进学生智能组合的整体提高。

曾记得在哈佛大学350周年校庆时，有人问校长：学校最引以为豪的是什么？校长说：哈佛最引以为豪的，不是培养了6位总统、36位诺贝尔获奖者，最重要的是给每一个学生以充分的选择机会和发展空间，让每一颗金子都闪闪发光。这是一种开发学生潜能的思路，是一种多元评价。

5. 多元智能理论与发展观

按照加德纳的观点，教育的宗旨应该是开发多种智能并帮助学生发现适合其智能特点的职业和业余爱好，让学生在接受学校教育的同时，发现自己至少有一个方面的长处，学生就会热切地追求自身内在的兴趣。

多元智能理论认为，每一位学生都有相对的优势智能领域（无论是相对于自己还是别人）。如有的学生有很高的语言智能，但数学智能却很低，则应引导学生尽展所长、补其所短，培养其语言能力。不必强求他在数学方面达到很高水准，只要他在数学方面力所能及即可。又如，有的学生更容易通过口头语言表达，有的学生则更容易通过书面语言表达，所以应该在对学生进行评价的基础上注意发现他们的优势智能领域并加以挖掘和发展。

多元智能理论告诉我们应该注重学生创造能力的培养。加德纳认为，现实生活需要每个人都充分利用自身的多种智能来解决各种实际问题，社会的进步需要个体创造出社会需要的物质产品和精神产品，这两种能力的充分发展，才应该被视作智能的充分发展。从智能的本质上讲，解决实际问题的能力是一种创造能力，因为它主要是综合运用多方面的智能和知识、创造性地解决现实生活中没有先例可循的新问题的能力。

在“融学课堂”的实验中，单一的教材文字变成了绘本、故事、绘画、音乐、舞蹈、戏剧、游戏等丰富的元素，传统的教室多元化为小剧场、戏剧教室、音乐教室、舞蹈教室、英语教室等，传统的学科也丰富成由各种主题综合而成的课程。这些由单一向多元的变化，正体现了对学生单一能力向多元素质要求的转变，这些多元的要素体现了加德纳的多元智能理论，也体现了“融学课堂”注重个人发展、注重综合素质培养的理念。

融学课堂积极倡导以下学习方式。

▲ **问题学习**

传统的学习方式是一种被动接受的学习方式，主要表现为老师讲学生听、老师问学生答、老师出题学生解答。这种问答式的学习方式使学生逐步丧失怀疑、好奇、挑战的精神。新课程改革把培养学生的问题能力作为提高学生主动学习能力的一个重要方面来研究，努力营造多种问题情境，引导学生掌握和确立一种基于问题的学习方式。

所谓基于问题的学习方式，就是要求学生以问题作为学习的载体，自觉以问题为中心，围绕问题的发现、提出、分析和解决来组织自己的学习活动，并在这样的活动中逐步形成一种强烈而又稳定的问题意识，始终保持一种怀疑、困惑、焦虑、探究的心理状态。综观人类社会发展的历史，科学上的突破、技术上的革新、艺术上的创作，无一不是从发现问题、提出问题开始的。学生学习的过程就是一个由发现新问题为起点，到解决新问题为终点的过程。衡量学生的学习重要的不是看学生掌握了多少，而是看学生发现了多少；重要的不仅是要学生解决问题，而是让学生善于发现问题，主动提出问题，有勇气面对问题；重要的不是学生提问的正确性、逻辑性，而在于学生发问的独特性和创造性。只有学生以自己敏锐的洞察力发现了问题，学习才有强大的动力，才能真正开启心智的大门，才能真正激发学习的热情，也才能真正领略到学习的乐趣与魅力。无疑，这种感受的获得比解决一个问题更重要、更有意义。这正是基于问题的学习方式所最终追求的。

▲ **实践学习**

实践活动既是认识的源泉，又是思维发展的基础，学生学习知识的获取、学习技能的培养、学习素质的提高，无一不是在实践中得以实现的。在这个意义上，我们说学生的学习是以实践为基础和生长点的，学习与实践是相辅相成、相互依存、互为统一的有机整体。

传统的学习方式割裂了学习与实践辩证统一的关系，过分甚至仅仅强调书本知识的学习，忽视了学生的社会生活实践，结果造成学生高分低能、厌学逃学等不良后果。学生学习书本知识固然很重要，但仅局限于此是不够的，也是很危险的。因为现成的书本知识，是他人的认识成果，对于学生来说，并不是他们亲自得来的，而是一种间接知识，一种偏于理性的尚未和感性认识结合的不完全的知识，学生要把这些知识转化为自己的东西，转化为理解的和能够运用的东西，还必须有一定的直接经验和感性认识为基础。这就必须在学习过程中加强实践活动的开展，如以认识事物、获取知识、发展能力为目的的认知实践，以处理自身日常事务的生活实践，以处理与他人相互关系、与他人交流合作的交往实践等。

学生生活于火热的社会实践中，诚然，作为其生活的重要部分的学习活动也应深深地根植于实践。学习不是一种封闭在书本上和禁锢在屋子里的机械识记的过程，在某种意义上，学习与生活、与实践是有着相同外延的，是“合一”的。只有在多姿多彩的社会实践中发掘学习资源，学习才是生动的、鲜活的、真实的；只有在丰富多样的社会实践中开展学习过程，学习才是完整的、详尽的、美妙的；只有在绚丽多姿的社会实践中体验学习感受，学习才是亲近的、深刻的、诗意的；只有在变化多端的社会实践中评价学习成果，学习才是高效的、智慧的、灵动的。由此我们认为，新的学习方式是基于实践的，它定然以实践为依托。

▲ 探究学习

学生的学习过程是一个永无止境的探究过程。传统的学习观则否定这一属性，片面地将学生的学习理解为一种特殊的认识过程：在认识条件上，学生的学习是依赖教师的，是在成人的控制下进行的；在认识对象上，学生的学习以人类积累的知识经验，特别是以书本知识为主的；在认识方式上，学生的学习主要是“接受”和“掌握”。在这种观念指导下的学习是一种满足于被动接受知识传输的学习，是偏重于机械记忆的学习，这样的学习方式使学生的主体性与能动性丧失殆尽。

从能动的反映论来看，学生的学习总是以自己现有的需要、价值取向，以及原有的认知结构和认知方式为基础，能动地对所要学习的内容进行筛选、加工和改造，最终以自身的方式将知识吸纳到自己的认知结构中去。这表明学生学习不是被动接受和认同，不是对现有知识的直接占有，而是带着“个人的自传性经验”独立分析、判断与创造的活动，这是一种基于自己与世界相互作用的独特性经验之上的“继续不断地构建”过程，是一种积极主动的探究过程，有着浓重的创新色彩。

由于多种原因，人们对探究学习常出现一些误解。一是对探究学习的神化，二是对探究学习的泛化。学习过程中必须有学生自主探究的活动内容，但又不能机械理解为整个学习活动必须完全由学生自己提出、研究和解决每一个问题。其实，探究学习关键在于激发学生独立思维，无论是直接还是间接地接触所要解决的问题，只要真正调动了学生独立思考的积极性，就可能形成一种探究式的学习。我们倡导探究学习，主要是要求学生经历与科学工作者进行科学探究时的相似过程，从中掌握有关知识与技能，体验科学探究的乐趣，学习科学探究的方法，领悟科学的思想和精神。

▲ 个性学习

个性是在一定历史条件下，通过社会实践活动形成和发展起来的。个体是在社会实践中作为主体而表现出来的思想和行为的总体特征，我们把能够充分体现学生个性特征，最有利于发挥学生个性特长，并取得最佳学习效果的学习方式，简单地称之为“基于个性的学习”。

我们提倡个性化的学习方式，但不是推崇“个人主义”“自由主义”。在集体与组织中，有时学生的学习不能不受到一定的制约。对于一个班集体或组织，要保证其学习的整体性、有序性和高效性，成员之间就得遵守最低限度的规则。必要时，还要统一步调、统一行动。这未必就是轻视或压抑个性。

▲ 合科学习

所谓“合科学习”是指在根据学生的兴趣与生活设定学习材料而展开的活动中，整合若干学科内容进行教学的方法。

与现行的教材不同，全课程教材不再是每个学科一本书，而是将不同的课程融合在一本教材里。比如学《春天来了》，里面有写春天的课文，有唱春天的歌曲，有画春天的图片，甚至连数学科目也和春天联系了起来。这套教材的课程完全是围绕学生进行设置的。例如，一年级上学期，主要是开学类的课程，名字就叫《开学啦》。该教材包括《开开心心来上学》《我和我的好朋友》《我们一起做游戏》等六个单元。学习这些内容，小朋友很快就熟悉了学校、老师和同学。

▲ 项目学习

项目学习就是对一个特殊的将被完成的有限任务，它是在一定时间内，满足一系列特定目标的多项相关工作的学习掌握。学生围绕一个特定的学习任务，通过自主的实践活动，把知识内化为能力，并在情境体验中凝结为素养。（1）以真实的生活问题为情境，提出适宜的任务驱动。（2）以任务的子目标为依据，整体设计学习项目。（3）以终点为起点，构建基于表现性评价的教学流程。

从学习内容看，项目学习将学科知识、概念、原理融入项目任务当中，学生完成项目任务的过程，也就是学习者体验、感悟学科知识、概念、原理的过程，在此过程中学生建构起学科知识、概念、原理的个性化理解，掌握一定的技能，发展了思维能力。更为重要的是，项目学习关注多学科内容的交叉融合。来源于现实生活中的实际问题往往是多学科交叉融合的，涵盖了多个方面的知识和技能。在学习过程中，学生需要综合运用多种学科知识来理解和分析，单纯依靠某一门学科知识则无法解决所遇到的问题。

项目学习的优势是：

（1）促进学生个性化学习

基于项目的学习适应于用不同的方法学习，能给学生提供多种方式参与和验证他们的知识学习，适合各种各样的智力技能的学习，也能适应不同的学习风格，为学生开展个性化学习创造了机会，有利于学生开展个性化学习。

（2）促进学生“学会学习”

基于项目的学习的特点为学生元认知能力的培养提供了条件。在基于项目的学习中，允许学生自己选定学习内容，制订学习计划，调节学习活动，这为元认知能力的培养提供了很好的契机，锻炼学生“学会学习”，为自主学习奠定基础。

（3）促进学生的知识建构与知识迁移

在基于项目的学习中，活动给学生提供一种学习的经历，学生能够建构自身的知识。这种知识的建构是通过如下的程序来实现的：学生确定问题，寻求解决问题的办法，对问题进行研究，选择信息，分析信息，合成信息，并将新获得的信息与以前所学的知识联系起来。由于基于项目的学习允许学生建构并生成自己的知识，因此基于项目的学习不仅有利于学生在学习时进行知识建构，更有利于学生在应用时进行知识迁移。

▲主题学习

PYP课程的核心是：跨学科、探究和主题。实践PYP课程的方式是：首先确立一个主题，让学生围绕这一主题，通过调查、走访、搜集资料等方式收集与主题有关的文字图片信息，然后教师带领学生进行阶段性评价，实践学生的研究心得，得出研究结论。多学科知识的汇集，学生思维能力的锻炼，学生探究能力的提升，让PYP课程彰显着独特的魅力。

三、深度学习

融学课堂的“融”不是为了学习的“大而全”，也不是为了学习的“浮而热”，而是为了促进学生的“深度学习”。

（一）深度学习的认识

现有的对深度学习的基本认识是：

▲ 深度学习是指教学中学生的学习而非一般意义上学习者的自学，因而特别强调教师的重要作用，强调教师对学生学习的引导和帮助。

▲ 深度学习的内容是有挑战性的人类已有的认识成果。也就是说，需要深度加工、深度学习的内容一定是具有挑战性的内容，通常是那些构成一门学科基本结构的基本概念和基本原理，而事实性的、技能性的知识通常并不需要深度学习。在这个意义上，深度学习的过程也是帮助学生判断和建构学科基本结构的过程。

▲ 深度学习是学生感知觉、思维、情感、意志、价值观全面参与、全身心投入的活动，是作为学习活动主体的社会活动，而非抽象个体的心理活动。

▲ 深度学习的目的指向具体的、社会的人的全面发展是形成学生核心素养的基本途径。

根据以上四个要点，可以给深度学习下一个界定："所谓深度学习，就是指在教师引领下，学生围绕着具有挑战性的学习主题，全身心积极参与、体验成功、获得发展的有意义的学习过程。在这个过程中，学生掌握学科的核心知识，理解学习的过程，把握学科的本质及思想方法，形成积极的内在学习动机、高级的社会性情感、积极的态度、正确的价值观，成为既具独立性、批判性、创造性又有合作精神、基础扎实的优秀的学习者，成为未来社会历史实践的主人。"

从小学看，课堂教学仅仅关注学生还是不够的，要深入到学生的学习知识领域。对所学知识形成深度理解，才是学习的核心目标。"为理解而学习"是学习的一条重要信念。传统的课堂教学更多的是让学生理解字面的含义，并不能理解它的本质。"融学课堂"要求对知识进行新旧联系，形成深度的理解。对"理解"的判断指标是：一是用自己的话表述、解释所学的知识；二是运用所学的知识解释相关的现象，解释有关的问题；三是概括地把握知识的真正含义，运用所学知识解决变式问题；四是对知识进行整合，综合运用相关的知识解决某一个问题；五是把所学的知识广泛而灵活地迁移到实际生活之中。

"深度"是相对于"浮浅"而言的。课堂教学表演盛行、平移明显，学生的学习只浮游于文本的表面，一堂课下来学生所获了了无几。"深度"有深思熟虑、深情厚谊、深入浅出之意，可更多地深入到课堂素养之中、深入到学生的内心世界之中。

当然，不能把"深度"简单地理解为深奥、深刻，这里指的是相对"深度"，是相对学生的认知水平而言的，是在符合学生认知水平的基础上，创设"最近发展区"。这里的"深度"是学习过程的宽度和长度，是引领学生去探索和发现经历的过程，提升学生学习的能力。其主要观点有以下几个。

1. 较深入的目标解读

课堂教学中的"深""浅"有4种组合：深入深出、浅入浅出、浅入深出、深入浅出。只有深入解读目标，才能使学生易于理解和巩固。

2. 较深层的教学设计

教学设计是一种智谋，体现了课堂教学的思想和课堂教学的智慧。教学设计是一种结构重建，应体现由浅入深、由低向高的发展态势。在学完《蜜蜂引路》后，一位老师说：“大家学得不错。但我还有一个问题：难道蜜蜂这个小动物真的像人一样会引路吗？”这样就把学生的学习和思考引向了深入：蜜蜂本身是不会引路的，这是列宁善于观察和思考的结果，是列宁的一种智慧。

3. 较深厚的知识习得

深度学习的行动口号是：“把学生投入到知识的海洋！”应积极引导学生对新知识的敏锐度，要让学生多体味知识的深层义、言外义、双关义、象征义等隐性语义，感受知识的特有魅力。讲解只能使学生“知道”，而朗读不仅能使学生“知道”，而且能让学生“感受”。所以，融学课堂要挤出时间让学生朗读、诵读和吟唱。

4. 较深切的情感体验

在教学过程中要挖掘教学内容的情感点，让学生感悟知识背后的情感。融学课堂不仅要把课文中蕴含着的情感挖掘出来，还要通过各种形式和各种途径，把这种情感渗透到学生的心里，使之逐步融化、内化和外化。

5. 较深刻的思维训练

课堂思维训练的策略是“同化”和“顺应”。同化促进知识结构数量的增加，顺应能引起知识结构质的变化，所以，融学课堂的主要目标是顺应。通过“融学”，促进学生知识结构发生新的变化和进一步发展。

6. 较深远的人文内涵

课堂教学，既包括知识的传授和能力的培养，又包括民族情感、民族思想及特有的思维方式的教育，而后者体现了教育的人文价值。知识不仅仅是工具，而且还是人的生命活动、心灵活动。人在知识中生活，在知识中思考，在知识中提升。特别是汉语，它是一种意合性的语言，呈现一种以形示意的文化形态。在知识积累和感悟中领会课文的人文底蕴。课堂教学如果抽掉人文内涵，只训练表达形式，就会使课堂教学失去生命而暗淡无光；同样，脱离内容空讲人文性，也会背离课堂教学的本质特征。知识性和人文性的有机融合，是融学课堂必须遵循的基本原则。

（二）深度学习的模型

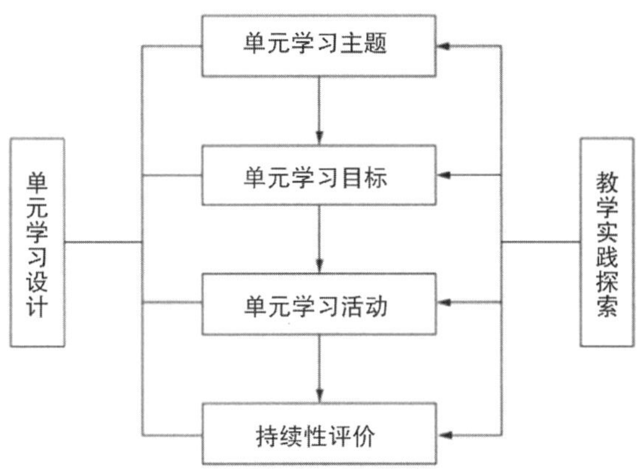

图3-1　深度学习实践模型

图3-1是深度学习的实践模型。它不是知识单元、内容单元，而是学习单元，是学生学习活动的基本单位。

过去我们的教学知道要学什么，也知道要考什么，但中间的环节，例如学习目标是怎么定的、活动是怎么开展的，我们明确知道的东西很少，所以教学中间的两个环节是“黑箱”。深度学习就是企图把中间的这个“黑箱”打开：目标是什么？根据什么确定了这样的目标？为了达到这个目标我要设计什么样的活动？图3-1中的箭头看起来像是单向的，实际上应该有无数条线条，表现不断循环往复的过程。

图3-1中的四个形式要素跟前面讲的理论框架是内在一致的，单元学习主题实际上就是“联想与结构”的结构化的部分。单元学习目标，就是要把握知识的本质。单元学习活动是活动与体验、迁移与应用的一个部分。因此，单元学习主题，就是从“知识单元”到“学习单元”，立足学生的学习与发展，以大概念的方式组织“学习”单元，在学科逻辑中体现较为丰富、立体的活动性和开放性。过去的学科通常都是封闭的，现在要把它变成一个开放的、未完成的东西，有了未完成性和开放性，为学生提供探究的空间，有重新发现的空间。

单元学习目标是从学生的成长、发展来确定和表述的，要体现学科育人价值，彰显学科核心素养及其水平进阶。

单元学习活动要注重几个特性。首先是规划性和整体性（整体设计），体现着深度学习强调整体把握的特点；其次是实践性和多样性，这里强调的是学生主动活动的多样性；再次是综合性和开放性，即知识的综合运用、开放性探索；最后是逻辑性和群体性，主要指学科的逻辑线索以及学生之间的合作互助。

持续性评价的目的在于了解学生学习目标达成情况，调控学习过程，为教学改进服务。持续性评价形式多样，主要为形成性评价，是学生学习的重要激励手段。实施持续性评价要预先制定详细的评价方案。

（三）深度学习的过程

深度学习不等于超越儿童理解能力的高难度内容的学习。深度学习强调学习过程，是一种“过程”的学习，而且课堂学习的整个过程都应是“让学”的。以学生“学”的起点为起点，以学生“学”的状态为状态，以学生“学”的进度为进度，以学生“学”的发展为发展。

1. 树立学习过程意识

课堂学习活动是由学习目标、学习过程、学习结果和学习评价四个因素组成的。其中，学习过程指的是在学习的整个序列中对问题内部关系的动态分析和程序的展开。学生掌握课堂知识成果，都要经过特定的、合理的学习过程。融学课堂的有效性是以学习过程与学习结果的一致性为前提的。学习过程和学习结果同样重要：只有合理的学习过程，才能带来正确的学习结果，而学习结果可以验证并促进学习过程的合理化。融学课堂的学习是一个过程，而不只是一个产物。融学课堂学习应重视研究学习中的知识、思维、情感的发展过程，而不只是囿于学习结果。它要经历一个从不知到知，从片面到全面，由浅入深、层层递进的过程。扎实的学习有赖于过程的合理展开，融学课堂不仅注重学习结果，而且注重学习过程。正如德国教育家第斯多惠指出的：“一个真正的教师指点他的学生的，不是已投入了千百年劳动的现成大厦，而是促使他去做砌砖的工作，同他一起来建造大厦，教他建筑。”

2. 课堂上展示学习过程

融学课堂的教学设计原则是：先学后教，以学定教，多学少教，以“过程”取胜。课堂教学应遵循知识形成和学生发展的规律，设置合理的学习程序，提供学生理解的最佳情境。例如，学了寓言《拔苗助长》后，为了进一步帮助学生理解这个词语，可这样设计：

小明的爸爸为了让小明考上重点中学，每天要他做许多难题，背几篇作文，结果小明的成绩反而越来越差。老师知道情况后对小明爸爸说：“你这是拔苗助长！”

（1）“拔苗助长”的“苗”在文中指________。

（2）拔苗助长的人是________。

（3）拔苗助长的原因是________，经过是________，结果是________。

（4）“拔苗助长”的意思是________。

这是一个应用知识的迁移性设计，由于较详细地展开了对“拔苗助长”这个词语的理解过程，使学生加深了理解。

3. 引导学生反思学习过程

融学课堂不能满足学生对知识的掌握，而且要引领学生经历学习过程，其中经常引导学生回顾和交流学习过程是十分必要的。每个学生所经历的感知过程、思维过程、情感过程不尽相同，每个学生在同一学习过程中所运用的学习方法也不相同。因此，引导学生总结和交流学习过程，则可使每个学生的学习过程得以延伸，起到取长补短的作用。

当学习结果和学习过程存在不一致时，引导学生回顾自己的学习过程就显得更重要。有些学生尽管已经获得了学习结果，但并不意味着他们的学习过程是合理的、思维方法是正确的。这时，与学生一起检查学习过程，有助于不为表面知识所蒙蔽，而看到学习过程中的不合理性，使学习结果与学习过程和谐统一。

引导学生自己发现错误的原因，是融学课堂的重要策略。学生的错误，除偶然的疏忽外，通常有其特定的程序和方法上的根源。教师要分析这些根源，引导学生独立探索和消除错误的根源。一般来说，学生找到错误的具体根源，也正是找到了由已知到新知的正确结合点和正确的学习过程及学习方法。这是一种元认知的“学错”，在纠正错误的过程中学习。

最后，根据我们的实践和讨论，提出融学课堂的评价项目、内容和分值见表3–1。

表3–1　融学课堂评价表

内容	序号	项　目	内容及分值	课堂表现	得　分
细节落实	1	学习导入	在教师带领下学生积极参与（10分） 教师创设与学习有关的具体情境（8分） 教师用导语直接导入（6分）		
	2	学习状态	学生主动学习或质疑（10分） 师生一起合作完成学习任务（8分） 教师讲，学生静心听（6分）		
	3	学习重点	学生明确重点并有学习时间保证（10分） 有重点，并适时安排课堂练习（8分） 教师提出重点并获取了答案（6分）		
	4	学习策略	学生掌握学习的多元策略或方法（10分） 学习方法多样且灵活运用（8分） 学习策略或方法指导不明显（6分）		
	5	学习内容	学习内容丰富多元、跨界（10分） 只是课本上的内容（8分） 仅限一些特定知识（6分）		
整体观照	6	学习目标	学生学习目标导向，任务落实（10分） 师生互动，共同完成学习任务（8分） 内容较多，课堂主线不够清楚（6分）		
	7	学习融合	学习方式多样，融合程度高（10分） 教学媒体合理，师生互动适宜（8分） 学习方式单一，没有融合（6分）		
	8	学习深度	学习有深度、有过程、有特色（10分） 学习上有要求但较匆忙（8分） 没有学习过程（6分）		
	9	学习实效	全体学生的学习质和量都有增加（10分） 学习有变化，但局限于优等生（8分） 学习平移，前后变化不大（6分）		
	10	学习理念	符合学理，学生“会学”（10分） 符合教学的基本要求（8分） 教师凭经验，没有新意（6分）		
评价人				总　分	

注：融学，以“学生”为主体，以“多元学习”为内容，以“深度学习”为标志。

第四章　小学语文

一、习惯课型

课型纲要

（一）课型主题

1. 习惯含义

我国教育家叶圣陶先生说过：“教育是什么，往简单方面说，只有一句话，就是养成良好的习惯……”小学第一学段语文学习习惯包括书写习惯、朗读习惯、思考习惯、听讲习惯、表达习惯等。从一年级开始培养学生的语文学习的习惯，良好的语文学习习惯一旦养成，不仅能提高学习语文的效率，促进各项能力的形成，而且使学生终身受益。

2. 教学内容

小学语文一年级下册第16课“一分钟”。

（二）课型程序

（1）营造良好的朗读氛围。通过站姿、坐姿、音量等方面关注学生的学习状态。

（2）实践中突破朗读习惯。自主识字，引导学生采用“加一加”“比一比”“换一换”“组词”等方法识记汉字，唤醒孩子们的探索欲望。

（3）感悟中分解朗读技巧。聚焦文本，多种形式的朗读感悟体会元元的后悔之情。

（4）对比学习中巩固习惯。通过相同笔画的比较来学写汉字，在异同中加深记忆。

（三）课型策略

（1）激发学生的学习兴趣，关注学生的学习习惯。如习惯的融合、朗读的融合、生活的融合等，通过融合提高课堂效率。

（2）引导学生深入思考。以读促情，读中增情，让学生通过朗读来体会主人公的后悔之情，因而明白时间的宝贵。

（3）比较是一种很好的学习方式。在朗读中比较，比较语气、比较神态等；在写字上比较，比较相同的笔顺在不同的汉字中的书写变化。

（四）课型评价

（1）关注学生的朗读习惯、书写习惯、倾听习惯。

（2）关注学生的语言表达能力。

（3）包容性评价，尊重学生独特的见解。

（4）鼓励性评价，满足学生成长的需要。

课型设计

（一）学习目标

（1）通过字源、对比等方式认识“钟、元、迟、已、经”5个生字；会写“钟、元、已”3个生汉字。

（2）能联系文章中的插图、上下文和生活经验理解“后悔”的意思。

（3）能正确、流利朗读课文，通过语音、语调、语气，读出元元的沮丧、后悔之情。

（二）学习策略

拓展思维，比较发现，语用结合。

（三）学习过程

板块一　营造良好的朗读氛围

（1）设置情境。认识钟表：课件出示大大的钟表，你认识它吗？

（2）引入课题。今天，老师给大家带来了一篇新的课文，课文的题目就叫《一分钟》。

（3）齐读课题。培养读课题的习惯。

（4）讲解“钟”。出示各种样式的钟（闹钟、挂钟、铜钟、编钟）。

介绍编钟：汉族古代大型打击乐器，编钟兴起于夏朝，盛于春秋战国直至秦汉，中国是制造和使用乐钟最早的国家。

仔细观察，钟是什么偏旁（金字旁）。拓展认识金字旁的字。学写“钟”字。

【设计意图】通过设置学习情境，引出钟表引出课题，齐读课题，认识各式各样的钟，学习“钟”字，营造读词语、读课题的氛围。

板块二 实践中突破朗读习惯

1. 初读课文

（1）初读要求

请打开课本，翻到85页，开火车读课文，一边听一边标出课文有几个自然段。

（2）初读感知

通过朗读，我们认识本文主人公——元元，第二个元是轻声，跟老师读一读。

（3）情景导读

元元说了，请我们借助拼音读课文，一边读一边圈出文章中的生字宝宝，如果遇到自己不懂的词语，请在词语下面画个问号。你们答应元元的要求吗？

2. 自主识字

（1）学生自由读课文，圈出生字，教师巡视。

（2）自主识字。

PPT出示要求会认的生字，学生小组讨论哪些字自己已经认识，是怎么认识的，再学习其他不认识的字。鼓励学生运用学过的方法自主识字。

迟：① 熟字加偏旁。 ② 字源识字：出示甲骨文“迟”，这是一个大人带着一个小孩在走路，小孩一路上嬉闹着，大人和小孩就都走得慢了。走得慢自然就迟了。

观察“迟”字的偏旁是什么？这个偏旁的字，你还知道有哪些？

预设一：边、过。

预设二：还、近。

（3）认识“已经”。

① 联系生活：你在哪里见过这个“经”字。

预设一：每天早读中的《三字经》这本书。

预设二：从课外书上。

② 对比识字：己——已。

（4）用“已经”说话训练。

预设一：我已经长大了。

预设二：我已经是一年级的小学生了。

预设三：我已经写完作业了。

……

【设计意图】通过开火车读课文、自主识字等，培养学生的听读习惯和自主学习习惯。用“已经”说话练习，培养学生的语言表达，树立自信，养成把句子说清楚的习惯。

板块三　感悟中分解朗读技巧

1. 聚焦文本

（1）自读习惯

PPT出示：再睡一分钟吧，就睡一分钟，不会迟到的。

到了学校，已经上课了。元元你今天迟到了二十分钟。

（2）思考关系

请同学们自主阅读这两句话，每句话读三遍，想一想他们之间有什么关系？

预设一：一句在课文的前面，一句在课文的后面。

预设二：元元多睡了一分钟，结果迟到了二十分钟。

……

元元就是因为多睡了一分钟，结果迟到了二十分钟。那小朋友们，你们知道故事的原因和结果是什么了吗？

（3）笔读习惯

学生质疑：丁零零，闹钟响了，元元在干什么？师范读第一自然段，一边听一边想：当闹钟响起，元元是怎样想、怎样做的？在文中画一画。

PPT出示学习要求。一生读要求：元元怎样做的画波浪线，怎样想的画横线。

2. 读中悟情

（1）听读习惯

结果并不是元元想的那样，谁能读一读5、6自然段，其他同学边听边画一画哪个词最能体现元元的后悔之情？

抓住关键词“红着脸”“低着头”感悟元元的后悔之情。

（2）评读习惯

读课文5、6自然段。你们觉得谁读得最好？为什么？

【设计意图】通过多种形式的朗读，聚焦文本，读中感悟元元的后悔之情，培养学生的朗读习惯。

板块四　对比学习中巩固习惯

1. 分享阅读

（1）角色表演读习惯

体悟内心，增加体验。

（2）赛读习惯

元元晚起一分钟，却迟到二十分钟，这到底是怎么回事呢？男生女生比赛读2、3自然段，边读边思考元元上学的路线图。家—十字路口—公交站—学校（学生到讲台上摆一摆元元上学的路线图）

2. 对比写字

（1）出示要写的生字“元、已”让学生认读。

（2）观察字形，仔细观察，说一说这两个字有什么共同特点，以及书写时要注意什么？

（3）教师范写，学生练写并点评。

【设计意图】通过对比汉字的相同笔画，让学生发现笔画在田字格中的占格，培养学生的书写习惯。

板　书

一分钟

起因：　多睡一分钟

家—十字路口—公交站—学校　　后悔

结果：　迟到二十分钟

二、方法课型

课型纲要

（一）课型主题

1. 方法含义

从广义的含义来看，方法是指为获得某种东西或者达到某种目的而采取的某种途径或者手段。方法在哲学、科学和生活中有着不同的解释和定义。针对语文课程学习的方法，根据教学目标的不同、教材内容的不同、教学方式的不同，有许多种方法可以选择。

2. 学习内容

小学语文三年级下册第七单元习作，介绍一种动物——蚕宝宝。

（二）课程程序

1. 学习分解方法

通过分解段落、重新排列呈现的方式，引导学生发现段落可丰盈的内容，了解分解的学习方法。

2. 分解合作学习

通过观看蚕宝宝吃桑叶的视频，引起学生的学习兴趣；重复观看视频，引导学生带着问题再次仔细看视频找动作。

3. 动作分解学习

通过分解蚕宝宝吃桑叶的动作，排列，动笔叙写、修改，在分解过程中进行挖掘、学习。

4. 比较欣赏提升

通过欣赏、对比学习，学习同伴习作的优点，汲取营养，内化提升。

（三）课程策略

1. 融合学习

通过联系生活实际，让学生观察、叙写，提升学生习作的兴趣和积极性。

2. 分解学习

通过分解步骤、分解难度、分解练习等策略，降低学习的难度，让学生乐学、易学。

3. 比较学习

可以从内容上来比较段落、比较视角等；也可以从语言上比较修辞方法、比较语言风格等，从而内化语言。

（四）课型评价

（1）方法是课程操作过程中的必要手段。在学习过程中，要体现同一种方法贯穿始终，让学生有初步的认识和理解。

（2）学生在课前根据要求先写文章，使其对习作内容和方法有一定的见解。

课型设计

（一）学习目标

（1）通过分解学习、使用多媒体视频、深挖动词，使学生能将蚕宝宝吃桑叶的过程写具体。

（2）通过比较同伴习作，欣赏同伴的写作手法，了解丰盈习作的方法。

（3）通过修改、评议同伴习作，以提升习作质量。

（二）学习策略

分解学习、比较学习。

（三）学习过程

板块一　学习分解方法

1. 谈话导入，引出课题

谈谈在养蚕宝宝的过程中，什么是最有趣的？引出今天要介绍的蚕宝宝。

（运动、排便、破茧、结茧、吃桑叶……）

2. 图文回顾进化过程

蚕宝宝进化过程：卵—幼虫—蛹—飞蛾，提前品读同学习作，发现同学对进化过程非常了解，且描写得很棒，所以梳理结构后，确立本课的重点并写一些蚕宝宝吃桑叶的过程，要写得精彩、写得有趣。

引出：蚕宝宝吃桑叶的时候真有趣！

3. 欣赏同伴习作，分解发现

欣赏同伴描写蚕宝宝吃桑叶的片段，发现习作的特点：偏向于概述而不是详述。

（学生习作：蚕宝宝不仅可爱，还很贪吃呢！有一次，我刚拿来几片大桑叶，它们就开始吃。过了几分钟，那几片大桑叶已经快被吃完了。而且只要你认真听，就会发现蚕宝宝吃桑叶是有声音的，特别有趣。）

转化呈现为以下形式：

（学生习作：蚕宝宝不仅可爱，还很贪吃呢！

有一次，我刚拿来几片大桑叶，它们就开始吃。

过了几分钟，那几片大桑叶已经快被吃完了。

而且只要你认真听，就会发现蚕宝宝吃桑叶是有声音的，特别有趣。）

欣赏后，将文字分行呈现，启发学生想一想文章少了些什么？（开始是怎么吃的？后来是怎么吃的？蚕宝宝吃桑叶的声音是怎样的？）

发现方法：分解学习，加入具体的情节才能把文章写具体。

【设计意图】通过欣赏同伴习作，拉近知识距离感，降低学习难度，用对比呈现的方式，提示学生观察发现使文章丰盈的内容，学会分解的方法。

板块二　分解合作学习

1. 发现动词

（1）看视频，回忆蚕宝宝吃桑叶的过程

看了视频以后，来说一说蚕宝宝是怎么吃桑叶的？（教师板书学生描述时用的动词）

（2）教师引领，一起探讨发现的动词

除了刚才同学说的“爬”“咬”等动作，蚕宝宝吃桑叶还有哪些动作？（教师板书学生回想起的动词）

啃、挪、打、吐、挤……

（3）再看视频，思考还有哪些动作

蚕宝宝还有哪些动作呢？我们一起再来看一看视频，仔细观察，看完后把你想到的动词写下来。

（4）小组合作，深挖动词

小组合作，每个小组将讨论后的动词写在小板贴上。

2. 厘清动词

小组汇报，黑板展示动词，请同学们阐述理由，并排列动词的先后顺序，从而发现动词的使用要有顺序。

【设计意图】通过多媒体展示、小组合作等方式，充分激发学生的探究意识，创设自主、合作的学习氛围，仔细地找一找动词，写清楚蚕宝宝“爱吃”的这个特点。

板块三　动作分解运用

1. 初写段落，使用动词有选择

尝试选择黑板上的动词，尝试写一写蚕宝宝吃桑叶的过程，并投影展示。

2. 展示评议，使用动词有层次

学习评价同学的习作段落，欣赏同学的闪光点，提出改进建议。

3. 修改习作，使用动词有提升

结合同伴习作的优点和评议时的收获，修改自己的习作段落。提倡用不同颜色的笔进行修改，能够看到自己的提升，同时也能体现出自己的思考和收获。

【设计意图】通过课堂练习、投影评议、二次修改的过程，让学生在过程中学习同伴的长处，使课堂高效而有质量。

板块四　比较欣赏提升

1. 比较欣赏，罗列角度

将学生课前独写习作中描写吃的优秀的句子罗列展示，请同学进行比较发现。

（1）蚕宝宝吃桑叶很快。

（2）蚕宝宝吃桑叶的姿势很多。

（3）想象力丰富，用上了许多恰当的修辞手法，如拟人、比喻等。

（4）语言幽默。

2. 二次修改，投影展示

结合同伴习作的优点，二次修改习作，再次提醒用不同颜色的笔进行修改。投影展示评议时，提示学生是否发现新的闪光点，以提高评价的质量。

3. 总结方法

这次习作课，我们通过分解段落、分解动词等方法，再加上恰当的修辞手法，文章就可以更加丰盈、优美。课后请同学们运用描写蚕宝宝吃桑叶的方法，写一写“蚕宝宝______的时候也很有趣”，可以从课前同学们讨论蚕宝宝有趣的事情，如运动、拉屎、破茧、结茧等话题中选一选。

【设计意图】通过欣赏同伴习作，请同伴“现身说法”，说一说自己写好文章的妙招，贴近同学生活，激发学生的学习兴趣和学生的写作热情。

三、语言课型

课型纲要

（一）课型主题

1. 语言含义

语言是人类沟通表达的方式和工具。小学语文语言课型旨在让学生在课堂上欣赏、内化、运用语言。

2. 教学内容

小学语文二年级下册第23课“祖先的摇篮”。

（二）课型程序

1. 激趣语言

通过学生质疑的方式，或运用谈话、猜谜、表演、看图等形式导入语言学习，激发学生语言学习的兴趣，营造语言学习的氛围。

2. 发现语言

在学生自主、充分地朗读文本，对文本有了整体的感知和理解后，能从文本中发现、提取关键语言信息。

3. 学习语言

聚焦文本的一种重要语言形式，通过反复朗读、联系生活、展开联想等方式，了解语言的特点，感受语言的妙用，学习表达的方法。

4. 运用语言

学习了文本的这种语言表达方法后，让学生进行仿说和仿写，练习运用这种语言形式，从而达到内化语言的目的。

（三）课型策略

1. 通过融学提高课堂效率

与生活融合，联系自身经验理解词句、运用词句；学练融合，落实语言实践。

2. 想象能加深对语言的理解

“根据课文内容展开想象”是本单元的教学重点，通过指导学生展开想象，可以让学生更好地理解文本，仿说仿写过程也需要展开想象才能进行语言迁移训练。

3. 比较是一种很好的学习方式

在体会词语运用的妙处时，通过比较的方式可以让学生更为直观地感受到作者遣词造句、表情达意的准确与精妙。

4. 分层能增强语言表达的兴趣

进行语言训练时，可以将文本分解为几处重点词句，先仿写重点词句，最后再进行语段整合。语言迁移训练时，可以先提供图片，再让学生自由想象；可以先提供段落框架，让学生补充式仿说，再让学生自由表达；可以把交流过程中出现的好词语积累在板书上，让学生借助板书来表达。

（四）课型评价

1. 语言是重要的学习内容

在语言课型的课堂中，语言肯定是重要的学习内容，评价语言课型肯定也要从学生对语言的掌握情况进行。

2. 学生自主掌握了语言

学生学习语言的自主性决定了语言课型的课堂效率。

3. 课堂上展示了运用语言的过程

课堂上让学生充分地展示自己语言增量的过程，同时也是一种语言实践的过程。

课型设计

（一）学习目标

（1）学习“祖、掏”等7个生字，会写“啊、赛”2个字。

（2）通过联系生活、角色体验等方式，发现“掏鹊蛋、逗小松鼠”等构词特点，体会祖先生活的趣味。

（3）读好第2、3小节中的问句，通过“我想”“可曾”等词语，了解这是作者对祖先生活的猜想。

（二）学习策略

分解学习、比较学习、体验学习。

（三）学习过程

板块一　激趣语言

1. 揭示课题

出示“摇篮”图片，谈话：想象你是躺在摇篮里的小宝宝，当妈妈轻轻晃着摇篮唱摇篮曲的时候，你有什么感觉？（温馨、舒适）

2. 识字学词

出示课题，正确读题。用偏旁表意法学习生字“祖”，理解祖先的意思。

3. 质疑学习

看到这个题目你有什么疑问吗？请小朋友们把书翻到102页，我们一起去课文中寻找答案吧！

【设计意图】在导入课题的过程中随文识字，识字亦为了帮助理解课题。

板块二　发现语言

1. 自读课文

出示字读要求，学生自由朗读。

2. 反馈正音

找4位同学分小节读，教师随机正音。

3. 默读课文，提取信息

祖先的摇篮是什么？默读课文，画出相关语句并进行说明。反馈交流：指名说，贴板贴“原始森林”。出示画线，画错的修改一下。

4. 读好句子，感受摇篮之大

读好句子，读出原始森林之大：婴儿的摇篮小小的，而我们祖先的摇篮是原始森林，这是多大的摇篮啊！

【设计意图】通过朗读和默读，使学生学会提取文章信息的方法，发现语言的秘密。

板块三　学习语言

1. 学习含有动词的词语

（1）圈一圈：祖先们在这么大的摇篮里可能会干什么？请你读一读2、3小节，找一找、圈一圈。

（2）反馈交流：指名说，贴板贴，学生跟读。

（3）出示短语，师生对读，发现构词特点。

师：摘

生：摘野果……

发现特点：都含有动词，而且都不重复。

师小结：作者的语言积累真丰富，小朋友们平时写作时也要争取做到不重复。

（4）发现短语排列规律，结合图片做动作，随文识字。

摘野果　掏鹊蛋　捉红蜻蜓

逗小松鼠　逮绿蝈蝈

采野蔷薇　和野兔赛跑　看蘑菇打伞

①第一行的动词部首都是提手旁

学生看图片做动作，总结这些动作都和手有关，体会动词的含义。

做动作、联系生活学习生字“掏”：学生做动作体会掏是用手从物体的口里面把东西拿出来，感受祖先掏鸟蛋时小心翼翼的样子。还可以掏什么？（掏口袋、掏钱、掏耳朵）

②第二行的动词部首都是走之儿

学生看图片做动作，总结都和走路有关，体会动词的含义。

情景表演学习生字“逮”：一名学生做蝈蝈，一名学生逮蝈蝈。理解“逮”的意思就是追着捉。

联系生活学习生字“逗”：生活中你逗过小松鼠或者看到过逗小松鼠的场景吗？

师小结：我们的作者多厉害啊，不但用了很多不重复的动词，而且每个动词运用得都很准确。

（5）用自己喜欢的方式读短语，读出节奏。指名读。

（6）拍手齐读，边做动作边读。

（7）想象说短语：祖先在原始森林里还会做哪些有意思的事情？

借助图片指名说，鼓励学生用更加准确、更加多样的动词。师板书。

小组合作，自由想象仿说，小组长根据标准选择组员的优秀仿说汇报。

2. 发现表达特点，读好问句

（1）删去“我想”“可曾”“吗”等词语，感受这些词语的用处。

（2）这些词语表达的是作者对于祖先在原始森林中生活的猜想。

（3）练习问句的朗读，读出推测的语气。

【设计意图】在反复、趣味朗读中发现动宾短语的语言特点，然后进行想象仿说。通过比较等方法让学生自主发现2、3小节的推想式语言表达特点。

板块四　运用语言

（1）给出框架，尝试仿说，指名交流，师生评价指导。两个小节的表达方式是不同的，选择你喜欢的一种说一说。

（2）仿写在练习单上。

（3）展示评价。展评后，将优秀作品最后拼成一首完整的诗歌，全班齐读1、4小节，小诗人读自己的作品。大家都来做小诗人。小组合作，将自己的作品合成一首诗歌。小组汇报。

【设计意图】从仿说短语，到仿说小节，最后尝试写作，一步一步分层落实，激发学生的语言实践兴趣。

四、思维课型

课型纲要

（一）课型主题

1. 思维含义

思维是人脑借助于语言对事物的概括和间接的反应过程，它以感知为基础又超越感知的界限，它探索与发现事物内部的本质联系和规律性，是认识过程的高级阶段。分析与综合、比较与分类、抽象和概括是思维的基本过程。

2. 学习内容

小学语文三年级上册第一单元习作《我的植物朋友》。

（二）课型程序

1. 预学，发现学习起点

基于学情设计教学和同伴共享，进行第一层升维。

2. 导学，分解学习难点

同伴互学、师生助学、亲子共学，进行第二层升维。

3. 比较，发展学生思维

比较法引导学生发现起点、成长点，促进升维。

4. 练习，链接打开思路

化抽象为具象，寻找突破点，解决难点，切实升维。

（三）课型策略

1. 单元整组，层层推进

在整组教学的基础上分解习作的难点。在单元习作中重点进行具象写实的练笔。

2. 前后勾连，对比提升

在同类比较、同题比较、分层比较中发现自身的起点和提升点，做思维链接和提升。

3. 链接阅读，求同存异

以桃花为例，链接阅读，对比研究，发现思维提升点，进行举一反三的练习提升。

4. 迁移运用，实践提升

动笔修改，练笔提升，在习作实践中升维成长。

（四）课型评价

（1）自我评价。在对比学习、自我评价中反思改进，发展思维。

（2）同伴评价。在同伴互评互学中取长补短，发展语言的表达能力。

（3）亲子评价。在亲子互动学习中发现、欣赏，并再次改进。

（4）教师评价。通过教师引导、评价，肯定优点，改进不足，发展能力。

（5）展示评价。在展示中，同伴互助学习，有所感悟，促进能力提升。

课型设计

（一）学习目标

（1）通过观察、查阅资料制作观察记录卡，学习从“样子、颜色、气味、其他”等不同角度介绍喜爱的一位植物朋友，在结构和语言方面为习作做好铺垫。

（2）通过多类比较的方式取长补短，学习细致观察和多角度观察的方法，修改植物记录卡，理清习作思路，搭建习作提纲。

（3）通过段落演变的方式，学习按顺序、用修辞、加感受把段落写具体的方法，并组段成篇完成习作。

（二）学习策略

单元整组学习、比较学习、思维学习。

（三）学习过程

板块一　激发热情　明确目标

（1）谈话：激发习作热情。

春天到了，到处是生机勃勃的景象，你从哪里感受到了春天的美好？

（2）今天这节课我们学习写春天的一种植物。

板块二　比较：缓行慢润炼品性

反馈春天的植物记录卡制作情况，正误比较学选材。

1. 误区解读明选材

出示植物记录卡：荷花、梅花、红掌、水仙。

讨论这些植物是否符合要求，明确选材要具能代表春天。

2. 同类比较练观察

出示三个“迎春花记录卡”，讨论观察方法。

学习细致观察，耐心记录。

学习多角度观察的方法。

方法：查、看、摸、闻……

同样是观察为什么不一样？同样是“查”为什么也不一样？

多一分耐心多一些收获哦。

3. 同题比较练眼力

从同学的记录卡中发现自己的不足，丰富自己的记录卡。

【设计意图】在分享记录卡的过程中，通过多类比较，对记录卡进行感知、分析、判断、体验和评价，从而使学生获得对观察的真切体验，激发学生对观察的兴趣，取长补短。

板块三 聚焦：推陈出新展思维

1. 聚焦选材，展思辨思维

（1）出示习作要求，明确学习目标。

> 借助记录卡，写一写你的植物朋友，让更多的人了解它。
> 写之前再去观察一下，看一看、摸一摸、闻一闻……也许你会有新的发现。
> 写的时候，试着把你观察和感受到的写清楚。
> 写完后，把自己的习作读给家长听。写同一种植物的同学还可以一起交流。

（2）出示图片：嫩草、春天里长出很多嫩叶的香樟和各类春天的鲜花。喊出它们的名字，思考：你会选择哪种植物去写?

（3）思辨：小草和香樟可以写吗?

春天刚刚萌发的嫩草，春天里刚长出新枝嫩叶的香樟，也一样具有春天的特点!

【设计意图】锻炼对客观物象的观察认识、分析理解是学习中的重要环节。选材是作文至关重要的一环，不能忽视，有意引入“小草”和“香樟”两种植物混入各类极具春天特征的鲜花中，就是为了让学生发现四季都有的植物如何发现春天的特点，让学生不拘泥于写花，丰富学生的选材，发展学生的思辨能力。

2. 聚焦桃花，展发散思维

（1）基于讨论，找准起点。

如果观赏桃花，我们可以从哪些方面观察呢?

预设：样子、颜色、气味……

出示“桃花观察记录卡”，说说自己的发现。

（2）对接起点，发散拓展。

① 细致观察：桃花的样子，既写了花骨朵的样子，又写了绽放的花朵的样子；桃花的颜色，既写了图上的桃花的颜色，又写了其他桃花的颜色；桃花的品种，有能

结桃子的桃花，也有不能结桃子的桃花……

② 多角度观察：

数量：有几片花瓣？

大小：大约有多大，厚度如何？

触感：触感如何？是滑滑的、柔韧的吗？

口感：桃花的味道是什么样的？是甜甜的吗？

角度：桃花的反面是什么样的，侧面是什么样的？

状态：这是静态观察。风吹来的时候，花瓣会颤动吗？

（注意：只有在确认无毒的情况下，在老师的指导下，才可以通过口舌咀嚼这样的方式观察）

③ 应急资源库。

不同观察点，如定点观察、不定点观察；

不同时间，如早、中、晚；

不同地点，如远、近、高、低；

不同感官：嗅觉，气味；视觉，颜色、样子、姿态；听觉，声音；触觉，柔滑、粗糙；味觉，甜蜜、苦涩等，不一而足。

（3）根据观察记录，修改观察记录卡。

① 整理观察记录，筛选最具有这种植物特点的图文信息。

② 仿照范例，按照一定的顺序给这些信息排序。

【设计意图】借助媒体演示，循序渐进地引导学生学习多角度观察，让学生学会开阔思维，突破难点，对桃花不同角度的观察建立初步概念，对观察的过程有所认识和了解，培养学生概括能力和循序渐进深入观察的习惯和能力。

3. 聚焦修改，展创新思维

（1）怎样把我们的观察组合成一段完整的话呢？我们来看某个同学的片段演变。

原文：桃花红艳艳的，喜欢三个一簇，五个一群聚在一起。桃花的花蕊是金黄的，很漂亮。

用上写作顺序。

修改1：远远望去，桃树红艳艳的。走近她，发现桃花三个一簇，五个一群聚在一起。再近些就能看到那金黄的花蕊从花中心绽放出来。（从远到近，先整体后部分）

用上修辞手法。

修改2：远远望去，桃树红艳艳的，像一片片绚丽的红云，又像一段段用彩线织成的锦缎。走近她，发现桃花三个一簇，五个一群聚在一起，像喜欢结伴一起玩耍的小朋友。再近些就能看到那金黄的花蕊从花中心绽放出来，像秋天那盛开的菊花。（比喻）

加上感受。

修改3：远远望去，桃树红艳艳的，像一片片绚丽的红云，又像一段段用彩线织成的锦缎。我情不自禁一路小跑走近她，发现桃花三个一簇，五个一群聚在一起，像喜欢结伴一起玩耍的小朋友。再近些就能看到那金黄的花蕊从花中心绽放出来，像秋天那盛开的菊花。看到这满树的桃花，让我不禁想到两三个月后那挂满枝头的红红白白甜到心里的大桃子。

（2）总结写作方法。

确定写作对象—确定写作内容—用上写作顺序—用上修辞手法—加上感受。

【设计意图】习作教学最好的方法就是告诉学生应该这样写，不用那样写。呈现同伴习作修改的过程，就是展示应该怎样写的过程，帮助学生化零为整，展现从观察到成文的过程。

4. 聚焦组合，展辐合思维

（1）范文引路。

回顾《荷花》一文的写法，明确总分总的结构。

复习“赏荷花”和“化荷花”两个片段的写法，明确由此及彼和物我相融进行想象的方法。

（2）明确成章方法。

“总分总结构写实+物我相融写化荷+首尾呼应=篇”，也就是“段+段=篇”。

【设计意图】小学生的写作是由模仿到创造，尤其是在篇章结构方面。把长长的篇化为短短的段，化难为易。借用数学的加法算式“段+段=篇”的说法帮助学生组段成篇，为学生搭设有力的支架。

板块四　作业：水到渠成促习作

1. 修改“植物记录卡”

用“总分总”的结构写春天里的植物朋友，把观察到的和感受到的写清楚，并试着用“物我相融”的方法写写想象。

2. 制定自我评价标准

写作的重点段落“赏”与“化”是否都有？是否按照一定的顺序来写？是否用上了修辞？是否加上了感受？

3. 实施评价

（1）自我评价。请学生在习作完成后读一读，再检查，试着补充修改。

（2）同伴互评。请小组顺时针交流互评，用波浪线画出描写精彩的句子，用问号表示看不懂的语句。学习同伴习作，修改自己习作。

（3）亲子评价。把作文读给爸爸妈妈听，请爸爸妈妈对照标准提出建议，再次修改。

（4）教师评价。教师批阅习作，给出修改建议。

（5）展示评价。展示学生习作，请每位同学给最喜欢的五篇作文画上一颗星。

【设计意图】使学生明确写作要求、自评标准，做到写作时心中有数。通过实际观察，写作实践，理解观察角度的不同所产生的变化，拓宽观察角度，深化观察体验，有助于学生习作能力的培养。通过多种评价方式，促进学生相互学习，自我修改。

五、情感课型

课型纲要

（一）课型主题

1. 情感含义

情感是态度这一整体中的一部分，它与态度中的内向感受、意向具有协调一致性，是态度在生理上一种较复杂而又稳定的生理评价和体验。情感包括道德感和价值感两个方面，具体表现为爱情、幸福、仇恨、厌恶、美感等。根据价值目标指向的不同，人的情感表达模式可分为对物情感、对人情感、对己情感以及对特殊事物的情感四大类。

2. 学习内容

小学语文三年下册第4课《古诗三首》。

（二）课型程序

1. 看图说话，引情

给出图片，通过老师的引导创设情境，引导小朋友透过景物抒发情感，借助图片说一说自己的感受。

2. 分步学文，悟情

从解诗题到读懂、读正确，并通过猜图的方式检验学生是否能够准确理解古诗大意，选景探情。

3. 情景表演，用情

通过借助注释、借助插图、多次朗读、了解古诗背景等方法，学生深入感知了作者的情感，通过用白话文加上动作的形式演一演诗人送别友人的场景，从而深层次体悟诗人的感情，并且学会表达。

4. 学习写字，书情

学写“赠”“刘”两个字，体会诗人与友人的深厚情谊。

（三）课型策略

1. 通过融合提高课堂效率

如方法的融合、场景的融合、学材的融合、图文的融合、读演的融合等，通过融合提高课堂效率。

2. 分解能降低学习的难度

分解步骤、分解难度、分解练习，图片引情、猜图悟情等方法，降低学习的难度，让学生乐学、易学。

3. 选择与猜想是一种有效的检测策略

选择更符合诗意的图片，锻炼了学生对古诗的理解能力和对图片的观察能力；情景表演更考察了学生对诗意、诗情更深入的感知，选择与猜想是一种有效的检测反馈的策略。

（四）课型评价

（1）语言是情感的载体，可视化图片能够引发情感。

（2）学生学会了如何体悟诗人情感的方法。

（3）课堂上展示了分阶段、分层次品析情感的过程。

课型设计

（一）学习目标

（1）认识“赠、残、犹、傲、君”五个字，熟读古诗。

（2）借助插图、注释等想象、联系生活、了解背景故事等方式想象画面，理解诗意，品悟诗歌中赞美秋天的感情。

（3）学写“赠、刘”两个生字。

（二）学习策略

分解学习、比较学习、体验学习。

（三）学习过程

板块一　看图说话——引情

1. 出示诗歌

老师出示三首古诗《山行》《赠刘景文》《夜书所见》。

2. 学生猜诗

同学们来猜一猜这三首古诗写的是哪个季节？（秋天）

3. 看图说话

我们来欣赏一组秋天的美景。选一幅景物图说说你的感受。

句式：我选择……，我看到了……，我心情……。

【设计意图】引导学生进入秋天的情境，通过看图说话引导学生从景物中提炼感情，看秋景体验情感，为后面理解诗人的情感做铺垫。

板块二　分步学文——悟情

1. 解诗题

（1）学生解题。

所以这首诗是写给谁的？（刘景文）

（2）学习“赠”字。

贝字旁与钱财有关，本义是把自己的钱财送给别人。

你还能用“赠”组什么词？（赠送、赠品、赠礼）。

（3）读题悟情。

设情境：看来跟“赠”有关的大部分都是挺开心，“六·一”儿童节到了，黄老师给每个小朋友都准备了一份小礼物，你们的心情会是怎么样的呢？（很开心，高兴）一般送你东西的人跟你的关系是怎么样的？（友谊深厚、友情）

2. 初读古诗

（1）自由读，读准字音，读通诗句。

（2）个别读，展示，随机正音。

（3）突破前后鼻音。

（4）生展示读，最后齐读。

3. 再读古诗，选景探情

（1）生自学，借助插图和注释自己尝试理解诗的意思。

（2）同桌互学。生自由读古诗，自己读一遍，读给同桌听一遍，包括注释。

（3）选择与诗句相符的图片，探究情感。

荷尽：老师出示荷花枯萎和荷花盛开两幅图，请学生选择一幅图并读出相对应的诗句、指出相对应的词。

擎雨盖：老师出示一张荷叶图和一张雨伞图，请学生选择并读出相对应的诗句。

（4）出示“已无”两字，体悟诗人感叹悲伤的情感。

残菊：老师出示一张菊花盛开和残菊的图片让学生选择。

傲霜枝：老师出示一张菊花满地和只有一支傲立枝头的图片。

看着依然骄傲地站立在寒风中的菊花，你想对她说些什么？

（5）由景到人。

这样的菊花确实值得骄傲，我们也为她感到骄傲，诗人自然也是这样。那么诗人仅仅是在夸赞菊花吗？在诗人心里，刘景文和菊花一样有着坚强的精神，诗人为自己的好友也感到骄傲！

（6）情景朗读。

朗读“橙黄橘绿”部分句子。

老师出示小橙子、小橘子，大橙子、大橘子图片。体会诗人的心情是喜悦的。

【设计意图】解题、学文、悟情，一步步深入学诗，通过猜图的方式趣味学古诗，也引导学生更直观地想象出诗歌中的景象，从图片中感悟诗句中蕴含的情感。

板块三　情景表演——用情

1. 知人论世

看微课了解古诗的背景，了解诗人和友人之间的情谊，知道这是一首送别诗，理解诗人对友人的勉励。

2. 总结情感

诗人的一颗心从悲伤到赞叹、喜悦，再到对友人的鼓励，都饱含着和友人之间深厚的友情。接下来我们就来选择场景演一演诗人和友人之间送别的场景。

3. 选词演诗

感情：悲伤、骄傲、鼓励、开心、伤心、激动 季节：春、夏、秋、冬 场景：开满荷花的池塘边、荷花枯萎的池塘边、 橙黄橘绿的果园里、菊花傲霜的公园里

选择你想要的场景、季节和情感，自己设计动作和台词，演一演。

根据选择的场景表演送别的场景，小组展示。

【设计意图】使用是学习最深刻的方法，将自己代入诗人的角色也是体悟诗人情感最佳的方法，当学生明白古诗意思后进行角色扮演、场景重现，是对学生是否真正体悟诗人情感的考验，也是一次更深入的学习。

板块四　学习写字——书情

学写“赠”“刘”两个字，用端正美观的字体书写诗人对友人浓浓的关爱之情。这是两个左右结构的字。观察宽窄、高矮、穿插后进行书写。

【设计意图】学写诗题，感悟诗人和友人之间的深厚友谊。

六、文化课型

课型纲要

（一）课型主题

1. 文化含义

从广义的含义来看，文化内容指群族的历史、风土人情、传统习俗、生活方式、宗教信仰、艺术、伦理道德、法律制度、价值观念、审美情趣、精神图腾等。针对语文学科的文化，一般聚集在中国汉字、语言、习俗等方面的文化。

2. 学习内容

小学语文五年级下册第21课《杨氏之子》。

（二）课型程序

1. 营造文化氛围

通过形态、语言、仪式等方面让学生浸润在几千年前的儒学文化中。

2. 分解学习文义

以让学的理念引导学生学习课文，以文言文的方式来学习、体悟、实践语文，从而感受文字、语言中的文化。

3. 比较文化异同

通过比较来学习古今、中外等文化，在异同中感悟与理解。

4. 体验感悟文化

通过说、读、写等方式来体验与运用，让文化细细融入学生的思想与行为中。

（三）课型策略

1. 融合学习

通过文化场景的融合、文化古今对比的融合来提高课堂效率。

2. 分步学习

如分解步骤、分解难度、分解练习等，降低学习的难度，让学生乐学、易学。

3. 比较学习

可以从内容上来比较词句、比较视角等；也可以从形式上比较语言形式、语言风格等，从而内化语言。比较的方式也是多样化的，有表格式比较、图谱式比较等。

（四）课型评价

1. 文化是语言内存的涵养

在学生的学习过程中，要体现对文化的体验与感悟，让学生对文化有初步的认识与理解。

2. 学生在体验中习得语言文字中的文化

学生在各类文化体现中习得汉字、姓氏、风俗等文化。

3. 课堂上展示学习文化的过程

文化的学习要有步骤，要分步达成，以体现文化学习的过程。

课型设计

（一）学习目标

（1）通过文化氛围的营造，进行场景融学，达到古代礼仪文化学习的要求。

（2）借助注释、工具书等自主分步学习，以划分节奏等方式理解文言的字词的意思和文化。

（3）通过古今文化对比、现场角色扮演等融合场景、方式的学习，领悟文言文表达样式以及文化。

（二）学习策略

分解学习、比较学习、体验学习。

（三）学习过程

板块一　营造文化氛围

1. 师生诵读

师生共读《庄子》“涸辙之鲋”，营造文言文学习氛围。

2. 拱手问好

老师用拱手礼向学生问好，学生用拱手礼回应。

3. 揭示课题

老师出示课题，并引言：我们读着《庄子》，进入几千年前古人的精神世界，一起学习本学期的第二篇文言文《杨氏之子》。

4. 简介《世说新语》

出示课件，用古籍的行文方式介绍《世说新语》。

【设计意图】通过拱手问好、古书籍、竖式行文方式，营造古之礼仪、汉字书籍等文化氛围。

板块二　分解学习文义

1. 理解文题

（1）说文题意思。

“杨氏”指的是姓杨家的妻子。“之子”指的是杨氏的孩子。

（2）学生体验。

请学生以“杨氏之子”的方式自称，如陈氏之子、方氏之子、刘氏之子等。

（3）师生互问体验。

老师行拱手礼向学生问好，学生行拱手礼回应。如：先生，我是章氏之子，年方十岁。

【设计意图】以体验的方式来学习文题，同时又用拱手礼来营造文化氛围，进行场景的融学，使学生达成对文题的理解和文化的体验。

2. 初读古文

（1）自由读文。

学生自由读文言文，要求朗读两遍，争取将每个字词都读正确。

（2）抽读正音。

请若干名学生朗读课文，教师随机指正。

预设正音：诣、为、应的读音。预设评价：XX之子，甚聪惠。

（3）齐读课文。

3. 任务驱动，读好停顿与节奏

出示学习任务单，引导学生利用注释、插图、工具书读好停顿与节奏，从而理解文义。

自主学习任务单
学习目的：把文言文的停顿与节奏读对。 学习方法：（1）利用文中的注释、插图理解（也可以参考《词语手册》）；（2）联系上下文来理解；（3）联系生活来理解。 学习过程：先自己读一读、想一想，在文中用竖线标出；再找同桌、上下桌、老师来交流。

（1）出示学习任务单。

（2）学生自主学习。

（3）学习反馈。

预设一：梁国/杨氏子/九岁，甚/聪惠。理解“甚”的意思。

预设二：孔君平/诣/其父，父/不在，乃/呼儿出。理解“诣”的意思。

预设三：为/设果，果/有杨梅。理解（　　）为（　　）设果。

预设四：孔/指以/示儿/曰：“此/是/君家果。”理解“以”“此”的意思。

预设五：儿/应声/答曰：“未闻/孔雀/是夫子家/禽。”理解“家禽”的古今异义。

4. 重点学习，理解“聪惠”

聪：察也。要用耳朵用心听，要用心来认真理解，要用口来正确表达。 惠：仁也。很有礼貌，很有礼节的意思。

（1）理解“聪惠”的字面意思。出示《说文解字》中的解释。

（2）回读课文，找出最能体现杨氏之子学“聪惠”的语句。

（3）学习反馈。

预设一：“聪惠”反应快，很快明白是孔君平拿姓氏在调侃他，在和他开玩笑。

预设二：“聪惠”对应巧，也用姓氏来回应孔君平。

预设三：“聪惠”有礼节。有“未闻”委婉的语气回应。

（4）师生表演对答。

老师扮演孔君平，学生扮演杨氏子。

（5）变换情境对答。

老师分别扮演陈姓、黄姓等来访者，与学生对答。

5. 学习整理

请学生再次回顾杨氏之子“甚聪惠”的地方。

【设计意图】分解学习步骤，引导学生拾级而上。理解文题时，师生进行体验，理解古代礼仪文化。以任务为驱动，提供学习建议，引导学生自主学习，凸显生本理念。最后抓住重点，从多角度来理解杨氏子的聪惠，进一步体验文言文的精妙与古今文化的异同。

板块三　比较古今文化

1. 出示古今对比表格

引导学生古今对比，发现语言文化、民俗文化、书籍文化等异同（见表4–1）。

表4–1　古今文化对比表

序号	古	今	明白了……
1	聪惠	聪明而有礼节	
2	家禽		
3		你（您）	
4		姓杨的家族，姓杨人家的妻子	
5		杨家的孩子十岁。	
6	未闻		
7	从左到右，从上到下的文字排版		
8	……		

2. 小组共议

四人学习小组共同讨论，老师参与讨论，适时点拨。

3. 反馈交流

引导学生发现不同。

4. 归类整理

引导学生从语言、民俗民风、书籍等方面发现文化的异同。

【设计意思】比较是比较好的方法。用表格的方式比较，学生一目了然，也做了比较的提示，可以引导学生由易到难，从而领悟文化的异同。

板块四　体验感悟文化

1. 朗读体验

出示不同编排方式或字体的《杨氏之子》，引导学生熟读成诵，也同时体验蕴含其中的文化。

（1）朗读竖排《杨氏之子》。

（2）朗读古籍书版的《杨氏之子》。

（3）熟读成诵。

2. 扇面书写

提供扇面纸，进行《杨氏之子》书写，并制作成折扇。

3. 阅读推荐

出示《世说新语》，并向学生推荐阅读。

【设计意图】还原文言文的书写、排版形式，提供原汁原味的文言文让学生去读，加上扇面书写的体验，使学生在语言实践中体验文言文的文化。

第五章　小学数学

一、理解课型

课型纲要

（一）课型主题

1. 理解含义

理解的过程包含了一系列的认识活动，是个体运用已有知识、经验，认知事物的联系、关系直至其本质规律的思维活动。不管其过程中使用了联想、顿悟，还是其他方法，最终的目的都必须是达到对事物本质规律的认识，从而达到对新知识的理解。学生在学习数学过程中一般会遇到概念理解、算理理解、逻辑理解等理解上的问题。

2. 学习内容

小学数学部编教材二年级上册第四单元第1课“乘法的初步认识”。

（二）课型程序

1. 情境融合，连接生活

用生活实际的场景，提炼其中的数学信息，解决连加问题，让学生感受到数学无处不在，为理解乘法的含义做铺垫。

2. 自主探究，意义构建

以摆一摆、写一写、说一说、比一比作为数学活动，让学生自主探究乘法与连加算式之间的联系，逐渐构建乘法的意义。

3. 巩固练习，举一反三

通过有针对性、有层次性、有挑战性的练习，巩固并应用乘法的含义，提升学生的思维水平。

（三）课型策略

1. 融合多种学习方式

融合实践操作、观察比较、讨论交流、拓展延伸等学习方式，提高课堂效果。

2. 以新代旧的自主探究

从加法到乘法、从生活到抽象，完整的概念构建过程使学习更加深入。

3. 拓展性学习体验

通过思考有层次、有开放度的问题，灵活运用新知解决问题，巩固对乘法意义的理解。

（四）课型评价

1. 旧知是理解新知的前提

在学生的理解过程中，要充分回顾同数连加知识，体会乘法的简洁性。

2. 生生互动的交流评价

学生之间相互聆听分享，引导评价以生为本。

3. 展示乘法意义构建的过程

概念的学习要可视化，要能运用到实际问题中，体现概念理解的过程。

课型设计

（一）学习目标

（1）通过解决生活中的连加问题，发现并总结连加算式的基本组成，为理解乘法的含义做铺垫。

（2）通过比较加法与乘法算式之间的联系，理解并构建乘法的意义。能读写乘法算式。

（3）能将加数相同的连加算式与乘法算式进行相互转化，巩固应用乘法的意义。在实际问题中体会乘法的简便性。

（二）学习策略

体验学习、比较学习、拓展学习。

（三）学习过程

板块一　情境融合　连接生活

1. 情境创设

展示用鲜花装饰教室的场景。仔细观察花瓣的数量，并选用一种花装饰教室。请学生提出一个数学问题。

预设：一共有多少片花瓣？

2. 动手操作

选一种花朵摆一摆，可以是2朵、3朵，或是其他数量。用加法算式计算出一共有多少片花瓣。请学生说一说算式表示的意思。

3. 展示分享

展示两个学生的加法算式，说一说算式中加数、加数的个数、和在问题中的含义。板书：同数连加，几个几相加。

4. 观察比较

同桌讨论，发现同数连加算式的特征：加数相同；都是几个同样的数加起来。说一说从哪里看出加数和相同加数的个数的。

【设计意图】通过学生摆、写、说的数学活动，体验生活中出现的关于几个几的生活场景，为理解乘法的含义做铺垫。

板块二　自主探究　比较理解

1. 引出概念

（1）提问：实际装饰时可能有30朵花，加法算式该怎么写呢？在说加法算式的时候，有什么感受？

（2）体验加法过于复杂。引出：像这样加数相同的连加算式，还可以用乘法简便表示。

【设计意图】通过说算式感受连加算式在个数多的情况下不方便，引出乘法，体会其简洁性，为更深入理解乘法的意义做准备。

2. 读写乘法

（1）生当小老师读、写乘法算式，把之前的加法算式改写成乘法，并校对板书。

（2）齐读乘法算式的各部分名称。板书：乘数、乘号、乘数、积。

3. 解乘法

乘法算式里的数字在连加算式中表示什么，在问题中又表示什么。同桌比一比，说一说更喜欢哪种方法。

【设计意图】知道加数相同的连加算式与乘法算式之间的相同点，深刻理解乘法的意义，感受乘法的简洁性。

板块三　巩固练习　举一反三

1. 选一选

加法算式匹配乘法（图5–1所示）。

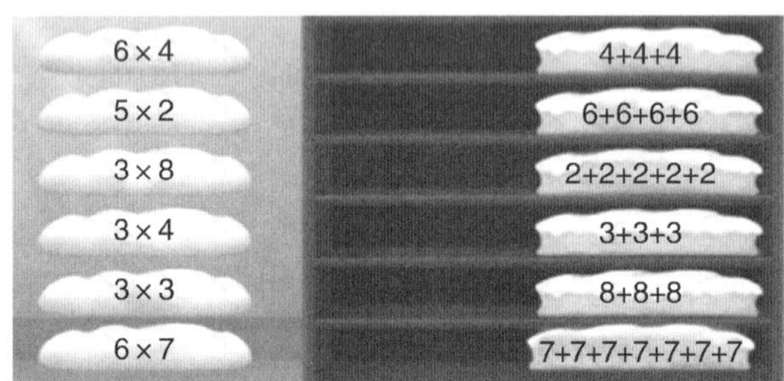

图5–1　加法算式匹配乘法

2. 判一判

下面场景能用算式5×5吗？（如图5–2所示）

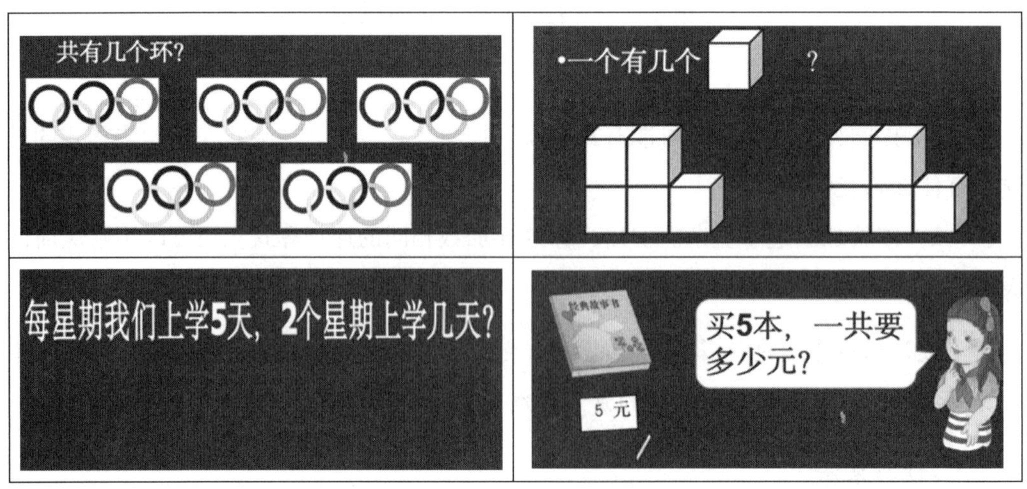

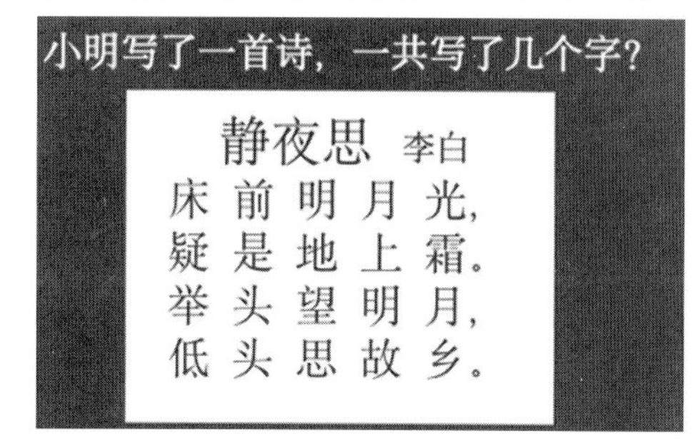

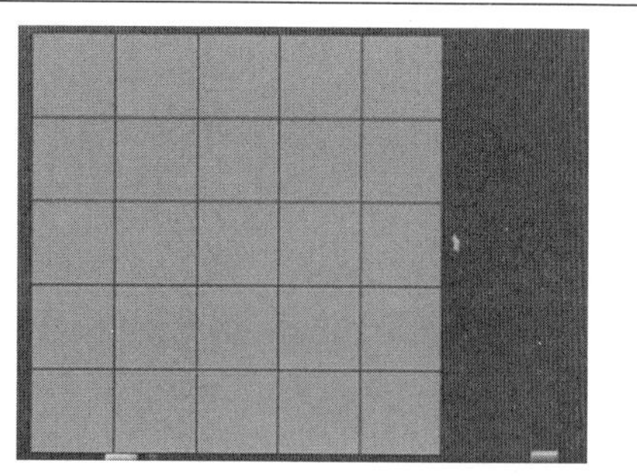

图5-2　例题

3. 改一改

完成学习单。

7+7+7+7=（　）×（　）

5+5+5+5+5=（　）×（　）

9+9+9-9=（　）×（　）

2+2+4=（　）×（　）

9+9+9-9不能直接写出乘法算式，引导剩下2个9就是9×2或2×9。

2+2+4不能直接写出乘法算式，引导把2+2改成4就是4×2或把4改成2+2就是4×2。

【设计意图】通过变式，让学生理解相同加数相加才能用乘法，加数不同的情况也能通过改写变成加数相同的算式后再写成乘法算式，做到融会贯通。

4. 圈一圈，写一写

从不同的角度圈一圈，并写出乘法算式，可以有四种不同的方法（如图5-3所示）。

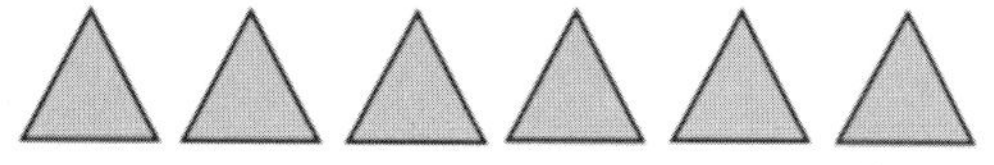

图5-3　三角图

【设计意图】通过圈一圈，从不同角度列出乘法算式，拓展学生的思维。

5. 想一想，说一说

生活中还有没有其他问题可以用乘法解决呢？请编一个能用5×3解决的数学问题和同桌说一说。展示出学生的问题再一起进行判断。

【设计意图】从抽象的算式再转换成形象的生活问题，层层深入。

二、归纳课型

课型纲要

（一）课型主题

1. 归纳含义

数学中的归纳，是指从许多个别的事物中概括出一般性概念、原则或结论的思维方法。

2. 学习内容

小学数学人教版四年级下第9单元数学广角——“鸡兔同笼”。

（二）课型程序

1. 探究个别事物

通过画图和有序列表，观察、思考、分析，发现总腿数和兔鸡的只数之间的变化规律。

2. 归纳一般方法

归纳解题的有效方法，有列表法、假设法、凑数法等。

3. 建构强化模型

结合实例，感受“鸡兔同笼”问题的变式及其在生活中的广泛应用。

（三）课型策略

1. 明确起点，从学情明确思路

及时准确地把握学生的思考路径及思维盲区，适当提出问题做支点，开辟学生的思考路径。

2. 尝试计算，从特例获得规律

学生在自主尝试解决问题的过程中，经历假设一组数据算出脚数，与题目中条件相对照，然后再做调整，直至找到正确答案的过程，从而悟出规律。

3. 发现因果关系，从个别归纳出一般

数形结合可以帮助学生理解假设法，有序列表可以使学生经历数据逐一调整变化的过程，使学生对问题有较为深刻的理解和认识。

（四）课型评价

1. 追问深究与质疑

在小组内或全班交流中，能对其他同学不同的方法提出疑问或建议。

2. 反思归纳学习方法

课中或课后，在老师的引导下，积极回顾梳理研究思路，总结思想方法。

3. 学会构建问题系统

发现问题、提出问题、分析问题和解决问题。

课型设计

（一）学习目标

（1）通过了解“鸡兔同笼”问题的结构特点，渗透归纳推理的思想方法，掌握用列表法、假设法解决问题，初步提出解决此类问题的一般性策略。

（2）通过猜测的过程，尝试用列表、假设的方法解决“鸡兔同笼”问题，引导学生有序思考，体现解题策略的多样性。

（3）通过解决问题，培养学生的迁移思维能力，体会古代数学问题的趣味性。

（二）学习策略

（1）尝试、猜测、列表。

（2）依据顺序归纳推理。

（3）从简单出发，逐渐使问题复杂化，从中总结一般规律。

（三）学习过程

板块一 以个例探究思维方法

1. 聊天激趣

老师通过和学生谈话，了解学生对“鸡兔同笼”问题的知晓度，同时了解学生对“鸡兔同笼”问题的关注点。

2. 走进情境，获取信息

用课件介绍数学文化：在一千五百年前，我国古代有一本数学巨著叫《孙子算经》，里边有一道数学趣题：“今有鸡兔同笼，上有三十五头，下有九十四足。问鸡、兔各几何？”这道题世代相传，甚至漂洋过海，传到日本等很多国家，历经千年而不衰。

【设计意图】情境再现，借助古代数学问题让学生感知我国古代数学文化的源远流长，在感受数学文化的同时激发学生的民族自豪感和爱国热情。

3. 展示学生前测作业，探究假设法

（前测作业：今有鸡兔同笼，上有8头，下有22足。问鸡、兔各几何？）

（1）课件出示4位学生的前置性作业。

与此同时，老师简单地汇报全班同学的作业完成情况。

（2）课件出示讨论要求。

（先观察、思考屏幕上4位同学的解题方法，然后在小组内进行交流，说一说自己看懂了哪些方法？）

（3）分组讨论。

老师分别参与几个小组的讨论，了解学情。

（4）每个小组派1位同学发言，其他同学补充或质疑。

预设：

图5–4　学生演算图

● 图5–4中左上角算式表示的意思：假设笼子里全是鸡。（学生结合图示边讲边画）将少几条腿？（6）为了增加这6条腿，该怎么办？（把鸡换成兔子）换一次可以多出几条腿？（2条腿）那6条腿需要换几次？（3次）为什么？（需要换3次，也就是有3只兔子）（老师适时提问，同时鼓励学生质疑）

● 图5–4中左下角算式表示的意思：假设都是兔。（学生结合图示边讲边画）将多几条腿？（10）为了减少这10条腿，该怎么办？（把兔子换成鸡）换一次可以减少几条腿？（2）答案为了减少10条腿需要换几次？为什么？（换5次，5就是5只鸡）（老师适时点拨，同时鼓励学生质疑）

（5）归类整理。

引导学生抽象概括：这两种方法都是假设法。

【设计意图】此环节是本课的重点，也是本课的难点。假设法的算理对于大部分学生来说，都是比较难以理解和掌握的。采用画图法，数形结合地引导学生根据图示较为完整、准确地说明算理，学会思考，学会解释，可以让学生更加直观地感受假设法的优越性。

（6）指出1~2位学生把假设法的过程完整地说一遍。

4. 讨论列表法

（1）聚焦表格。

把表格尽可能放大一些。

（2）从横向和纵向引导学生观察这些数据，发现表格中的规律。

预设1：兔每减少1只，鸡就增加1只，腿的数量反而减少2条。

预设2：鸡每减少1只，兔就增加1只，腿的数量跟着增加2条。

预设3：鸡和兔子的总头数不变。

预设4：随着兔子的数量越来越少，总腿数也越来越少。

（3）引导学生发现表格里有假设法。

预设1：表格里左边第一列数据就是假设都是兔子的情况，右边第一列数据就是假设都是鸡的情况。

预设2：假设都是兔子，然后往右边调整5次就可以找到答案了。

预设3：假设都是鸡，然后往左边调整3次也可以找到答案。

（4）学习整理。

在表格中，我们不仅可以清晰地看到鸡（或兔）脚数的变化规律，还找到了假设法。

【设计意图】列表法是一种重要的解决问题的策略和方法，因此也是本课的重要教学内容之一。有序的表格让孩子体验到鸡兔同笼情况下随着鸡或兔只数的调整，脚的总数量的变化规律。

5. 讨论凑数法

引导学生观察、猜测凑数法的思路，进而理解凑数法本质上也是假设法。

6. 展示方程法

方程法是五年级的学习内容，这里不做讨论，让孩子感知方法的多样性。

7. 介绍古人的方法

播放短视频《抬腿法》。

【设计意图】介绍古人的巧妙解法，拓宽解题思路。

板块二　归纳一般方法

1. 独立观察思考

比较屏幕上这三种方法，找到共同点。

2. 小组讨论

（先预备着，如果有需要就讨论，不需要就直接全班交流）先独自回忆假设法、列表法、凑数法的解题过程，然后找一找各个方法之间的联系和相同点，最后在小组内说一说自己的发现。

3. 班级交流

每个小组选派一名代表发言，其他组补充或者质疑。

4. 学习整理

假设法、列表法、凑数法表现形式各有不同，但都是先假设成一种动物，再根据数量关系分别求出鸡和兔的只数。

【设计意图】通过展示多种解题策略，并把每种解决方法及时收归到假设法，从假设的角度去融会贯通。

板块三　巩固方法　强化模型

1. 巩固应用

（1）让学生独立完成“三轮车和自行车”问题，体会它与“鸡兔同笼”问题之间的联系。

（2）全班交流。引导学生发现“三轮车”就是“兔”，“自行车”就是“鸡”。

（3）分别默读“植树”问题、“购物”问题、“投篮”问题、“抢答”问题，思考它们与“鸡兔同笼”问题之间的联系。

（4）引导发现“鸡兔同笼”问题的独特魅力。

2. 学习整理

“鸡兔同笼”不只是代表着鸡、兔同笼的问题，生活中有很多类似的问题都可以看成是“鸡兔同笼”问题，都可以用假设法来解决。可以先假设全是鸡（或兔），再算出总腿数与实际腿数相差几，就用几除以2（有的两个事物之间相差不是2），算出来的就是兔子（或鸡）的只数。最后从实际总头数里面减去兔子（鸡）的只数，就是鸡（兔子）的只数。

【设计意图】进行变式性练习，训练学生将掌握的解题方法在解决新问题时实现自主迁移，将数学问题与生活实际建立联系。

3. 引导学生联系生活

将一些实际问题编成“鸡兔同笼”的数学问题，邀请其他同学来评价。

4. 结语

这节课我们一起研究了古代著名的“鸡兔同笼”问题。凑数法、列表格法、古人的抬腿法都可以归纳为假设法。今天的研究经验在后续的学习中也会经常用到。

【设计意图】既帮助学生梳理了知识与技能，又引导了学生反思学习方法。

三、计算课型

课型纲要

（一）课型主题

1. 计算含义

计算，数学用语，是一种将单一或复数的输入值转换为单一或复数的结果的一种思考过程。计算课型的教学应置入现实情境之中，减少单纯的技能性训练，避免繁杂计算，避免将运算与应用割裂开来。目的就是要让学生从单纯的掌握计算方法的学习层次上升到在理解运算意义的基础上灵活运用计算工具的较高水平。

2. 学习内容

小学数学部编教材三年级上册第六单元第1课“多位数乘一位数（口算乘法）”。

（二）课型程序

1. 复习导入，创设情境

通过复习旧知、口算游戏、创设情境等形式激发学生的学习兴趣。

2. 探索算法，表达算理

通过学生独立思考，自主探索多样化的计算方法并借助小棒表达算理。

3. 迁移运用，理解算理

充分利用教具、学具等教学资源，设置多样化的操作活动，鼓励学生动手操作并借助操作活动充分理解算理。

4. 内化新知，巩固提升

通过开火车、抢答、对口令、改错等丰富有趣的活动和练习，提高学生的运算能力。

（三）课型策略

1. 迁移学习

通过观察、比较，建立新旧知识之间的联系，从而把新知转化为旧知，让学生感受到学习的乐趣。

2. 学具学习

利用小棒等学具摆一摆、分一分、圈一圈、画一画等，使学生经历从动作表征到语言表征的过程，帮助学生理解算理。

3. 探究学习

设置探究性学习单，以任务驱动鼓励学生独立思考、合作交流。

（四）课型评价

（1）以各学段计算技能评价要求为标准，考查学生对算法的掌握及计算速度和正确率的达成情况。

（2）教学过程中，关注学生能否自主操作，理解算理；能否独立思考，用数学语言表达算理；能否迁移运用，选择合适的算法进行符号表征。

（3）学生主动参与学习活动的情况，如对学生学习数学的兴趣和自信心、学生与他人合作交流等不同方面进行了解反馈。

课型设计

（一）学习目标

（1）掌握整十、整百、整千数和两位数乘一位数的口算方法，能够正确地进行口算。

（2）通过小组合作，借助小棒学具，在操作、观察、对比交流等活动中理解算理，提高计算能力。

（3）通过观察、比较新旧知识间的联系，培养学生转化迁移的能力。

（二）学习策略

迁移学习、学具学习、探究学习。

（三）学习过程

板块一 复习导入 创设情境

1. 复习乘法

开小火车口算$2\times3=$__；$5\times6=$__；$4\times3=$__；$8\times9=$__；$7\times7=$__。

2. 揭示课题

老师出示课题，并引言：我们的乘法口诀背得这么溜，相信大家一定能用乘法知识来解决今天的难题。

3. 出示情境

课件出示情境图，学生根据数学信息提出用乘法解决的问题并列出算式。如图5–5所示。

铅　笔	一盒20支	购买3盒
星星贴纸	一袋200个	购买3袋

图5–5　情境题

【设计意图】通过对表内乘法的复习，唤起学生对学习乘法的记忆。开小火车的形式激发学生学习兴趣。

板块二 探索算法 表达算理

1. 交流口算20×3的方法

预设一：20+20+20=60。

预设二：笔算。

预设三：补0法。

2. 理解20×3的算理

（1）抓住学生说的“补0法”提出疑问：为什么在积的后面要添上1个0?

（2）学生思考，自由表达。

（3）借助小棒图，理解算理。引导学生小结出2乘3表示的是2个十乘3等于6个十，就是60。如图5-6所示。

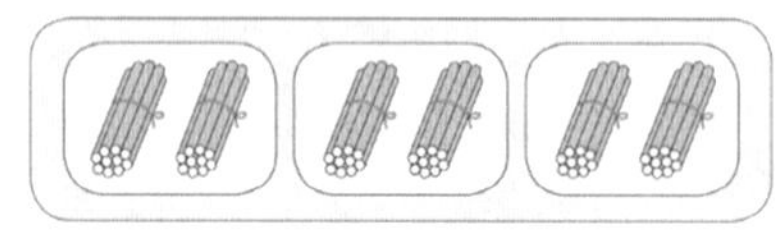

图5-6　小棒图

（4）同桌互说。

3. 迁移运用

独立解决200×3、2000×3，并和同学交流。

4. 观察比较

比较三个算式，找出口算时的共同点。例如：都是先不看乘数后面的0，算表内乘法，再在积的末尾加上0；都是把它们看成2个十、2个百、2个千来计算的，也就是都转化成了表内乘法来解决的。

5. 口算练习

学习单上计时1分钟完成8道口算题，小老师报答案校对。

20×4=　　6×900=　　7×80=　　4×2000=

5×80=　　700×5=　　200×5=　　21×3=

【设计意图】由20×3进入新课学习，充分展示学生的思考过程，让学生体会算法的多样性。但对于计算的算理学生表达不清楚，故借助小棒图，引导学生结合小棒图思考算理，再进行迁移类推到整百、整千数乘一位数，培养学生迁移转化的能力。

板块三　迁移运用　理解算理

1. 任务驱动，借助摆小棒，探究21×3的口算方法

（1）出示探究单。

（2）独立思考，记录你能想到的口算方法。

（3）同桌交流，摆一摆小棒，说一说自己的口算方法。

2. 课件展示介绍多种算法

预设一：画图法。表示21+21+21=63。

预设二：笔算。

预设三：把21拆成20和1，先算$20\times3=60$，再算$1\times3=3$，最后算$60+3=63$。

预设四：摆小棒解释。

3. 进行算法之间的练习，借助小棒图加深对算理的理解

学生通过观察、对比发现不同的算法其实都是在算3个20和3个1相加。

4. 巩固迁移

口算14×2、342×2，先学生独立算，再和同桌说一说是怎么口算的。

5. 小结方法

通过观察旧知和新学的例题之间的关系，总结出计算两位数乘一位数时就是把它转化成整十数乘一位数和一位数乘一位数，再把积相加。

【设计意图】以任务为驱动，引导学生自主学习。结合摆出的小棒叙述算理，指出或圈出每步计算的是哪一部分，引导学生纵向观察小棒图，突出算理。再进行两道巩固练习，让学生两人合作说一说思考过程，逐步归纳出两位数乘一位数的计算方法："用一位数先乘两位数的个位，再乘十位，然后把它们的积加起来"，从而实现新旧知识之间的迁移转化。

板块四　内化新知　巩固提升

（1）回顾课堂，谈谈收获。

（2）梯度练习，巩固提升。

① 240=(　　)×(　　)，比一比谁能填得更多。学生独立思考完成并进行反馈。

② 假如这个三角形表示300，你知道这个小正方形表示几吗？这个大正方形表示多少呢？为什么？如图5–7所示。

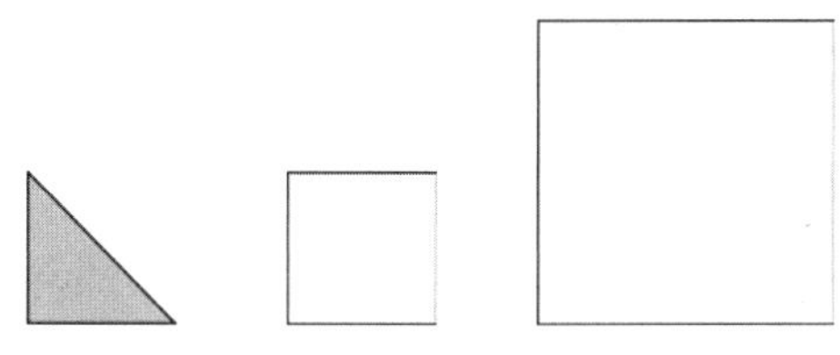

图5–7　图形图

你能用这个三角形再设计出一个表示3000的图案吗？

【设计意图】引导学生全面回顾新知，构建完整的知识体系。课后练习培养学生灵活的思维能力，强调学生能从不同的角度、不同的方法对题目进行分析，从而获得

不同的结果。

四、图形课型

课型纲要

（一）课型主题

1. 图形含义

平面基本图形的认识、运动、测量，图形与位置。

2. 学习内容

人教版小学数学四年级上册第三单元第一课时“线段、直线、射线和角”。

（二）课型程序

1. 认识概念

通过联系旧知，引入概念，初步认识线段、射线、直线。

2. 理解概念

通过探究活动，理解概念内涵，进一步掌握三种线的特征和联系。

3. 运用概念

通过巩固练习，根据三种线的特征解决问题，进一步抽象出“角”。

（三）课型策略

创设挑战性任务：通过创设挑战性任务，帮助学生认识图形特征，深入理解图形概念，提升空间思维能力。

（四）课型评价

1. 优化生态，让评价更客观

创设民主的课堂氛围，学生互相评价，角度多样，更加合理。

2. 延时等待，让评价更深入

不急于评价，等待学生完整地思考后再逐步评价，评价结果更加深入和全面。

3. 方式多元，让评价更生动

生生评价与师生评价结合、语言评价与肢体评价结合、过程评价与结果评价结合。

课型设计

（一）学习目标

（1）通过想象和探究射线和直线，完成对线段、射线、直线的认识和理解。

（2）通过感受从一点出发可以画无数条射线，过一点可以画无数条直线，过两点只能画一条直线，领悟两点决定一条直线的道理。

（3）通过画、找、比较等活动，经历比较联系，归纳概括的过程，理解图形之间的转化，发展空间思维能力。

（二）学习策略

（1）创造图形，经历观察和分类的过程，认识概念。

（2）沟通联系，经历比较和分析的过程，理解概念。

（3）转化质疑，经历抽象和反思的过程，运用概念。

（三）学习过程

板块一　认识概念

1. 区分“直的线”和“弯的线”

出示生活中的图片，抽象出“线”，进行分类。（如图5–8所示）

图5–8　生活中的线

2. 回忆线段的特征

进一步抽象出线段，寻找身边可以看作线段的实物。明确线段有两个断点，直直的、长度有限的。

3. 画线段

量出线段长度，并命名为线段AB。

4. 想象射线

出示任务一：想象。线段笔直地向一端延伸，会延伸到哪里？这时还是线段吗？

预设一：延伸到对面的楼，这时还是线段。一端在大屏幕，另一端在对面的楼。

预设二：延伸到宇宙中，这时不是线段，另一端消失了。

5. 想象直线

把线段向一端无限延伸，就得到一条射线。无限延伸有一定难度，你能想象吗？再来一次，把线段向两端无限延伸，会变成怎样的线？

预设一：会变成射线。

预设二：会变成直线。

6. 小结

把线段向两端无限延伸，就得到一条直线。

【设计意图】射线和直线都是为了研究，在人们头脑中想象出来的线，具有一定的抽象性。为贴近学生思维，从熟悉的线段引入，通过创设挑战性任务一：想象。把线段突破原来的一个端点向一端无限延伸，成为一条射线。再次想象。把线段突破原来的两个端点，向两端无限延伸，就变成了一条直线。

板块二　理解概念

1. 提出问题

回顾想象的过程，提出问题：射线和直线究竟是怎样的？

2. 探究射线和直线的特征

（1）明确学习任务。

出示任务二：探究。我来研究射线和直线。

（2）提出学习建议。

根据之前对线段的研究，可以从“端点”“长度”“找”“画”几方面入手，也可以自己补充。

（3）开展任务探究。

先独立研究射线和直线，然后同桌交流想法，最后全班分享。

（4）分享探究成果。

学生展示成果，互相补充和评价、讨论和质疑。

预设一：射线有1个端点，长度是无限长的。生活中可以看作射线的有手电筒的光、探照灯的光等。画的图是这样的。

预设二：直线没有端点，可以向两端无限延伸。生活中找不到可以看作直线的东西。

预设三：我不同意射线和直线的画法。他用省略号表示射线和直线是无限延伸的，我认为不能用省略号表示，可以画得更长一些。

预设四：我还有不同意见。你把射线和直线画到纸的最边上，其实是不需要的。因为射线和直线可以无限延伸，是画不完的，所以画一部分就可以了。

（5）整理与小结。

学生回顾探究过程，梳理探究步骤。

3. 给射线和直线命名

直接采用字母命名的方式，学生给自己画的射线和直线命名。

4. 思考和讨论三种线的区别和联系

（1）思考讨论。

预设一：区别是三种线的特征不同。

预设二：联系是线段可以通过向一端无限延伸，从而转化成射线；射线的另一端也可以无限延伸，就成了直线。

预设三：直线上任意两点间的距离是一条线段，任意一个点和它一端的部分是射线。

（2）完善表格。

名　称	相同点	端　点	长　度
线　段	直的线	2个	有　限
射　线		1个	无　限
直　线		0个	无　限

（3）小结。

线段、射线和直线既有区别又有联系，线段可以通过无限延伸得到射线和直线，线段和射线又是直线上的一部分。

【设计意图】以挑战性任务为驱动，提供学习建议，引导学生自主探究学习，凸显生本理念。学生借助已有经验，在探究中明确了射线和直线的特征，探讨了不同的表示方法，最后通过沟通联系，掌握了三种线的本质属性。相比老师带着学生学习射线和直线的特征，指导学生画出射线和直线的学习过程，学生更喜欢自己探究。在探究过程中，学生围绕不同的画法，提出了自己的想法，表达有理有据，真正经历了像数学家一样的再创造过程。

板块三　运用概念

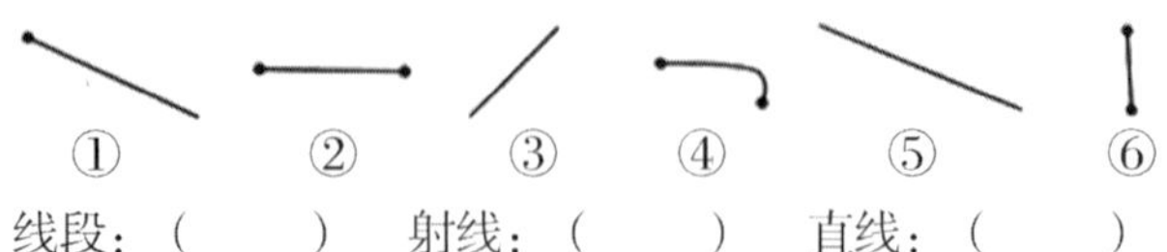

线段：（　　）　射线：（　　）　直线：（　　）

1. 选一选

哪些是线段、射线、直线？

2. 画线比赛

限时10秒，看谁画得多？

（1）从点O出发画射线，可以画（　）条。

O

（2）反馈练习，引出角的概念，明确角的各部分名称与射线的关系。从一点出发引出两条射线组成的图形是角。

3. 拓展提升

（1）过P点画直线，可以画（　）条。（2）过两点画直线，可以画（　）条。

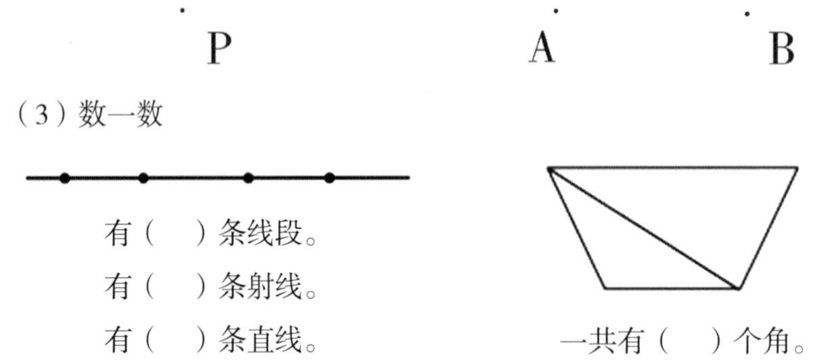

（3）数一数

有（　）条线段。

有（　）条射线。

有（　）条直线。

一共有（　）个角。

4. 课堂总结

学生说一说这节课的收获，并提出问题。

【设计意图】在运用概念的环节，分层设计练习，帮助学生在运用过程中进一步加深对三种线的认识。通过选择，从图形上区分出三种线。通过画线比赛，发现射线与角的关系，从本质上再次认识了“角”的概念，同时将新旧知识建立了联系。还领悟了过一点可以画无数条直线，两点确定一条直线的道理。通过数一数，根据三种线的特征有序思考，再次加深对图形概念的理解。

第六章 小学英语

一、情景剧课型

课型纲要

（一）课型主题

1. 情景剧意义

情景剧是英语学习的有效手段，通过创设生动、形象、逼真的情境，使学生产生身临其境的感觉，能够促进学生语言能力及情感、意志、想象力、创造力等整体发展。

2. 学习内容

小学英语人教新起点二年级下册第5单元“My Day Story Time”。

（二）课型程序

1. 创设情境

英语作为一门外来语言，没有母语那种天然的语言环境，学生接触的时间和频率没有母语那么高。但是我们可以通过创设情境改变现状，最终达到让学生“要我学”变成“我要学”的目的。我们要把它的适用范围从小范围的英语课堂变为大范围的英语环境，达到学以致用的目的。通过形态、语言、歌曲游戏和多媒体使用等方法，激发学生的兴趣点，更生动地感知新的语言，在轻松愉快的氛围中操练和使用语言。

2. 自主编排

在目标词汇和句型教授后，学生分组自主进行角色分配和编排情景剧。以人教版新起点二年级下册第5单元为例。学生学习本单元的Story time，分组进行剧本的创作和排练表演活动。所有学生积极参与，发挥各自特长，小组成员互相借力，完成情景剧的表演。

3. 个别指导

小学生的英语语言储备量有限，在排练过程中难免会遇到问题，尤其是句子的表达方面。在编排过程中根据各组的需要，教师需要进行个别辅助。遇到语言表达困难时，老师要给予帮助和指导，也要帮助学生把控演出效果。

4. 课堂展示

课堂展示是课本情景剧的高潮，通过听、说、读、演等方式来体验与运用，不但营造了活泼愉快的英语学习氛围，还给学生们提供了展示语言的平台，促使学生综合语言能力得到发展和提高。

（三）课型策略

1. 头脑风暴、小组分工

充分考虑学生的个性和能力差异，进行互补分组。在编排和角色分配时给予自主决定的权利，鼓励学生多思考、多想象、多创造，最大限度地发挥学生的能动性。

2. 多媒体和道具使用

歌曲、音频、动画、道具等结合使用，降低学习的难度，让学生乐学、易学。

3. 肢体语言等非语言类表达

恰当地运用肢体语言和表情，不仅有利于帮助小学生准确、深刻地理解教学内容，也有利于活跃课堂气氛，美化情景剧的呈现效果。

（四）课型评价

1. 团队展示小组互评

在评价时，采取自评、互评和师评相结合的多元评价方式，激发学生的学习兴趣，肯定学生的付出，发现他们的优点，找出不足，帮助学生不断进步。

2. 团队合作沟通能力组内评价

利用评价，表扬团结、协作、谦让的小组，让学生在互评、自评、合作中，做到中肯，不争吵。

3. 多方位多角度正面评价

认真倾听老师和同学的评价，培养学生倾听的习惯。学生在整个语言实践过程活动中的参与热情、独创性、各方面的才华的展现远比考试分数或“正确答案”更重要。评价的内容包括学生的学习兴趣、学习态度、学习能力、参与程度、合作精神、书面作业、口头表达（朗读、演讲）等。评价的方法也可变化不定，避免学生习以为常，从而丧失兴趣。

课型设计

（一）学习目标

（1）借助录音、图片、文字和小组互动，达成正确朗读小故事的学习要求。

（2）通过故事学习，达成对日常生活中的活动顺序建立初步的概念。

（3）通过小组合作，达成与他人合作朗读并表演故事，并在学习故事的基础上根据自己的日常活动大胆创新。

（二）学习策略

团队合作、多媒体道具使用、肢体语言等非语言类表达。

（三）学习过程

板块一　读前活动，创设情境

1. 热身

教师带领学生演唱Hickory Dickory Dock歌曲。

2. 教师引导学生回顾daily activities以及时间的表达

运用句式When do you get up? I get up at seven.练习日常生活中常见活动和对话。

3. 故事导入

We do different things in different time. And now, it is our story time.

【设计意图】通过歌曲，活跃课堂气氛，调动学生情绪。帮助学生回顾和复习生活中一些常见的活动表达，复习故事中涉及的句式，为故事学习做铺垫。

板块二　读中活动　故事阅读

1. 呈现故事

（1）场景介绍：教师呈现故事图片1，让学生猜测图中的场景。

（2）人物介绍：教师请学生说一说森林里有哪些动物。

【设计意图】通过自然过渡，让学生更容易融入新故事。学生主动参与猜测的过程，了解故事的人物、关系和故事的发生。

（3）介绍故事。多媒体播放两遍故事，让学生整体感知故事；第一遍教师带着学生观察故事，逐步过渡到学生自己关注故事，让学生自主推测故事；第二遍，学生完整观看视频，对故事的发生、发展和结局形成一个完整的认知。

【设计意图】低年级学生形象思维占优势，利用多媒体呈现可以帮助他们理解整个故事的情境，引导学生由关注故事情境逐步到关注故事的语言。

2. 阅读故事

（1）自读故事

组织学生自主认读故事，增加学生的阅读体验。

（2）听读故事

教师：Let’s listen and repeat. Fingers up. Follow your fingers.

【设计意图】听音模仿，强化正确的语音语调，培养语感。提醒学生关注角色。语言，通过语音语调的变化，抓住人物特点，感受人物的情绪变化，为角色表演做准备。

3. 分角色朗读故事

（1）示范分角色朗读

教师扮演tiger，女生扮演rabbit，男生扮演monkey。

（2）小组分角色朗读

教师将学生分为三人一组，让学生在小组内读一读，尝试不同角色。

【设计意图】反复朗读故事是学生内化语言的必要练习。学生在小组内可以得到充分的语言训练，培养孩子的小组合作沟通的能力。

板块三　读后活动　自主编排　课堂展示

1. 回顾故事

在小组充分朗读的基础上，教师利用板书帮助学生梳理故事，帮助学生逐步摆脱书本的束缚。教师贴板书，通过板书帮助学生再次回顾故事。

【设计意图】教师通过板书再一次帮助学生梳理故事脉络，引导学生关注故事要素及结构等信息，积累阅读经验，为后面的故事表演做准备。

2. 表演故事

（1）互动示范

教师和学生示范表演小故事。教师可以根据学生的情况安排角色的扮演者。

（2）小组练习并展示

学生分组练习，自主决定角色。教师引导学生关注肢体语言和表情。教师选择小组在班级进行展示。

【设计意图】通过表演的环节，为学生搭建自我展示的平台，让学生在互相合作中，不断地操练和强化目标语言的表达。

3. 改编故事

教师提问：If you were the rabbit， what would you ask? If you were the monkey， what would say? Let' s try to act your own story.

学生进行小组讨论，用学过的日常活动和时间表达式，对故事内容进行替换和编创。教师引导学生表达自己的一天。组内练习后，教师选小组进行班内展示。

【设计意图】开放的话题为学生提供更多的想象空间。利用故事的学习，关注自己的Daily routine。鼓励学生使用学过的词汇和句式，自信地表达自己的日常活动。

二、角色对话课型

课型纲要

（一）课型主题

1. 对话含义

对话是指两人或更多的人就某一个话题用语言交谈。在小学英语教材中，情景对话占了很大的比例。对话内容主要从学生的生活出发，主要是通过问好、询问意见等材料的学习，培养学生的交际能力。

2. 教学内容

Big English 3 Unit8 Healthy Living .

（二）课型程序

1. 热身活动

通过歌曲和自由谈话等活动为学生的对话做好铺垫。

2. 呈现新知

以看图说话及提问促读的方式，引导学生整体感知对话，理解对话大意。

3. 操练巩固

通过让学生跟音频读，及学生与教师分角色朗读等活动让学生读准语音语调，并掌握功能句。

4. 巩固拓展

以情境创设、任务驱动的方式让学生在情境中应用对话，思考话题的意义。

（三）课型策略

1. 通过听读提高学生的语音语调

通过提问抓听、逐句模仿、情感带入等方式规范学生的语音语调。

2. 通过创设情境提高学生的语言应用能力

通过创设情境、替换词汇等方式让学生反复操练，在熟练掌握功能句型的基础上，逐步提高学生的语言应用能力。

3. 通过任务驱动培养学生的合作能力和思维能力

根据学生的不同特点，创设可选择性任务，以提高学生的合作能力和思维能力。

（四）课型评价

1. 语音语调是语言发展的基础

在学生学习过程中，要给学生正确的语音语调示范，让学生用正确的语音语调对话。

2. 学生在情境创设中灵活应用语言

在学习课本教材对话后，学生能根据对话框架，创设新的对话。

3. 学生在任务中提高综合能力

在学习过程中，关注学生的思维能力、合作能力及文化意识的培养。

课型设计

（一）学习目标

（1）通过看图说话、听音模仿等活动，达成对话的理解及朗读目标。

（2）通过情境创设、情境替换等方式达成功能句“Did you…?”“Yes， I did.” / “No， I didn’t.”的灵活应用。

（3）通过对话学习，让学生树立健康的生活理念。

（二）学习策略

听音模仿、情境体验。

（三）学习过程

板块一 热身铺垫

（1）歌曲表演 Hockey Pokey。

（2）听音判断：

Let’s listen and judge.

① It is healthy to eat lots of candies.

② Exercise is bad for you.

③ You should get more than 8 hours of sleep.

④ Fresh air makes you feel good.

⑤ Drinking plenty of water is important for a healthy body.

（3）谈话铺垫 Did you…? Yes, I did./ No, I didn’t.

【设计意图】通过歌曲演唱、听音快速反应及自由谈话的活动将学生带入本课学习主题，同时激活学生语言，为接下来的对话学习做好铺垫。

板块二 呈现新知

1. 对话呈现——带着问题听对话，理解对话大意

Look, they are also talking about the healthy living. The boy named Tomas, and the girl named Maria. Let’s watch the video and think about the questions.

（1）How does Maria feel today?（Marie feels great.）

（2）How does Tomas feel today?（Tomas feels bad.）

（3）Why does Tomas feel bad?（He ate three donuts.）

【设计意图】视频能很直观地展现对话，学生带着问题观看视频，能很好地达成理解对话大意的目标。

2. 语音语调呈现——听音模仿，分句突破，解读对话文本

跟音频逐句读，用正确的语音语调朗读：

Do you eat three donuts at a time? Tomas should eat three donuts at a time! So how should we read the sentence “Three donuts! That’s why you feel bad!”

【设计意图】以听读、模仿的方式，培养学生正确的语音语调。以同理心的思维方式，引导学生思考“Three donuts! That’s why you feel bad!”的朗读语气。

3. 动词过去式呈现——自读对话，读准动词过去式

A. got（get），ate（eat），did（do）

B. Make new sentences with the given words.

Did you _____?

Yes，I did. /No，I didn’t.

板块三　操练巩固

1. 师生合作，分角色朗读

Now, I am Maria，you are Tomas. Let’s exchange. 学生和教师合作示范表演对话。

2. 同桌合作，分角色朗读

学生两两合作操练对话，教师关注学生操练过程中的语音语调及情感，并对学生进行指导。

3. 意义操练

How do you feel today? Why？Did you …?

学生根据问题，重新创编对话。

【设计意图】由师生合作到生生合作，教师逐步放手让学生体验对话，然后根据给定的问题，自编对话并展示。

板块四　拓展应用

1. 角色扮演

在角色扮演中体验对话，感受角色情感。

2. 学习反思

Write down the things you ever did which are good for you and which are bad for you.

【设计意图】通过回忆反思已经做过的事情，辨别哪些行为有益健康、哪些不益于健康。

三、情境对话课型

课型纲要

（一）课型主题

（1）情境对话课型是建立情景的基础上，强化结构、突出功能，与单词教学、阅读教学的侧重点不同，对话课型立足于创设多种情境，让学生在操练中了解句型结构。本节对话课从“What kind of animals are monkeys? They are mammals.”功能句出发，体现了英语学科和科学学科的融合。

（2）学习内容：小学英语人教新起点六年级第3单元 Animal World。

（二）课型程序

1. 热身活动

通过一起跟唱歌曲Animal World以及猜谜语的形式，创设动物世界的情境，让学生了解不同动物的种类、外观、习性，以及不同的动物有不同的特点。

2. 新知呈现

给同学呈现主情境图——学生和老师一起讨论不同动物的特征，通过对不同动物的呈现，学生对于不同种类的代表性动物有了自己的理解，使学生初步感知、理解语言。

3. 巩固练习

学生学会互相交流自己喜欢的动物，创造情境整体感知对话，听录音、对话、role-play，学生学会从不同角度交流自己喜欢的动物，从种类、习性和外观上了解对方喜欢的动物。

4. 拓展应用

通过写谜语、画海报、拓展其他动物小短文等形式，创设情境，使学生学会用书面形式表达自己喜欢的动物；学会从种类、习性、外观来表达喜欢的动物；使学生对于自己喜欢的动物有更多的理解。

（三）课型策略

（1）英语和科学融合教学。通过歌曲动物的不同种类，引出哺乳类、两栖类、爬行类、鸟类、鱼类等不同的动物，趣味性十足。

（2）互动式学习。通过生生互动、师生互动，学生进行对话的role-play和用自己的语言来问答动物的有关种类、习性、外观角度等问题，加深了解对方喜欢的动物的理解。

（3）体验式学习。通过猜谜语、写谜语以及制作海报，使学生对对话以及动物的种类、外貌和习性有更深刻的体会，让学生在体验中学习。

（四）课型评价

1. 团队展示，小组互评

生两两合作可以提高学生的口语表达能力，通过写谜语、制作小报等可以提高学生的书写能力，同学间互相评价、老师点评，可以肯定学生的优秀之处、指出学生的不足之处。

2. 多方位多角度评价

学生在创编对话、撰写谜语时，通过生生互评，培养学生认真倾听的能力，让学生从其他同学的评价中学习；学生在体验中感受动物的特点，体现全方位教学。学生通过老师的引导和鼓励，能够大胆地从更多方面去了解和谈论动物。

课型设计

（一）学习目标

（1）让学生从功能句中就动物的类别、外表、习惯等方面进行讨论。

（2）学生可以写几个句子来介绍这些动物。

（3）学生对动物的“类别、外观、习惯”方面更感兴趣。

（二）学习策略

英语和科学融合教学、互动式学习、体验式学习。

（三）学习过程

板块一　热身活动：复习动物的单词

1. Warm-up（热身）

Students listen to a song，教师带领学生演唱Animal World歌曲。

T： What animals do you hear in the song? S： I hear shark，monkeys，mammals. 教师引导学生回顾动物的单词和种类，复习Monkeys are mammals 句型。

2. Review and lead in（复习导入，猜谜语）

Look and guess. Gives the Ss some key words， "black，yellow，wings，sting，make honey. Etc"，and let students guess what animals are they. 通过动物的关键词学生能猜出有什么动物和动物的种类。

【设计意图】通过歌曲活跃课堂的气氛，调动学生的情绪。可以帮助学生回顾动物的单词和动物的种类，复习句型Bees are insects 这个句型。

板块二　新知呈现：交流喜欢的动物

1. Presentation（呈现主场景）

（1）场景介绍：教师呈现图片，让学生猜测图中的场景和活动。

（2）人物介绍：教师让学生说一说教室里有哪些人。

T： Presents the picture and ask the students：

T： Where are they? S： They are at the classroom.

T： Who are they? S： They are Lily， Binbin， Andy and Miss Wu.

T： What are they talking about? S： They are talking about animals.

They are talking about the categories， appearance， and habits of the animals.

Let's listen to the dialog and think about these questions.

【设计意图】通过呈现图片场景和人物，让学生能够整体感知对话，形成完整的认识。

2. Learning（学习）

学生通过听音频来理解故事。

Listen and answer .

T： What are they talking about? S： They are talking about （the categories， appearance， and habits of） the animals.

T： What kind of animals are monkeys? They are mammals.

Read the dialogue and answer questions.

【设计意图】学生通过听音频和回答问题，使学生理解对话，并且能够跟读和模仿对话。

板块三 巩固练习：交流喜欢的动物

1. Practice（练习）

Let students read in groups， let students read in rows， let boys and girls read. Role-play. 小组角色扮演，进行功能句的操练。

【设计意图】学生通过操练，能够掌握句型“What kind of animals are monkeys?”“They are mammals.”

2. Application（应用）

Students work in pairs and have the dialogue according to the sentence pattern.

T： What animals do you like? S： Guess.

T： What kind of animals are they? S： They are birds.

T： What do they look like? S： They are black and white.

T： What can they do? S： They can swim.

T： What do they like to eat? S： They like to eat krill and fish.

T： Are they penguins? S： Yes.

【设计意图】学生能够自己创编句子，用句型描述动物的颜色、种类以及动物喜欢的食物等。

板块四 拓展应用：表达喜欢的动物

1. Extension（拓展延伸）

小组完成课本中的C项，写一个有关动物的谜语。

Guess what animals do I like?

2. 写一则关于动物的谜语

Write a riddle about the animals I like.

I like... They can swim very fast. They have big mouths. What are they?

【设计意图】开放的话题为学生提供了更多的想象空间，利用对话的学习，学生能够更加关注动物世界，了解自己喜欢的动物，并且可以进行书写和口语表达。

四、国际理解课型

课型纲要

（一）课型主题

1. 国际理解含义

国际理解课型是基于国际理解教育（Education for International Understanding）背景下开设的英语课程。国际理解教育就是以各国普遍关注的“人权、和平和民主”为宗旨，以促进国际理解为目标，通过各种教育手段和措施，培养具有国际理解品性和能力的人，促使文化之间的相互尊重、相互理解和共同发展。对于英语学科，国际理解课型就是通过文化的输出，增强学生的国际视野，培养学生的国际公民素养。

2. 学习内容

小学英语人教新起点第6单元Happy Holidays Story Time。

（二）课型程序

1. 营造节日氛围

通过一起跟唱歌曲Merry Christmas以及外教以圣诞老人的装扮出现，让学生沉浸在圣诞的快乐节日氛围中。

2. 整体感知故事

通过对故事的预测，跟读和表演图片的文字内容，学生可以掌握并理解整个故事内容。

3. 尝试表演故事

借助音乐和道具，鼓励学生将故事有感情地表演出来，在表演中体验圣诞节的欢乐。同时通过观看视频和老师的鼓励，学生可以勇敢尝试从更多方面来描述圣诞节。

（三）课型策略

1. 中外教协同教学

中教做引导，引出故事；外教用丰富的情感演绎故事。中外教的默契配合，增加了课堂的趣味性，提高了课堂效率。

2. 分步学习

逐图学习故事，降低学习难度，让学生更容易了解和掌握整个故事。

3. 合作学习

根据故事内容，两两合作跟读和表演，鼓励学生用自己的语言表达出自己的情感，表达自己对故事的理解。

4. 体验式学习

通过老师的讲解以及学生的表演，使学生对故事以及圣诞节有更深刻的体会，让学生乐学、易学。

（四）课型评价

1. 体现国际理解的理念

在学生的学习过程中，要体现国际理解的理念，通过老师的引导和讲解，学生可以掌握一些圣诞节的基本背景信息。

2. 小组展示

学生在体验中感受圣诞节的欢乐氛围，小组合作，表演故事，同学间互相评价、老师点评，肯定学生的精彩之处，指出学生的不足之处。

3. 体现全方位教学

学生通过观看视频以及老师的引导和鼓励，能够大胆地从更多方面去了解和描述圣诞节。

课型设计

（一）学习目标

（1）通过跟唱歌谣及教师的问题引导，学生可以了解一些圣诞节的背景信息。

（2）借助录音、图片、文字以及教师的讲解和表演，学生能够读懂这个小故事，并尝试在教师的指导下有感情地表演故事。

（3）通过观看视频及教师的鼓励和示范，学生可以尝试从更多方面去描述圣诞节这一西方经典节日。

（二）学习策略

中外教协同教学、合作学习、体验式学习。

（三）学习过程

板块一　营造节日氛围

（一）Warming up（热身活动）

（1）常规问候。

（2）观看一个关于圣诞节的视频，师生共唱。

【设计意图】通过观看以及演唱圣诞节歌曲，活跃课堂氛围，把学生带入圣诞节的节日氛围中。

（二）Presentation（引出故事）

1. 课前复习

老师向学生提问一些关于圣诞节背景的问题："What's the song about? / When is the Christmas? / Who always appears on Christmas Day?" 当学生回答"Father Christmas"时，外教Louise身穿圣诞节特色服装出现。

2. 导入故事

Louise出现后向学生打招呼说"Merry Christmas"，学生给予回应，同时Louise通过提问"Do you want to learn a story about Christmas"引出故事主题。

【设计意图】将圣诞节背景知识和故事联系在一起，并通过外教的"精彩亮相"引出故事。

板块二　整体感知故事

（1）PPT出示整个故事的图片，老师引导学生猜测故事中发生了什么。

【设计意图】帮助学生对故事有一个初步的了解。

（2）逐图讲解故事。

① picture 1，2。

老师出示图1&2并提问“When is Christmas? This is in Winter. What’s the weather like in Winter”，导入背景信息。

老师对故事中的主人公——圣诞老人说的话进行提问“What is Father Christmas saying”，然后引导学生跟读。

老师提供圣诞老人的服饰，学生有感情并加入肢体动作演绎“Merry Christmas”向自己的同伴表达圣诞祝福。

② picture 3，4，5，6。

对话框逐个出现，学生在每个对话框出现时都可以进行操练。

Louise给每个对话框都设计了肢体动作，Louise会先示范语调以及动作，然后学生跟读以及表演。

邀请三位小朋友上台展示，一位扮演圣诞老人，另外两位扮演孩子（邀请4~6组，老师提供道具）。

③ picture 7，8。

Louise 询问“What is Father Christmas doing? / Why is he in bed?”请学生思考并回答。

先请一部分学生来读一读圣诞老人的对话框，然后全班一起操练（加入语气和肢体动作）。

Louise 对圣诞老人进行生动表演，给学生做一个示范。

邀请一位学生上台扮演圣诞老人，引导他们表演出圣诞老人的困意以及疲惫感并说出对应的语句。（老师会提前准备好一张椅子作为表演道具）

（3）复习整个故事。

翻开书本，全班一起跟读音频，对整个故事进行齐读复习。

Louise会在全班走动，及时纠正单词发音有问题的学生。

再次进行练习和巩固，然后进入下一环节。

【设计意图】通过细节讲解和练习，学生可以更深入地了解整个故事。

板块三　尝试表演故事

1. Role play（角色扮演）

（1）全班两两结对进行练习。（一个扮演Father Christmas，一个扮演孩子）

（2）练习开始之前，Louise和我会先进行一个示范，帮助学生将故事表演得更加生动。

（3）在练习过程中，Louise和我会及时给予指导。

（4）邀请6~7组学生上台表演故事。（老师准备好背景音乐和相应的道具）

【设计意图】再次巩固故事内容，并鼓励学生将故事有感情地表演出来。

2. Extension（拓展拔高）

在时间允许的情况下，我和Louise会通过一个小视频给出一些圣诞节的其他背景信息，鼓励学生从其他方面对圣诞节进行讨论。

【设计意图】帮助学生了解更多关于圣诞节的背景信息以及一些圣诞文化。

第七章　小学道德与法治

一、判断课型

课型纲要

（一）课型主题

1. 判断含义

判断是对思维对象是否存在、是否具有某种属性以及事物之间是否具有某种关系的肯定或否定。在小学阶段，学生的自我意识不断发展，对外界事物有了自己的认识态度，开始尝试自己做出判断。但由于心智尚不成熟和缺乏生活经验，判断时易受外界影响，缺乏独立判断的能力。针对小学道德与法治判断学习，从具体生活实际问题着手，引导学生从自己和家庭的实际出发，反思自己的行为做出恰当的判断尤为重要。

2. 学习内容

小学道德与法治统编教材四年级下册第二单元第5课“合理消费”第一课时。

（二）课型程序

1. 尝试判断

在自我意识不断发展，对外界事物有自己认识态度的基础上，尝试自己做出判断。

2. 修改判断

从具体生活实际问题着手，通过比较他人与自己的法进行探究学习，引导学生从自己和家庭的实际出发，反思自己的行为，修改自己的判断。

3. 完善判断

通过思考整理，学会从不同的角度观察社会事物及现象，对生活中遇到的问题，完善自己的判断，从而做出正确的判断。

（三）课型策略

1. 融合学习

通过方法的融合、场景的融合、生活实际的融合等，提高课堂效率。

2. 比较学习

通过他人与自己的比较、父母儿时与自己儿时的比较，进行自我认知的比较学习，初步引导学生判断是否合理。

3. 思辨学习

结合他人与自己，辨析“合理”与“不合理”，通过合理比较、自我克制等方法的分享，修改判断，学会做出正确的选择。

（四）课型评价

1. 认识判断方法

在学习活动中，通过观察、对比、分析、探究等方式逐步认识、了解合理判断及方法。

2. 尝试判断实践

通过不同角度观察、小组探究等形式，在判断推理过程中进行思辨判断。

3. 重视习惯养成

通过身边生活学材学会区分合理与不合理要求，渗透对儿童的情感、态度、价值观的教育，重视儿童良好品德与行为习惯的养成。

课型设计

（一）学习目标

（1）通过“心愿单”的填写与修改，区分自己的心愿清单是否合理，从而学会辨析“合理消费”与“不合理消费”。

（2）通过换位思考、榜样学习等方式积极自觉地反思自己的消费心愿，学会体贴父母，不赶时髦、不攀比，初步树立理性消费、勤俭节约的意识。

（3）通过合理比较、自我克制等方法的交流分享，树立正确的消费观，在生活中购物时做出正确的购物选择。

（二）学习策略

体验学习、辨析学习、榜样学习。

（三）学习过程

板块一　尝试判断

1. 创设情境

（1）教师活动

创设情境：引出学习小伙伴小李，激发学生购买物品的欲望。

（2）学生活动

写下三个最想购买的物品及理由，并分享。

【设计意图】遵循儿童生活的逻辑，以儿童生活中的需要和问题为出发点，结合班级特色评价机制，创设情境从儿童想要的东西着手，初步列举想要购买的商品。

2. 对比学习

出示小李的心愿卡及购买理由，思考父母是否会同意并交流。

（1）交流第一个心愿——想买名牌包

①学生活动

演一演小李的父母，讲清楚同意或拒绝的理由。

②学习整理

明白“想要”和“真正需要”是两回事，为满足虚荣心而追逐名牌的炫耀心理，是不合理的消费。

（2）交流第二个心愿——想买最新款平衡车

①学生活动

预测对比学习：猜一猜小李的妈妈是否会实现小李的心愿，再听一听妈妈的说法。

②学习整理

钱都是父母辛苦劳动所得的，在我们的生活中，并不是所有的要求都能得到满足。我们可以做到：体贴父母，想想父母的辛苦和难处，不提让父母为难的要求；不赶时髦，不要攀比；不购买增加家庭负担的物品。

（3）交流第三个心愿——想买碳酸饮料

①学生活动

观看视频，倾听权威建议，了解儿童经常喝碳酸饮料的危害。

②学习整理

不利于健康成长的消费不可取。如果心愿是真正需要的、合理的，父母也是会同意的；但如果是只想炫耀、用于攀比或是不利于健康的不合理的要求，父母大多数会拒绝。

【设计意图】通过学生表演、视频、音频解说、猜一猜等形式进行体验学习，在活动中获得内心体验。借助对小李心愿及拒绝理由的分析，使学生明确什么要求是不合理的，形成认识、转化行为能力的原动力。

板块二　修改判断

1. 交流判断

（1）教师活动

复现自己的心愿卡，随机采访：你觉得自己的购物要求是否合理，请说明原因。

（2）学生活动

思考并修改心愿卡。

（3）学习整理

学会判断合理是相对的，人们会有不同的合理消费的标准，不宜一概而论。

2. 榜样学习

（1）教师活动

视频播放本班父母儿时勤俭节约的故事。

（2）学生活动

交流视频观后感，分享自己及家人生活中勤俭节约的做法。结合家庭实际情况反思，二次修改心愿卡。

（3）学习整理

勤俭节约是中华民族的美德，即使经济条件再好，我们也要倡导勤俭节约的传统。购买可有可无、不利于健康成长的、价格过于昂贵、增加家庭经济负担的东西，属于不合理消费，要尽量避免。

【设计意图】在思辨他人心愿得到启发的基础上，第一次修改心愿单；通过父母的故事和身边的榜样示范浸润勤俭节约美德，第二次修改心愿单。在探究学习中探究和获得更合适的消费理念。

板块三　完善判断

1. 小组探究，分享方法

（1）教师活动

创设问题情境，帮助小李想一想克制购买欲望的好方法。

（2）学生活动

小组探究克制购买欲望的方法。分享学生代表吕梓源用电子元件自制的小风扇“比较替代”方法。

（3）学习整理

原来“自我克制”“冷静处理”“转移注意力”“比较替代”等都是能够帮助我们克制购买欲望的好方法。

2. 内化所学，完善判断

（1）教师活动

呈现小伙伴调整后的心愿卡，内化所学内容。

（2）学生互动

调整自我心愿，完善判断。

（3）学习整理

合理是相对的，人们会有不同的合理消费的标准，不宜一概而论。如果从家庭的角度出发，本着勤俭节约不浪费的原则，依据自己的需要和具体情况，不赶时髦，合理比较，自我克制，做出正确的购物选择，做一名聪明的消费者吧！

【设计意图】通过创设任务情境激发学生主动学习和探究的兴趣，结合学生已用到的克制消费的方法（自我克制、远期愿望），补充典型的其他方法，总结、思考做出正确购物选择的方法，并借助父母的消费方法引导学生爱护家庭、体谅父母，更好地将“合理消费”的认识落实到生活中去。

二、活动课型

课型纲要

（一）课型主题

1. 活动含义

活动课型亦称经验课型、儿童中心课型，是与学科课型对立的课程类型。它以儿童从事某种活动的兴趣和动机为中心组织课程。因此，活动课程也称动机论。道德与法治活动课程，旨在通过组织课堂活动，进行体验、探究，形成正确的道德认知，养成良好的道德习惯。

2. 学习内容

小学道德与法治统编教材二年级下册第12课“我的环保小搭档”。

（二）课型程序

1. 活动激趣，聚焦主题

通过视频图片等媒介引出问题，激发学生的学习兴趣，营造学习氛围。

2. 活动体验，情景再现

通过组织学生体验参与，丰富学生课堂活动，增加学生生活体验。

3. 活动探究，追根溯源

通过在活动中进行探究、跟进交流互动，激发学生的学习与判断能力。

4. 活动延伸，学以致用

联系生活升华主题，达到知行合一。引导学生认识自我、社会和自然的关系，形成良好的品德和行为习惯。

（三）课型策略

1. 教材文本与生活实际的融合

学习来源于生活，学生的道德认知同样也是从生活中的点滴细节中获取。通过文本与生活的融合，让学生的认知具象化、现实化、可操作化，从而使学生更好地获得新知。

2. 自我认识与道德实践的融合

通过课堂活动了解学生的认知水平，再回归生活实践，内化学生认知，打破学生知与行的鸿沟，做到知行统一，从而促进学生养成良好的行为习惯。

3. 自我表达与交流访谈的融合

让学生直抒胸臆，大胆表达自己的见解看法，从而内化为自己所学。通过辩论访谈，展开学生思维，碰撞出思维火花，通过完整的思维过程，形成良好的品德和行为习惯。

（四）课型评价

1. 认识活动实践之道

在活动中通过观察、分析、自主探索等方法逐步认识、了解活动实践的重要意义。

2. 习得活动实践之法

认识活动的创设意义。通过组织学生直接参与各种主题活动、游戏或其他实践活动，增加体验，提升感悟。

3. 感受活动实践之乐

通过参与活动，体验课堂活动的学习乐趣，并学会在生活实际中运用，形成良好的品德和行为习惯。

课型设计

（一）学习目标

（1）通过观看视频，了解环保的重要性。通过环保探讨交流，明白生活中什么是环保。

（2）通过“郊游分一分”活动，明白小搭档就是小帮手，并知道在我们外出活动时有哪些环保搭档。

（3）通过日常生活中的细节，寻找生活中的环保小搭档，从而树立环保意识，让学生在日常生活中养成环保的好习惯。

（二）学习策略

自主探究、小组合作、交流访谈。

（三）学习过程

板块一　活动激趣　聚焦主题

1. 活动预热——课题初探

（1）出示课题

引导学生质疑，理解环保与小搭档的含义。

（2）视频导入

通过视频，引出环保话题。

2. 活动探讨——七嘴八舌话环保

（1）小组合作，交流讨论，理解环保的含义

预设1：我们要绿色出行，减少空气污染。

预设2：我们要节约用纸，保护森林。

预设3：我们要节约能源，随手关掉灯、电器等。

（2）学习整理

引言：节约，不浪费也就是环保，现在我们要争做环保小达人，共同爱护我们的地球。

【设计意图】基于学生的生活经验，营造学习的氛围，以“在场因素”作为教学的出发点，通过视频图片等媒介，营造氛围，直面环境问题，引出环保的重要性，从而激发学生的环保意识。

板块二　活动体验　情景再现

1. 郊游分一分

（1）活动要求

PPT出示活动要求，选择适合郊游携带的物品。

（2）学生交流

填写分类单。

（3）学生展示

学生分一分，并说明原因（如图7–1所示）。

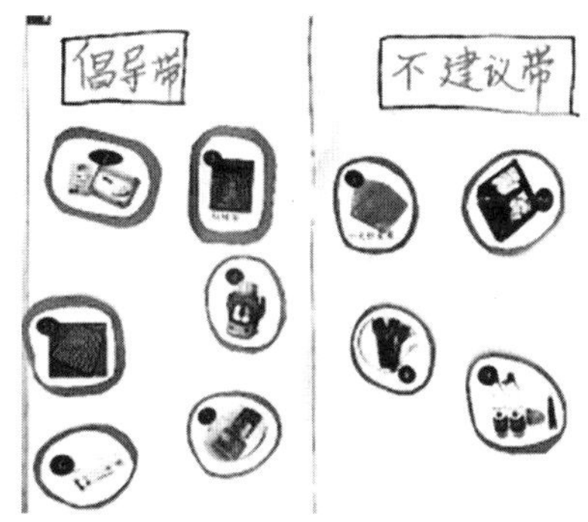

图7–1　板书贴图

2. 郊游辩一辩

（1）物品优先用

① 实物展示。教师适时出示纸杯、水壶。

② 讨论交流。讨论会用到纸杯的场景。出示树木制成纸杯的对比图（一棵树能做8000个纸杯）。指名说出看到图片后的感受。（出示图片：树桩）

③ 学习整理。我们送给小水壶一个名字——环保小搭档，并用上“因为……所以……”说一说“环保小搭档”的作用。（出示板贴“小搭档”“优先用”）

（2）物品循环用、创意用

①提出质疑。如果必须使用纸杯，用完后的纸杯该如何处理。

②学生交流。

③学习整理。我们要树立环保意识，当不得已使用一次性物品时，也要尽可能实现循环使用，或者是创意使用，提高使用率，实现环保价值。

3. 重新分一分

①二次调整。看一看郊游所带的物品，根据认识，重新做出调整。

②学生交流。指名上台展示调整，并说出理由。

【设计意图】通过学生直接参与“郊游分一分”的主题活动，从学生的实际生活出发，情景再现，激发学生的学习兴趣，让学生主动体验、感悟，引导学生从生活实际出发，树立不用或减少使用一次性物品的环保意识。

板块三　活动探究　追根溯源

1. 亮眼睛，找搭档

（1）提出质疑

播放视频，并引言：我们生活中还有很多的环保小搭档，大家一起找找看。

（2）学生讨论

交流视频中出现的环保小搭档。

（3）合作交流

出示课本对话框，用句式“因为……所以……”说一说自己生活中的环保小搭档。

2. 我有小搭档

（1）垃圾分类

①认识分类方法。出示垃圾桶图片，交流垃圾分类的方法。

②交流分类的好处。说一说垃圾分类的好处。播放班级小朋友垃圾分类的视频。

③表彰分类标兵。垃圾分类好处多，知道垃圾分类应当从我做起、从身边做起。表彰环保小达人，获得两颗星。

（2）绿色出行

①认识绿色出行。引言：现在我们准备好郊游物品要出门了，说一说你选择出行的交通工具和理由。

② 交流绿色出行的好处。引出绿色出行，保护环境。（出示板贴）

③ 表彰绿色出行标兵。表彰环保小达人，获得三颗星。

（3）植树添绿

① 认识植树添绿。教师分享自己的环保小搭档——种树。（结合“蚂蚁森林”，引导学生号召爸爸妈妈们一起找到自己的环保小搭档）

② 交流植树添绿的好处。每人种一颗树，荒漠变绿洲，倡导植树添绿。（对比20年前和现在的种树照片）

③ 表彰植树造林标兵。表彰环保小达人，获得四颗星。

3. 学习整理

引导学生从垃圾分类、绿色出行、植树添绿或是身边的小事着手，发现自己或他人的环保行为，坚定为环保事业做贡献的决心。

【设计意图】学生的生活是宝贵的课程资源，以学生生活中的需要和问题为出发点，用视频、照片等记录方式，从学生的生活出发，展现生活中的环保行为，从而引导学生树立环保意识。

板块四 活动延伸 学以致用

1. 情景再现

出示教室里丢弃的铅笔头，请同学们想办法找找环保小搭档，实现铅笔头再利用。

2. 学生交流

（1）说一说自己想到的环保小搭档。

（2）播放学生制作的创意环保小搭档视频。

（3）交流视频观后感，为下一节展示课做铺垫。

3. 学习整理

回顾课堂，并引言：其实，在我们身边，有着很多的环保小搭档，他们能够帮助我们保护环境、爱护环境，所以我们要有一双善于观察和发现的眼睛，和环保小搭档一起，把环保进行到底。

【设计意图】将生活教育与品德教育相融合、课堂教学与日常德育相结合，引导学生建立在生活中发展、在发展中生活的意识。用“铅笔头”的引入，从学生身边的小事出发，让学生关注身边的环保行为，树立节约不浪费、爱护环境的意识，从而实现生活、教学、发展的三位一体。

第八章　小学科学

一、实验课型

课型纲要

（一）课型主题

1. 实验含义

以科学小实验为主要活动形式的教学活动，我们称之为实验探究课。教学中此类内容很多，包括对比实验和模拟实验，如种子萌发实验、它们会生热吗、蒸发、摆的研究、谁热得快等对比实验，另外还有日食和月食等模拟实验。

2. 学习内容

教科版教材四年级下册第一单元“电”第3课“简单电路”。

（二）课型程序

1. 提出问题，建立猜想

能根据所观察到的现象，大胆提出问题，根据学习科学前概念的了解说出自己的想法。

2. 设计方案，寻找证据

通过探讨与交流，会自行设计实验方案，并学会处理信息，寻找支持论点的证据。

3. 分析数据，得出结论

会对所得的结论进行一个简单的数据处理，让结论具有科学性，足以令人信服。

4. 交流评价，应用拓展

通过对实践探究、数据处理等过程得出来的结论进行一个反思评价，最后进行适当拓展。

（三）课型策略

（1）关注学生自主性探究学习态度，通过融合提高课堂效率，如方法的融合、场景的融合、学材的融合等。

（2）关注学生学习过程中能力、思维、沟通及动手能力的生成，分解能降低学习的难度，如分解步骤、分解难度、分解练习等，降低学习的难度，让学生乐学、易学。

（3）关注评价的激励性、适应性和针对性，比较是一种很好的学习方式。

（四）课型评价

1. 方法是重要的学习内容

在实验探究中，除了设计还应讲究一定的学习方法。在科学的学习中，方法不止一种，要学会用多种方法来让学习更加多元立体化。

2. 学生自主掌握了解方法

充分发挥学生的主观能动性，将课堂还给学生，突出学生的主体地位。

3. 课堂上展示了解方法的过程

教师在学生课堂的学习中，起组织、引导、促进的作用。当然，在此过程中，引领的方法至关重要。

课型设计

（一）学习目标

（1）通过了解一个简单电路的构成所需要的元件，知道要使电器工作就必须要使电器和电源联通。

（2）借助更多的方法和材料点亮更多的小灯泡，学会观察、描述和记录有关的实验现象的方法。

（3）通过会用简易符号表示一个电路的不同部分，初步了解简单电路在日常生活中的应用。

（二）学习策略

实践学习、交流学习、分享学习。

（三）学习重难点

1. 教学重点

（1）知道使用相同的材料，电路可以有不同的连接方法。

（2）会用简易符号表示一个电路的不同部分。

2. 教学难点

尝试用更多的方法和材料点亮更多的小灯泡。

（四）学习准备

每组小灯座2个、电池盒1个、电池1节、导线4根、小灯泡2个、记录纸若干、记号笔1支、尺子1把。

（五）学习过程

板块一　提出问题　建立猜想

（材料准备：1节电池、1个小灯泡、1个电池盒、1个小灯座）

1. 回顾导入

回顾在前面一节课的学习中，大家点亮小灯泡用的是哪些材料。

2. 揭示课题

像由导线、电池、小灯泡（用电器）组成的电路，我们把它叫作“简单电路”。

3. 认识元件

在点亮小灯泡的过程中，根据遇到的难办的问题介绍小灯座和电池盒的作用。实物配以课件图片，观察小灯座和电池盒，并讨论怎么用。即接好导线，电池的正负极要根据电池盒中的位置放置。干电池的正极靠近红色的这端，负极靠近黑色的一端。

【设计意图】通过回顾导入，铺垫学习背景，通过简单电路课题的揭示，加深理解，同时认识电路元件，为后面的组装电路学习打好基础。

板块二　设计方案　寻找证据

（材料准备：每组2根导线、1节电池、1个小灯泡、1个电池盒、1个小灯座、活动记录单）

1. 组装电路

（1）介绍实物连接图

组装好后用导线连接起来的电路图叫作实物连接图（教师课件展示实物电路图的具体画法）。

（2）画实物连接图

请学生来检测一下小灯座和电池盒的作用，成功点亮小灯泡后在活动1（A）的记录单上画出组装的实物连接图（如图8–1所示）。

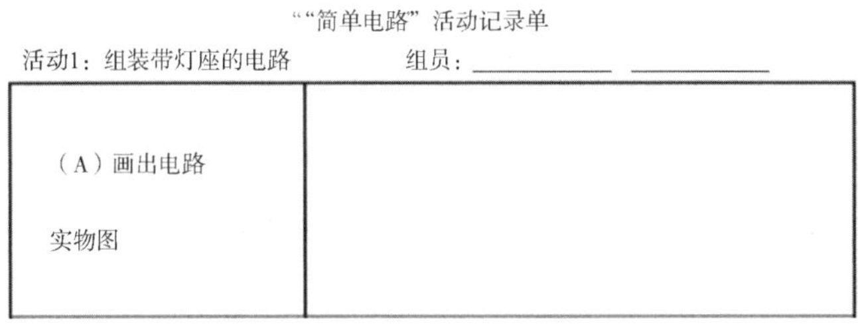

""简单电路" 活动记录单

活动1：组装带灯座的电路　　组员：__________ __________

（A）画出电路 实物图	

图8–1　活动 ① 记录单

【设计意图】先通过组装点亮小灯泡，后从实物连接图着手，可以让学生更好地理解，同时也为后面的简单电路图的学习做好铺垫。

2. 电路图画法的改进

（1）发现问题

学生利用小灯座和电池盒点亮了小灯泡，并将实物电路图画了下来。随后发现这样的画法不方便。

（2）解决问题

教师说明在画简单电路图的时候，只需要把小灯泡、干电池用导线连接起来就可以了。画导线时尽量要做到直线、直角，用尺和铅笔来画电路图（同时教师演示）。

3. 构建电流路径

（1）电流的流动

在简单电路图的基础上，说一说电流在这个电路中是怎样流动的。

（2）画简单电路图

根据以上的了解，学生在活动记录单1（B）画出简单的电路图，并标出电流的流动方向。随后教师出示另一种简单电路图的画法。

【设计意图】从实物连接图到电路连接图，学生发现了其方便之处。随后统一并规范画法，构建了电流的流动路径，便于学生加深对简单电路的了解。

板块三　分析数据　得出结论

（材料准备：每组再增加1个小灯泡、1个小灯座、2根导线、活动记录单）

1. 组装升级

学生已经点亮了1个小灯泡，挑战如果有2个小灯泡是否能同时点亮它们（如图8–2所示）。

2. 设计方案

小组讨论如何实行，包括需要哪些材料、如何画电路图等。

3. 给出材料

2个小灯泡、2个小灯座、4根导线、1节电池和1个电池盒。

课件中出示活动流程：

（1）小组尝试连接电路，同时点亮2个小灯泡；

（2）请把成功的连接方式用简单电路图画在记录单2上；

（3）试一试，同时点亮两个小灯泡的第二种方法；

（4）听到停止口令后停止活动，整理材料；

（5）过程中，教师提醒学生可以小范围内走动参观。

（用电路简图画）　　活动2：让更多的小灯泡亮起来　　组员：________ ________

第一种连接方法	第二种连接方法
小灯泡亮度情况（请√）： 暗（　）　较亮（　）　亮（　）	小灯泡亮度情况（请√）： 暗（　）　较亮（　）　亮（　）

图8–2　活动②记录单

4. 分组实验

学生分组实验，教师巡视。

5. 得出结论，交流展示

实物投影“两种不同连接方法的简单电路图”，最后请小组来展示。

6. 交流讨论

观察通过用不同的方法连接起来的电路有什么区别。学生发现灯泡亮度不一样。

（1）（出示图片）这种接线方式就好像糖葫芦一样，用导线将电池和灯座串成一串（串联）。（还可以用班级坐的座位引申）

（2）电池在中间，左边是一个独立的电路，右边是一个独立的电路，它们共用一个电池，但可以分开看作两个独立的电路，即两条路并排走（并联）。

（3）展示串、并联电路的简单电路图画法（教师演示画）。也可以展示同学们的画法，正确的一种，错误的即导线交叉的一种，并解释为什么不能交叉。

（4）再探究。如果其中一个灯泡不亮，判断另外一个灯泡的发光情况，从而引申出教室里的灯是串联还是并联。

【设计意图】通过组装两个小灯泡，学生发现其有不同的连接方法，即并联和串联，它们有着各自不同的特点。亲手实践有利于加深印象，结合生活实际，可以让本课的学习更加富有意义。

板块四　交流评价　应用拓展

1. 应用拓展

通过延伸拓展，让更多的小灯泡同时亮起来。

2. 总结回顾

针对本节课所学习的内容，参考板书做一个简要总结与梳理。

串联：灯泡依次连成一串。并联：灯泡并列连到电路。

【设计意图】有回顾与反思，可以更好地呈现本节课的学习内容，也加深了学习印象。同时结合生活实际，对简单电路进行延伸，拓展了学生的生活视野。

二、观察课型

课型纲要

（一）课型主题

1. 观察的含义

观察是学生认识世界的开始，科学始于好奇，发现始于观察。小学科学教学以探究活动为核心，但不同内容有不同的探究方法，其中有的内容侧重观察，这类课型叫作小学科学观察课型，在培养小学生科学素养及审美情趣方面具有一定作用。它以观察为主要的探究形式，是一种指导学生有目的、有计划地利用感官和观察工具对自然现象、物体特征及属性等进行系统的观察，以获得知识、经验，并培养观察、分析、比较和概括能力的教学活动。观察课型具有直观形象的特点，能最大限度地激发学生的科学兴趣，让学生在乐中学。

2. 学习内容

教科版2019新教材三年级下册第二单元第4课“蚕变了新模样”。

（二）课型程序

1. 导入与准备

通过实物调动学生的兴趣和积极性。老师适当地提出观察点，以便学生更加明确观察的目的和要求。老师提前准备观察工具、示范微课、活动记录单和观察物体等，以满足学生的需要。

2. 指导与示范

通过讨论观察方法和微课示范，让学生科学地观察事物。

3. 组织与实施

学生小组合作进行观察，老师巡视指导，提醒学生利用文字或图片的方式及时完成活动记录，保证活动的有序、有效。

4. 研讨与拓展

学生小组汇报，老师补充总结，拓展延伸。在交流过程中，可引导学生既要清晰地表达自己的成果，也要善于吸收别人的成果，从而丰富自己的认识。

（三）课型策略

1. 通过融合提高课堂效率

通过与美术融合，让学生画一画蚕蛹的外部形态特征，提高课堂效率，在培养学生科学精神的同时也能强化学生的艺术素养。

2. 分解能降低学习的难度

分解观察对象，观察蚕茧时先观察外部，再剪开观察内部的蚕蛹，让学习变简单。

3. 操作是一种很好的学习方式

学生观看微课《如何剪开蚕茧》，亲自剪开蚕茧，亲眼看见蚕蛹，体会科学发现的乐趣。

（四）课型评价

1. 观察法的使用

观察法是小学生科学课中最重要的方法，有助于观察活动有目的、有计划地进行，使学生形成良好的观察习惯。

2. 活动记录单的填写

科学课重在引导学生亲身经历科学探究的过程，而活动记录就是学生在过程中以各自独特的思维形式保存下来的直接经验。

课型设计

（一）学习目标

（1）借助观察工具和方法获得信息，推测蚕茧中有蛹及蚕蛹身体可能发生的变化。

（2）通过观察记录蚕蛹，了解蚕蛹的外部形态特征。

（3）通过比较的方法研究蚕蛹与幼虫的相同与不同，进一步认识两者的关系。

（二）学习策略

分解学习、体验学习。

（三）学习过程

板块一　导入与准备

1. 出示蚕房

同学们拿出自己制作的蚕房，蚕房里放置着各种各样的蚕茧。蚕茧是怎么形成的，里边的蚕变成了什么样子呢？（蚕茧是吐丝形成的，茧里的蚕还活着）

2. 揭示课题

为了探究蚕茧，今天一起来学习三年级下册第二单元第4课“蚕变了新模样”。

【设计思路】通过蚕房引发学生回顾课前观察到的蚕吐丝结茧的过程，激发学生探究蚕茧中蚕的新模样的兴趣。

板块二　示范与指导

1. 热身学习

学生观看并描述蚕吐丝过程的图片。

2. 学习整理观察方法

蚕终于结茧了，茧里蚕的幼虫还在吗？它是什么样子呢？带着这些疑问，可以先对蚕茧的外部进行观察，先询问学生准备怎样观察？如：用眼睛看，用尺子量长度，晃一晃听声音……老师把方法汇总、补充，最后和学生一起来回顾观察的方法。

（1）可以用眼睛看一看它的形状和颜色；

（2）用尺子量一量它的长度；

（3）用手掂一掂它的轻重；

（4）用手摸一摸它的光滑程度；

（5）放在耳朵旁摇一摇，听一听是否有声音。

3. 微课指导

学生已经初步掌握了观察方法，接下来对蚕茧的内部进行观察，怎么剪开蚕茧呢？带着这个疑问，学生先看老师的微课，看完说一说步骤。如：先在蚕茧顶端剪一个小孔，然后把蚕茧横着放，沿着刚才小孔的地方开始剪。

4. 明确记录任务

通过微课，发现蚕和之前蚕的幼虫已经很不一样了，我们把它叫作蚕蛹。开始观察蚕茧和蚕蛹之前，拿出2张记录单，需要学生一边对照表格逐项观察，一边记录。如果还有别的发现，要求学生记录在“其他发现”里（如图8–3和图8–4所示）。

活动记录单1：观察蚕茧

记录人：　　　　时间：

观察方法	观察内容	我的发现
（用眼睛）看一看	形状、颜色	
（用尺子）量一量	大小	
（用手）掂一掂	轻重	
（用手）摸一摸	光滑程度	
摇一摇（用耳朵听一听）	听里面的声音	

图8–3　观察蚕茧的活动记录单样例

活动记录单2：观察蚕蛹

记录人：　　　　时间：

体验项目			蚕的幼虫	蚕蛹
整体	简图			
	形状		长圆筒形	
	颜色		青白色	
局部	头部	眼	有	
		口	有	
	胸部	环节	有	
		足	3对	
	腹部	环节	有	
		足	4对腹足、1对尾足	
		气门	有	
其他发现				

图8–4　观察蚕蛹活动记录单样例

【设计思路】在观察活动开始前，教师做一些方法上的指导，有助于学生科学地观察。记录单让观察更有针对性，方便如实记录，是科学课的标配。

板块三　组织与实施

1. 分发材料

老师分发观察工具和活动记录单，小组长领取材料。

2. 学生观察，老师巡视

学生观察和记录，老师巡视指导。（课堂情景：学生舍不得剪，剪不开，剪开后亲眼看到活的蚕蛹很兴奋，个别学生害怕触摸蚕蛹，需要老师帮忙取出来。学生之间互相分享蚕蛹，很兴奋，一时忘记填写记录单，需要老师及时提醒）

【设计思路】教师巡视能及时发现学生遇到的困难，因材施教，提高课堂效率。教师参与到学生的主体性活动中，使教与学互相促进、相得益彰。

板块四　研讨与拓展

1. 展示交流记录单1

学生们认真地观察后，老师鼓励小组分享蚕茧的观察结果。如：我们组观察到的蚕茧是淡黄色的，椭圆形，长度3厘米，晃一晃里面有沙沙的声音。老师对于学生的回答给予肯定和鼓励，引导其他组补充发言。

2. 展示交流记录单2

刚才讨论了蚕茧的外部，老师接下来让小组展示画的蚕蛹和蚕蛹记录单。如：我们组观察到的蚕蛹形状是椭圆形的，颜色是深褐色的，有眼睛，有口器，有环节，腹足没有了，有气门。其他小组补充，如：我们组观察到没有口器，胸部有翅膀的形状。

学生观察得确实都很仔细，教师积极给予鼓励。如：一个小组发现翅膀的形状很不错，但两个组在有没有口器上结果不一致，到底有没有呢？谁能回答？（蚕化蛹，然后变成蚕蛾，就不再吃东西了，所以它的口器就退化了）说得很有道理，同学们还发现有一层蚕皮。这层蚕皮能说明什么呢？（说明蚕宝宝在茧里面不是立刻变化蛹，而是有一次蜕皮活动）

3. 研讨蚕蛹和蚕的幼虫的异同点

展示蚕的幼虫和蚕蛹的照片，让学生思考：蚕蛹和蚕的幼虫有什么相同和不同？（都有头、胸、腹，有体节和气门。不同点是形状、颜色变了，没有足）通过大家的回答和补充，发现蚕蛹和蚕的幼虫的特征已经大不一样了。

4. 拓展了解大自然中其他动物的蛹

老师播放视频《蝴蝶蛹》，学生观看视频。老师鼓励学生课后可以查阅资料，了解大自然中其他动物经历的蛹的过程。

【设计思路】研讨是集体论证的过程，是学生对收集到的信息进行思维加工的过程。这个过程锻炼了学生的语言表达能力，培养了学生实事求是的科学品质。用画图的方式记录动物的外形特征是研究动物的基本方法，能帮助学生整体了解蚕蛹的特征。拓展阶段，渗透着认识相似事物的方法。

第九章　小学音乐

一、表演课型

课型纲要

（一）课型主题

1. 欣赏为主的表演课型含义

小学音乐表演课型旨在让学生亲身参与音乐活动，通过运用律动、道具辅助体会等掌握音乐知识，表演乐曲，提高学生聆听、感受与鉴赏的能力。《加伏特舞曲》为单三部曲式结构乐曲，学生可以体验舞蹈律动等音乐实践，在玩中学、在学中玩。

2. 学习内容

人音版二年级下册第五课“加伏特舞曲”。

（二）课型程序

1. 肢体游戏，情境感知

通过创设情境、聆听音乐、游戏律动，让学生浸润到视觉听律动的音乐作品中。

2. 舞蹈表演，感受主题

通过舞蹈表演、手势、旋律的发展进行分辨，有效地让学生在本节课中能够在合理的音程内唱歌，能够参与和创造性地进行原地的或空间的身体律动。

3. 道具表演，交互体验

通过道具律动以及旋律体会对作品的曲式进行体验，在尝试中一遍遍发现问题，男女生之间互相配合，在音乐的听辨中、在老师的引导下完成对作品曲式的分析和相对应乐段部分的表演。

4. 完整表演，提炼欣赏

通过创设生生互动情境，完整表演乐曲，从欣赏角度出发，体验律动，让学生在聆听、合作的音乐实践活动中感受、学习本课内容，进一步得到情感升华和提高对作品的赏析能力。

（三）课型策略

1. 通过融合提高课堂效率

运用舞蹈展示，了解全曲结构，将情境体验教学与音乐实践活动相结合，学会运用肢体律动表现大跳音；学会哼唱主旋律，并养成聆听音乐的习惯，提高课堂效率。

2. 在律动表演中激发思考

整体表演过程中，遵循“以听、看、律动为中心”的原则，引导学生通过道具“网球”以及“彩带”辅助，观察运动轨迹来体会大跳音程和三度音程，从而激发思考运用自身的肢体律动来融入作品中。

3. 在实践中达成生生交互

通过编创各种音乐活动，深化本课主题，同时也是主题音乐及音乐知识的进一步巩固和积累，学生通过两两分组方式进行舞蹈体验律动，循序渐进达成生生交互。

（四）课型评价

1. 欣赏表演是重要的学习内容

通过舞蹈和道具的表演，从欣赏的角度出发，围绕着作品让学生在律动中掌握大跳音和三度音程，学会运用肢体语言和舞蹈动作表现乐曲。

2. 道具辅助是创新表演学习方式之一

借助道具更能够理解和简化乐曲中的难点并进行解决，激发学生探究和学习的兴趣，在潜移默化中学会用创新方式解决难题。

3. 在表演中增进对作品的理解

学生进行一遍遍尝试，直到能够完整表演整首作品。学会理解音乐曲式结构，和同伴共同表演完整的舞蹈动作，提升学生在课堂中作品赏析的技能。

课型设计

（一）学习目标

（1）在聆听中能够感受到音乐所表现出的欢乐气氛和舞蹈性特点，并初步了解加伏特舞。

（2）了解三部曲式的音乐结构，掌握作品中的八度大跳和三度音程，学习作品的“大跳”风格，理解不同乐段的情绪表现，充分运用肢体语言和舞蹈动作表演乐曲。

（3）通过舞蹈展示，了解全曲结构；通过情境体验教学与音乐实践活动，学会运用肢体律动表现大跳和三度音程；通过哼唱主旋律养成聆听、听辨音乐的习惯。

（二）学习策略

合作学习、尝试学习、体验学习。

（三）学习过程

板块一　肢体游戏　情境感知

1. 创设情境

师生伴随着音乐律动进入教室。

2. 网球音乐游戏

（1）师随《加伏特舞曲》用网球“弹跳”与“向上滚动”模仿展示八度大跳与三度音程。

（2）出示旋律谱，生随音乐运用网球体验模仿八度音程，并请五位学生上台展示表演。

（3）用“bong”唱出八度大跳的三个音，同时用拍手表示球的运动轨迹。

（4）出示旋律谱，用“du”唱出三度上行音，用拍手表示球的运动轨迹，手从下往上拍。

【设计意图】创设情境，让学生通过律动以及观察网球跳跃，感受乐曲中的高低变化音组，并激发对作品学习的兴趣。

板块二　舞蹈表演　感受主题

1. 揭题，体会情绪

引出刚刚的音乐主题选自于荷兰作曲家歌赛特的《加伏特舞曲》，让学生自由发言，说一说对这个音乐主题的感受。

2. 介绍与体验加伏特舞

（1）介绍加伏特舞

加伏特舞是法国民间舞曲，后来被广泛运用到芭蕾舞剧、歌剧中。重点体验芭蕾舞中足尖舞的垫脚动作，当球往上弹时，我们的脚立起来，当球平稳上行时，对旁边的舞伴做出邀请的动作。

（2）律动体会主题A

根据八度大跳与三度音程，配合音乐进行原地“踮脚”与“邀请”动作的律动。

3. 情境表演主题A

男女生配合，两人一组。扮演王子和公主的角色，跟随音乐跳足尖舞。

【设计意图】引导学生通过舞曲律动感受八度大跳和三度音程，并会有肢体表现音的高度与作品的情绪。

板块三 道具表演 交互体验

1. 聆听表演全曲

在原地完整表演加伏特舞，听到不熟悉的部分，伸出手和老师一起画图谱，并出示主题B图形谱。

2. 听辨主题顺序

引导学生发现表演跳的加伏特舞出现的地方，发现主题出场的顺序。

3. 场景再现，感受聆听主题B

（1）跟随音乐画B部分旋律线

引导学生将彩带想象成画笔，一起描绘这幅美丽的景象。

（2）聆听“下滑音”

引导学生将“下滑音”特别的旋律想象成飞舞的彩带，请学生表演。

4. 全体跳B段“彩带舞”

全体学生跳B段“彩带舞”。

【设计意图】通过舞蹈律动加入彩带舞更形象地感受到B段音乐的旋律性，对全曲ABA的结构及主题旋律有更深的印象。

板块四 完整表演 提炼欣赏

引导学生用舞蹈律动展示全曲。学生跟随音乐律动扮演王子和公主跳加伏特舞，然后去郊游，拿出画笔画美景，画完美景又跳起了彩带舞，最后又一起回宫殿跳起足尖舞。

跟随情境律动结课。当主题A音乐片段再次响起时，教师引领学生跳着足尖舞离开教室。

【设计意图】通过创设生生互动情境，完整表演乐曲，从欣赏角度出发感受律动，让学生在聆听、合作的音乐实践活动中感受、学习本课内容，并进一步得到情感升华和提高对作品的赏析能力。

二、体验课型

课型纲要

（一）课型主题

1. 舞蹈·表演课型的含义

在歌曲的演唱过程中，用简单、形象的基本动作、姿态和对歌曲理解的基础上的自然表情来表达歌曲内容和音乐形象。学生表演应以唱为主，以动作表演为辅。

2. 学习内容

人民音乐出版社二年级下册第四单元“草原就是我的家”第一课时。

（二）课型程序

1. 感受内涵

通过骑马的动作直接导入主题，来到大草原，并欣赏蒙古族风情与蒙古族舞蹈，达到教学目标中让学生感受蒙古音乐的风格特点、了解蒙古族风情、掌握有关蒙古舞的基本动作的目的，增进民族间的团结及热爱家乡的情感。

2. 律动学唱

运用具有特色的民族舞蹈辅助学生学唱歌曲，解决重难点。这样的教学方式也激发了学生们学习的兴趣。

3. 拓展节奏

拓展环节加入了双响筒与“小红马”杯子的十六分音符节奏，让学生在自主探索、自主发觉中感受音乐。

（三）课型策略

1. 理解

通过融合多种音乐学习内容和方式，提高课堂效率，提高学生对音乐的理解能力与创造能力。

2. 激趣

以表演的方式表现歌曲，解放学生的天性，使学生们从内到外地感受音乐、喜欢音乐。

3. 表演

表演在音乐课堂学习中是一种很好的学习方式。通过表演的方式拉近学生与学生、老师与学生之间的关系，在教学中也使学生对音乐有更好的理解。

（四）课型评价

1. 在表演中增进对作品的了解

舞蹈表演是学习音乐的重要内容，在音乐的表现中，通过身体律动感受歌曲音高的位置，通过表演来更加深入地了解作品。

2. 在表演中激发学习的兴趣

在表演过程中，给予学生肯定、鼓励的评价。

3. 在表演中促进整体的融合

课堂上展示歌曲，展示生生互评、师生互评。

课型设计

（一）学习目标

（1）通过本课的学习，使学生初步感受蒙古族音乐的风格特点，了解蒙古族风情，掌握有关蒙古舞的基本动作（如叉腰、耸肩、提压腕），增进民族间的团结及热爱家乡的情感。

（2）通过舞蹈、图谱让学生学唱、聆听、感受，培养学生的想象能力，激发学生的想象力。

（3）学会感受音乐，模唱旋律，运用杯子接力与冲刺游戏来巩固对四分音符、八分音符和十六分音符的认知与运用；学会准确地、有感情地演唱歌曲，同时也准确地掌握歌曲演唱中的大跳音程。

（二）学习策略

聆听、感受、舞蹈表演。

（三）学习过程

板块一　感受内涵

1. 创设情境，律动导入

（1）律动，用简单的蒙古舞骑马动作跟着老师进教室。

（2）了解蒙古，欣赏教师表演。

① 介绍蒙古风情（出示课件）。

② 欣赏教师现场表演的蒙古舞。

教师提问：谁来说一说，美丽的蒙古族给你们留下了什么样的印象？

学生活动：学生根据老师的介绍与对蒙古族舞蹈的理解，自由回答。

2. 体验蒙古舞

简单的耸肩、骑马动作。男女生配合，随着音乐来跳一跳。

3. 节奏游戏

（1）组织四分音符节奏游戏。

教师引导：马在蒙古族人民的生活中真是太重要了，生活、娱乐、歌唱、舞蹈都离不开它。这不，它要来跟我们玩游戏了呢！

学生活动：参与体验游戏。

教师活动：小马在玩接力赛跑时是在哪些地方完成“接力”的？终点冲刺接力时，它的速度发生了什么样的变化？

学生活动：观察老师的示范后，自主回答。

（2）组织八分音符节奏游戏。

一边哼唱一边来玩游戏。

教师活动：在这个游戏中，我们一共用到了几个节奏？

学生回答：×、××、×–，3种节奏。

一起来拍一拍，ta、titi、ta—

【设计意图】感受蒙古族的风情与特点，了解蒙古族风情，掌握有关蒙古舞的基本动作，增进民族间的团结及热爱家乡的情感，使学生由内而发地喜欢上蒙古族热情奔放、能歌善舞的特点。

板块二　律动学唱

1. 学唱旋律

教师活动：我们来听一听第四条旋律和第三条旋律有哪些地方的音不一样。

2. 解决难点

教师活动：先请一位学生唱第三乐句的旋律，再听老师唱的哪一个小节和你们唱的不一样？老师唱了几个音？这两个音哪一个音唱得长，哪一个音唱得短？2长5短，这个5就像小鞭子轻轻地一甩，我们来轻轻地唱一唱（3—4乐句衔接）。

3. 清唱旋律

现在让我们骑着蒙古小红马完整地唱一唱这首好听的旋律吧。

4. 学唱歌曲

（1）多动听的旋律啊，现在让我们来唱一唱这首属于草原的歌吧！

（2）情绪指导。

（3）伴随音乐伴奏演唱一次。

（4）歌词记忆演唱一次。（现在让我们看着图片完整地演唱一遍）

【设计意图】运用传杯子的节奏游戏来初步感受歌曲的旋律以及了解四分音符、八分音符和二分音符，再深入到课堂歌曲的节奏与旋律中。在课堂教学中落实知识点时，不仅通过游戏的方式让学生在玩游戏的同时初步感知基本节奏型，还要让学生理解×、××、×–的节奏符号。

板块三　拓展节奏

1. 乐器伴奏

（1）敲杯子中的底部××××|××××（问学生这像什么声音）。

学生活动：马蹄声。看看老师加到歌曲的哪个地方了？（3—4乐句，再一起演奏）

（2）教师活动：让你的小马休息一会儿，现在小马跑累了它需要走一走，请小朋友来听一听：××| ××|。

生：走路（双响筒，从头到尾演奏）。

请个别同学上来演奏，请个别同学上来舞蹈，还有一部分同学表演小马奔跑。

（3）一起其乐融融地表演。

2. 拓展表演

现在我们骑着马儿来到了那达慕大会，你们看，他们在摔跤、骑马、射箭，现在就让我们在草原上放飞自我吧，谁要上来试一试？让我们在这美丽的草原上唱起来跳起来吧，和蒙古族人民一起来赞美家乡、赞美草原吧！随着音乐一同走出教室。

【设计意图】在最后拓展的环节中加入了双响筒与“小红马”杯子的十六分音符节奏，使学生在自主探索、自主发觉中感受音乐；让学生自主创编，探索乐器与节奏的奥妙。

第十章 小学体育

一、运动课型

课型纲要

（一）课型主题

1. 运动课型含义

体育课型是由课的目标、内容、教法、学法特点以及教学环境条件所决定，从教学目标和教材内容性质上来区分，可将体育课程分为理论课程和实践课程，而体育运动课型属于实践课程范畴的一种，是一门学生学习体育运动知识、掌握运动技能和方法、增强安全意识和防范能力的课程。

2. 学习内容

小学体育水平二“篮球双手胸前传球”。

（二）课型程序

1. 运动技能专项热身

课的开始需队列练习，目的是加强学生的组织纪律性，严密课堂组织，保证课堂教学活动的正常进行和教学目标的顺利完成。学生通过专项准备活动，把身体调整到最佳状态，预防运动创伤，同时也可以集中注意力、明确教学目标与要求，促使学生以饱满的精神状态参加体育课的学习活动。

2. 运动技能导学

学生通过视频播放导入、教师示范、实践练习、学生展示，掌握科学锻炼的知识、技能和方法，发展体能、增强体质、增进健康，培养良好的道德品质和行为习惯。

3. 运动技能的巩固

在复杂动作中融入口诀，让动作技能口诀化；动作示范及教学由简单到复杂，动作练习由分解到组合，遵循运动技能的形成规律。

4. 运动技能的提升与应用

动作技能由简单到复杂，教学形式由原地进行到运动，由单一动作技能到组合技能的运用，由短距离到长距离的动作练习，目的是让学生更好地掌握运动技能，理解运动技能。

5. 运动技能的拓展与应用

通过简化规则的小比赛，使运动技能更贴近生活、更贴近实战，让学生真正理解运动技能的规律，理解运动技能的动作要领，从而更好地运用运动技能。

（三）课型策略

（1）通过情境导入、视频欣赏、游戏热身等环节，充分激发学生的学习兴趣，提高课堂效率。

（2）在自主探究中体会运动技能，如徒手动作体验、有球动作体验、原地有球体验、运动中有球体验、比赛中运用与体验等，使学生在自主探究活动中掌握运动技能，让学生乐学、易学。

（3）在实战、实践中，提升运用运动技能。通过实战、实践，让学生更进一步理解与掌握动作技能的要领。

（四）课型评价

（1）运动参与评价。学生在课堂中能够积极参与，全身性投入，享受运动的乐趣。

（2）运动技能评价。80%的学生在课堂中能够较好地掌握动作技能要领，能结合实战或比赛提高运用运动技能。

（3）情感目标评价。通过课堂教学，培养学生的自尊、自信，发扬与同伴合作的团结友好精神，提高社会适应能力。

课型设计

（一）学习目标

（1）通过教学，使90%以上的学生初步理解篮球双手胸前传接球的动作方法。

（2）通过本次课堂，使85%的学生能够较好地掌握篮球双手胸前传球，使学生更进一步理解传球的重要性及在比赛过程中的实效性。

（3）通过游戏和比赛的形式，培养学生合作学习的意识和能力、集体荣誉感，体验成功的快乐。

（二）学习策略

自主探究、小组合作、实战应用。

（三）学习过程

板块一 运动技能专项热身

（1）队列练习与展示。稍息、立正、向左转、向右转、向后转、报数展示。

（2）无球游戏热身。音乐伴奏，由小组长带领慢跑进行热身活动，听教师口哨节奏的变化，进行各种跑的姿势变化，如后退跑、侧身跑、侧滑步、后侧步、后踢腿、高抬腿跑等。

（3）有球游戏热身。运球中“烙烧饼”，在规定时间内对地面标志贴进行正反面翻转，比一比谁“烙饼”烙得最多。

（4）师生总结。通过简单的专项游戏热身，学生从无球运动过渡到有球运动，既达到了充分热身的目的，又融入了专项技能练习，使学生从游戏中全面融入主教材，为接下来的教学内容做好铺垫。

【设计意图】加强学生的组织纪律性，严密课堂组织，保证课堂教学活动的正常进行和教学目标的顺利完成。

板块二 运动技能导学

1. 情境导入

欣赏NBA传球精彩视频，教师引言：同学们，这些运动员都很优秀，但是所有精彩动作的组合都来源于基础动作的练习。

【设计意图】让学生更进一步了解篮球运动，充分激发学生参与篮球运动的热情。

2. 教师示范

两手自然张开，持球屈肘于胸前，蹬地发力抖手腕，目视前方把球传。

3. 学生练习

徒手伴随口诀练习与记忆胸前传球的动作要领，体验动作技能。

4. 动作纠错

初学者双手和两肘用力向内挤压，将球推出去，而不是通过伸臂、翻腕及拨球的动作将球传出去。

5. 个别示范

小组推荐动作掌握较好的学生进行示范，积极给予鼓励，也给其他孩子建立动作良好的表象。

6. 教师评价

教师巡视，个别点评、小组点评。

【设计意图】复杂动作融入口诀，使学生通过口诀简化动作技能，从而更易于掌握运动技能。

板块三　技能学习与巩固

1. 原地一对一推球练习

原地互推球过程口诀化，使动作技能要领更直观、更易于理解。

2. 原地一对一短距离传球练习

注意上肢和下肢的协调配合。

3. 游戏提升

（1）规定时间内原地一对一短距离传球。

（2）规定时间内原地一对一中距离传球。

（3）规定时间内原地自由距离传球。

4. 教师巡视

教师展示传接球的技术动作并进行个别化辅导与纠错。

5. 个别示范

发现优秀生，给予学生展示的机会，鼓励更多孩子参与展示。

6. 教师评价

个人评价，小组评价。

板块四　运动技能的提升

1. 运动中的传球

两人一组，以迎面接力的形式，进行往返运球+传球练习。

2. 集体练习

学生听哨声，做往返运球+传球练习5组。

3. 教师巡视

动作纠错及个别化辅导，优秀小组示范展示。

4. 自由练习

学生两人一组进行往返运球+传球练习。

5. 游戏提升

以4人小组为单位，进行四角传球，由原地传球过渡到跑动中传球。

【设计意图】在做双人传球的练习中，改变教学形式，进行多人的合作传球，动作技能要求更高，小组间的配合要求也更高，使学生体会到团队合作的重要性。

板块五　拓展与应用

1. 拓展提升

传球进攻对抗赛。

2. 规则

教师组织学生分小组进行传球对抗比赛，在比赛过程中，弱化篮球比赛中的规则，允许偶尔双手拍球，允许偶尔运球走步，允许对抗过程中偶尔不守规则的身体对抗，要求队员在比赛中多传球，小组队员间传球个数到10个即小组获胜积1分。

3. 教师组织比赛

在比赛中教师可以积极参与，对于传球动作较好的学生，可以即时评价；传球过程有丰富想象力的孩子，可以直接给予加分奖励。

【设计意图】课程开始，导入篮球比赛的精彩传球瞬间，充分地调动学生学习传球的积极性，同时也让学生第一时间建立了动作表象。在比赛过程中，学生迫不及待想呈现学习效果，通过展示和比赛对抗，让学生学会竞争、学会包容、学会协调，感受传球的成功与失败。

4. 放松

（1）放松韵律操——拉伸肌肉（播放舒缓音乐）。

（2）放松闭眼，分享课堂表现。

5. 应用

对墙传球，父母合作传球，观看视频评选最喜欢的球星。

二、竞技课型

课型纲要

（一）课型主题

1. 竞技含义

竞技运动是指为了战胜对手，取得优异运动成绩，最大限度地发挥和提高个人、集体在体格、体能、心理及运动能力等方面的潜力所进行的科学的、系统的训练和竞赛。体育课型是由课的目标、内容、教法、学法特点以及教学环境条件所决定。从教学目标和教材内容性质上来区分，可将体育课程分为理论课程和实践课程。体育运动课型属于实践课型范畴，是一门学生学习体育运动知识、掌握运动技能和方法、增强安全意识和防范能力的课程。

2. 学习内容

小学体育水平一足球“小足球游戏”。

（二）课型流程

1. 竞技热身

课的开始需队列练习，目的是加强学生的组织纪律性，进行有针对性的热身练习，激活学生们的神经系统兴奋性，从而带来更好的运动表现。学生通过准备活动，把身体调整到最佳状态，预防运动创伤，同时也可以集中注意力、明确教学目标与要求，促使学生以饱满的精神状态参加体育课的学习活动。

2. 竞技导学

学生通过观看教师示范、实践练习、优生展示，掌握科学锻炼的知识、技能和方法，发展体能、增强体质、增进健康，培养良好的道德品质和行为习惯。

3. 竞技赛场

学生通过对技能的学习和对规则的理解，进行规则下的竞技比赛，不仅能增强参加体育课的兴趣，也能促进身体机能的提高和身心健康的发展。

4. 竞技拓展

通过拓展活动，去现场观看一场职业足球比赛，感受现场氛围。或者在网上看一场经典足球赛，去更深刻地体会竞技的魅力。

（三）课型策略

（1）通过分组练习提高课堂效率，通过游戏的环节，充分激发学生的学习兴趣，提高课堂效率。

（2）通过练习，体会运动技能和动作，体验运动中有球的状态，让学生在自主探究活动中掌握运动技能。

（3）通过比赛实战，让学生更进一步地理解与掌握动作技能的要领。

（四）课型评价

1. 分组评价

学生在体育课堂中分成四个队伍，每学习一项技能后，各队伍分别进行展示，由教师和学生共同点评。

2. 技能评价

80%的学生在课堂中能够较好地掌握动作技能要领，能结合练习和比赛运用运动技能。

3. 互助评价

通过课堂教学和小组内研讨，学生之间学会了互相帮助、督促。每个练习小组内推选出表现最好的同学进行展示。

课型设计

（一）学习目标

（1）通过模仿学习，学生能初步理解带球、传接球的动作方法。

（2）通过实践练习，学生能较好地掌握脚的各部位带球、传球，让学生更进一步地理解传球的重要性以及在比赛过程中的实用性。

（3）通过游戏和比赛的形式，使学生培养合作学习的意识、运动能力和集体荣誉感，体验成功的快乐。

（二）学习策略

分组练习、小组合作、竞技比赛。

（三）学习过程

板块一　竞技热身

1. 慢跑热身

跟随音乐的节奏，进行放松慢跑，听到相应的数字变化，变换跑步的姿态，要求注意力集中、反应迅速。

2. 游戏热身

老师带领做热身活动——敏捷梯练习。利用敏捷梯，来激发学生的神经系统反应，从简单的步伐过渡到复杂的步伐，速度由慢到快，热身期间要展示优生，激发学生兴趣。

3. 学习整理

通过简单的跑动热身和协调性要求较高的敏捷梯热身后，学生的运动状态会明显得到提高，对后续动作学习有积极影响。

板块二　竞技导学

1. 踢灯笼练习

（1）准备物品

30个足球、30个网兜、标志物、音箱、记分牌。

（2）说明规则

把学生分为几个小组，手持装好球的网兜，用脚背踢球的下部，用力适中，连续有节奏感地垫球，在规定时间内每人10次，依次颠球，完成快的小组获胜。

将球装在网兜里，手持绳。当球落下时，靠小腿的摆动，用脚面连续踢球的下部，要求踢球部位正，连续性好。在趣味性强、相对容易的方法中，对颠球有一定的理解认识。比一比哪组同学的动作既标准又快。

（3）组织游戏

每组队员站到指定的点，依次进行颠球，每颠球一次可以数出声音，每个学生颠球10次。

教师组织学生进行游戏，提醒在游戏过程中要遵守规则，养成良好的习惯。

2. 运传球练习

（1）教师示范

把脚抬起，用手指脚的各部位，让学生回答名称，运球练习时，不要求固定某一部位，通过练习，找到自己比较擅长的位置进行运球。运球时一步一带，上半身略微前倾、重心适当压低。传球时，脚腕外展，脚尖勾起，小腿自然摆动，用脚内侧把球踢出。

（2）学生练习

学生分组进行模拟练习，注意动作要领和传球力度的控制。

（3）个别示范

每组推选出组内表现最好的学生进行展示。

（4）纠正练习

个别学生重心过高，传球时脚尖没有勾住，要及时纠正。学生听老师口令，集体练习。

3. 游戏巩固

在每一组规定的区域内，进行直线带球，用脚将球直线推进，运球时可用脚的各部位，包括脚背正面、脚背内侧、脚背外侧，到达标志点后，传球给下一个队友，完成交接。

板块三　竞技赛场

1. 创设情境

教师引言：学校在秋季会举办一次“小小世界杯”的比赛，在我们接下来的比赛中表现优异的同学，可以代表我们学校参加“小小世界杯”的比赛哦。

2. 公布规则

抢球大战：共4组队伍，每轮出场1人，场地中间放置8颗球，4组同时出发，跑到放球位置，运球返回自己组，停在自己组前，先抢到3颗并保持5秒的队伍得1分。学生按顺序出发抢到球后，运球回到相应的位置。带球过程中，除上场队员外，其他队员不得碰球，如球滚远需上场队员自行捡回。

3. 微课示范

课前安排4名学生进行拍摄，用4个点摆成正方形，进行抢球大战的比赛示范，以及规则的注意事项。比赛前组织学生观看。

4. 组织比赛

教师组织学生站到相应的点位。先模拟一次，选学生做示范，让其他同学了解游戏的规则。教师巡视监督，纠正犯规的现象。

5. 赛后小结

教师总结：通过抢球大战，我看到了大家很有集体荣誉感，队友之间相互鼓励，在遵守规则的前提下，勇于拼搏去争取胜利，让我们给自己鼓鼓掌！

【设计意图】在抢球练习中融入运球加停球技能，使学生更进一步掌握动作方法，在节奏较快且紧张的比赛中，感受竞技比赛的魅力。

板块四　竞技拓展

1. 融学拓展

示范并带领学生做律动拉伸操。（播放舒缓音乐）

（1）每侧腿两个8拍，大腿前侧股四头肌拉伸。

（2）每侧腿两个8拍，大腿后侧股二头肌拉伸。

（3）每侧腿两个8拍，小腿肌肉拉伸。

【设计意图】剧烈运动过后，通过对肌肉的拉伸缓解疲劳，加速恢复体力。

2. 互助拓展

双人放松，融入“揉拉面”主题，进行大腿肌肉的揉捏放松。

3. 课后拓展

和家人去现场看一场足球赛或者在网上看一场经典足球赛。

第十一章　小学美术

一、造型·表现课型

课型纲要

（一）课型主题

1. 造型·表现的含义

从广义来看，造型即创造形体，是美术的主要特征，指以一定物质材料和手段创造的可视静态空间形象。一般包括建筑、雕塑、绘画、工艺美术、设计、书法、篆刻等种类。美术造型需要借助一定的表现语言，如点、线、面、形状、色彩、结构、明暗、空间、材质、肌理等，以及将造型元素组合成一件完整的作品的基本原理，包括多样统一、比例、对称、平衡、节奏、对比、和谐、夸张、概括、变形等。造型·表现课型就是借助美术表现语言创造特有的物体形象。

2. 学习内容

浙美版小学美术第八册第二课“年年有余”第一课时。

（二）课型程序

1. 读图识意，聚集主题

通过对传统图样造型、音义的赏析研究，了解中国传统造型的内在寓意。

2. 对比欣赏，探究造型

通过对造型演变、表现技法的探究，认识造型表现的基本思路和方法。

3. 自主表现，体验造型

通过实践练习，以个性的美术表现语言创造独特的物体形象。

（三）课型策略

1. 在对比欣赏中增进对图像的理解

尝试选取不同的图像素材进行对比或类比欣赏，认识、了解造型的形式美感、特点和人文内涵。

2. 在自主探究中提升表现的技能

通过自主探究、讨论交流、概括提炼、示范引导，使学生对物象的表现手法有更为深刻的认识和理解，为开展独立表现奠定基础。

3. 在实践表现中感悟造型的内涵

引导学生结合个人的独特理解和认识，借助一定的表现原理进行物像的创意造型。

（四）课型评价

1. 认识“造型·表现”之道

在造型活动中，通过观察、赏析、自主研究等方法，逐步认识、了解造型表现的基本原理。

2. 习得“造型·表现”之术

借助一定的美术语言，能结合造型表现的基本原理进行积极的课堂实践。

3. 体验“造型·表现”之乐

在创作新的物象中，内化基本原理、表现技法，并享受学习的乐趣，提升持续学习的兴趣和愿望。

课型设计

（一）学习目标

（1）了解传统鱼造型的形式美感与特点，认识传统鱼造型的人文之美。

（2）运用概括、夸张、变形等艺术手法，尝试表现简洁、生动的“鱼”形象，体验鱼的造型之乐。

（3）感受中国鱼文化的博大精深，激发学生对中华优秀传统文化的喜爱之情。

（二）学习策略

比较欣赏、小组研究、实践体验、分享交流。

（三）学习重点

把握鱼的基本特征，运用概括、夸张等基本原理进行鱼主题形象的造型表现。

（四）学习过程

板块一　读图识意　聚焦主题

1．铺垫赏析

（1）教师活动。出示挑战任务（一组吉祥图形，如图11–1所示），请学生赏一赏、连一连、说一说。

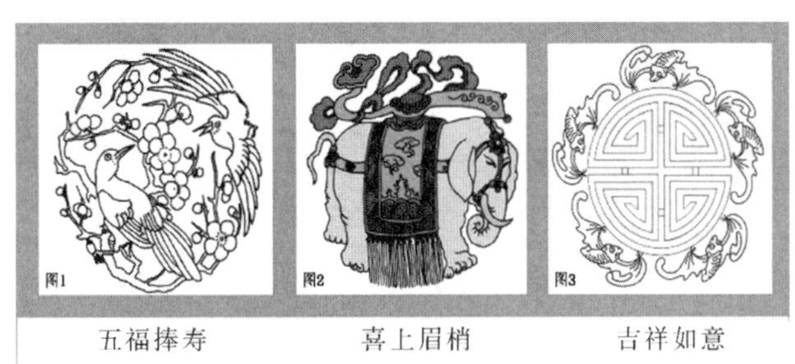

图11–1　吉祥图形

（2）学生活动。看图小组讨论，集中汇报交流。

（3）学习整理。除了纹样，中国传统的年画也有异曲同工之妙，让我们一起来看一幅深受人们喜爱的年画。

2．主题赏析

（1）教师活动。出示年画——连（莲）年有鱼（余）（如图11–2所示），请学生说一说年画所表达的吉祥寓意是什么。

（2）学生活动。赏析年画，说一说自己的观点。

莲年有鱼

连年有余

图11–2　莲年有鱼图

（3）学习整理。“鱼”是“余”的谐音，年年有余象征富足与收获，寄托着人们对于生命永恒、子孙繁衍的美好愿望（揭示课题）。

【设计意图】用图像识读引发学生的思考，引导学生认识图像背后的寓意，引出“鱼”背后的文化内涵，激发进一步学习的愿望和兴趣。

板块二　对比赏析　探究造型

1. 对比赏析，说感受

（1）教师活动。出示新石器时代仰韶文化（鱼纹盆）、马家窑文化（网鱼纹碗）鱼的形象（如图11-3所示）。提问：艺术作品中的鱼和生活中的鱼相比较，有什么特点？

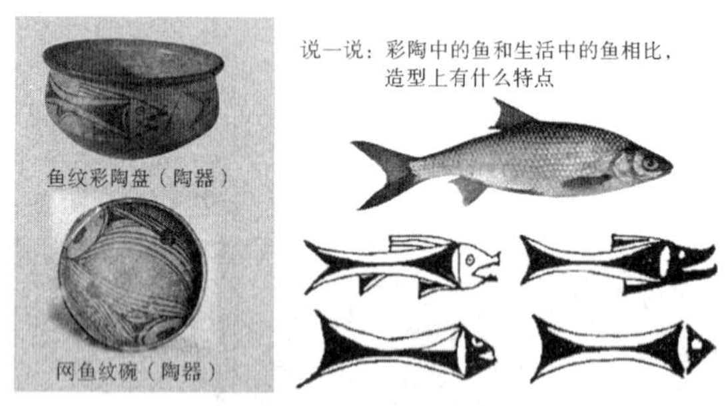

图11-3　艺术作品中的鱼

（2）学生活动。说一说自己的观点。

2. 小组探究，找方法

（1）教师提问。艺术之鱼是基于生活之鱼的表现，其表现手法是多样的，请找一找三组范图中的“鱼”分别用了什么样的艺术手法？（课件出示，如图11-4所示，并下发小组研究范图，每组一个）

（2）学生活动。小组讨论，交流完成一份小组研究学习单，并进行集中汇报。

（3）学习整理。根据小组的汇报进行归纳、总结——概括、变形、夸张。

（4）拓展赏析。出示不同时代鱼的造型变化对比图。小结：随着历史的变迁，鱼的形象在不同时代也有着不同的变化，呈现出不同的风格特点。

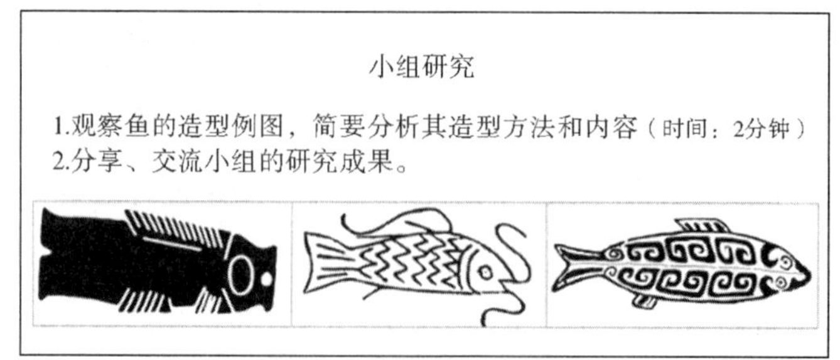

图11-4　小组探究任务

【设计意图】通过对不同“鱼”的造型的比较，了解“鱼”的造型的演变脉络，引导学生自主观察、分析，了解如何利用概括、变形、夸张三种方法进行鱼的造型表现。

板块三　自主表现　体验造型

1. 围绕主题，体验造型

（1）教师活动。视频示范“鱼”的造型表现的基本过程，并拓展出示各种造型的变式。（重点提示概括、变形、夸张的运用和寓意的表达）

（2）学生活动。观察、了解表现的过程，思考表现的手法。

（3）教师活动。出示实践练习的主题及提示，组织学生独立自主表现（如图11–5所示）。

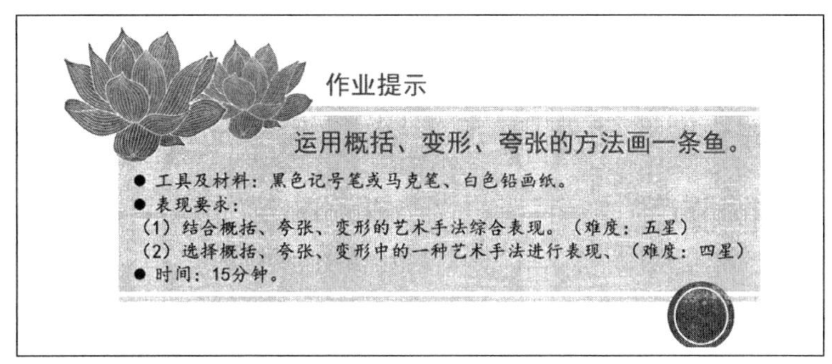

图11–5　作业提示

2. 互动点评，分享交流

（1）说一说自己表现的鱼主要用了哪一种（或哪几种）艺术手法？

（2）说一说最欣赏哪一件作品中鱼的表现效果？为什么？

（3）说一说自己表现的鱼体现了什么样的寓意？是通过哪种方式表达的？

（4）说一说自己表现的鱼哪些地方比较成功，哪些地方有所不足？

（5）说一说在表现鱼的过程中还有哪些思考？

3. 延伸赏析，拓宽视野

（1）教师活动。出示一组生活中鱼纹应用的案例图。

（2）学习整理。鱼作为一种传统吉祥元素，已经渗透到艺术的各个领域，同时也在我们生活的器物中随处可见，它的吉祥寓意总是带给人们美好的期望。

【设计意图】通过案例示范、实践练习、交流分享和拓展欣赏，让学生内化鱼的造型的艺术手法的习得，更加深刻地了解鱼的造型美感，感受鱼造型的美好寓意。

（五）导学链接

鱼在中国文化的谱系中有着特殊的地位。在中国传统文化中，"年年有余"象征财富与收获，"鱼跃龙门"寓意光荣与梦想。自古至今，人们用鱼纹来装饰器物及日常用品，留下了大量的文化瑰宝。通过对这些人文资源的初步赏析和研究，让学生在广泛的文化情境中学习美术造型，从而加强其对人类社会及文化的融合体验，培养其对中华传统鱼文化的喜爱之情。本课强调对鱼基本特征的把握，运用变形、概括、夸张等艺术手法，创造出独特的"鱼"的视觉形象。

二、设计·应用课型

课型纲要

（一）课型主题

1. 设计·应用的含义

第一，了解"物以致用"的设计思想，并运用设计和工艺的基本知识和方法，进行有目的的创意、设计和制作活动，发展创新意识和创造能力。让学生在了解蝴蝶的基本形态结构后，学会夸张和强化有美的特点的部位，并在不破坏身体结构的基础上大胆变化，举一反三，创造出美丽的蝴蝶形象。第二，感受各种材料的特性，合理利用多种材料和工具进行制作活动，提高动手能力。学习剪纸的常用纹样，利用长短、疏密、大小、粗细、曲直，表现蝴蝶翅膀的质感与特征。第三，了解剪纸形式美感及其与设计功能的统一，提高学生对生活物品和自己周边环境的审美评价能力，激发美化生活的愿望。第四，养成事前设计预想和设计计划的行为习惯以及耐心细致、持之以恒的工作态度。

2. 教学内容

浙美版三年级下册第三课《巧折巧剪——蝶之美》。

（二）课型程序

1. 创设情境，引出课题

通过让学生绘画蝴蝶和视频导入，引出蝴蝶剪纸的主题。

2. 引领探究，造型尝试

让学生动手绘画，了解蝴蝶的造型结构，再通过老师示范，强化学生对蝴蝶造型创新的概念。

3. 识图组合，造型尝试

通过剪纸文化中的基础纹样介绍，引导学生对单个纹样组合搭配的意识，给蝴蝶造型增加质感与特征。

4. 自主表现，实践体验

通过观看、操作等方式来体验与运用，让剪纸文化融入学生的思想与行为。

（三）课型策略

1. 融合提高效率

在示范绘画环节，结合视频导入，激发学生的课堂兴趣，引出蝴蝶的文化寓意，从而引申出剪纸文化，揭示课堂主题。

2. 分解学习难度

分解造型创新步骤：第一步是分解蝴蝶的关键部位；第二步引申关键部位对蝴蝶美观的重要性，强化学生对化蝶造型的创造。分解造型创作难度：第一步尝试绘画心目中的蝴蝶形象；第二步在教师示范以及知识总结的基础上，修改蝴蝶造型；第三步了解单个常用纹样，学会组合搭配；第四步动手操作，尝试剪纸乐趣。分解设计创作练习：初步绘画、二次修改、增添纹样、剪出造型。通过这三大步骤降低学习的难度，让学生在学习中投入兴趣、简单易学。

3. 实践提升能力

学生通过观看微课示范，动手操作剪纸，体会剪纸乐趣。

（四）课型评价

1. 了解设计思想

设计与应用的目的是让学生了解设计与工艺的知识、意义、特征与价值，以及“物以致用”的设计思想。

2. 提升创造能力

设计要有步骤，分步达成，体会设计创造的乐趣。培养学生养成勤于观察、敏于发现、严于计划、精于制作的行为习惯和耐心细致的态度，增强以设计和工艺改善环境与生活的愿望。

3. 学习迁徙应用

学生感受彩纸的特性，根据学会剪纸的基础方法，运用到各类剪纸作品中。

课型设计

（一）学习目标

（1）感受剪纸艺术的美，进一步了解剪纸的艺术特点，学习巧用折剪法进行剪纸创作。

（2）通过折与剪的方式，用对称剪纸的方法，设计制作一张好看的剪纸作品。

（3）感受剪纸的趣味和美感，激发对剪纸艺术的热爱。

（二）学习策略

分解学习、比较学习、体验学习。

（三）学习重难点

重点：用对折法折剪出蝴蝶的造型。

难点：选择合适的常用纹样进行新的组合，提高剪纸蝴蝶的外形美感。

（四）学习过程

板块一　创设情境　引出课题

1. 视频赏析，创设情境

（1）教师活动：请同学们徒手画出蝴蝶的基本形状。

（2）学生活动：黑板上画蝴蝶。

（3）教师提问：表扬这位同学的勇敢，非常棒，大家给他一些掌声。你们有近距离见过蝴蝶吗？老师今天请了一群精灵来到我们的课堂。（课件出示蝴蝶微课视频）

（4）学生活动：观看微课视频。

2. 寓意交流，揭示课题

（1）教师提问：看完这个视频，你们肯定对蝴蝶有了更多的了解。你们知道蝴蝶有哪些美好的寓意呢？

（2）学生活动：分享赏析后的感受和对蝴蝶寓意的理解。

（3）教师总结：蝴蝶象征了自由和美丽。毛毛虫破茧而出后变作蝴蝶，便有由丑到美的一种升华的意味，蝴蝶则也象征了一些成功后的形象。

蝴蝶寓意：很久以前，蝴蝶就以其身美、形美、色美被人们欣赏，历代咏诵。蝴蝶是最美丽的昆虫，被人们誉为“会飞的花朵”“虫国的佳丽”，是一种高雅文化的象征。（课件出示蝴蝶及简介，揭示课题）

【设计意图】通过导入环节，激发学生对蝴蝶的兴趣，了解蝴蝶的历史文化寓意，揭示课题。

板块二　引领探究　造型尝试

1. 了解基本形

（1）教师提问：学习蝴蝶剪纸，首先要了解它的基本形态和造型特点。蝴蝶的身体分为头、胸、腹、翅四部分，其造型具有哪些特点呢？（对称性）

（2）教师活动：演示用对折法快速剪出一只基本形状的蝴蝶（如图11–6所示）。请同学们思考，一只蝴蝶的美丽与否，与蝴蝶身上的哪些部位有关？

（3）学生说一说自己的理解和认识。

（4）教师引导：蝴蝶的造型还可以有哪些变化呢？请你在纸上画一画。（强调蝴蝶的造型一定要画大）

（5）学生活动：边听边在纸上画蝴蝶。

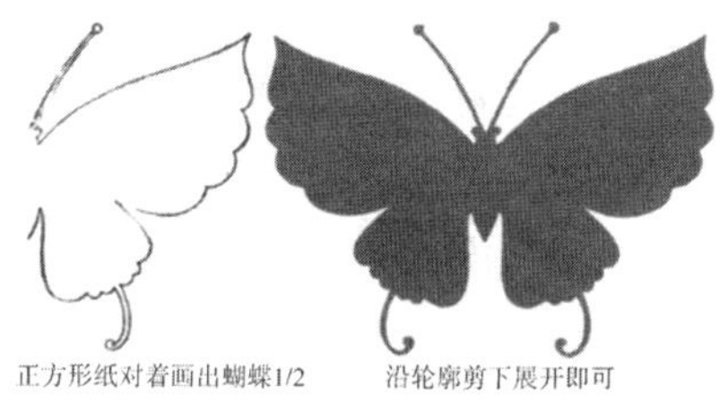

图11–6　蝴蝶图1

2. 探究变化形

（1）教师活动：一只蝴蝶美丽与否取决于它优雅的翅膀和瑰丽的花纹。引导学生在不破坏蝴蝶结构的基础上大胆变化，学习举一反三。（出示课件，如图11–7所示）

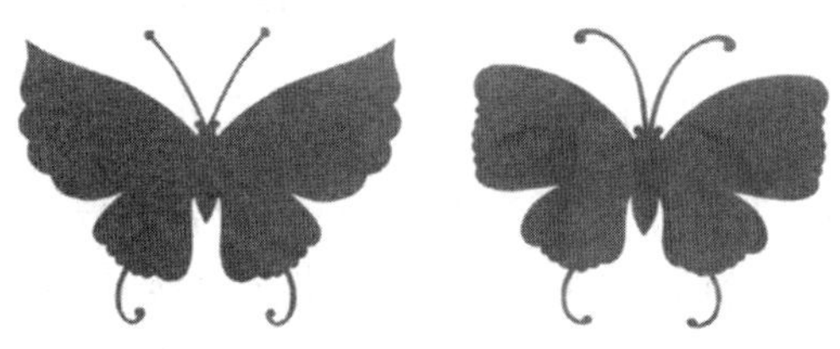

图11–7　蝴蝶图2

（2）学生活动：观看教师示范（如图11-8所示）。

图11-8　蝴蝶图3

3. 创造细节形

（1）教师活动：蝴蝶的外形可以有很多种变化，在保持其姿态的基础上，我们可以利用规则与不规则图形的形体概括，如三角形、圆形、半圆形、扇形等。只要符合美的规律就可以创造出美丽的蝴蝶形象。那么，除了翅膀，图中还有哪个细节可以使得我们的蝴蝶更加精美呢?

（2）学生活动：说一说蝴蝶细节变化的认识。

（3）教师活动：触角是蝴蝶身上最细小、最动人心弦的部位。造型不宜粗壮，要纤细、柔媚，可以运用直线、曲线，同时进行长短、粗细、形态的变化。

（4）学生活动：现在请同学们根据刚刚所学的知识，在你所画的蝴蝶造型上进一步修改，使你的蝴蝶造型更加精美（如图11-9所示）。

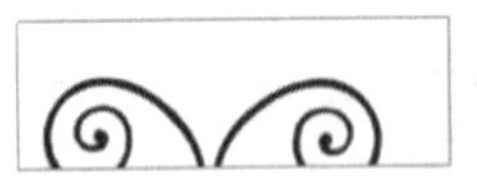

图11-9　蝴蝶造型图

【设计意图】利用对折法能剪出一个形象或图案，是本课教学最基本的教学目标，也是学生一定要掌握的知识。同时利用头脑风暴法（又称智力激励法），集体开发创造性思维的方法，激发学生创造性思维的有效教学手段，能有效拓宽学生的创作思路，帮助学生打开创意思维的天窗，让画面更丰富、更有趣。

板块三　识图组合　造型尝试

（1）教师活动：出示其中2位同学的作品展示点评。提问：蝴蝶的造型已经设计完成，蝴蝶身上还有使之绽放光彩的瑰丽花纹，我们是不是也可以用剪刀给它装饰纹样呢？剪纸中有很多传统纹样，例如月牙纹、锯齿纹，你还知道哪些纹样?

（2）学生活动：说一说了解、认识的传统纹饰（如圆纹、水滴纹等）。

（3）教师活动：利用这些纹饰的不同组合、长短、大小、粗细以及疏密的变化，可以设计出不同的花纹，教师现场示范如何组合纹样。

（4）学生活动：观看课件示例及示范。

板块四　自主表现　体验剪纸

1. 实践示范

（1）教师活动：教师示范组合纹样后如何剪。（出示微课）

（2）学生活动：观看教师的示范，并思考如何巧妙折剪。

2. 体验感受

（1）教师活动：出示实践练习的主题及提示，组织学生自主操作。

（2）学生活动：在已设计好的蝴蝶造型基础上进行设计创作和实践。

3. 评价拓展

（1）教师活动：张贴展示学生的作品，请学生之间互相观赏。

（2）学生活动：观赏同伴的作品，向同伴介绍自己的作品。

（3）教师活动：出示不同形式创作的蝴蝶剪纸作品，组织学生赏析。

（4）学生活动：欣赏不同形式创作的蝴蝶作品。

（5）整理下课：组织学生整理学习用品，进行垃圾分类，并布置下节课应准备的工具材料。

（6）学生活动：根据教师要求整理桌面及工具材料，有序离开教室。

【设计意图】通过示范、启发，现场感受剪纸艺术的魅力，了解如何完整创作的过程。通过设问引导拓宽学生的设计思路，激发巧妙利用折剪法设计形象的思维。通过具体的实践活动可以进一步体会剪纸的乐趣，并在展示交流中提升学生赏析评述的能力。

第十二章　小学综合实践

一、电子小报课型

课型纲要

（一）课型主题

1. 电子小报含义

电子小报是用Word或PPT制作而成的电子版小报，由标题与内容配合而成，缺一不可。电子小报制作目的是为了展示围绕主题所展开的图文并茂的内容。

2. 教学内容

小学信息技术教材五年级下册第12课“制作演示文稿”。

（二）课型程序

1. 情境导入，发现小报需求

通过参加“塔的前世今生”融学发布会，欣赏手绘作品后，导入制作电子版的要求。

2. 对比学习，发现小报学程

通过分析老师给出的两组范例作品，让学生一起分析并讨论总结，从而得出制作小报的两条重要原则：图文布局要合理；颜色处理要得当。

3. 套餐分层，助力小报制作

通过设计“自主搭配套餐”以及“电子锦囊”的方式，让不同层次的学生都能做有所得。（1）基础套餐+分层套餐：满足不同层次学生的学习需求。（2）学习支架：现场指导+电子锦囊（微课）。

4. 反馈拓展，实现小报功能

在课堂现场召开融学发布会的情景，邀请学生向大家介绍自己的作品：主题是《塔》，介绍一处塔座的历史或典故。比如介绍大雁塔，它在西安，是一座历史悠久的塔。

（三）课型策略

1. 融合学习

通过结合生活实际，既激发了学生的制作兴趣，又融合了本年级的融学课程主题《塔》。

2. 对比学习

通过课程学习，学会筛选信息、美化文字，提高审美观。教师出示的素材比较多，放在一起不美观，需要学生自己进行筛选。

3. 实际操作学习

通过课堂上的实际操作，使学生掌握技能、加深印象。学生在完成作品后，还需要向大家介绍自己是如何完成的。

（四）课型评价

1. 多元化的评价标准

引导学生正面评价作品，说出两个优点、一个建议。

2. 注重过程性评价

肯定学生的操作过程，鼓励学生勇敢尝试。

3. 重视总结性评价

重视学生的作品质量，才能促使学生做得更好。

课型设计

（一）学习目标

（1）通过分析手绘板小报，熟记小报需要的三个要素。

（2）通过分析对比两组作品，了解制作小报的两条标准。

（3）借助实际操作，使用艺术字和图片美化小报。

（4）借助制作电子小报，感受电脑制作的乐趣。

（二）学习策略

探究式学习、融合学习、体验学习。

（三）学习过程

板块一　情境导入　发现小报需求

1. 情境导入

欢迎大家来到《塔》的融学发布会现场，请先欣赏大家的手绘小报作品，这些是同学们在假期里制作的关于塔的小报（教师展示学生的手绘小报）。

2. 揭示课题

今天我们尝试将手绘小报做成电子小报，你知道可以用什么软件吗？可以指定学生回答。教师出示课题“制作演示文稿”，说：今天就用PPT来完成这份电子小报的制作。

3. 发布任务

老师先做了一张，请看《中国十大名塔》（如图12–1所示）。你有哪些办法可以让这张PPT变得更漂亮？

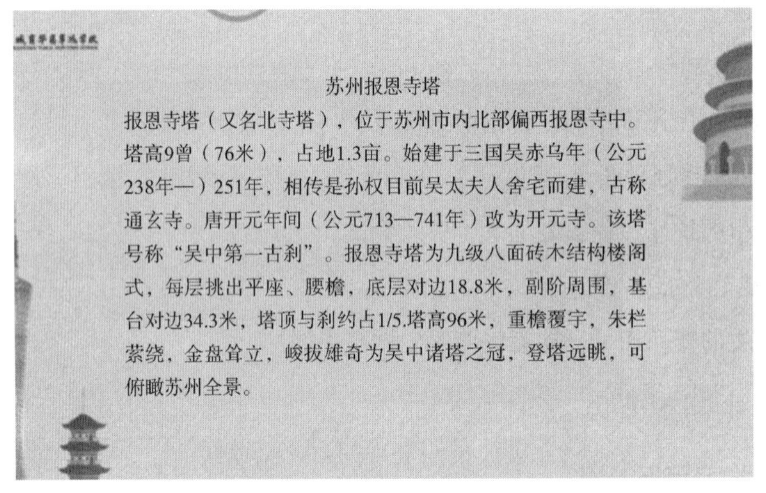

图12–1　《中国十大名塔》

（如果回答不上来，再提问：（1）如何让人一眼就看出介绍的是什么内容？（2）你能想象出中国十大名塔的样子或是关于它的历史故事吗？不能的话，怎么办？（3）你还有什么办法让它更吸引人？）

4. 学习整理

通过刚才的分析，我们可以得出一个结论：一份小报，需要具备三个基本要素，即标题、图片和文本。

课件出示图12–2。

三个基本要素：

1.标题：可以用艺术字美化。
2.图片：可以设置样式。
3.文本：可以设置字体、字号和颜色等。

图12-2　三个基本要素

【设计意图】通过分析手绘板小报，熟记小报需要的三个要素。

板块二　对比学习　发现小报学程

1. 对比学习

（1）先一起来看看教师给出的两组范例（如图12-3、图12-4所示）。你认为这两个哪个好看？为什么？

（2）学生讨论后回答，给出自己的分析。教师给予肯定与小结。

课件出示：第一组标题太大，图片太小；图片摆放的位置不合适。

得出结论：图文布局要合理。

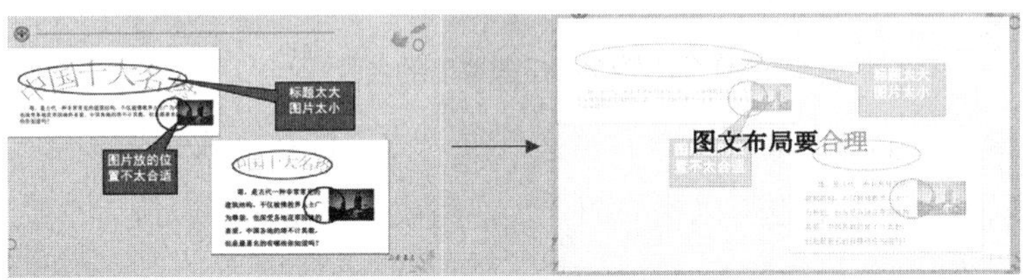

图12-3　布局合理

课件出示：第二组文字颜色太多、字体选择不合适，看不清文字内容。

得出结论：颜色处理要得当。

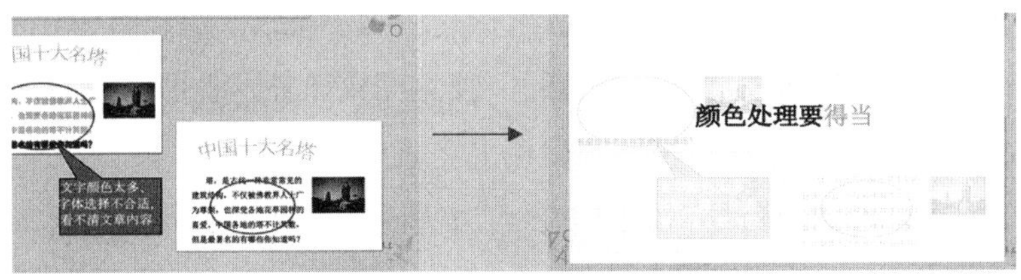

图12-4　颜色得当

2. 学习整理

艺术字、图片不宜过大或过小，也不能太多，要恰到好处；文字的颜色不能太多，不然显得杂乱、花哨。

板书出示：吸引人的作品，图文布局要合理，颜色处理要得当。

【设计意图】通过对比不同的作品，渗透排版、美化的概念。

板块三　套餐分层　助力小报制作

1. 布置任务

今天我们就要用PPT制作塔的名片。

课件出示图12–5。

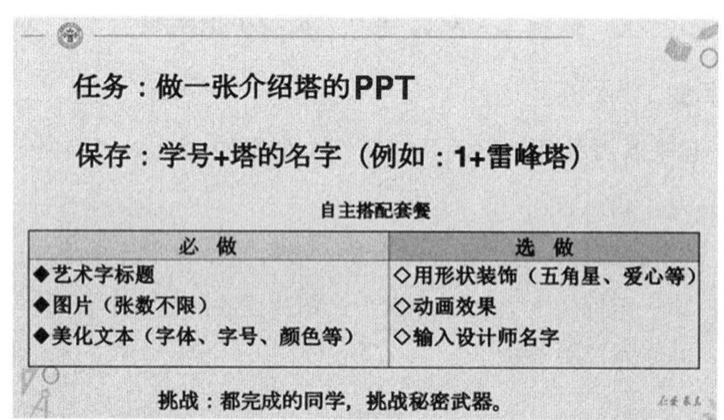

任务：做一张介绍塔的PPT

保存：学号+塔的名字（例如：1+雷峰塔）

自主搭配套餐

必　做	选　做
◆艺术字标题	◇用形状装饰（五角星、爱心等）
◆图片（张数不限）	◇动画效果
◆美化文本（字体、字号、颜色等）	◇输入设计师名字

挑战：都完成的同学，挑战秘密武器。

图12–5　任务单塔的名片

电子锦囊放在电脑桌面“秘密武器文件夹”内，请在完成必做和选做内容后，再去挑战。可以挑战一个，也可以挑战两个。都完成后记得保存，最后举手示意老师。

【设计意图】通过“自主搭配套餐”以及“电子锦囊”的方式，让不同层次的学生都能做有所得。（1）基础套餐+分层套餐：满足不同层次学生的学习需求。（2）学习支架：现场指导+电子锦囊（微课）。

2. 小报制作（10分钟）

（1）学生根据资料和“自主搭配套餐”独立完成任务，教师巡视指导，巡视过程中可以将部分有特色的学生作品投屏到白板上。

（2）完成“自主搭配套餐”的同学，可以去看资料夹里的秘密武器（两个微课）尝试进一步美化塔的介绍。

（3）完成快的同学，保存好自己的作品后可以去帮助还未能顺利完成的同学。

3. 学习整理

（1）展示一份特别花哨的作品，大家共同分析修改。

（2）再展示一份比较好的作品，再次强调排版美化的标准。

【设计意图】通过课堂实际操作，学生才能更好地掌握技能、加深印象。因为学生在完成作品后，还需要向大家介绍自己是如何完成的。

板块四　反馈拓展　实现小报功能

1. 发布作品

欢迎来到《塔》的融学发布会现场。老师将学生的作品截图并制作成了电子相册，通过大屏幕进行播放。播放到大家都喜欢的作品时，就停下来，请这位学生上来详细介绍自己的作品，包括内容简介和制作过程。

2. 生生互评

评价时，注意两个要求：需说出两个优点、一个建议。教师及时评价学生的说法。

3. 学习整理

先请学生说一说自己的感受，或者有什么收获。

希望通过这场发布会，同学们对于电脑制作有更深的体会，进一步提高使用电脑搜集、处理、使用各种信息的能力，乐于接触、学习计算机相关操作，从而使电脑成为探索学习的得力助手，也希望同学们能在平时生活中多做尝试。

【设计意图】“自主搭配套餐”也是为评价环节做铺垫的。引起学生的好奇心，并让不同层次的学生能根据自己具体做的项目进行展示与评价，不会显得语言很贫乏或者空洞，使评价更有依据。通过评价，再一次渗透排版美化的理念。通过电子相册的展示，尝试信息可视化。

二、测试课型

课型纲要

（一）课型主题

1. 方法含义

测试课型的测试方法即测试解决方案在解决问题中的效果，为之后的设计优化提供依据和分析。

2. 教学内容

校编教材五年级下册第5课“塔的测试”。

（二）课型程序

1. 测试设计

运用测试设计工具设计测试流程，包括用户体验的步骤、计划要用到的道具和材料、引导用户体验的解说词、用户测试表。

2. 执行测试

根据设计的测试流程执行测试，包括准备材料和道具、实体场景布置、邀请用户参与测试、团队分工进行用户测试和记录。

3. 测试分析

根据测试反馈进行分析，运用“可行性—用户需求—成本”三维分析法分析改进方向，并进行排序，为后续改进提供参考。

（三）课型策略

1. 测试角色策略

为了让学生更有测试意愿，教师应根据不同项目提供激励。例如“塔”项目，教师创设塔公司CEO、设计师、测试工程师等角色，提升学生的任务执行驱动力。

2. 填空式设计工具策略

教师提供通用测试设计通用思考工具给学生提供思考支架，通过填空式设计工具方便学生设计测试流程。

3. 多维分析策略

运用多维分析工具对测试反馈进行多维度分析讨论，学生更能清楚优化工作的重点。

（四）课型评价

1. 测试工作是各行业优化产品设计的关键步骤

在学生的学习过程中，要体现出对测试的意义的理解和设计流程的认识，使学生对测试工作有初步的认识与理解。

2. 学生在体验中习得测试工作的一般内容和内在逻辑关系

学生在完成测试工作“设计—准备—执行”的体验中习得对测试的意义的理解和设计流程的认识。

3. 课堂上展示了测试设计和执行的过程

测试工作的学习要有步骤，在体验中加深对设计工具和表格的理解。

课型设计

（一）学习目标

（1）认识和使用测试设计通用思考工具，进行测试设计。

（2）能够和组员合作进行测试执行。学会观察被试的行为，发现更多被试遇到的问题。

（3）认识和使用多维测试分析工具，对测试反馈进行分析。

（二）学习策略

1. 角色学习

通过感受和表演项目经理、项目设计师、测试工程师角色，提升测试意愿。

2. 工具学习

通过使用测试设计通用思考工具进行测试设计。

3. 分析学习

通过使用多维测试分析工具进行测试分析。

（三）学习过程

板块一　营造公司氛围（课前完成）

1. 项目营造

我们将要参与“2021年杭州市政府的20座杭州塔征集项目”，老师出示模拟征集书和具体要求。

2. 公司营造

成立以组为单位的塔设计公司，设立首席执行官（CEO）、首席设计官（CDO）、首席测试官（CTO）。

CEO：公司的老板，什么都可以管，但是一般管大方向。

CDO：主管公司设计部门的设计师和设计工作。

CTO：主管公司测试部门的测试工程师和工程工作。

可提前由学生自主给公司命名，并自制名片。

【设计意图】通过公司环境的营造，强化每个学生自己在一个项目中的角色定位，以便于测试工作更加顺利地展开，也让学生更加清楚在真实的项目中需要哪些角色的配合来完成工作。

板块二　设计测试

1. 老师讲解设计方法

（1）老师示范“测试设计通用思考工具”

本项目目标：让杭州市政府看中我们的项目提案。

↑如何实现目标：让我们服务的人群喜欢我们的设计。

↑外观符合审美、功能使用超越心理预期。

↑以目前我们的条件可以怎么测试？

最后，选取可行的，可以打钩（如图12-6所示）。

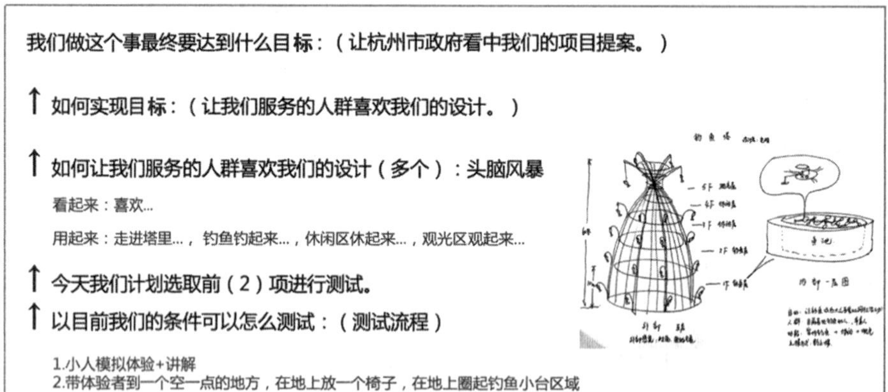

图12-6　测试设计通用思考工具

↑测试的流程（测试用户体验的步骤）设计见表12-1。

表12-1　用户测试流程表

用户体验步骤	需要准备的材料（道具、记录表等）
（1）	
（2）	
（3）	

（2）老师示范“量表设计”

根据以上的思考，我们选择其中最可行的1~2个测试方法。在测试的过程中，我们将收集的数据和信息，设计成一个测试表（见表12-2）。

表12-2　用户测量表

<table>
<tr><td colspan="3">【被测试者信息】
姓名或昵称：　　　　年龄：　　　　性别：
学习阶段或工作：　　　　（婚姻、收入等，此项目不用）</td></tr>
<tr><td>测试流程</td><td>测试工作人员记录信息</td><td>测试者反馈信息</td></tr>
<tr><td>①</td><td></td><td></td></tr>
<tr><td>②</td><td></td><td></td></tr>
<tr><td>③</td><td></td><td></td></tr>
<tr><td colspan="3">测试获得信息补充（其他参与测试的工作人员都可填写）：</td></tr>
<tr><td colspan="3">从本测试中获得的反馈总结：
①
②
③</td></tr>
</table>

2. 学生分组研讨设计，测试过程10分钟

老师投影展示1~2组测试设计成果。

【设计意图】“测试设计通用思考工具”可以引导学生从设计之初的用户需求出发复盘设计项目，即满足了用户的哪些需求以及对应设计了哪些功能，以此来设计如何测试。

板块三　执行测试

1. 测试准备

学生准备好测试的记录表、道具等，教师巡视、个别指导。

【设计意图】给学生充足的时间准备测试所需要的记录表、道具。

2. 执行测试

将本班学生分成两组，一组先做被测试者，然后交换角色。学生进行测试，教师巡视、个别指导。

【设计意图】学生体验做被试的过程能够让他们思考如何优化自己在引导被试的过程当中应当注意的细节。

板块四　测试分析

1. 提炼改进方向（见表12-3）

教师可以示范如何提炼改进方向，学生讨论提炼改进方向。

表12-3　提炼改进方向表

① ② ③ ……

【设计意图】引导学生复盘刚刚的测试过程，将测试过程中发现的问题进行条目化。

2. 用多维测试分析工具分析

教师示范如何将刚刚梳理得到的改进方向的编号放到下列两个坐标轴当中（如图12-7所示），如哪些可行性高、满足用户需求高，成本低的条目应当优先考虑进行改进。学生操作，师生研讨。

《多维测试分析工具》定性分析工具

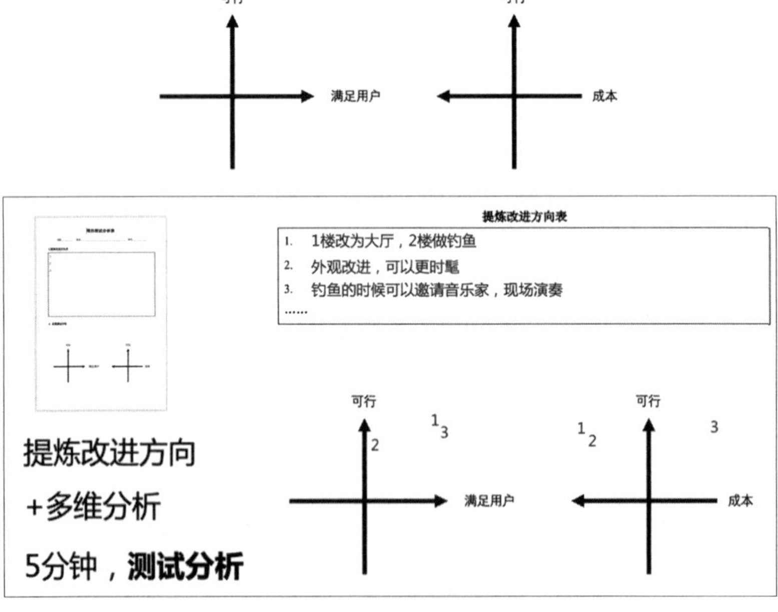

图12-7　多维测试分析图

【设计意图】参考实际项目中的思考模式，引导学生思考哪些改进方向应该优先进行改进。

第十三章　小学语文课堂

一、“习惯课型”的实施

（一）课堂实录与点评

一年级下册“一分钟”

课堂实录

【学习目标】

（1）通过字源、对比等方式认识“钟、元、迟、已、经”5个生字；会写“钟、元、已”3个生字。

（2）能联系文章中的插图、上下文和生活经验理解“后悔”的意思。

（3）能正确、流利朗读课文，通过语音、语调、语气，读出元元的沮丧、后悔之情。

【学习策略】

拓展思维、比较发现、语用结合。

【学习过程】

板块一　营造良好的朗读氛围

1. 设置情境

认识钟表。课件出示一个大大的钟表。

师：你认识它吗？生齐说：钟表。

2. 引入课题

师：今天，老师给大家带来了一篇新的课文，课文的题目就叫“一分钟”。

3. 讲解“钟”

学写“钟”。PPT出示各种样式的钟。

师：小朋友，你们看看“钟”是什么偏旁？它和什么有关系？

生：和铁有关；和金属有关。

师：我们一起来看看写“钟”的时候你有什么要提醒大家的？

生1：金字旁不要写成竖勾。

师：观察得真仔细。

生2：金字旁的撇和竖要一样长。

学生观察老师板书，并在语文书上练习写“钟”字，老师巡视。

板块二　实践中突破朗读习惯

1. 初读课文

（1）初读要求

师：接下来请小朋友打开课本，翻到第85页，开火车读课文，一边听一边标出课文有几个自然段。小火车——

生：咕噜咕噜开起来。

一列学生接读课文，其他学生标自然段。

（2）初读感知

师：你读得真棒！请坐。最后一个自然段我们一起读。（教师出示段落序号）通过朗读，我们知道了，这篇课文讲的是哪一个小朋友啊？

生齐答：元元。

（3）情景导读

师：元元说了，请我们借助拼音读课文，一边读一边圈出文章中的生字宝宝，如果遇到自己不懂的词语，请在词语下面画个问号。你们答应元元的要求吗？

生齐答：答应。

2. 自主识字

（1）生自读课文，边读边圈生字

老师巡视。

（2）自主识字

PPT出示要求会认的生字，学生小组讨论哪些字自己已经认识，是怎么认识的？鼓励学生运用学过的方法自主识字。

迟：① 熟字加偏旁；② 字源识字。

师：（出示PPT）“迟”，你是怎么记住它的呢？

生：尺子的尺最后的捺变成点，加上走之。

出示生字卡片，请生读词语。

师：（出示“迟”的甲骨文）仿佛就是一个人走着走着就慢了，最后就迟到了。观察这个字的偏旁是什么？这个偏旁的字，你还知道有哪些？

生：边；过；还……

用“已经”说话训练。

师：（出示生字卡片）“已”，你是怎么记住它的呢？

生：自己的己出头。

师：“经”你是怎么记住它的呢？

生：我们经常读的《三字经》中的“经”就是这个字。

师：和老师一起读——三字经。大家真棒，能够利用已学知识记住它。（出示“轻”）你们看看它们，是不是长得很像呢？我们可以用换一换的方法记住它。

出示生字卡片，老师带读卡片上的词语。师指“已、经”两个字。

师：这两个字放一起就能组成？

生齐答：词语。

师：谁能用这个词语说句子。

生1：我已经迟到了。

师：那老师希望你上课不要迟到哟！

生2：我的快递已经到了。

……

师：嗯，真棒，你确实已经长大了，能够记住这个词语了。

板块三　感悟中分解朗读技巧

1. 自读习惯

PPT出示：再睡一分钟吧，就睡一分钟，不会迟到的。到了学校，已经上课了。元元你今天迟到了二十分钟。

师：请你认真读这两句话，每句话读三遍。

生自由读句子。

师：你读到了什么呢？

生1：学了这些生字我们读得更流利了。

师：是的，我们学了生字读得更好了。

生2：他睡了一分钟，结果迟到了二十分钟。

师：元元就是因为多睡了一分钟，结果迟到了二十分钟。那小朋友们，你们知道故事的原因是什么呢？

生：多睡一分钟。

师：故事的结果呢？

生：迟到二十分钟。

2. 笔读习惯

质疑，丁零零，闹钟响了，元元在干什么？

师：丁零零，闹钟响了，元元还睡梦中，我们走近看一看。

PPT出示学习要求。一生读要求：元元怎样做的画波浪线，怎样想的画横线。

师范读第一自然段，提示一边听一边想：当闹钟响起，元元是怎样想、怎样做的？在文中画一画。学生画线。

师：停笔。读一读画波浪线的句子。

生：元元打了个哈欠，翻了个身。

师：请亚伦来演一演“打了个哈欠，翻了个身”。

生上台表演，其余学生齐读句子。

师：元元想，再睡一分钟，应该也不会有什么问题的？真的吗？

生：会迟到的。

师：你怎么知道的？能够读出课文中的句子吗？

指导朗读，两生读。

师：元元认为一分钟——

生：不重要；很简短。师：真的是这样吗？

3. 听读习惯

结果并不是元元想的那样，谁能读一读5、6自然段，其他同学边听边画一画哪个词最能体现元元的后悔之情？

师：请一位同学来读一读。说一说你从哪些词语中读出了元元很后悔。

生动笔圈一圈，画一画。

生：元元红着脸，低着头；非常，非常是觉得他不应该做这件事，很后悔。

师：原来红着脸，低着头就是非常后悔的表现。你们看元元现在的表现。

生：垂头丧气。

4. 角色表演读习惯

体悟内心，增加体验。

师：“红着脸，低着头”，你能做做这样的动作吗？（学生试着做动作）生活中你有遇到过红着脸，低着头的时候吗？

生：做错题目的时候；把重要物品丢了的时候；被妈妈骂的时候。

师：请小朋友们起立，站如松。请大家边读边做动作。（生起立读“红着脸，低着头”）你们为什么读得这么慢呢？（指名说）

生：因为读得快就是开心。

师：哦，原来你们感受到了元元很后悔呢。那我们请一个小朋友来表演一下，从进入教室门口开始，你就是元元了。

两生表演。

师：哦，原来这就是“红着脸，低着头呀”。让我们一起来读一读吧，感受一下元元当时的心情！

5. 评读习惯

读课文5、6段。

生1：元元红着脸，低着头，读的时候，少了一点感情。

师：那要怎么读呢？请你来读一读吧。

生点评：读得很好，后悔读得重。

师：哦，我们“后悔”要读得重一点。请你来读。你们觉得谁读得最好？为什么？

板块四　对比学习　巩固习惯

1. 分角色表演朗读

体会元元的内心活动。

2. 赛读习惯

元元晚起一分钟，却迟到二十分钟，这到底是怎么回事呢？

师：老师没有想清楚，怎么就“晚起了一分钟，迟到了二十分钟”呢？让我们来一起找找答案吧。

PPT出示2、3自然段，男生齐读第2自然段、女生齐读第3自然段。边读边思考元元上学的路线图。家—十字路口—公交站—学校。

师：老师想请小朋友来摆一摆，元元经过了哪些地方呢？（一生上台摆一摆）是呀，元元经过了这么多的地方，所以“晚起了一分钟，迟到了二十分钟”。元元现在的心情怎么样？

生1：难过。

生2：后悔。

3. 对比写字

出示要写的生字“元、已”让学生认读。

师：接下来我们把生字宝宝送进田字格。请大家仔细观察这两个字没有什么共同点呢？

生1：都有一笔竖弯钩。

生2：“元”和“已”竖弯钩都要写得舒展。

生3：要写在田字格正中间。

教师范写，提醒：大家要注意竖弯钩一定要写得圆润。

板　书

一分钟

起因：多睡一分钟

家—十字路口—公交站—学校　后悔

结果：迟到二十分钟

教师点评

（1）张老师能根据低年级学生的年龄特点组织教学，通过指导学生正确、流利、有感情的朗读，有效地培养了学生的朗读习惯。

（2）整堂课中老师都在关注学生的学习习惯，如大声读词语的习惯、认证倾听的习惯……贯穿始终，鼓励学生发言，对于学生的发言总是给予及时的激励与表扬，激发了学生学习的积极性和主动性。

（3）为了体现“融学课堂”的教学特色，张老师设计了演一演的游戏环节，加深了学生对文本的理解。

（执教：张亮　点评：赵颖）

（二）课型研讨与交流

【研讨人员】汪潮、方建兰、徐华芳、仇明芹、王雪莹、景苗苗、钱洪芹、樊凭飞、苏欣欣、易柳红、华丽佳、金晓青、李玢、方会娟、匡澜

【主持人】侯东微

【研讨实录】

主持人：今天我们再次请来汪潮教授，对我们语文组基于核心素养、抓住学科本质、探索学科核心素养的文化课型教学进行指导。

汪潮：老师们好，今天我们开始进行融学课型研究的课堂实践，我先来说说做这件事的目的。开展融学课型研究可谓是"一举三得"，首先它可以归属于常态教研活动开展，其次可以结合我们学校的融学课题，最后我们可以把研究梳理总结出书。我们要学着用结果来决定教研活动，开展活动前认真思考该怎么做这件事，活动过程中要有针对性，课堂点评最好是总分结构，让别人一下子就能领会你的意思。

主持人：接下来让我们各抒己见，从不同的角度针对今天的这堂课进行点评交流。

徐华芳：我从"课标要求"方面来谈一下今天的课。今天第二节课是张亮老师执教的"一分钟"。教学过程中处处体现了课程标准的理念。首先，挖掘文化因素。《义务教育语文课程标准（2011年版）》多处提到"文化熏陶""文化内涵"等词。张老师识字教学中，注重文化因素的挖掘和熏陶，用"钟""迟"的教学联系字形演变，从字理角度理解字义。张老师对学生阅读习惯和能力的培养也做得很到位。其次，重视识字教学。《义务教育语文课程标准（2011年版）》指出："识字教学要注意儿童特点，将学生熟识的语言因素作为主要材料，结合学生的生活经验，引导他们利用各种机会主动识字，力求识用结合。"识字教学中，张老师让学生自己发现生字的特点，学生将"已""经"与已经认识的"己""轻"进行比较，对生字的识记难度就降低了。最后，注重阅读体验。在第一学段《课标》阅读目标指出："结合上下文和生活实际了解课文中词句意思。"张老师在教学"后悔"一词时，通过让学生划出上文的"红着脸，低着头"语句，结合上文理解词义，再读读、演演，体会元元"后悔"的意思。到最后让学生说说："你什么时候后悔过？"让学生把词语理解与自己的生活实际结合，把词语的理解从课内延伸到课外，理解也更加深入。

仇明芹：我从"文章主题的理解"方面来谈一下这堂课。第二课张亮老师教学

主题是“习惯”，文章主题是引导学生感受一分钟导致的不良后果。低段课堂的学习习惯培养是一个重要的主题，张亮老师有意识地培养孩子读书、朗读的习惯。教师采用了跟读、体会读、自由读等方式落实朗读习惯。请同学们借助拼音朗读课文，张老师及时提醒孩子将书本平摊在桌面上，边读边圈画。包括孩子集体起立朗读课文的时候，也能用语言提醒孩子站如松。

王雪莹：我从“文章内容的理解”方面来谈一下这堂课。张亮老师的“一分钟”以培养习惯为主线，通过自读、笔读等习惯。在实现阶段目标的同时达到对教学内容循序渐进的理解。整个设计思路非常清晰，课堂效果也十分高效，教学内容都已达成。

景苗苗：我从“文章的语言”方面来谈一下这堂课。张亮老师从一开始的“钟”字，认字到写字，先从意义上理解，再拓展到闹钟、编钟等，运用了多种方法识字，并将本课所学的“已”“经”两个生字合在一起组成新词，再用“已经”练习说话，联系生活实际加深学生对这个词的理解。课文中“红着脸，低着头”这句话，先让小朋友做动作、举事例，联系生活实际，体会元元因多睡了一分钟，却导致迟到了二十分钟，让学生明白一分钟看似很短暂，但最后产生的影响和导致的后果却是很大的，所以在最后展示读的时候，小朋友这句话的语速读得很慢，自然而然地加入了自己的感情色彩来朗读课文，张亮老师对文章语言的把握还是到位和准确的。

钱洪芹：我从“文章的表达”来谈一下这堂课。“一分钟”通过聚焦一分钟而引发的迟到二十分钟的故事，告诉孩子们要养成珍惜时间的习惯。本单元是习惯单元，“一分钟”这篇文章的表达很新颖，表达的主要特点是聚焦与对比。这节课上，张亮老师的教学重点是聚焦一分钟来理解表达。首先是聚焦一分钟理解“一分钟”。张亮老师通过语文和数学的融合，理解一分钟就是60秒，学习生字，开篇还是很好的。第二，抓住重点词语学习表达。比如打了个哈欠，翻了个身，红着脸，低着头等。通过划线、朗读、表演来理解词语。第三是通过朗读来学习表达。

黄莹莹：我从“学习主线”来谈一下这节课。（1）学字（随文识字）—学词—学文（读中悟情）—写字。（2）学文抓住了体会“后悔”之情，以读贯穿始终。（3）困惑想法，习惯也是可以贯穿课堂的，不一定局限在聚焦文本环节。比如读课题的习惯、开火车逐段读的习惯。

樊凭飞：我从“学习目标”来谈一下这堂课。张老师的融学课型是“习惯课型”，在课堂上能看到张老师非常关注学生的朗读习惯、表达习惯、书写习惯等。值得肯定的是，张老师在制定学习目标时罗列了突破难点的方法，如通过联系上下文、联系生活经验理解词语等，方法具体、明确，指导意义强。

苏欣欣：我从“学习重点”来谈一下这节课。张亮老师执教的“一分钟”的学习重点是能正确、流利地朗读课文，读出元元的沮丧、后悔的语气。张老师紧扣重点，在教学时对朗读习惯的指导很到位，培养了学生的自读习惯、笔读习惯、听读习惯等。重点通过听读、评读、角色表演读让学生在朗读表演中体会元元的后悔之情。学生抓住了“红着脸，低着头”这几个关键词，通过角色表演感受了元元的后悔之情。张亮老师又让学生联系生活实际想想什么时候会红着脸、低着头，贴近学生生活，学生的表达欲也增强了，情感体验也更加真实。

易柳红：我从“教学方式”来谈一下这节课。导课方式：创设情境，激趣导入。张老师关注了低段儿童的年龄特点，从图片入手，认识各种钟表，导入课题，图片识字，激发了学生的学习兴趣。学习方式：学多以教，以生为本；读字当先，读出层次。张老师非常重视文本的朗读，读的时间比较充足，读的形式多样，从读准课题—读准字音—读懂词义—读懂课文，层层递进，读出层次，读懂意思，读出韵味，逐步提升学生朗读的要求。

华丽佳：我从“师生互动”来谈一下这节课。张老师能让学生充分表达自己的见解，师生互动方式多样、课堂氛围活跃。张老师与学生的问答互动非常频繁，学生学习热情高涨，举手发言很积极，老师语态亲切，对于学生的发言都能给予肯定的评价。

金晓青：我从“媒体的使用”来谈一下这节课。张亮老师运用板贴，让学生摆一摆，增加了趣味性，也理清了元元从家出发到学校的整个路线图。张老师指导朗读元元的动作时，让学生自己站起来演一演、读一读，增加了朗读的趣味性，利用肢体语言让学生体会人物的心理，达到更好的朗读效果。

李玢：我从“教师的语言”来谈一下这节课。张老师的课是一年级的习惯课型“一分钟”，课堂上的互动语言也非常的儿童化、趣味化，具有激励性，处处强调习惯的养成。课堂上老师的提问体现出启发性、导向性和示范性。张老师的提问语言简练，却能激发学生的思考、探索和讨论。张老师能使学生对提问的回答进行及时、准确的评价反馈，从而启发学生正确回答问题，教学过程循循善诱。

方会娟：我从“教学艺术”来谈一下这节课。我觉得今天的这堂课是愉悦的，张老师根据学生的年龄特点，进行了表演读形式，进行了朗读指导。这节课的主要目标是朗读习惯的培养，朗读有梯度，由浅入深。教学评价也很重要，张老师的朗读评价有针对性，还可以根据一年级学生的特点进行评价。

匡澜：我从“教学效果”来谈一下这节课。张老师的语言清晰、富有童趣，能够较好地激发学生的兴趣。利用了多媒体和板书的结合，很好地疏通了文本内容，让学生了解主人公元元迟到的原因。学生通过朗读、演示、分享等方法积极地参与到课堂中，成为课堂的主人、分享的主角。学生体会了迟到的后悔情绪，也掌握了认识生字的各种方法。

汪潮教授：大家都点评得很到位，下面我做一个总结。

张亮老师这堂课还是处理得很好的。我给张亮提出几个建议。

（1）习惯是一种选择，是一种驱动，是事情发生之前的。习惯不是方法，方法是如何去做的。

（2）习惯要贯穿始终。

（3）习惯要突出，核心的习惯、核心的文化，不要太综合。把这个习惯放大，体现过程。采用比较的方法来体现这个过程。还可以使用微课，形式发生变化了，提升了学生的学习兴趣，加深了学生的学习印象。融合的思想，写字怎样融合习惯，读书怎样融合习惯……让习惯贯穿这节课的始终，同时又让一种习惯贯穿始终。

方建兰校长：很高兴能全程参与。融学课堂的实践，语文组先行一步，做成样本来带动其他学科的实践，全面推动学校课堂样态的改变。在课堂上，看到老师们以生为本，体现“让步”理念；在研讨时，看到老师们人人参与、人人思考，在任务驱动下分享、交流。这应该会成为我们今后教学研讨的新方式。语文是大学科，课堂学习样态在新课堂的构建中起着重要作用。我们任重道远，但道阻且长，行则将至。

（三）教后反思与改进

教后反思

小学一年级是培养学生习惯养成的关键时期，从小养成良好的学习习惯是孩子一生的财富。基于学生的年段特点，为提高语文核心素养，我制定了习惯课型研究方法并进行了课堂实践，接下来我从以下几方面进行反思。

1. 双主题如何摆正

阅读主题：“一分钟”是部编版小学语文一年级下册第七组课文中的第二篇，讲述了小学生元元“贪睡一分钟，迟到二十分钟”的事。全文共6个自然段，依次讲述了因为元元贪睡一分钟，于是在十字路口遇上了红灯；因为遇上了红灯，延误了时间，于是就赶不上汽车，最后只好走着去学校，结果上学迟到了二十分钟。这篇课文讲的事情非常接近学生的生活实际，因此学生容易理解。通过这篇课文的学习，使学生感受到严格要求自己、珍惜时间的教育阅读主题，提高学生学习管理时间的意识。

课型主题：以课文为依托，注重学生的习惯培养，在语文课堂上，注重培养小学生认真倾听、乐于交流的习惯。学生从小就养成两种语文的良好习惯，即凭语言文字“吸收”的好习惯和凭语言文字“发表”的好习惯，简而言之就是养成听和说的习惯。听说是读写的基础，直接影响读写的能力。因此，首先，要养成认真倾听的习惯。其次，是交流的习惯，也就是说的习惯的养成。

采用融合的设计思想。把习惯培养贯穿课堂的始终，但是我们也必须认识到良好的习惯的形成并非一朝一夕能成功的，所以在培养中学生形成良好的语文学习习惯时，我们必须从一点一滴入手、从一招一式抓起，坚定意志，坚持不懈，直到使学生的这种行为方式固定化，形成一种倾向方可收手。习惯陪伴人的一生，影响人的生活方式，所以在养成语文学习习惯这条漫漫教学之路上我们任重道远，需要继续探索和钻研。

2. 习惯课型再分类

小学第一学段语文学习习惯包括书写习惯、朗读习惯、思考习惯、听讲习惯、表达习惯等。《义务教育语文课程标准（2011年版）》指出，在阅读教学中，教师要指导学生读懂课文，让学生通过语言文字训练正确理解课文的主要内容，体会思想感情，提高认知水平。从课程目标和教学内容出发，本节课习惯课型聚焦于朗读习惯的指导，主要从以下几个方面突破朗读习惯的指导教学：聚焦文本，以读带讲，读中感悟元元的后悔之情。自读习惯让学生读课文梳理故事的起因和结果；笔读习惯让学生听老师范读，提取信息；听读习惯培养学生提取信息、抓关键词的能力；评读习惯在培养学生朗读的同时也提高了学生的语文表达能力；角色表演读，通过演一演的方式让学生体会元元的内心；赛读习惯，激发学生的好胜心，梳理元元的上学路线图。

3. 突破困难的点再设计

刚开始接到这个任务的时候，内心还是很惶恐的，因为习惯课型很容易就上成了方法指导课，习惯要贯穿整节课，还要聚焦其中一种习惯，再把其放大，教学过程怎样设计、教学内容怎样安排、教学重难点怎样突破，都是我的困惑所在。

汪教授曾莅临我校参观指导，并听了我校五位语文教师的融学设计，很荣幸我是其中一位。在汪教授及全体教师面前，我们阐述了自己的课程设计，汪教授对我们进行了一对一的现场指导，汪教授指出课程的主题要突出，习惯要贯穿课堂，聚焦其中一个习惯，课程设计要有相应的学习策略。听了汪教授的点评和建议，我对课型的设计进行了二次修改。经过反复斟酌思考，本节课重点聚焦“朗读习惯”的指导，确定了习惯的主线，那要怎么突破这个重点呢？怎样把融学的理念在课堂上渗透呢？最后确定“以读带讲，读中悟情”“字—词—句—段”的梯度衔接，帮助学生扫清阅读障碍，采用“听读、笔读、自读等”方式让学生读中悟情，比较是一种好的学习习惯，写字环节对比“元、已”二字，这样不但加深了学生的学习印象，更能培养学生的发现习惯。

完成了教学设计后，在一（1）班执教融学设计——习惯课型的课堂实践。我以图片导入、认识钟从而引出课题，学写“钟”字。学生自主识字，交流识字方法。我引导孩子采用“加一加”“比一比”“换一换”“组词”等方法识记汉字，唤醒孩子们的探索欲望，培养学生自主学习的习惯。

我采用多种方式的梯度教会学生学习朗读课文，借助板书，孩子们轻而易举地把故事的主要内容讲述了出来，在轻松的学习氛围下整体感知了整篇课文，使学生知道了故事的起因和结果，对课文有了较为清晰的认识。

课堂上，孩子们能抓住“红着脸”“低着头”等关键词进行朗读，能结合课文的插图理解词语，朗读时还能根据自己对课文的理解加上神情和动作，达到了以读带讲的目标。

在教学过程中，我通过引导学生抓住人物的动作、心理等关键词来揣摩人物内心的情感变化，以此来感受本文所讲的故事，再引导学生回忆自己的生活实际，体会词语的意思，加深对课文内容的理解和感悟，自然而然地养成学生珍惜时间的意识。

我采用对比学习的方式，让学生自主观察“元、已”发现汉字的共同笔画，进行写字指导。从孩子的书写来看，课堂效果还不错。

教学改进

1. 依托课标，精准教学目标

在理解“非常”这个词语的时候，我拔高了对学生的要求，在学生说出“很”这个字的时候，我就完全可以直接说出非常后悔就是很后悔、特别后悔或者十分后悔，而不是引导学生说出“特别”或“十分”……这样也为后面的教学环节节省了时间，从而创设更高效的课堂。

2. 借助评价，促进习惯培养

虽然课堂上评价形式多样，对于学生的回答能及时给予点评，但评价语言不够有针对性。声情并茂、富有感染力的评价，对于低段学生很重要，能激励学生积极参与课堂，提高课堂效率。

3. 结合融学，落实习惯课型

采用融合的思想，正确把习惯贯穿始终，还要把其中一种习惯放大、聚焦。比如读课题的习惯、开火车读课文的习惯。

通过这次公开教学，在同事们的指点帮忙下，我自己觉得受益匪浅，今后，我将认真备好课，上好每一节课，提高教学的有效性是我努力的方向。

（张亮）

二、“方法课型”的实施

（一）课堂实录与点评

三年级下册园地七习作拓展“蚕宝宝”

课堂实录

【学习目标】

（1）通过分解学习，使用多媒体视频，深挖动词，学生能将蚕宝宝吃桑叶的过程写具体。

（2）通过比较同伴习作，欣赏学习，了解丰盈习作的办法。

（3）通过修改、评议同伴习作，提升习作质量。

【学习策略】

分解学习、比较学习。

【学习过程】

板块一　学习分解方法

1. 谈话导入，引出主题

谈话导入分享最近养蚕的趣事。

师：听说最近同学们和这又白又胖的小可爱成了好朋友，我们一起叫一叫它的名字吧。

师：你能分享一下和它的故事吗？哪件事让你觉得最有趣呢？

生1：我的蚕宝宝已经吐丝了，它把自己包裹得特别有趣。

生2：有一天，我放了几张桑叶，被它一下子吃完了。

师：蚕宝宝可真能吃，真是个吃货。（板书）

2. 图文回顾进化过程

回忆蚕宝宝一生的几个阶段，板贴在黑板上展示思维导图。

师：你和蚕宝宝相处的日子中，一定非常快乐。从你们分享的故事中，我听到了蚕宝宝的生长过程，老师想请咱们班的小老师来说一说。

生：第一个阶段，卵；第二个阶段，幼虫；第三个阶段，蚕茧；第四个阶段，蚕蛾。

3. 欣赏同伴习作，分解发现

欣赏同伴描写蚕宝宝吃桑叶的片段，发现习作的特点：偏向于概述而不是详述。聚焦“爱吃”这个特点，探讨蚕宝宝是怎么吃桑叶的?

师：从你们的习作当中，我发现你们很会观察。来看看这个同学的习作段落，咱们赶紧读一读，你觉得写得怎么样?

师：老师把这段话拆开换成了这样的方式呈现，大家再读一读，你发现了什么？蚕宝宝非常可爱，还很贪吃呢。有一次，我刚拿来几片桑叶，你猜蚕宝宝什么反应?

生：蚕宝宝是什么反应？会怎么做?

师：上面爬满了蚕宝宝。你想到了什么?

师启发：蚕宝宝是怎么爬上去的?

板块二　分解合作学习

1. 发现动词

（1）看视频，回忆蚕宝宝吃桑叶的过程

师：老师为了让小朋友们回忆起当时的画面，特地找来了视频，我们一起来看一看。

师：小朋友们，看完视频，你发现蚕宝宝是怎么吃桑叶的了吗?

生：蚕宝宝一看到桑叶，就会爬到桑叶上去，捧着桑叶开始吃。

师：你很棒，很会观察，老师发现你抓住了蚕宝宝吃桑叶的动作：爬、捧、吃，都是你找到的。

（2）教师引领，一起探讨发现的动词

师：那你们还知道哪些蚕宝宝吃桑叶的动作呢?

生：挪、啃、咬、缩……

（3）再看视频，思考还有哪些动作

师：除了刚才同学说的“爬”“咬”这几个动作，蚕宝宝吃桑叶还有哪些动作？请同学们再观看蚕宝宝吃桑叶的视频，请同学们一边看、一边再想一想，描写蚕宝宝吃桑叶还可以用哪些动词？看完后，请每个小组合作写一写，在黑板上排顺序。

师：蚕宝宝是怎么吃的？每个组都得到了马克笔，小组讨论除了黑板上的这些动词，蚕宝宝还有哪些动作？开始写一写吧！一个动作写一张纸。

（4）小组合作，深挖动词

师：老师挑选了一组，如果你们组有和他们不一样的，等下交流。

师贴，展示成果：我贴你们说。

生：爬，狼吞虎咽。

师：狼吞虎咽，这个动作很棒哦，还是个成语，这个动作能看出来什么呢？

生：看出来吃得很快很急，大概很饿了吧。

师：你很会分析，真棒！还有不一样的吗？

……（教师贴纸，学生读词）

2. 厘清动词

师：那么多动作，随便乱用吗？是呀，看来它们是有先后顺序的，我们一起来摆一摆吧。（教师根据回答，调整白板上的贴纸位置）

板块三　动作分解运用

1. 初写段落，使用动词有选择

师：小朋友们，刚才你们把动词按顺序进行了排列，那接下来就请你们用上这些动词来写一写这些可爱的大宝贝吃桑叶的过程吧！一边写一边思考，黑板上所有动词都要用上去哦！

2. 展示评议，使用动作有层次

师：好，咱们停笔一起来看一看这位小朋友写的，先来说说你发现的闪光点，再来说说你的好建议。

生：他的书写很棒，开头还用了一个总起句，用上了我们刚才讨论的一系列动词，很好，但是好像不是太生动、不够可爱，要是再有些想象力就更好了。

师：你很棒，很会欣赏别人的优点。相信刚才我们讨论动词的时候，这位同学一定很认真，用上了许多恰当的动作，很棒，但也确实少了一些想象，继续加油。

……

3. 修改习作，使用动词有提升

师：经过刚才学习这些小朋友的习作，相信你一定对自己的作品蠢蠢欲动了，想把它修改得更好，那现在请你拿一支不同颜色的笔在你的文章上开始修改吧。

板块四　比较欣赏提升

1. 比较欣赏，罗列角度

师：蚕宝宝吃桑叶真的是非常有趣呢，小朋友们写着写着似乎都在笑。但是光有这些动作，好像还不够具体。幸好咱们班里藏着许多小作家，老师提前读了小朋友优秀的习作，老师学到了很多呢！（将学生课前独立完成的习作中描写蚕宝宝吃桑叶过程的优秀句子罗列展示，请同学进行评价）

（1）蚕宝宝吃桑叶很快

两生起立分别读一个习作范例。

师：他们两个都在写什么呢？

生：蚕宝宝吃桑叶吃得很快、很急。

师：你很棒，很会观察，要写出蚕宝宝吃桑叶很心急，除了这样写，还可以怎么写？

生：蚕宝宝看到桑叶，迫不及待地扑上去，生怕被别人吃完了。

师：我听到了迫不及待、生怕，可以看出蚕宝宝的着急。

生：蚕宝宝急匆匆地冲上去，怕被人抢先了，就压到别人身上。

师：哇，是呀，生怕被人抢了吃的，所以压到了别人身上，这蚕宝宝实在是太可爱了。

（2）蚕宝宝吃桑叶姿势很多

再次出示一篇习作，请生读。

师：小作者，你写了什么？

生：“沙沙”，蚕宝宝吃东西的声音，我还把它们吃桑叶时候的各种姿势都描写了一下。

师：除了动作、样子，我们还可以写蚕宝宝吃东西时的各种姿势。

（3）想象力丰富

再请一生读自己的习作。

师：这位小作者不但写了蚕宝宝的各种姿势，还写了什么？

生：用了很多比喻句和拟人句。

师：是的，用了很多的比喻句。拟人句写了蚕宝宝吃桑叶的样子，非常有趣。

（板书：比喻、拟人）

师：我们除了要挖掘蚕宝宝的各种样子，还要写蚕宝宝吃得快、急，以及他们的各种动作。

2. 二次修改，投影展示

师：这真是一个吃货呀，现在我们再拿出一支不同颜色的笔，将刚才那些小朋友们的闪光点恰当地融入你的文章中，看看是不是蚕宝宝吃桑叶的画面更生动了？

生练习写，师巡视。

老师读学生的作业，请生评价。

老师出示第二个学生的习作。

师：这个作者很会写，洋洋洒洒写了很多。蚕宝宝吃桑叶的样子，形象地呈现在我们眼前了。我要请小朋友来评价一下，他为什么能写得这么生动形象？

生：用了拟人的修辞手法。

师：小朋友想象力特别丰富，你还发现了什么新的闪光点？

生：用了四面八方、胖胖的，说明蚕很会吃。

师：刚才几位同学都在夸他的语言非常丰盈，很吸引人，你也很棒，很会欣赏同伴的优点。

再次出示一篇习作，请作者自己读。

师：谁来评价一下。你觉得他写得怎么样？今天有几个小朋友特别爱思考，一直在积极举手，其他小朋友也要大胆举起你的小手来说一说哦。

生1：他写了很多的动词。

师：你觉得他哪些动词用得特别好？

生1：躺在桑叶上，扭了扭身子，这两个动作，让我觉得这蚕宝宝非常懒惰。

生2：用仇恨的眼光盯着人家。

师：仇恨的眼光，说明谁来抢他的吃的，谁就是他的敌人。我发现你有一双很会发现的眼睛，把人家的闪光点都找出来了。还有别的同学发现新的闪光点了吗？

生3：他还描写了蚕宝宝心里的想法。

师：哇，他在写作上下的功夫，不是白费的，以后肯定会变成写作路上璀璨的一颗星星。老师就只有一个建议，字再加加油。

师：通过今天的学习，我们发现可以把文章拆开来，加上动词和形容词，还要富有想象力，让文章变得精彩、丰盈、生动。

3. 总结方法

师：除了蚕宝宝吃东西很有趣，还有没有其他地方很有趣?

生：我觉得爬的时候很有趣。

师：是的，它们玩耍的时候很有趣。蚕还会听歌、吐丝、破茧、拉屎。（师生交流蚕宝宝其他有趣的地方）

师：这次习作课，我们通过分解段落、分解动词等一系列方法，再加上恰当的修辞手法，文章就可以更加丰盈、优美。课后请同学们运用描写蚕宝宝吃桑叶的方法，写一写“蚕宝宝______的时候也很有趣”可以从课前同学们讨论蚕宝宝有趣的事情：运动、拉屎、破茧、结茧等话题中选一选。期待你们的佳作哦!

（执教：仇明芹　点评：金晓青）

（二）课型研讨与交流

【研讨人员】赵颖、徐华芳、杨静、仇明芹、王雪莹、景苗苗、钱洪芹、樊凭飞、苏欣欣、徐莉、华丽佳、金晓青、方会娟

【主持人】赵颖

【研讨实录】

主持人：今天我们又相聚在一起，我们语文组就基于核心素养、抓住学科本质、探索学科核心素养的方法课型进行了一次有意义的研讨活动。接下来，大家就各抒己见，从各自不同的角度谈谈对本堂课的看法和评价。

方会娟：大家好，接下来我从“课程目标”这个角度来谈一谈。《义务教育语文课程标准（2011年版）》在课程目标部分对中年级的习作明确提出一系列的目标，这些目标对于三年级的作文教学来说，可以归结为一句话：激发学生的写作兴趣和写作愿望，引导学生学会如何写作文。三年级学生刚刚迈入写作的门槛，而作文的要求又比低年级的写话高出一个层次，很多学生便对作文产生了畏惧心理，感觉无从下手。今天的作文课就是围绕这些标准来进行设计的，乐于习作，练习修改。

徐华芳：我从“教学现状”来谈一谈今天的课。教学现状即学生现有的学情。了解了学生学情有助于准确把握学生真实的学习起点。今天的课这一方面做得不错。了解现状三个方面。

现状一：指导基于独学的前提。课前，了解原有的写话基础，让学生就本课的话

题，有了提前的写话。课堂的指导建立在学生课前写话的基础上进行。通过指导，我们明显看到了学生写话的增量。

现状二：学生有一定的评价能力。教师课堂指导点评，不是教师的一言堂，而是让学生参与评价。

仇老师很注重让学生点评，学生欣赏后，说到了用了很多动词，用了拟人的方法等。把课堂老师的一言堂改为师生互动、学生主体的评价，非常好。

现状三：形象思维大于抽象思维。三年级学生，刚从低段过渡到中段，学生的思维特点也是从形象思维到抽象思维的过渡阶段。所以，今天，仇老师的写话指导是基于生活体验的。仇老师的话题虽然是学生很熟悉的话题，但是，毕竟眼前没有蚕宝宝。于是，她用一个视频来激起学生的共同回忆。在这样的基础上进行写话指导，学生就容易言之有物。指导的时候，注重方法引领。

仇老师的黑板上满满一黑板的动词，这些动词来源于学生，给学生一个扶手。仇老师还用学生的优秀习作来做范文，学生的点评非常好。

苏欣欣：我从“学习目标”这个角度来谈谈仇老师今天的这堂课。

仇老师本堂课的学习目标是通过学习分解法、小组合作找动词方法等，学会抓住蚕宝宝的特点进行详细描写。通过对比、赏析，孩子能运用联动法将文字写生动。仇老师能聚焦学习目标进行教学设计，先是围绕蚕宝宝爱吃这个特点，出示学生文章，分行展示，通过分解法，让学生发现可以丰盈的地方。在学生理解内化的基础上，让学生根据习得的方法尝试描写蚕宝宝吃东西有趣的画面，根据最后的展示结果来看，学生真正做到了一课一得，学习有增量，学习目标达成一致。

樊凭飞：今天的课教学过程板块清晰，学练结合，充分体现了方法课型的主题。

教学过程中，仇老师这堂课的板块设计通过拆分赏析，探讨出可以从动作、姿势和发挥想象力的途径将蚕宝宝吃食物的过程写详细、写有趣。在学生充分探讨后，再动笔练写片段。在投影展示中，我们也能看出学生的片段与初稿相比是有提升的，学生的习作成就感也非常强。如果仇老师能将PPT上帮学生总结出来的习作方法呈现在板书上，则更能突出主题，学生的印象肯定更深刻，以后习作也会学以致用。

景苗苗：我从“自主学习”这个方面来说一说。这节课使学生的小主人地位得到了保证，突出了学生的主动权。学生围绕学习主题共同讨论，开动脑筋，利用各种感官自主投入学习，成为学习真正的主人。在学习过程中，使学生形成良好的学习品质，教学明确、思路开阔，学生根据学习情况不断调整，如学习方式等，将自己的作文根据老师的引导启发一次次进行修改。

金晓青：我从“教师互动”这个方面来说一说。

仇老师和学生的互动频繁，而且老师愿意放低自己的姿态去向学生学习，倾听学生的观点。仇老师还十分关注全体，时常关注到那些不太爱举手的孩子，整堂课不但教会了孩子写作方法，还教会了孩子学会倾听、学会评价，并勇于发表自己的见解。

华丽佳：我从“课堂语言”的角度来说一说我的看法。

仇老师的课堂语言幽默、亲切且生动。形容蚕宝宝是“吃货”，非常“接地气”；用“采访”的形式请学生讲自己的想法，学生会更愿意讲出来；最后的作文点评时先大力表扬——夸学生是“最璀璨的星星”，再委婉地提出一个建议——提高书写质量，也很容易让学生接受。

张亮：我的角度是“课堂效果”。仇老师的课堂播放了视频，这节习作片段点评指导课程设置合理，从学到用、从扶到放，教学设计有梯度，层层递进，深浅知宜，整堂课实际操作多，教学效果好，从学生最后呈现出来的文章，可以看到孩子的习作水平都有了很大的提升，且授课内容新颖、独到、有特色，能很好地启发、带动学生的思考，大大地启发了学生的创造性思维，是我们学习的榜样。

主持人：作文教学是语文教学的难点，感谢仇老师给我们开了一个好头，让我们学习到了许多作文教学中的好方法。在此次作文教学中有很多亮点，给我们带来了思考和感悟。

总的来说，感谢仇老师给我们带来的精彩课堂，思维课型、方法课型、习惯课型……让我们的思维不断地碰撞，让我们的课有法可循，更有思路。教学研讨就需要我们不断地去打磨、去思考、去学习，在今后的教学中让我们一起且思且行。

（三）教后反思与改进

教后反思

首先，我思考教学方法的落实和妙用。有效的教学方法是提升课堂趣味，促进学生积极思维，激发学生自主学习的有效动力。如何自然渗透方法，课堂上学生占主体地位，是本堂课课前深思的问题。且《义务教育语文课程标准（2011年版）》指出，要努力创设自主、合作、探究的学习方式。学生是课堂的主体，教师是课堂的引导者和组织者，要保护学生的好奇心和求知欲，鼓励自由发言，充分激发学生的问题意识和进取精神，激发学生的合作、探究精神，加强课堂上的语文实践，让学生在实践中体会、感悟语文规律。所以，基于以上思考，我制定了以下学习目标。

第一，通过分解学习，使用多媒体视频，深挖动词，学生能将蚕宝宝吃桑叶的过程写具体。

第二，通过比较同伴习作，欣赏学习，了解丰盈习作的办法。

第三，通过修改、评议同伴习作，提升习作质量。

但实际教学过程中，我发现方法的分解不够到位，过于走场过流程，学生对习作方法的掌握不到位。且教师在课堂上教学过于心急，在某些环节，因为教学语言设置或者新知导入不顺畅，孩子存在陌生、怯于尝试的时候，教师就会剥夺学生的主体地位，直接授予。基于以上理解，我做了如下反思。

1. 师生预写，课堂有的放矢

本课教学前，提前设计了作文要求，让学生提前观察并写出自己眼中的蚕宝宝。收集后，教师对每一篇习作进行了批改，并把优缺点进行了归类。包括语言运用、写作手法等，所以在课前，我已经充分掌握了学情。蚕宝宝进化过程：卵—幼虫—蛹—飞蛾，提前品读同学习作，发现同学对进化过程非常了解，且描写得很棒，所以梳理结构后，确立本课重点来写一些蚕宝宝吃桑叶的过程。同学们写得精彩、写得有趣，从而引出主题：蚕宝宝吃桑叶的时候真有趣！以生为本，在充分了解学情的基础上，教学内容的确定、教学方式的选择、评价方式的确立，都应该以此为基准。同学们的优秀习作范例也放进教学设计中，以学生的范例，贴近学生，让课堂更具吸引力。

2. 媒体运用，提升教学效果

在小学课堂教学中，多媒体技术运用于课堂教学，可以成为教学活动的润滑剂。它是一种把声音、文本、图形和图像等多种媒体和计算机结合在一起的技术。正确适当地运用多媒体可以使师生关系得到质的改善和提高，形成良好的课堂气氛，还能够引起学生的好奇心和求知欲。课堂加入蚕宝宝吃桑叶的视频，虽然同学们平时一直都在观察这个朋友，但是此刻并不在身边，通过视频，既让孩子在课堂上有了新鲜感，又似乎是把这位熟悉的朋友带到了课堂上，看着熟悉的它在那儿吃桑叶的样子，学生们会格外开心。

第一遍观看，学生的激动心情会更浓，在动词的关注上不多，所以视频采用二次播放，第二遍在明确目的以后可以找到更多动词。

3. 分解动词，深挖语言精髓

习作中，动词的运用尤为关键，是把一件事或者一个事物描述具体的关键。动词作为本课重点，是为了让孩子了解动词的关键作用，学会使用动词。那么，如何深层次挖掘动词，就成为本课需要解决的难点。

除了使用视频这个多媒体以外，我采用小组讨论写动词、黑板展示排顺序的方法。在小组讨论过程中，学生能互相启发，碰撞出火花，果然，在讨论以后，孩子们想到的动词贴了一黑板，此时再请他们根据蚕宝宝吃桑叶的过程把动词进行排序，并且及时写一写，学生在这个过程中加深了对动词的印象。

紧接着的欣赏同学佳作环节，通过欣赏，发现同学写得好的好方法是什么，如描写出了蚕宝宝吃桑叶的快速、迫不及待、姿势很多、想象力丰富等，及时进行拓展，同时渗透拟人、比喻等修辞手法。

4. 二次修改，提升语文素养

结合同伴习作的优点，二次修改习作，再次提醒用不同颜色的笔修改习作。投影展示评议时，提示孩子发现新的闪光点，而不是说同学说过的或者类似的东西，以提高评价的质量。让孩子学会去发现同伴的优点，并落实本堂课习作的要点。这个环节，教师需要思路清晰，明确课堂想要呈现怎样的语段才能促进课堂发展，因此语言要精练。

教学改进

1. 以生为本，让学生主宰课堂

本堂课教学，教师本体的意识过强，让学的意识需要加强，教学语言上不够精练，要多加注意。让我印象尤为深刻的是，课堂第一步发现方法的环节，在将同伴习作由段落的形式展现成分解行的形式呈现，启发学生发现每句之间可以添加新东西的地方，让画面变得更加生动、形象。这个环节对于学生来说比较陌生，班级中只有少部分同学会有这种问题意识，所以陷入了僵局。课前预设、备课时，我准备好了问题，在看到班里学生没有及时提问的时候，我心急地将预设问题呈现，剥夺了学生继续思考的机会和课堂主体地位，今后的课堂，在设计时得考虑教材的特点和学生身心发展的特点，各个环节都要经过精心设计，尽量在课堂上给予学生更多自主发挥的机会。

2. 少讲多练，达到方法学习的目标

在教学过程中，在讲授新方法的过程中，学生学得慢，且掌握得比较生疏，应该多制造学生发现、练习的机会。在初识方法的环节，教师在教学设计时可以安排一些简短精练的分解小段落让学生练习，让学生用新学的方法进行运用，充分理解方法的精髓，提高教学质量，夯实课堂知识。

3. 注重融学，融合学习中运用方法课型

本课以分解、对比融学为主，跨学科学习主要体现在对蚕宝宝的一生的了解上，与科学相结合，但是跨学科学习不是特别明显，所以在跨学科、泛学科融学方面要加强。

综上所述，课型的架构是建立在学科本质学习的基础上进行的，以方法为依托，多角度、方式进行融合学习，达到事半功倍的学习效果。

（仇明芹）

三、“语言课型”的实施

（一）课堂实录与点评

二年级下册“祖先的摇篮”

课堂实录

【学习目标】

（1）学习“祖、掏”等7个生字，会写“啊、赛”2个生字。

（2）通过联系生活、角色体验等方式，发现“掏鹊蛋、逗小松鼠”等构词特点，体会祖先生活的趣味。

（3）读好第2、3小节中的问句，通过“我想”“可曾”等词语，了解这是作者对祖先生活的猜想。

【学习策略】

分解学习、比较学习、体验学习。

【学习过程】

板块一　激趣语言

1. 揭示课题

出示“摇篮”图片。

师：想象你是躺在摇篮里的小宝宝，当妈妈轻轻晃着摇篮、唱摇篮曲的时候，你有什么感觉？

生：感觉很温馨、很舒适。

2. 识字学词

出示课题，正确读题。采用偏旁表意法学习生字“祖”，理解祖先的意思。

师：“祖”，平舌音读得很好，有什么好方法记住它吗？

生：是一个市字旁加一个且。

师：很棒。想一想，“祖”是什么意思？

生：示字旁的字往往和神仙、心里崇拜或者与祖宗有关。

师：很棒，你还组了个词，祖宗。祖先是什么意思呢？

生：可能是我们的长辈，比爷爷的爷爷还要早的那个家族的人。

师：也就是距离我们现在已经非常遥远的先辈，对不对？好，那么现在生字认识了，意思也理解了，题目肯定可以读得更好听了，对不对？谁能读得更好听？

生：祖先的摇篮。

师：好的，中间停顿一下会更好，再试一试。

生齐读：祖先的摇篮。

3. 质疑学习

师：看到这个题目你有什么疑问吗？

生1：祖先的摇篮在哪里呀？

生2：祖先的摇篮是什么？

师：请小朋友们把书翻到第102页，我们一起去课文中找答案吧！

板块二　发现语言

1. 自读课文

师：大声地、自由地朗读课文，难读的地方多读几遍。

2. 反馈正音

师：这首诗歌一共4个小节，请4位同学分小节读一读。

教师随机正音。

3. 默读课文，提取信息

师：祖先的摇篮是什么？默读课文，画出相关语句说明。

4. 反馈交流

师：祖先的摇篮究竟是什么呢？谁找到了？

生：请大家跟我看课文的第1小节和第4小节，都可以看出祖先的摇篮就是原始森林。

师贴板贴“原始森林”，出示画线，画错的修改一下。

5. 读好句子，感受摇篮之大

师：婴儿的摇篮小小的，而我们祖先的摇篮是原始森林，这是多大的摇篮啊！一起来读好这句话，读出原始森林之大。

板块三　学习语言

（一）学习含有动词的词语

1. 提取信息

师：祖先们在这么大的摇篮里可能会干什么？请你读一读2、3小节，找一找、圈一圈。

2. 反馈交流

指名说，贴板贴，学生跟读。

3. 出示短语，师生对读，发现构词特点

师：我们一起来合作读一读这些短语。

师：摘……

生：摘野果。

……

师：谁发现这些短语的特点了？

生：都含有动词，而且都不重复。

师小结：作者的语言积累真丰富，小朋友们平时写话时也要争取做到不重复。

4. 发现短语排列规律，结合图片，做做动作，随文识字

摘野果　掏鹊蛋　捉红蜻蜓

逗小松鼠　逮绿蝈蝈

采野蔷薇　和野兔赛跑　看蘑菇打伞（动词标红）

师：老师为什么要这样排列呢？你发现什么规律了吗？

生：第一行的动词部首都是提手旁，第二行的部首都是走之儿。

师：你们的眼睛真亮！

做动作、联系生活，学习生字“掏”。

师举生字卡片“掏”：谁来做做掏鸟蛋的动作？

师：看来“掏”是用手从物体的口里面把东西拿出来。从你们的表演可以看出祖先掏鸟蛋时非常的小心翼翼。还可以掏什么？

生1：掏口袋。

生2：掏钱。

生3：掏耳朵。

情景表演学习生字“逮”。

师举生字卡片“逮”：请两位同学表演逮绿蝈蝈。

两位同学表演，一名学生做蝈蝈、一名学生逮蝈蝈；一人追着扑、一人逃。

师：看来“逮”的意思是追着捉，怪不得是走之儿呢！

联系生活，学习生字“逗”。

师举生字卡片：生活中你逗过小松鼠或者看到过逗小松鼠的情景吗？

生：我在西湖边儿逗过小松鼠。我给它扔了一些面包，它就急急忙忙地从树顶蹿下来了，真可爱！

师小结：我们的作者多厉害啊，不但用了很多不重复的动词，而且每个动词运用得都很准确。

5. 用自己喜欢的方式读短语，读出节奏

有的学生在动词后面停顿，有的拍手读，有的重复一遍动词读。

6. 拍手齐读，边做动作边读

同学们边做动作边读。

7. 想象说短语

师：祖先在原始森林里还会做哪些有意思的事情？可以借助图片说一说。

生1：捉萤火虫。

生2：逮绿蚂蚱。

……

师鼓励学生用更加准确、更加多样的动词，学生说到好短语教师就板书。

8. 小组合作，自由想象仿说

小组长根据标准选择组员的优秀仿说汇报。

（二）发现表达特点，读好问句

1. 删去“我想”“可曾”“吗”等词语，感受这些词语的用处

师：可以把“我想”“可曾”“吗”等词语删去吗？自己对比读一读，体会一下？

生：不可以，删掉的话感觉这些事情都是真实发生的了。

师：是啊，这些词语表达的是作者对于祖先在原始森林中生活的猜想。

2. 练习问句的朗读，读出推测的语气

师：谁能把作者猜想的语气读出来呢？

生读。

师：你把疑问和猜测的语气读得非常棒，掌声送给他。很棒。这个小节谁来？我请一位女生来挑战一下，好不好？

师：掌声送给她，非常棒。我们一起来试一试，读出猜想的语气。

板块四 运用语言

1. 给出框架，尝试仿说，指名交流，师生评价指导

师：这两个小节的表达方式是不同的，选择你喜欢的一种说一说。

2. 仿写在练习单上

师：我们最后的任务是来仿写第2或者是第3小节，也来做一做小诗人。好，现在开始。写字的时候注意把背挺直。

3. 展示评价

生：我想——我们的祖先可曾在花丛里看蜜蜂采蜜、赏蝴蝶跳舞？可曾在小河边捉小鱼、划小船？

师：有没有掌声？好，再来看一下、读一下。

生：那时候，孩子们也在这里看猴子爬树和斑马赛跑吗？也在这里看小鱼游泳、看火鸡跳舞吗？

师：掌声。现在你看看，我们班的小朋友也可以做小诗人的。我请小朋友来齐读第1和第4小节，然后请这两位小朋友到前面来读你们自己写的2、3小节，好不好？我们自己的创作就可以变成一整首诗。

生齐读：祖先的摇篮。

爷爷说：它原始森林是我们祖先的摇篮，真有意思，这是多大的摇篮啊！那浓密的树荫，一望无边，遮住了蓝天。

生1：我想——我们的祖先可曾在花丛里看蜜蜂采蜜、赏蝴蝶跳舞？可曾在小河边捉小鱼、划小船？

生2：那时候，孩子们也在这里看猴子爬树和斑马赛跑吗？也在这里看小鱼游泳、看火鸡跳舞吗？

生齐读：风儿吹动树叶，“沙沙，沙沙！”那回忆，那么美好，又那么遥远……啊！苍苍茫茫的原始森林，我们祖先的摇篮！

师：以后你也可以和你的同桌一起把你们写的2、3小节拼成一整首诗，好不好？好，请坐。好，小朋友们，这节课我们上到这里。同学们下课。

教师点评

亮点：

1. 以读为本，读得充分

读的形式多样：自由读、分小节指名读、拍手节奏朗读、动作表演读，突出了诗歌的教学特点，充分地朗读，为学生理解诗歌、仿写诗歌做好准备。

2. 问题聚焦，重点突出

整堂课围绕三个主问题进行探究学习，通过独学、互学、导学、仿写等多种学习方式，课堂开放灵动，语言积累丰富，突出了语言课型的特点。

3. 比较策略，轻松高效

读好两个问句环节，老师用删去词语和原句进行比较朗读，既读好了问句，落实了课后教学目标，又让学生在比较中感受到作者丰富的想象力，一举多得。

个人建议：

（1）教学目标定位准确，主要的学习方式要写清楚。

（2）动宾结构短语拓展环节比较拖沓，可以把“独学”改为“互学”的形式，为提高效率，教师也可以根据图片预设好短语词卡，归类排列，为学生仿写提供学习框架。

（3）仿写展示不够充分，前面要节省时间，重点展示仿写诗歌小节，让学生体会学习的成就感、快乐感。

（执教：李玢　点评：易柳红）

（二）课型研讨与交流

【研讨人员】侯东微、陈贤彬、易柳红、黄莹莹、李玢、杨静、匡澜、王雪莹、汪悠扬

【主持人】侯东微

【研讨实录】

主持人：今天，我们开展了小学语文“语言课型”教学研讨，李玢老师聚焦文本

关键语言现象，让学生在趣味朗读、情景表演、想象画面、仿说仿写的过程中不断地进行语言实践，从而扎实地学习运用语言。下面请各位老师来点评。

侯东微：我从“教学策略”来谈一谈我的看法。李老师结合年段特点充分挖掘教材特点，从动宾式语言特点出发展开教学。第一，以人为本的阅读教学理念。采用多种形式的读，让学生欣赏、体悟、内化并运用。采用多种方式激发学生学习语言的兴趣，通过读、猜、找等形式让孩子发展语言的特点。第二，阅读教学的主体观。变“教师为中心”为“学生为主体”，积极引导学生开展自主阅读，把阅读的主动权还给学生。第三，比较学习。鼓励学生通过变化的句子与原句进行对比学习，发现动宾短语的妙用之处。最后，通过动宾短语和应用的创写学习、学生的分享学习感受语言的魅力。

杨静：我从“教学目标定位”来谈一谈我的看法。李老师充分研读课文，从学生基本学情出发，确立本堂课的教学目标。（1）教学目标的合理设计是课堂教学的目标和方向。李老师在确立本堂课的教学目标时，确立了三个目标，分别从字词、短语、句段的训练，让学生有梯度有层次地进入教学内容的学习，由浅入深，循序渐进。（2）以课后习题为导向来定位教学目标。统编版教材的课后习题是学段、单元与课文的教学目标的具体体现，李老师充分研读课后习题，进行深层次的研究，在此基础上合理取舍教学内容，李老师把教学的重点放在课后习题的短语训练，在教学中抓住契机，巧用课后习题的短语训练，凸显文章重点，突破学习难点，在课堂上达到了很好的教学效果。

王雪莹：我从“教学方法”的角度来谈一谈我的想法。李老师以语言学习为主线，采用阶梯式的方式引导学生发现语言、模仿语言，再到创造语言，逐步推进语言学习的进程，运用多种方式使语言学习逐步内化在朗读、想象、比较、扮演中。首先，李老师将教学重心放在朗读上，学生在朗读和听读的过程中，利用音韵特点发现动宾短语的规律，为语言训练提供了模仿的依据，又在边读边演的过程中，调动了学生学习的兴趣和课堂参与度。其次，李老师在学生找到语言规律的基础上，通过展示图片进一步降低模仿语言的难度，学生在教学支架的辅助下打开思路，乐于表达，为创造语言提供想象空间。最后，李老师运用音乐烘托创造氛围，使学生在音乐和仿写训练的基础上最终实现对动宾语言的再创造。整个教学过程，版块清晰，一起呵气让我受益匪浅！

易柳红：我从“学法指导”来谈一谈我的看法。李老师突出诗歌教学特点，以读为本，读得充分，读的形式多样。自由读、分小节指名读、拍手节奏朗读、动作表演读等，突出了诗歌的教学特点，充分地朗读，为学生理解诗歌、仿写诗歌做好准备。课堂结构紧凑，重点突出。整堂课围绕三个主问题进行探究学习，通过独学、互学、导学、仿写等多种学习方式，课堂开放灵动，语言积累丰富，突出了语言课型的特点。运用比较策略读好两个问句，老师用删去词语和原句进行比较朗读，既读好了问句，又落实了课后教学目标，学生在比较中感受到作者丰富的想象力，一举多得。

黄莹莹：从“教学效果”角度来看，我认为李老师通过层层递进的教学手法使学生学得快乐、学得轻松、学有成效。这节课是语言课型，最大的目标就是学习课文的语言，并学以致用，尝试利用课文中的动宾短语及诗歌的形式自己写一写小诗，李老师带着学生从发现诗歌语言的特点到详细学习动宾短语，再到创编小诗，步步紧扣，最终学生都能创作出合适、有趣的小诗，给了孩子们极大的创作热情，教学效果好！

主持人：各位老师从多个方面对本堂课进行了细致的点评，感谢大家分享自己的观点。下面请教师发展中心的陈老师来做总结。

陈贤彬：李玢老师的这堂课教学很成功，主要原因有如下三点：首先是李老师抓住语文教学的本质——语言，从发现语言到学习语言，再到运用语言，指向性强，学生学习有收获。其次是选择合适的语言点来学习。一、二年级的语文学习是以字词为主，三、四年级则以段与篇为重点。李老师敏锐地发现这篇课文的一大语言特色——动宾那式短语，凸显了语言性和年段性，学习有基础，又有一定的进阶性。最后是特别关注语言文字的运用。学生学习动宾短语时，有层次、有深度，还能在原有的语境中访说、访写，达到学以致用的效果。

（三）教后反思与改进

教后反思

叶圣陶在《小学国文教授的诸问题》一文中说：“学童所以需要学国文，和我们所以教学童国文，一方面在磨练情思，进于丰妙；他方面又在练习表现出情思的方法，不至有把捉不住之苦。”其中的“磨练情思”其实就是学生对文本进行理解、感受、赏析，而“练习表现出情思的方法”即是学生学习语言表达的方法并进行语言运用。这也是语言课型课堂上需要达成的最重要的两点目标。

基于这些思考，我将语言课型的课程程序设计为：激趣语言，发现语言，学习语言，运用语言。教学过程中，采用学练融合、展开想象、分层推进、比较学习等学习策略，帮助学生更深入、更有效地学习语言。

我的实践课是二年级下册第八单元《祖先的摇篮》，这首诗歌以儿童的视角，通过好奇发问，推想祖先在古老的原始森林里质朴、自由的生活场景。2、3小节是对祖先生活的推想，运用了很多动宾短语，是本课的学习重点。为了让学生更好地开展语言学习，我做了以下尝试。

（一）语言学习的内容要聚焦

陶行知先生曾提出“一课一得”的理念：在一堂课的教学中，教师要让学生或理解一个问题，或明白一个道理，或掌握一种方法。语言课型的课堂上，语言学习的内容要聚焦，选取一种关键的语言形式进行深入学习，才能避免烦琐的课堂、一把抓的课堂，从而实现语言学习的“一课一得”。

根据单元目标、本课课后习题，我确定了本课的学习重点是动宾短语。在学习动宾短语的过程中随文识字，通过展开想象祖先在原始森林还会做哪些事情，让学生仿说动宾短语，然后再让学生仿照2、3小节说一说、写一写。学生在课文学习的过程中自然而然地学会了动宾短语的运用。

（二）语言学习的方式要多样

多样的学习方式会让学生更加积极主动地学习语言，小学低段语言教学更要注重运用多种直观、有趣的学习方式。本堂课主要运用了以下方法激发学生语言学习的兴趣。

1. 趣味朗读，内化语言

在朗读中发现语言表达的特点，在朗读中感受语言表达的魅力，在朗读中内化语言表达的规律。朗读让语言学习自然发生。诗歌富有节奏和韵律，尤其要注重朗读。师生合作读动宾短语，学生发现构词规律；用自己喜欢的节奏读动宾短语；拍手齐读动宾短语；男女生比赛读好猜测的语气……学生在一次次朗读中体会到了学习语言的快乐。

2. 借助图片联系生活，理解语言

借助图片联系生活，可以拉近语言和学生的距离，让学生更形象具体地“触摸”到语言。生活中你逗过小松鼠或者看到过逗小松鼠的情景吗？学生在描述自己的经历的过程中就记住了“逗”这个生字，明白了“逗”这个动作，体会到了“逗”包含的祖先对小松鼠的喜爱。学习“看蘑菇打伞”这个短语时，借助蘑菇的图片，就能够很容易让学生体会到语言的形象生动，感受到蘑菇的可爱。

3. 情景表演，感受语言

低段学生抽象思维发展还不够完善，喜欢借助形象思维来学习。生动直观的动作表演会让孩子更加容易理解所学内容，同时也能最大限度地活跃课堂气氛，提高学生学习的积极性。学习生字“逮绿蝈蝈”时，让一名学生表演蝈蝈、一名学生表演逮蝈蝈，逮的人扑，绿蝈蝈逃，逮的人追过去，再扑……欢声笑语中，学生就理解了“逮”的意思是追着捉，因为要走路，所以是偏旁是走之儿。同时也体会到了作者用动词能做到不重复，而且非常准确。

4. 对比学习，赏析语言

对比是一种非常形象直观的学习方法，通过对比两种不同的语言，能让学生更清晰地感受到关键词语、标点的作用。比如为了让学生发现2、3小节推想式语言的表达特点，我先让学生读2、3小节，然后去掉“可曾”等词语和问号后再让学生读。通过比较，学生自己就能发现去掉“可曾”等词语和问号后，语言的意思就发生了改变，从而体会到这些动宾短语的事情是作者的猜想，并不是事实，同时也知道了推想式语言的表达特点，学会了这种表达方法。

（三）语言学习的语境要一致

在同一个语境下学习语言可以让学生的思维更专注，达到语言训练是为了更好地理解课文，理解课文是为语言训练做铺垫的良性循环。浙江省教育厅教研室《小学语文教学建议30条》中也建议：“要注意课文内容的内在联系，防止直接课文或离开课文搞孤立的语言训练。”本节课上的语言学习都是在祖先在原始森林里自由自在地生活这个语境下展开的。学习“摘野果”“掏鹊蛋”等词语时让学生体会祖先们做这些事情时的动作和感受；训练“动宾短语”时，让学生想象祖先在原始森林里还会做什么，从而仿说动宾短语……

教学改进

（一）多些展示，夸大表扬

课堂上多创造一些展示的机会，展示时要充满仪式感，让学生体会到学习的成就感。本节课将学生的2、3小节仿写加上第1、4小节，变成了一首完整的诗歌，全班齐读开头和结尾，两名学生读自己的作品，感受到了做小诗人的自豪。但是只展示了一组，如果每个组都能上台展示一下会更好。另外，对于学生的作品要夸大表扬，表扬语要充满激情，比如说：“你们都是老师心中的诗人，像李白杜甫一样！”这样可以充分激发学生的创作激情。

（二）仿写单增加星级评价

仿写作业单加上星级评价，可以实现差异化教学，给能干的孩子更多空间和成就感，激发学生的挑战欲，最大限度地激发学生语言学习的积极性。比如在作业单后面加上这样的评价标准：

（1）仿写一个小节，读起来有韵律感，一星；

（2）仿写一个小节，读起来有韵律感，动词使用准确、不重复，两星；

（3）仿写两个小节，读起来有韵律感，动词使用准确、不重复，三星；

看到这样的评价标准，很多学有余力的孩子会选择挑战一下自己，仿写两个小节。学生仿写后自己给自己评价打星，这样充分调动了学生的语言表达积极性，让学优生能有提升的台阶，让学潜生也能找到成就感。

（三）让学理念要更加凸显

教师一定要有让学的理念，多让学生发现、质疑，而不要总是老师的引导。如本课在导入课题时让学生质疑：祖先的摇篮是什么？祖先在摇篮里干什么？发现动宾短语的语言特点时，让学生通过反复的趣味朗读，自主发现，充分激发了学生的学习成就感；体会动词运用的准确生动时，让学生通过联系自己的生活体验、借助图片或做做动作演一演，从而自主体验。但是在学生仿说动宾短语的环节中，可以给学生更多自主的空间。可以在看图仿说、板贴之后，小组再合作互说互学，然后进行成果汇报。

查了汉语字典，“融”的意思是固体受热变软或化为流体，是和谐、是流通、是长远；是融化、融洽、其乐融融。“纸上得来终觉浅，觉知此事要躬行。”一番实践后，自己体会到了融学远远不是形式上的跨学科融合、与练习题融合，融学课堂是融合各种教学材料，融合各种教学方式，融合以生为本的理念，让死的东西活起来，让学习和课堂变得自然、鲜活而和谐。

（李玢）

四、“思维课型”的实施

（一）课堂实录与点评

三年级下册《习作　我的植物朋友》

课堂实录

【学习目标】

（1）通过观察和查阅资料制作春天的植物观察记录卡，在结构和语言方面为习作做好铺垫。

（2）通过多类比较的方式，取长补短，学习多角度观察的方法，修改植物记录卡，搭建习作提纲。

（3）通过段落演变的方式，学习按顺序、用修辞、加感受、把段落写具体，并组段成篇。

【学习策略】

分解学习、比较学习、体验学习。

【学习过程】

板块一　比较缓行慢润炼品性

师：出示反馈代表春天的植物“记录卡”（“春天”标红）。

1. 误区解读明选材

（出示：荷花记录卡和梅花记录卡）

师：首先，我们交流一下能代表春天的植物记录卡。

这两个记录卡记录的是什么花?

生：是荷花和梅花。

师：你认为这样选择可以吗?

生：不合适，因为荷花是夏天的，梅花一般是在冬天开放的。

（出示：红掌记录卡和水仙花记录卡）

师：再看这两种植物，大家觉得合适吗?

生：也不可以。这两种植物不是春天独有的，也不具有代表性。

师：可见选择什么植物很重要。认真审题、选对素材才不会做无用功哦。

2. 同类比较练观察

师：哪些植物能代表春天呢？我们接着往下看。这是什么花？

生：迎春花。从名字上看就知道这个是适合的。

（出示：迎春花记录卡（一），如图13–1所示。指导重点：观察要耐心）

图13–1 植物记录卡（一）

师：我们看看这个同学做的迎春花备忘录，写了哪些内容呢？

生：名称、别称、目、形态、用途。

师：猜猜看，这些资料他是怎么得到的？

生1：名称应该是他原先就知道的。

生2：枝条下垂，光滑，长3~5米，这个应该是他看到的和摸到的。

生3：“别称”和“目”应该是他查资料得来的。

（随机出示：“看”“摸”“查”）

师：看到这里你有什么问题吗？

生：我觉得还不够详细，记录卡太简单啦！

师：还可以补充什么内容呢？

（出示：迎春花记录卡（二），如图13–2所示。指导重点：观察要细致）

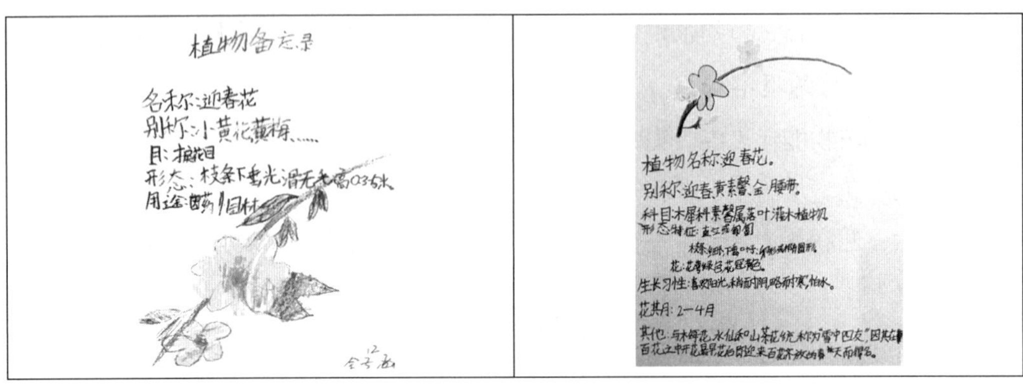

图13-2　植物记录卡（二）

师：我们看这位同学的记录卡，你觉得哪里做得更好？

生：形态特征记录更全面，还补充了花的颜色、生长习性、花期，以及与其他花朵并称为“雪中四友”的知识。

> 形态特征：直立或匍匐，枝条细长，下垂，叶子卵形或椭圆形。
>
> 花：花萼绿色，花冠黄色。
>
> 生长习性：喜欢阳光，稍耐阴，略耐寒，怕水。
>
> 花期：2~4月。
>
> 其他：与梅花、水仙花和山茶花统称为“雪中四友”，因其在百花之中开花最早，迎来百花齐放的春天而得名。

师：为什么她能记录得更全面呢？我想，这些资料大家也都能找到。

生：我猜她一定是更有耐心，查阅了更多的资料，而且不厌其烦地写下来。

师：所以，同样是“查”，多一分耐心多一些收获哦。

师：看到这里，你是不是又产生了新的疑问呢？

生：既然是迎春花，是不是要重点介绍花的样子呢？

师：对，做记录卡要善于抓住重点。

（出示：迎春花记录卡（三），如图13-3所示。指导重点：观察有重点）

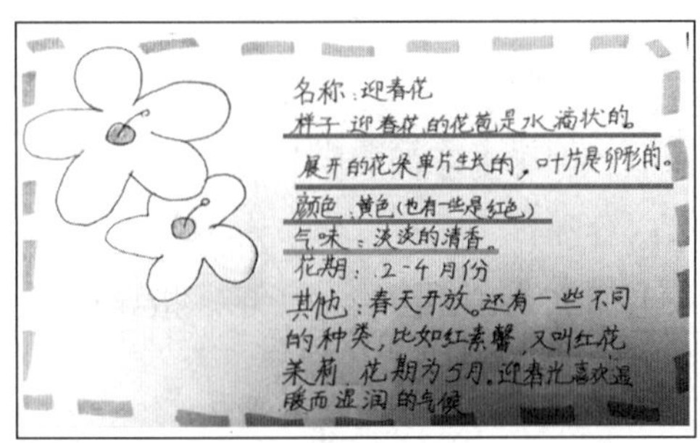

图13-3　植物记录卡（三）

师：这位同学对迎春花的观察非常细致，看看都观察了哪些方面？

生1：样子：迎春花的花苞是水滴状的，绽开的花朵单片生长，叶片是卵形的。

生2：颜色：黄色（也有一些是红色）。

生3：气味：淡淡的清香。

师：同样的迎春花，为什么在大家的眼睛里看到的不一样多呢？可见——

生：同样是“看”，多一分耐心多一些收获哦。

师：观察不仅要有方法，还要有更多的耐心和热情，只要你愿意花功夫细细地去观赏、去体会，就会有更大的收获。

3．同题比较练眼力

师：下面这些同学的记录卡做得也很好，我们一起来浏览一下，看谁的眼力好，能找到人有我无的内容，去丰富自己的记录卡吧。

生：这位同学写樱花、梨花不仅写出了它的味道，还写出了它的寓意：樱花代表希望，梨花代表纯洁的爱，菊花代表高尚的情操，垂丝海棠代表游子思乡，等等。

生：这位同学对蒲公英的样子和用途介绍得很细致，因为这两点是蒲公英最显著的特点。为他们点赞！

板块二　聚焦　推陈出新展思维

出示习作要求，明确学习目标。

借助记录卡，写一写你的植物朋友，让更多的人了解它。
写之前再去观察一下，看一看、摸一摸、闻一闻……也许你会有新的发现。
写的时候，试着把你观察和感受到的写清楚。
写完后，把自己的习作读给家长听。写同一种植物的同学还可以一起交流。

1．聚焦选材，展思辨思维

师：春天的植物有很多，我们要选择那些有着鲜明春天的特点的植物。

（出示图片：嫩草、春天里长出很多嫩叶的香樟和各类春天的鲜花）

师：让我们一起大声喊出它们的名字——

生：小草、香樟、樱花、虞美人、油菜花、海棠、杏花、桃花。

师：这些都具有非常鲜明的春天的特点，你会选择哪种植物来写呢？

生1：小草和香樟一年四季都有，似乎不适合选择。

生2：我有不同意见。这是春天刚刚萌发的嫩草，这是春天里刚长出新枝嫩叶的香樟，只要写出春天的特点也是可以的。

师：为你们清晰的思维喝彩！

2. 聚焦桃花，展发散思维

师：现在我们以桃花为例来进一步学习。

（1）基于讨论，找准起点

师：如果观赏桃花，我们可以从哪些方面观察呢？

生1：样子、颜色、气味。

生2：花期、形状、果子，等到花谢了会有果子结出来。

（2）对接起点，发散拓展

师：同样写样子，你能从哪些角度来写呢？

生：花骨朵，盛开的花朵，半开的花朵。

师：这是形态不同。

生1：花瓣的形状，花瓣的数量，花瓣的厚度，花瓣的颜色变化。

生2：花瓣是光滑的还是粗糙的。

师：你们太了不起了，这是聚焦了花瓣来观察。

生：有风的时候和没有风的时候，这是动态和静态的样子。

师：还有吗？哈哈，我发现真的是高手在民间，众人拾柴火焰高啊！

师：看看老师还想到了哪些呢？

（出示：数量、触感、口感、角度、静态、动态，如图13-4所示）

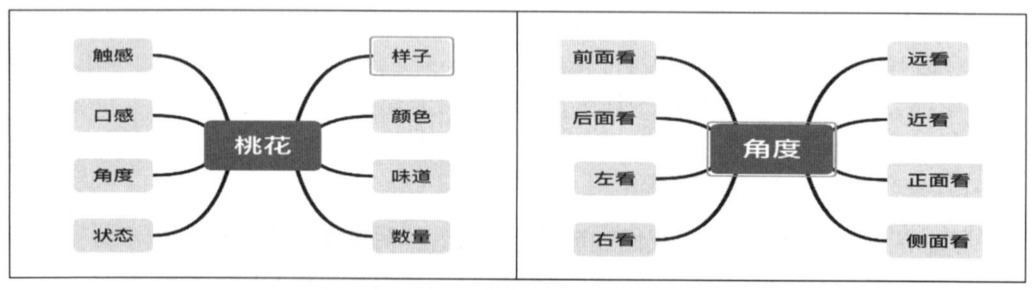

图13-4　观察的角度图

师：看来，观察真是一门大学问哦。

请大家修改自己的植物记录卡，看看你选择的植物是不是春天独有的，注意把你的记录卡写全一些，这样才可以更好地介绍你的植物朋友。

3. 聚焦修改，展创新思维

师：怎样把我们的观察组合成一段完整的话呢？我们来看某位同学的片段演变

（如图13-5所示）。

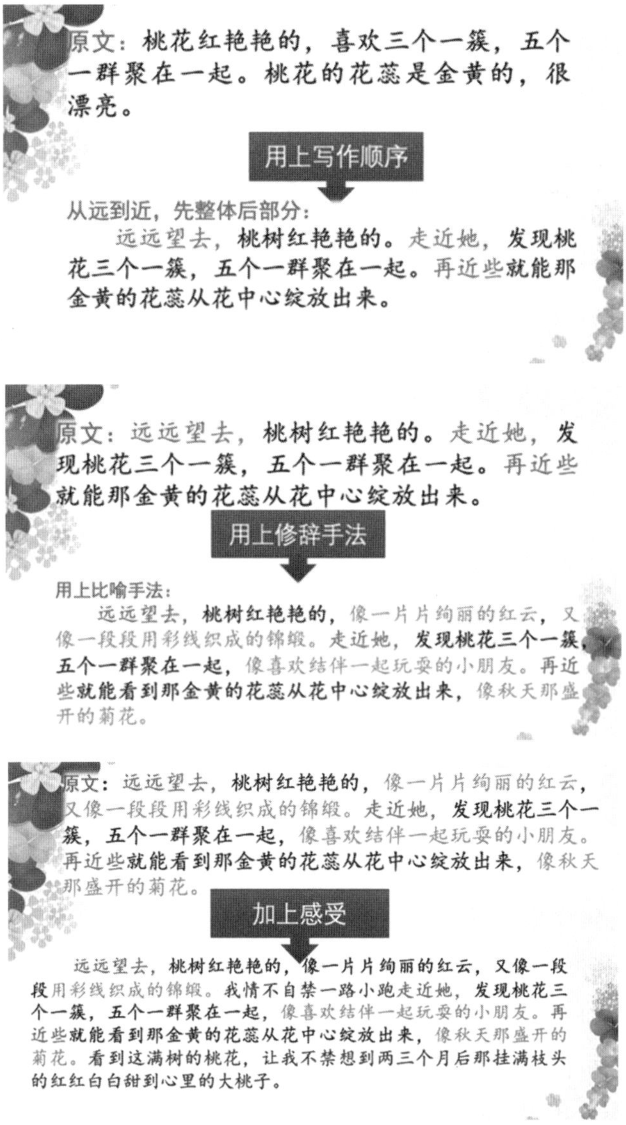

原文：桃花红艳艳的，喜欢三个一簇，五个一群聚在一起。桃花的花蕊是金黄的，很漂亮。

用上写作顺序

从远到近，先整体后部分：

远远望去，桃树红艳艳的。走近她，发现桃花三个一簇，五个一群聚在一起。再近些就能那金黄的花蕊从花中心绽放出来。

原文：远远望去，桃树红艳艳的。走近她，发现桃花三个一簇，五个一群聚在一起。再近些就能那金黄的花蕊从花中心绽放出来。

用上修辞手法

用上比喻手法：

远远望去，桃树红艳艳的，像一片片绚丽的红云，又像一段段用彩线织成的锦缎。走近她，发现桃花三个一簇，五个一群聚在一起，像喜欢结伴一起玩耍的小朋友。再近些就能看到那金黄的花蕊从花中心绽放出来，像秋天那盛开的菊花。

原文：远远望去，桃树红艳艳的，像一片片绚丽的红云，又像一段段用彩线织成的锦缎。走近她，发现桃花三个一簇，五个一群聚在一起，像喜欢结伴一起玩耍的小朋友。再近些就能看到那金黄的花蕊从花中心绽放出来，像秋天那盛开的菊花。

加上感受

远远望去，桃树红艳艳的，像一片片绚丽的红云，又像一段段用彩线织成的锦缎。我情不自禁一路小跑走近她，发现桃花三个一簇，五个一群聚在一起，像喜欢结伴一起玩耍的小朋友。再近些就能看到那金黄的花蕊从花中心绽放出来，像秋天那盛开的菊花。看到这满树的桃花，让我不禁想到两三个月后那挂满枝头的红红白白甜到心里的大桃子。

图13-5　习作思路图

师：你发现写植物的秘密了吗？

生1：确定写作对象，然后确定写作内容。

生2：按写作顺序，可以用上修辞手法。

生3：加上观察的感受会更具体。

4. 聚焦组合，展辐合思维

师：把这样的段落一个一个加起来，我们的一篇文章就完成了。我们可以仿照《荷花》的写法，“总分总结构写实+物我相融写化荷+首尾呼应=篇”，也就是“段+段=篇”（如图13-6所示）。

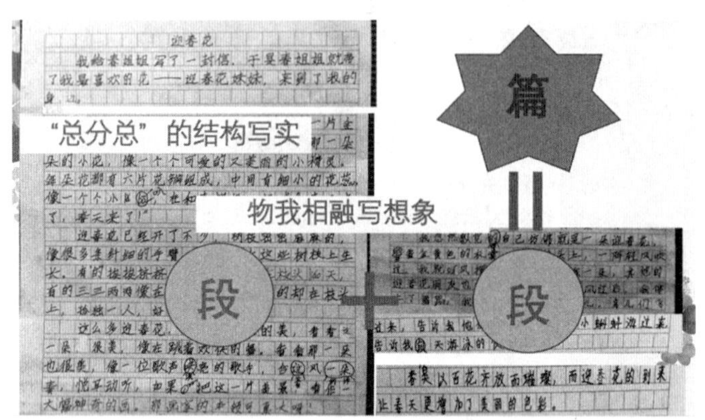

图13-6　组段成篇图

板块三　水到渠成促习作

师：快快写起来吧！今天的作业——

生1：习作：修改“植物记录卡”，用“总分总”的结构写春天里的植物朋友，把观察到的和感受到的写清楚，并试着用“物我相融”的方法写想象哦。

生2：自我评价要求：写完以后看一看“赏”与“化”是否都有？是不是按“顺序+用修辞+感受”都用上了，习作完成后读一读，再检查，试着补充修改。

教师点评

这是一堂“思维课型”习作指导课，在课中钱老师运用比较的方式来学习。汪潮教授说：比较是比较好的方法。钱老师引导学生进行多次比较，在比较中习作，在比较中提升思维的含量。钱老师的比较学习是有层次的，是从浅层向深层发展，让学生的思维不断扩展、延伸。首先是选材的比较，发现选材是要符合当前实际情况；其次是观察角度的比较，从不同的角度来观察，花的描写是不同的，发展了学生的发散思维；最后，用时间、方位等维度进行比较，进一步提升了思维的宽度与深度。

（执教：钱洪芹　点评：陈贤彬）

（二）课型研讨与交流

【研讨人员】方建兰、陈贤彬、徐华芳、赵颖、张亮、樊凭飞、景苗苗、苏欣欣、徐莉、仇明芹、华丽佳、金晓青、方会娟

【主持人】赵颖

【研讨实录】

主持人：今天我们再次聚焦基于核心素养、抓住学科本质、探索学科核心素养的思维课型教学进行研讨与交流。让我们各抒己见，从不同的角度针对今天的这堂课进行点评交流。

赵颖：我从“社会发展”角度来谈一谈今天的课。在生活中，孩子们每天都在和大自然里的各种景物打交道，然而下笔时却不知从何写起。即使老师讲再多的写景物的方法也是收效甚微。作文必须来源于生活，取材于生活。所以钱老师非常重视指导学生在生活中观察与感悟有春天代表性的植物，引导学生学会有序观察，完成调查表格，认真思考，充分准备，这样孩子们就不会出现无话可说、不知道写什么的问题了。在作文教学中，钱老师引导孩子们利用好丰富鲜活的资源，做生活的有心人，这样才能让他们在作文的天地里自由驰骋。

张亮：我从“教学现状”方面来谈一下今天的课。当前小学阶段，学生积累素材较少，缺少生活体验，不善于积累材料。学生未掌握作文的写作方法，不知如何入手。《义务教育语文课程标准（2011年版）》在基本理念部分强调“丰富语言积累”。本课教学重点突出、目标明确，从前期的教学准备到课堂上的选材比较，观察的指导都在为学生搭建写作提纲，为学生建立框架，理清文章结构，指导学生有序地观察，培养学生的发散思维，鼓励学生大胆表达，为今后的习作教学奠定了基础，老师语言简练干脆，自然得体，学生接受很快，这是一堂精彩的习作课。

樊凭飞：我从“学习目标”来谈一下这节课。这是一堂三年级习作课，钱老师确定了三个学习目标，从学习方法、学习过程、语文能力等做了明确设计。《义务教育语文课程标准（2011年版）》中第二学段的习作目标指出：“观察周围世界，能不拘形式地写下自己的见闻、感受和想象，增强习作的自信心。”这节课的习作对象就是生活中再熟悉不过的植物，在前几篇课文的学习及制作植物卡的基础上，学生一下子就有话可说了。围绕“观察”这一学习方式，将习作的难度降低：以“制作植物卡”任务驱动达成习作铺垫的目标；通过比较同学们的植物卡，教师再引导发现从哪些角度进行观察，从而达成习得方法；取长补短，进行修改植物卡，植物卡能一卡多用，同时成为习作的提纲；最后组合片段，巧学课文例文的修辞、结构，完成习作练习。这一连串的学习任务由浅到深、从易到难，最大限度地降低了习作的难度，为学生习作搭建了框架。

景苗苗：我从“学习主线”来谈一下这节课。钱老师的这堂作文课，让学生从审题到多方面观察，再到比较，然后聚焦桃花，最后整合成篇的学习主线进行的。主线明确，由浅到深，层层递进，使我受益匪浅，感谢钱老师和孩子们带来的精彩课堂。赞！

苏欣欣：我从“学习重点”来谈一下这节课。本堂课的学习重点是通过多类比较的方式，取长补短，学习多角度观察的方法，修改植物记录卡，搭建习作提纲。汪教授曾经说过，“比较”是一种比较好的方法，在整堂课中，钱老师紧扣学习重点，比较学习的方法贯穿课堂始终。

钱老师润物无声的教学，使学生在轻松愉悦的氛围中学到了习作的方法，学习目标明确，重点突出，值得我们反复推敲学习！

徐莉：我从“教学过程”来谈一下这节课。钱老师的本节课属于思维课型，作为一种培养学生高阶思维的课型，其教学过程展开得非常流畅自然，本身就富有思维趣味。首先这并不是一节零起点课堂，学生都在课前制作了自己的植物记录卡，也会有一些心得和体会，钱老师先让同学们准备好自己的植物记录卡，唤醒写作记忆。接着钱老师使用了比较的方法，从比较选材、比较观察、比较重点三个方面进行示范，锻炼学生的思辨能力，并且请孩子在比较后着手修改自己的记录卡，从思维转向实际操作，更有深度。然后钱老师围绕着发散思维、创新思维和辐合思维等高阶思维展开对习作的指导，不仅使孩子习得了写作的方向和手段，更是把思维融入谋篇布局当中。最后再水到渠成，孩子在兴奋和思维活跃的状态下立刻把自己的思路整理好写下来，创造了篇篇佳作。钱老师的教学过程循序渐进而又科学有效，是一堂表里如一、彻彻底底的思维课型，非常精彩。

仇明芹：我从“教学方式”来谈一下这节课。钱老师的课，在单元作业、制作植物备忘录的基础上展开。结合文本环境，创设生活情境，引起学生的兴趣。因为学生提前深入了解和制作记录卡，所以对自己感兴趣的植物已经有了一定的了解，在这样的基础上，孩子很容易因为熟悉且自信而对课堂产生兴趣。在展示、对比同伴作品的过程中，同学们全面地发现如果从植物的不同角度，如颜色、形状、触觉、气味等各方面入手，可以把这样东西描写得很具体生动。

华丽佳：我从“师生互动”来谈一下这节课。钱老师整堂课课堂氛围轻松活跃，开篇的动画吸引了孩子的注意力，积极调动了学生的兴趣。老师课堂上教态亲切，多以鼓励性的语言启发学生思考，当学生回答问题后，教师能及时给予肯定和反馈，有一个小女孩读自己的习作声音比较轻，但老师还是肯定了她的勇敢。整堂课避免了老师单纯讲、学生单纯听的教学固有模式，打破常规，使学生参与到了课堂当中。

金晓青：我从“教师的语言”来谈一下这节课。钱老师的课堂激情高，教师语言精炼，教学环节过渡自然，在教授新知识时老师循循善诱，注重学生自主探索发现。钱老师从植物记录卡出发，通过和学生讨论，在教师的引导下，学生自己去发现，去思考，从而获得提升，明确了选材的重要性。让学生猜一猜同伴的记录卡上的信息是如何来的，学生各抒己见，在热烈的氛围中明确了观察要细致。学生学习起来毫不费力，充分发挥了学生的主动性。

方会娟：我从“教学艺术”来谈一下这节课。课堂教学艺术是一种创造性的劳动，主要体现在教学语言上。教学语言又分为口语语言和体态语言。

就这堂课来说，钱老师的语言正确、清晰，鲜明、生动，富于感染力和表现力。由浅入深，娓娓道来。钱老师善于以激励的语言传达和沟通思想感情，从而使学生轻松、愉快地听课。当学生在课堂上学习受到阻碍时，钱老师给予学生更多肯定的评价，用激励赞美之词引起学生良好的心理反应，产生一种积极向上的情感体验，从中使学生受到教师语言的感染和启发。所以，学生就会以百倍的信心和饱满的热情去努力学习知识。钱老师在这堂课上以幽默的语言活跃和渲染教学气氛，既能融洽师生关系，又能加深学生记忆，从而使学生爱上写作。

徐华芳：我从“教学效果”来谈一下这节课。钱老师的教学设计基于学情，单元整合，前后勾连，聚焦了本课的重难点和目标，使学生学习有动力。教学素材来源于学生的作业，让学生喜闻乐见。钱老师语言幽默风趣，善于鼓励学生，有效调动了课堂的学习氛围。习作片段点评设置合理，从学到用、从扶到放，教学设计有梯度，层层递进，整堂课口语表达和笔练相得益彰，教学效果好，从学生最后呈现出来的文章可以看到孩子的习作水平都有了很大的提升，且授课内容新颖、独到、有特色，能很好地启发、带动学生的思考。这节课大大地启发了学生的递进思维和创造性思维，也是我们学习的榜样。

主持人：感谢老师们从多个方面针对今天的思维课型进行点评，下面我们请教师发展中心主任陈贤彬老师和绿城育华翡翠城学校方建兰校长对本次研讨做总结和引领。

陈贤彬：这是一堂“思维课型”习作指导课，在课中钱老师运用比较的方式来学习。汪潮教授说：比较是比较好的方法。钱老师引导学生进行多次比较，在比较中习作，在比较中提升思维的含量。钱老师的比较学习是有层次的，是从浅层向深层发展，让学生的思维不断扩展、延伸。首先是选材的比较，发现选材是要符合当前实际情况；其次是观察角度的比较，从不同的角度来观察，花的描写是不同的，发展了学生的发散思维；最后，时间、方位等维度进行比较，进一步提升了思维的宽度与深度。

方建兰：钱老师是名师工作室的导师，导师上“融学课型”课，给徒弟们起到了示范作用，值得我们去学习。我觉得这一堂以生为本做得好。整节课都是在学生的学情基础上进行的，如：学生事先进行了春天植物的观察，都填写了植物记录卡，不管学生做得怎样，这都是他原来的学习基础；有了基于学生学情的记录卡，老师在引导上可以根据情况设计有效的学习环节，让学生在原有的基础上提升。这一堂是“思维课型”，思维含量高。钱老师在教学时，不仅考虑到思维的宽度，也考虑到思维的深度，引导学生进行深度学习。学生在观察桃花时，就发现可以从不同的角度来观察，可以从触感、口感、形状、颜色等方面来观察，这是思维的宽度；学生在与其他同学交流时，发现相同的角度，可以用不同的表达方式来呈现，这是深度。再次谢谢钱老师的示范，让我们受益匪浅。

（三）教后反思与改进

教后反思

基于思维的语文课型是一种很有意思的课型，只有基于思维的语文课堂才会是更有增量、更加激发学生潜力的语文课堂。基于思维的语言课堂，要做到以下几点。

1. 真实发生，思维增量

能够激发学生思维的基础，一定是在真实的情境中解决真实的问题，在解决问题的过程中发展思维。

这次习作，我们要写的是“我的植物朋友”。我们基于真实的情境，让学生从众多的植物中选择“我的植物朋友”。选择的过程就是对自己的思维进行梳理的过程，选择自己熟悉的，有过细致观察的，能够写得出，又是符合要求的植物。在这样的比较和体验当中，思维真实地发生，在合理与不合理的师生评价当中，让思维清晰起来，这就是学有增量。只有基于学情的教学，才会是最为有效的教学。思维课型也不例外。

真实的问题，真实的情境，真实的解决，真实地感受成功的喜悦，维度升级就会真实地发生。

2. 同伴互助，思维可视

对学生的思维水平，我们要做正确的评估。用前置学习的方式，通过做植物记录卡的形式，让学生的思维状况清晰地展现在我们眼前。在图文并茂的记录卡中，我们可以发现学生思维的广度不同、深度各异。用同类对比的方式，用同伴互助的方式，让学生的思维可视化，在修改和完善记录卡的同时，也提升了思维的层次。有别于老师的“给”和“教”，同伴互助，学生更容易接受、更容易接纳。

同伴互助不仅在于互相学习，也在于互相帮助。让优秀的学生做一做小老师，教一教同桌、好朋友，也是一种不错的方法。

3. 搭设框架，思维递增

思维的变化是一步一步发展的，要善于搭设台阶，巧设框架，使学生有章可循、有法可依，一步一步走向通往理想境界的道路。引导学生，学会把一段笼统的概述分解成一句一句的话，把一句话再次分解，用上写作顺序、用上修辞手法、用上心理感受等，用拆解法，让概述变成描述，一句一句写明白、一步一步写具体。这样，在一句句写具体的基础上，组段成篇。

搭设框架，还可以用图文并茂的方法，化难为易、化抽象为具象。如果时间允许，也可以让学生用彩笔画一画，让回忆更加细致、具体、深化。

上一节有思维含量的语文课，打开的是一扇窗，给学生的会是一片广阔的世界。

教学改进

1. 一课一得

本课教学设计聚焦思维的提升，从思辨思维、发散思维、创新思维到辐合思维，多种思维碰撞在一篇习作课中，容量大，对学生的挑战也比较大。聚焦发散思维一个点，舍弃思辨思维点的练习，让学习的时间更加充裕，学生的学习会更加到位。一节课中好的东西有很多，但是不是好的东西也要适当地呈现，适可而止地展开学习更有利于学习。

教学容易走入的误区是做加法，其实做减法也非常需要功底。精简得越多，越需要对目标有清晰的认识。

2. 强化片段

本课教学还是有些偏重于篇章的完整性，习作的要求有些偏高，既希望学生能运用扩写法把文章写具体，又希望学生能运用“物我相融法”写清楚想象，削弱了课堂教学的力度。强化片段的习作学习，重点就学习多角度观察，能就某一两个角度展开细致描写，夯实片段描写的基本功，对学生来说更重要。三年级作文不是写得长为好，而是片段写得细致为好。一味地追求篇幅，超过了学生的学习能力，会让学生对习作产生畏惧心理，会反而不利于习作兴趣和习作能力的培养。

片段描写是三、四年级的重中之重，教学的时候可以先写完重点段落的片段再补充开头和结尾，避免学生因为开头写长了、写累了，就出现写得敷衍了的现象。

3. 借助思维导图

片段的展开还是侧重于范例引导，以比较阅读为主。可以运用学过的思维导图展开，用鲜艳的线条、板块勾勒自己思维的样态，把长长的段落化解为一个一个的句子。鲜艳的颜色、各式的形状，会让学习更富有乐趣。同时，思维导图的运用会让每个人的思维可视化，更直观地展现自己的思考、同伴的智慧，比单纯地写更让学生乐于接受。

思维导图的方式也有很多，今天的课上可以放一放学生写的、画的自己喜爱的植物朋友，然后用标注法，一部分一部分写具体。这种更加形象的思维导图，会让学生更加喜欢习作。也因为边画边回忆，会对植物有更清晰的认识。因为带着习作任务去画去写，还会在画中悟写，写中具象。

4. 让学于生

教学中老师引导得还是多了点，让学于生做得还可以更加到位。把需要比较的图片给学生，小组展开讨论，发现各自习作的不足，学习他人习作的长处。同伴的提醒和帮助会使学生更加容易接受，也使学生更加没有距离感和陌生感，会自然产生一种他会我也应该会的认同感，树立习作的自信，提升习作的兴趣。

让学于生，可以让学生在交流之后，通过展示进一步发现，步步深入，而不是老师一再地给。牵引太多，更容易让学生产生依赖心理。应该给予学生更多自我探究的机会，这样探究能力和自学能力以及团队的合作能力才会大大提升。

（钱洪芹）

五、“情感课型”的实施

（一）课堂实录与点评

三年级上册《赠刘景文》

课堂实录

【学习目标】

（1）认识“赠、残、犹、傲、君、橙、橘”几个生字，熟读古诗。

（2）借助插图、注释等想象、联系生活、了解背景故事等方式想象画面，理解诗意，品悟诗歌中赞美秋天的感情。

（3）学写“赠、刘”两个生字。

【学习策略】

分解学习、比较学习、体验学习。

【学习过程】

板块一　看图说话——引情

1. 出示诗歌

老师出示三首古诗《山行》《赠刘景文》《夜书所见》。

2. 学生猜诗

师：（出示PPT）猜一猜这一组诗写的是哪个季节？

生：秋天。

3. 看图说话

师：同样是落叶，你看到这样的落叶是怎样的心情？

生：我感受到很舒服，落叶五颜六色的我很喜欢。

生：我看到树叶都凋落了，感到很难过。

师：对同一幅图有人喜欢有人不喜欢。

师：（出示叶子凋零完的树干）看到这样的秋天，你是什么感受？

生：我看到光秃秃的树干，感到很难过……

生：我也很难过，因为小鸟不能在树枝上玩耍了。

师：（出示秋天丰收、采摘水果的图片）那你们看到这样的景色又是怎样的感受呢？

生：我看到很多水果，又大又红的水果。就是丰收了，很开心。

板块二　分步学文——悟情

1. 解诗题

（1）学生解题

师：今天有一个人也跟你们一样，他也看到美丽的秋天的景色，想分享给他的好朋友，他的好朋友就是——（出示课题）

生：刘景文。

（2）学习“赠”字

师：这个字你认识吗？（出示生字卡片“赠”）你是怎么记住这个字的？

生：老师，是贝加曾。

（3）读题悟情

师：通过这个“赠”，你读出了什么？

生：苏轼和刘景文是好朋友！我如果收到礼物肯定很开心！

2. 初读古诗

师：是的，那他赠的什么呢？我们一起来看看吧。请小朋友们自己借助拼音读一读。

（生读）

师：我们请一个小朋友来读一读。（指名读）

师：小朋友们有没有好的建议呢？

（生评价）

师：哦，后鼻音需要注意啊！那请你找一找有哪些后鼻音。

（生找）

师：请你来读一读，要读准确哟。

师：读准确后鼻音，还有哪些前鼻音是需要注意的，你能找到吗？

（生找）

师：你们真棒，都找准确了。那我们一起来读一读吧。

（生展示读，最后齐读）

3. 再读古诗，选景探情

师：要学好古诗，我们需要借助什么呢？

生：注释，插图。

师：那请小朋友们用这样的小帮手，来试着再读一读古诗吧。

生讨论，师巡视。

师：小朋友们讨论得真激烈。接下来奖励大家玩一个小游戏，选图并读出相应的古诗。（师出示图片）

生：（举手）荷尽。

师：你真棒，这样都能想出来。那这两幅图呢？（师出示图片）

生：一年四季。

师：想象力很丰富哟，不过可以再想想哟！

（生思考）

生：是“擎雨盖”，我选择第二幅图。这圆圆的荷叶就像雨伞。

师：是呀，这就是“擎雨盖”“擎”就是——

生：拿着、举起的意思。

师：你们读得真有意思。看到这样的荷叶，诗人是什么心情呢？

生：应该感觉还不错，很美的景象。

师：对了，诗人很喜欢这样的美景。我们一起来读一读这一句吧。

（生读）

师：看到荷叶枯萎，诗人的心情是怎样的？

生：很悲伤。

师：（出示图片）这两幅图你怎么选？

生：我选第二幅，因为诗歌中有“菊残”。

师：（出示图片）这里的菊花却不一样了，你看到这样的菊花，你想到了什么？

生1：开得真好。

生2：傲霜立。

师：是呀，在这样百花凋残的秋季，它却挺立着、傲霜立。

师：那小朋友们，你们喜欢这样的菊花吗？

生：喜欢。

师：那你想对它们说什么呢？

生1：这么冷的天，你傲霜而立，真厉害。

师：是呀，你也很厉害，站得笔直笔直的。

生2：你不怕严寒，开放得这么美。

师：你也很厉害，读得真美。

师：（出示图片）再看看这样的秋景，诗人又是什么心情呢？

生：满园的果子呢！

师：是的，看到这样的景象，你是什么心情呢？

生：高兴、喜欢。

师：是的，诗人也跟你们一样的心情哟！

师：小朋友们来试着挑战下，看着图片，试着背一背这首诗。

（生背）

板块三　情景表演——用情

1. 知人论世

师：小朋友背得真好，奖励大家听一个小故事哟。（播放微课）

2. 总结情感

师：听完这个故事，你知道了苏轼为什么要写这首诗歌赠给刘景文了吗？

生：鼓励他、激励他。

师：你说得真棒。走进了苏轼的心里。

师：（出示板贴）这就是苏轼的一颗心，他心里装着对刘景文的喜悦、赞叹、悲伤、鼓励，这些情感都源自于苏轼对刘景文的友情。

3. 选词演诗

师：是呀，这么多情感融入其中，现在请大家选择一种情感来演一演，假设我是苏轼，你是刘景文，用这样的情绪来赠予我这首诗歌。

生讨论，师巡视。

师：这一组讨论得特别激烈，请他们来表演一下。

生上台介绍自己扮演的角色。在“橙黄橘绿时”赠刘景文。

师（出示图片）配乐，生表演。

师：既然是送别朋友，我们首先眼神要看着朋友，还可以加入一些动作和表情。

师：那么再请小朋友谈论一下，要用言语、动作、表情演绎出来哟！

生讨论。

师：这次送别时，小朋友的表演有没有改进呢？

生再次表演，增加了眼神和语言。

板块四　学习写字——书情

师：（出示“赠”“刘”两字）送了刘景文，我们一起来把生字送进田字格里。

师：请你看一看这两个字需要注意什么？

生：赠是左窄右宽、刘是左宽右窄。

师：是的，那我们一起来写一写。（师范写）

师：接下来请同学们把这两个字送进自己的田字格，写一个。

师：写字的时候需要注意什么？

生：头正—肩平—脚放平。（生写）

师：接下来我们来展示一下。你觉着这个字怎么样？

生：写得很好，做到了左窄右宽。

师：好的，老师给他三颗星哟。

教师点评

亮点：

1. 教学目标准

定位比较准确，达成效果比较好。

2. 教学策略巧

（1）看图一“猜”到底，从看图猜季节导入；看图猜诗句探情感，悟诗情；看图猜读、猜背古诗；选词猜送别的场景，再表演，既符合低段儿童的学习特点，也降低了学习的难度。

（2）图片的巧妙运用，使教学内容化难为易；微课的适时补充，给学生对诗情的理解锦上添花。

3. 教师素养高

老师心中始终把学生放在首位，对学生的关爱细致入微。

读正确环节：学生自由朗读，学生发现难读的字，平翘舌音、后鼻音，老师再指导细致，心中有学生。让学理念还体现在让学生发现学习古诗的方法：看注释、看插图，而不是老师直接灌输给学生，以生为本。情景表演环节，先小组互学，第一组展示后，在师生共评中发现不足，适时指导，再次表演情景，层层提升，逐步提高学生的素养。

建议：

（1）看图猜诗句环节，可以让学生说说猜诗句的原因，可能学生对诗句的理解会更加深入，特别是猜前面两句时，老师可以稍微点拨一下：在诗人的眼中，好朋友就是具有这样品格的人，他对刘景文的敬佩之情就浓缩在这短短的28个字中，可以对学生理解诗意、领悟诗情提供更好的框架。

（2）读的时间可以更充分，熟读后再悟情，更加水到渠成。形式可以更多样，更有趣。比如除了自由读、个别读，还可以男女生对读、师生文白对读，最后在唱读中结束课堂，这样学生可能学得更加有趣味。

（3）微课结束后，情景表演前老师要稍微引导一下，可能表演的效果会更好。

（4）教师语言要精准，如学生读生字时，老师的语言是“我们来念一念”，“念一念”不准确，应改为“让我们来读一读”。语文课堂，老师的语言也是一种示范学习，尽量做到书面语，精准到位。

（执教：黄莹莹　点评：易柳红）

（二）课型研讨与交流

【研讨人员】侯东微、陈贤彬、易柳红、黄莹莹、李玢、杨静、匡澜、王雪莹、汪悠扬

【主持人】侯东微

【研讨实录】

主持人：今天，我们开展了小学语文“情感课型”教学研讨，黄莹莹老师借助各种方法激发学生学习古诗的兴趣，并通过图片引情、场景悟情一步步带领学生体会诗歌的情感，给我们带来了精彩的课堂。下面请各位老师来点评。

侯东微：我从教学策略方面来谈谈我的感受。《义务教育语文课程标准（2011年版）》中指出，小学古诗词教学既能促进小学生智力和语言的发展，又有助于陶冶性情，提高对美的鉴赏能力。既是继续传承弘扬传统美德教育，培育民族精神的需要，更是实施新课程改革，促进学生全面发展的需要。因此，积极探索为积累古诗词寻求好方法，使学生在学习上实现由接受式、被动记忆式学习向自主独立创新学习发展的教学策略尤为重要。教学策略是为了达到某种教学目的手段，等同于教学方法。这节课黄老师巧妙围绕情感展开教学策略的作用。开篇借助图片，情景导入，说心情感受引情。在体悟情感环节，老师采用分步学文、情景表演等策略，降低学习难度，在朗读、解词、表演等活动中进行有效学习。学习活动中注重学生的体验学习，在课堂中学生借助多种方法学习古诗，了解古诗的意思，借助图片、联系生活实际、借助注释等恰当地结合学段特点进行教学策略的运用。场景表演部分，如果用白话说，再吟诵古诗或师生文白对读表演会更出彩。

李玢：从教学效果角度来看，我认为本节课基本完成了课程目标，学生能够读准字音、熟读古诗、读好节奏，同时能大致理解诗意，感受古诗创造的意境，体会诗人表达的情感。尤其是为了达成“体会诗人表达的情感”这个教学目标时，黄老师开展了插入背景故事、情景表演等学生感兴趣的教学活动，让学生在愉悦的课程体验中自然而然地感受到了秋天别样的美，感受到了苏轼对刘景文的赞赏和鼓励，可谓教学效果非常好。

杨静：我从教学目标定位来谈一谈。教学目标的定位可为教学行为指示方向。如何有效地定位教学目标？（1）有效地定位教学目标的前提质疑是详细解读《义务

教育语文课程标准（2011年版）》，这一次课选取的是三年级的古诗《赠刘景文》，相对有一定的难度，因此黄老师在定位教学目标的时候，不仅参考了三年级的阶段目标，也同时放低了教学目标，遵循了学生的认知发展水平。（2）认真解读教材，聚焦课后习题，确定教学目标。黄老师紧扣课后习题，确定教学目标，通过引情、悟情、用情、书情等方式，激发学生热爱大自然、热爱秋天的情感，感念朋友之间的惜别之情，从而把诗歌由浅入深学，学以致用。如果把识字和写字的目标总结为一点，从字词出发再到理解想象诗歌画面，更加符合学生的学习认知水平，在教学目标的实施阶段也更加流畅。其中学习目标少了学习重点和难点。

易柳红老师：看图一“猜”到底：从看图猜季节导入；看图猜诗句探情感，悟诗情；看图猜读、猜背古诗；选词猜送别的场景，再表演，既符合低段儿童的学习特点，也降低了学习的难度。图片的巧妙运用，使教学内容化难为易；微课的适时补充，给学生对诗情的理解锦上添花。老师心中始终把学生放在首位，对学生关爱细致入微。读正确环节，学生自由朗读，学生发现难读的字，平翘舌音、后鼻音，老师再指导细致，心中有学生。让学理念还体现在让学生发现学习古诗的方法：看注释、看插图，而不是老师直接灌输给学生，以生为本。情景表演环节，先小组互学，第一组展示后，在师生共评中发现不足，适时指导，再次表演情景，层层提升，逐步提高学生的素养。

如果在看图猜诗句环节让学生说一说猜诗句的原因，可能学生对诗句的理解会更加深入，特别是在猜前面两句时，老师可以稍微点拨一下：在诗人的眼中，好朋友就是具有这样品格的人，他对刘景文的敬佩之情就浓缩在这短短的28个字中，可以对学生理解诗意、领悟诗情提供更好的框架。

读的时间可以更充分，熟读后再悟情，更加水到渠成。形式可以更多样，更有趣。比如除了自由读、个别读，还可以男女生对读、师生文白对读，最后在唱读中结束课堂，这样学生可能学得更加有趣味。微课结束后，情景表演前老师要稍微引导一下，可能表演的效果会更好。

主持人：各位老师从不同的角度点评了这节课，感谢大家的分享，接下来有请教师发展中心的陈老师来做总结。

陈贤彬：黄老师上的是三年级上册第一单元第4课《古诗三首》中的《赠刘景文》。这节课以情感为主线，基本上达成情感类融学课型的目的。首先是课型程序完整，以“情”为线，以学文为目标，形成情感课型的四大板块：“看图说话——引情”“分步学文——悟情”“情景表演——用情”“学习写字——书情”。其次是学有框架。在课的开始，用图片来引导学生抒发情感，为下文的学习做铺垫；之后，引导学生借助注释、插图、朗读等方法来学习古诗，初步理解大意；最后，学生在表演中逐步理解语中蕴含着的情感。有了上述的学习框架，学生的学习水到渠成。

黄老师这节课以“情感课型”为主，达到“情感课型”的目的，但古诗教学以读为主，在读的教学上要加强。首先要读正确，要用多种方式来读，要检验每一位学生达到读正确的基本要求；其次是要读出节奏和韵味，要在理解意思的基础上读出节奏，要引导学生在领悟诗的内涵时读出情感，最后熟读成诵。

在学习时，也要注意思维含量。学习诗句，要先学习文本再出示图片，或是在学生不能理解时再用图片来辅助理解，或是在当学生对诗词的意思有疑问和分歧的时候再出示图片，这样的思维才会有深度。

（三）教后反思与改进

教后反思

凡是成功的课堂教学必定有一条十分清晰的教学主线。课堂中明晰的教学主线就好比一条精品旅游路线，把学生带入一处处风光秀丽的景点，很清楚自己要学什么，使得课堂有条有理、环环相扣，而且重点突出、精彩纷呈。既然是“情感课型”必然以体悟情感为主线，但是情感的体悟不是一步达成的，也不是单一解读的，需要有层次更需要多元。

这一节课我以激发情感为主线。对于二年级的小朋友来说，感悟情感有点难度，通过古诗的语言想象画面有所涉及，但是通过古诗的语言去体会情感要更难一些，所以一开始我用了“以图引情”的方式，引导学生通过图片、情境对比体会感情；再分步学文、学懂古诗，想象画面，感悟情感；最后以情景表演的方式通过小朋友的演绎把情感表达出来，从而深化对诗人感情的理解。

但在教学过程中，我发现过于重视“情感”，反而淡化了古诗的学习，若诗句没有学透，情感的体悟便不够到位，基于以上理解，我做出如下反思。

1. 学诗是基础，诗句是桥梁：明诗句意义

古诗教学的本质还是学古诗，情感的体悟应该是在理解诗意的基础上水到渠成的结果，如果为了情感忽视了诗歌本身的学习就本末倒置了。古诗教学还是要以读为主。读正确，读出节奏和韵味，在理解的基础上读出情感，最后熟读成诵。

在利用注释和插图学古诗的部分，先放手自学，后面老师要跟进反馈，看学生对

于注释究竟掌握了没有，能不能借助注释正确理解诗意，这是体悟情感的基础。

2. 激发情感需创设情境：用图片引情

情感是抽象的，需要具象的场景去承载。而图片就是一个可以将情感可视化的载体。先通过季节图片加上老师的描述引发学生的情感体验，使学生意识到在什么样的情境下会产生什么样的情感，并意识到哪怕是同样的场景不同的人可能产生不同的情感，激发学生探索诗人情感的兴趣。接下来还是通过猜图的方式将学古诗可视化，但需要注意的是要以图片为辅、学诗为主，借助图片还是要检测出学生是否真正理解了诗句的意思，是否能落实每一种情感的体悟，而不是猜出来了就过了，老师需要跟进，需要再多问一句："为什么这么选呢？你的理由是什么？"促进学生的进一步思考。

3. 用情是悟情的最高境界：与诗人合一

知行合一，学了再多但没有和生活实际、没有和自己结合起来总是不真切的。用情是悟情的最高境界，通过图片将学生代入诗人的世界，通过微课介绍诗人和友人的情谊，最终让学生将自身代入诗中的世界，与诗人合一去演绎诗歌所表现的场景，进一步加深对情感的体悟。但需要注意的是，这个年龄段的学生刚刚接触诗文，还不能用古人的方式演绎场景，如果老师事先做出指导，启发小朋友用自己的话、结合自己的实际生活创设类似的场景，用白话的方式演绎一段送别友人的场景，去体悟诗人勉励友人之情更为恰当，有利于完成学习目标。

除了以上三点，通过这节课我还更深刻地体会到了什么是"让学"。比如：学生发现哪些字比较难读，老师便再读；让学生发现读古诗的方法，借助注释和插图，边读边想象画面；情景表演，先展示某一个小组演的，师生再一起点评，再请下一组小朋友改进实践。有独学有互学，又有提升。但是"让学"并不意味着完全放手，老师的指导、引领、跟进、发现问题的作用更为重要。

教后改进

1. 回归古诗本身，诵读中悟情

每个板块都需要在学透诗句的基础上进一步体悟情感，古诗教学需要重视读，从读正确到读通顺，再到读出节奏、读出感情，越读越有韵味，在读中也能更深地去感受诗人的内心世界。尤其在理解诗意的时候，在猜图之后要加上理由的深入追问，追问后要借助注释和插图帮助学生真正学懂诗句的意思，这也离不开多诵读，"书读百遍其义自见"，古文越读越明了。读的时候可以形式多样，比如男女对读、文白对读、师生对读等。

2. 注重老师的引领，提高“让学”质量

首先，“擎雨盖”就是一个难点，学生容易卡壳，这个难的地方老师应先引导一下，做出提示；其次，菊花的品质可以升华到人，在诗人眼里，刘景文的品格也像菊花一样，除了赞美菊花也是在赞美刘景文，学生不一定能领悟，所以到需要老师的提点，也为后面的情景表演做了铺垫。

3. 用白话演绎情感，场景生活化

在最后的用情部分需要孩子们选定场景将自己带入诗人的角色中演绎诗人送别友人的场景，由于学生年龄较小，对文言诗词并不熟悉，诗中场景离学生生活距离较远，如果一味按照诗中语言表演难度有点高，学生无从下手。首先，在演绎前老师用文白对读的方式加深学生对诗句的理解，并且引导学生创设场景，用生活中的语言去演绎场景，比如：“兄台，今天在这里送你，我也很是难过”。用一些更为直白的语言演绎场景。其次，引导学生加上眼神的交流，加上动作，比如好友间的拥抱、击掌、拍拍肩膀等，使情感表达更为到位。同时，在表演过程中引导学生用上诗句中提到的景物，比如傲霜枝的残菊、丰收的橙子等，借助景物表达对友人的赞美和勉励，这样可以进一步加深学生对诗歌的理解、对情感的体悟。

综上所述，不论上什么课，都需要兼顾文体特点和课型重点，更要设计出符合学生年龄特点的学习方式，才能给学生带来合情合理、有滋有味的课堂。

（黄莹莹）

六、“文课课型”的实施

（一）课堂实录与点评

五年级下册《杨氏之子》

课堂实录

【学习目标】

（1）通过文化氛围的营造，进行场景融学，达到古代礼仪文化学习要求。

（2）借助注释、工具书等自主分步学习，以划分节奏等方式来理解文言的字词的意思和文化。

（3）通过古今文化对比、现场角色扮演等融合场景、方式的学习，学习语言表达样式以及文化。

【学习策略】

分解学习、比较学习、体验学习。

【学习过程】

板块一　营造文化氛围

1. 师生诵读

古文《庄子》“涸辙之鲋”。

2. 拱手问好

师：弟子好！

生：先生好！

3. 揭示课题

师：我们读着《庄子》，进入几千年前古人的精神世界，一起学习本学期的第二篇文言文《杨氏之子》。

4. 简介《世说新语》

师：谁来说内容介绍？

生：《世说新语》是由南朝刘义庆编写的，是一部主要记载汉末至晋代士族阶层言谈轶事的笔记小说。分上中下3卷，共36篇。《杨氏之子》是第2篇里的一个小故事。

板块二　分解学习文义

1. 理解文题

师：题目怎么理解？

生：杨家的姓。那一家人都姓杨，所以称他为杨家的儿子。

师：对，请问，你可以称为——

生：石氏之子、田氏之子。

师：现在，我就用拱手礼向大家问好。大家回应，并用题目的方法介绍自己，并说一说自己几岁。

师：弟子好。

生：先生好，我是章氏之子，年方十岁。

2. 初读古文

师：今天我们学习《杨氏之子》。学习文言文就是要把课文读好。课文读好了，意思你也就理解了。

（1）出示要求：自由朗读两遍，争取将每个字词都读正确。

（2）生自由读课文。

（3）读后，指名上台读。

生1上台读课文。（声音较小，字音正确）

生2上台读课文。（纠正读音：为设果、应声答曰，并教读）

师鼓励学生用文言文方式表扬：妙哉，××之子甚聪惠！

3. 任务驱动，读好停顿与节奏

师：读着读着，能读流利了，这样就读好了吗？

生：首先要理解文章的意思，通过意思来分停顿、节奏，这样会读得更准确。可以借助注释、查字典、联系上下文、亲身经历等来理解文章。

（1）老师出示学习任务，生根据学习方法标停顿。

（2）生标好后，同桌互相交流，说出自己这样标的理由。师巡视指导。

（3）句子一：孔君平/诣其父，父/不在，乃/呼儿出。

生1：我们找了这两个句子。首先，孔君平是一个人，“诣”指的是拜访，“孔君平诣其父”，这个“诣”应该有个停顿，后面重点是讲他去拜访谁，这个谁应该要停顿一下，然后讲了“父不在”，父也是一个人名，就是他的父亲不在，所以这里要空一下。“乃呼儿出”，乃就是于是，于是后面应该讲一个人在干什么，就是把杨氏之子给唤出来了。

台下学生补充说明：我觉得是孔君平后面和“诣”后面要停顿一下。

生2：我觉得“诣”后面那个不用，因为这里孔君平是人名，后面是拜访杨氏之子的父亲，我觉得只要孔君平和诣中间停顿一下就行了。

生：拜见是很郑重的，所以后面需要停顿。（其余学生表扬：甚聪惠！）

（4）第二组学生上台标停顿，说理由。句子：儿/应声答曰：“未闻/孔雀/是夫子家/禽。”

生1解释：“儿”这里表示杨氏之子，“应声答曰”这里要停顿。孔雀是家禽，所以孔雀和未闻之间要停顿。家禽是一个词，这里指的是孔雀。

生：这里我们有不同意见。我认为这里是家畜。

师：两个同学有分歧，你们同意谁的？说说理由。

生2补充：这里的“禽”我认为指的是鸟。因为“夫子”指的是孔君平，是他家的鸟。

（5）台上学生带读：儿/应声答/曰：“未闻/孔雀/是/夫子家/禽。”

（6）句子三：“为/设果，果/有杨梅。”

生：“为/设果”，杨氏之子为孔君平设果。

师：我觉得是“果然有杨梅”，对吗？

生：果是一个总称，很多水果，包含杨梅。

根据理解，指导读好停顿。

齐读：为/设果，果/有杨梅

（7）句子五：孔/指以示儿/曰：“此/是君家果。”

生：“孔/指以示儿”，是孔君平指给杨氏之子看。

师：后半句的“此”是什么？

生：“此”指的是杨梅。

生齐读：孔/指以示儿/曰：“此/是君家果。”男女生读。

师：是不是意思都明白了？如果“家/禽”的意思你不明白肯定停不对的。现在认认真真按照停顿自由读。停顿会了，意思也就明白了。

4. 重点学习，理解“聪惠”

（1）师出示“聪惠”，并提问：这个是什么意思？

生：聪明。

师：现代中，“聪惠”是这样写的吗？

生：惠不对，应是智慧的慧。

（2）师出示《说文解字》中的解释。

师边板书“聪”，边解释：耳朵要认真听，眼睛要睁大，嘴巴要表达，要用心表达。

师：而“惠”呢？仁也。你怎么理解“仁也”？

生：仁义，人品特别好。

师：所以说“聪惠”不仅说这个人很聪明，而且品德也很好，有礼貌。你觉得最能体现他聪明又有礼貌的是哪个句子？

生：最后一句：“未闻孔雀是夫子家禽”。

师：说明理由。为什么这句话最能体现他的“聪”和“惠”？

生：他既然是杨氏之子，所以他姓杨嘛，这里是杨梅，所以就说是“君家果”。然后这边是孔君平，所以就说孔雀是他家的禽。

师边听边板书：杨氏——杨梅　家果；孔君平——孔雀　禽。

（生表扬：李氏之子甚聪惠）

指名师生互动读：孔／指以示儿／曰：“此／是君家果。”儿／应声答曰：“未闻／孔雀／是/夫子家／禽。

师：”应声答曰”，这里的“应”能看出什么？

生：应声就是接着说。很有礼貌，很聪明，反应快。

师：马上领会他的意图，可以看出他非常的聪明。那么哪里能看出他的仁，懂礼貌呢？

生：他说“未闻孔雀是夫子家禽”。“夫子”是古时对男子的敬称，从这里可以看出他对孔君平非常尊敬，称他为“夫子”。

师：先生就能叫夫子吗？你们能称我为夫子吗？

生：可以，因为你也是男子，因为你也是很有学问的。

师：历史上有哪些人是夫子？

生：孔夫子、老夫子、孟夫子……

师：只有学问非常高的人才能称之为夫子。在座的有一位我们能称他为夫子，他就是汪潮教授，他是全国知名教授，很有学问，出了很多书。所以我们能称他为“夫子”。

全体起立，拜见汪夫子。

生：拜见汪夫子

师：陈家弟子，甚聪惠。

师：此时，如果是陈老师问大家“此是君家果”。如果你是杨氏之子，会怎么回应？

生：未闻陈皮是夫子家药。未闻橙子是夫子家药。

板块三　比较古今文化

（1）出示古今对照表格，自己尝试填一填，思考明白了什么？

生1：“您”在古代是“汝”，古代有不同的称呼方式。

师：古代人非常重视礼仪，从称呼就能看得出是很有文化的。

生2：姓杨的人家的妻子叫杨氏，她不姓杨也得叫杨氏，可以看出当时封建社会男尊女卑的社会地位。

生3：杨氏之子明明10岁，书上写9岁。

生4：古人按周岁记年龄。

生5：古时书籍的文字是从左到右、从上到下竖着排版的，而现在是从左到右横着排版的。

板块四　体验感悟文化

1. 出示竖式排列的课文，学生观察异同

生：没标点的，从右往左齐读。

学生齐读两种排版方式的课文。

师：读着读着，你能不能把它背下来。

生尝试背诵。

2. 扇面书写

师：课后，同学们再去研究为什么古代这样写，其中有什么讲究。接下来请同学们进行书写练习，这次书写是写在扇面纸上，也是从左到右排列。

出示教师书法作品，学生临摹。

3. 阅读推荐

师：同学们，这是《世说新语》，课后可以到陈老师处借阅，也可以到翡翠书院去借阅。这节课上到这里，弟子们，再会！

生：先生再会。

教师点评

陈老师以《杨氏子之》为例，为我们做了小学语文文化融学课型的范例，有如下几点值得我们学习。

1. 凸显文化课型的特点

这节课分成四个板块，每一板块都凸显了文化的特点。课伊始，重视经典诵读，营造了古文化的氛围；师生拱手问好，让我们仿佛回到了几千年前的私塾。《世说新语》的介绍也是用古书籍的方式介绍，给学生直观的感受。

2. 凸显课型的让学理念

陈老师没有按部就班地进行文义的理解，而是抓住文言文理解的重点，引导学生主动学习。以小组为单位，提供学习任务单，提供学习方法，凸显让学理念。学生在学习发生争议的时候，也是引导从文中找出依据，让学生互相讨论、共同解决。在第三板块用比较的方式引导学生各抒己见，把学生推向讲台，立在课堂的中央。只在学生真的遇到瓶颈的时候，再进行适时点拨，达到四两拨千斤的效果。

3. 注重融学式体验学习

多种形式读，扇面的书写，文化气息扑鼻而来。多种形式读增强了趣味性，也促进了学生对文本的理解，更能让学生感受到古人说话的风趣、幽默和机智，做到有理有据而又有礼有节，让学生在融学式体验学习中感受文化的魅力。

（执教：陈贤彬　点评：易柳红）

（二）课型研讨与交流

【研讨人员】汪潮、方建兰、赵颖、徐华芳、杨静、侯东微、陈贤彬、仇明芹、王雪莹、景苗苗、钱洪芹、樊凭飞、黄莹莹、苏欣欣、徐莉、易柳红、华丽佳、金晓青、李玢、方会娟、匡澜

【主持人】侯东微

【研讨实录】

主持人：今天我们再次请来汪潮教授，对我们语文组基于核心素养、抓住学科本质、探索学科核心素养的文化课型教学进行指导。

汪潮：老师们好，今天我们开始进行融学课型研究的课堂实践，我先来说说做这件事的目的。开展融学课型研究可谓是“一举三得”，首先它可以归属于常态教研活动的开展，其次可以结合我们学校的融学课题，最后可以把我们的研究梳理总结出书。我们要学着用结果来决定教研活动，开展活动前认真思考这件事该怎么做，活动过程中要有针对性，课堂点评最好是总分结构，让别人一下子就能领会你的意思。

主持人：接下来让我们各抒己见，从不同的角度针对今天的这堂课进行点评交流。

赵颖：我从“社会发展”角度来谈一谈今天的课。在统编语文教材中，一个很大的改变是增加了文言文和古诗词的数量和难度。从社会发展的角度来看，文言文是中华民族文化的根与魂。在中国的古汉语中蕴藏着很多的汉语语言的精髓，同时也有很多的中国文化的传承。只有用这样的东西去打基础，才能更好地掌握现代汉语的使用，从而提高语文这个学科的基础素质。

徐华芳：我从“课标要求”方面来谈一下今天的课。今天陈老师执教的《杨氏之子》是一篇小古文，教学的过程很好地体现了《义务教育语文课程标准（2011年版）》的理念。《义务教育语文课程标准（2011年版）》第三学段中指出：“诵读优秀诗文，注意通过语调、韵律、节奏等体味作品的内容和情感。”今天的课上，陈老师首先创设古人学习情境，注重学以致用。比如：师生的问好，对“杨氏之子”“夫子”

的理解，对学生“甚聪慧”的夸奖等，让学生整节课在浓浓的古文化氛围中学习。

杨静：我从“教学现状”方面来谈一下今天的课。在《义务教育语文课程标准（2011年版）》引领下，现有的教学模式也有了跨越性的改变。如何让学生爱上文言文，不难发现这些流传千古的文字背后是古代劳动人民的智慧结晶，更是一种文化信仰。在其文字上，句句押韵，读来朗朗上口；在其文化传承上，有孝悌、诚信、勤学、好问等优良品质。这样的美，又如何让学生产生学习、阅读的兴趣呢？通过今天的课我们可以从以下几个方面入手：一是引入动作思维，发展儿童的具身认字，教学中融入具身认字。比如陈老师“聪”字的说文解字，耳朵听、眼睛看、嘴巴能说会道、心理要想问题、动脑筋。二是落实文本浅、简、趣、熟，贯穿始终的就是“读”，文本的解读，要以“读”占鳌头。

侯东微：我从“课文来源”方面来谈一下今天的课。《杨氏之子》选自南朝刘义庆的《世说新语》，是我国最早的一部文言志人小说集。《杨氏之子》讲述了梁国姓杨的一家中的九岁男孩的故事。故事情节简单，语言幽默，饶有情趣。小古文虽然短小、浅显，又有古诗词学习的基础在，但毕竟理解语言幽默，学生对本文的理解上肯定存在不小的困难。

陈贤彬：我从“作者”方面来谈一下这堂课。作者有年代性，从而会影响到课文的体裁和风格。如唐诗、宋词、元曲、明清小说等。而这一篇《世说新语》是比较特殊的，是文言志人小说，讲的是记载东汉后期到晋宋间一些名士的言行与轶事。和这一单元的语文要素是统一的，也就是“学习风趣的语言”。

仇明芹：我从“文章主题的理解”方面来谈一下这堂课。文章主题落实到位，教师深入挖掘了“聪惠”这个词语，聪明和有仁德，并启发孩子在文中找到依据证明主人公的特点。教学主题是文化，贯穿始终，课前的国学《庄子》“涸辙之鲋”，课前问好和结课都和学生用先生、弟子取代了现代老师、同学的称呼，营造了文化氛围。

王雪莹：我从“文章内容的理解”方面来谈一下这堂课。陈老师的《杨氏之子》采用多种方式朗读进入课文。我数了一下一共采用了自由朗读、指名朗读、全班齐读、默读、竖排朗读感、男生赛读等方法。每次朗读都带着不同的任务，让多种朗读得到不同的收获，真正实现以读代讲、以读促读。

景苗苗：我从“文章的语言”方面来谈一下这堂课。文言文的语言具有以下三个特点：言文分离、行文简练、古奥难懂。陈老师在上课之前的问好就是文言文，帮助学生转换了思维。

钱洪芹：我从“文章的表达”来谈一谈这节课。《杨氏之子》通过杨氏之子的巧妙应答表现杨氏之子能言善辩的聪惠。陈老师把学习语言的表达和主题融合在一起，巧妙地通过理解“聪惠”来理解幽默风趣表达的精髓。聪者“察”也，惠者“仁”也，所以这个“聪惠”是高情商、高智商的双高表现。这也是这个单元篇章页的要求：感受风趣的语言，学习用风趣的语言表达。

樊凭飞：我从“学习目标”来谈一谈这节课。第一个学习目标就是用营造学习氛围等方式来学习古代礼仪的要求和文化。制定这个目标后，教师从《国学》诵读、课前问候、教师用语、表扬方式、文化拓展等方面都用古代礼仪来达成这一目标，“文化”主题明显。

黄莹莹：我从“学习主线”来谈一谈这节课。陈老师抓住了“牛鼻子”，抓住了重点“甚聪惠”，步步铺设，最终引领学生体会到杨氏之子的聪惠之处；舍得花时间“让学”，给学生体悟和展示的时间；反复在表扬学生的时候使用“甚聪惠”，加深学生对“甚聪惠”的理解。

苏欣欣：我从“学习重点”来谈一谈这节课。本课的学习重点是学习“聪惠”“家禽”文言词语，从而理解字词意思和文化。陈老师在落实这个学习重点时先借助《说文解字》的解释，再为学生搭建学习框架，让学生与现代文的“聪慧”进行区分，理解聪惠的字词意思，接着引导学生抓住重点语句体会杨氏之子的“聪惠”。又如，古人尊称很有学问的人为夫子，陈老师就地取材，举了汪教授的例子，现场做拱手礼，向汪夫子问好，学生就在这样的体验中习得文化。

徐莉：我从“教学过程”来谈一谈这节课。本节课分为四大板块，分别是营造文化氛围、分解学习文义、比较古今文化、体验感悟文化，安排合理，让孩子们在中国传统文化中学习，感受中华文化的魅力，最后对中华文化产生了浓厚的兴趣，达到文化课型最终的目标。

易柳红：我从“教学方式”来谈一谈这节课。导课方式：创设情境，激趣导入。课前学生诵读《庄子》，开课后师生拱手问候礼，营造了浓厚的文言文学习氛围。学习方式：学多以教，以生为本。读字当先，读出层次。评价方式：激励评价，形式多样。陈老师充分运用文本语言，学生即学即用，评价学生出色的表现，称呼汪教授为“汪夫子”等，非常好。

华丽佳：我从“师生互动”来谈一谈这节课。陈老师采用了师生问答、讨论、引导阅读等互动方式，与学生的相处宛如朋友一般，轻松自然，还特别鼓励学生质疑。比如讲到“家禽”的意思和读法时，两个小导师有不同的见解，陈老师没有评价谁对谁错，而是让学生自由发表看法，师生共同探讨，最后再得出结论，激发了学生主动探索学习的愿望。

金晓青：我从“媒体的使用”来谈一谈这节课。运用现代化教学手段，能使我们的课堂教学变得更生动，能最大限度地唤起学生的兴趣，促进学生的思维主动发展。如《世说新语》和竖排的《杨氏之子》文章的呈现，都向学生传递着古人书写的习惯。

李玢：我从“教师的语言”来谈一谈这节课。语言风格符合课型、年段特点。课堂上的师生互动语言也有文言形式的，充满文化韵味。如，夸奖学生时说“甚聪慧”，开始和结束时拱手用文言文打招呼等。

方会娟：我从“教学艺术”来谈一谈这节课。主要从教学语言方面来说一说，老师的教学语言清晰、幽默、富有感染力，使课堂始终处在轻松愉悦之中。

匡澜：我从“教学效果”来谈一谈这节课。老师在教学时注重氛围的营造，以读代讲、以读促思，又通过自主探究、自主感悟来达成对课文的理解。

汪潮教授：大家都点评得很到位，下面我做一个总结。陈老师这堂课还是处理得很好的。我觉得教文言文时要做到以下三点。

1. 用古代的方式来教文言文

第一个要素是氛围，这一点陈老师做得很不错，一上课就营造了文化氛围；第二个要素是尽可能和古代语言靠近，如评价语、互动语都可以用文言文；第三个是多使用古代的动作，比如这节课上陈老师带孩子们做拱手礼，互相问好。

2. 用文言的方式来教文言文

文言文和白话文不一样，文言文一个字代表一个词，还分实词和虚词，老师不要带孩子以现代文的方式来理解文言文。

3. 以读的方式来教文言文

课堂上要让学生充分地朗读，通过读来理解文言文的意思。其实读文言文最好的方式是用方言来读，这样可以追溯本源。

方建兰校长：很高兴能全程参与。融学课堂的实践，语文组先行一步，做成样本来带动其他学科的实践，全面推动学校课堂样态的改变。在课堂上，看到老师们以生为本，体现“让学”理念；在研讨时，看到老师们人人参与、人人思考，在任务驱动下分享、交流，这应该会成为我们今后教学研讨的新方式。语文是大学科，课堂学习样态在新课堂的构建中起着重要作用。我们任重道远，但道阻且长，行则将至。

（三）教后反思与改进

教后反思

首先我们要思考语言与文化之间的关系。语言与文化是相互依赖、相互影响的。语言是文化的重要载体，文化对语言有制约作用。语言在人类的一切活动中都起着十分重要的作用，是人类社会生活不可缺少的一个部分。

再来思考文化的含义。从广义来看，文化是指群族的历史、风土人情、传统习俗、生活方式、宗教信仰、艺术、伦理道德、法律制度、价值观念、审美情趣、精神图腾等。针对语文学科的文化，一般聚焦在中国汉字、语言、习俗等方面的文化。

基于对以上文本的解读及探讨语文与文化的关系，我制订了小学语文文化课型的一般程序——营造文化氛围。通过形态、语言、仪式等方面让学生浸润在几千年前的儒学文化中，分解学习文义。以让学的理念，引导学生学习课文，以文言文的方式来学习，体悟、实践语言，从而感受文字、语言中的文化，比较文化异同。通过比较学习古今、中外等文化，在异同中感悟与理解，体验感悟文化。通过说、读、写、书等方式来体验与运用，让文化细细融入学生的思想与行为。

而在策略方面，我试着通过融学来提高课堂效率，通过分解来降低学习的难度，通过比较来达到学习目的。

从而我制订了以下学习目标：

第一，通过文化氛围的营造，进行场景融学，达到对古代礼仪文化学习的要求。

第二，借助注释、工具书等自主分步学习，以划分节奏等方式来理解文言的字词的意思和文化。

第三，通过古今文化对比、现场角色扮演等融合场景、方式的学习，学习语言表达样式以及文化。

但在实际的教学过程中，我发现过于重视“课型”，反而会淡化语言的学习，会出现对“甚聪惠”理解不到位的现象。基于以上理解，我做如下反思。

1. 语言是基点：需咬住青山不放松

本单元的篇章页中明确指出，本单元的语言学习的重点是体会风趣的语言，故安排了《杨氏之子》《手指》《童年的发现》三篇课文，以古、中、外三篇独具特色的文本为例来体会风趣的语言。而本课是通过“甚聪惠”等方面来体会风趣的语言，学习杨氏子的聪明应对，要从“应声”中知晓孔君平是以“姓氏”来调侃，并以“姓氏”来回应调侃；学习杨氏子的“聪惠”的“惠”，就是“仁”之意，能不失礼节地巧妙应对。为达到学习文言文语言的目的，笔者采用读懂文题、分步学习文义的步骤来学习。在分步学习文义时，以读为主，以“让学”为主，在学生读准字音的基础上，以同桌互学划分停顿的方法来学习，又以角色对答、角色扮演来体现文言文语言的精妙之处。

2. 文化需感悟：是润物无声水到渠成

不能一开始就向学生说我们要学习文化。文化是何物，是语言的内涵与自然的生成，不可讲、不可解、要在自然而然的诵读中形成，在润物无声的体验中自然达成。如本课的“甚聪惠”，学生在师生的对读中，自然感受到古代的礼仪文化。所以，这一个地方的对读是非常重要的。而我在实际的教学中，只是点到为止，错失了语言实践。如五年级下册的《与象共舞》，课文的第五自然段中写到人舞之、象舞之、人象共舞之。学生对人象共舞是不理解的。在这里，插入作者在泰国看到的人象和谐的场面有感的小片段，学生对“人象共舞”就理解了。

所以，不仅是了解汉字、语言本身中含有的文化，还可以用体验的方式了解姓氏、风俗等文化。笔者还用了比较的方法让学生领悟文化，通过词语、句子、文章的排版方法进行古今对比，让学生在朗读、表述中体验文化的异同，做到润物无声水到渠成的学习。

3. 大语文视角：是耳濡目染点滴积累

语文学习要以读为主，要以读促思。在学习过程中，通过多种方式的读来达到学习目标。语文学习，三分得益于课内，七分得益于课外。我们要非常重视课外导读，要以一篇带一本阅读，激发学生对阅读的兴趣。如学完《杨氏之子》这一课，可以引导学生阅读《世说新语》青少年版，从而进一步体会风趣、简洁的语言。又如《一分钟》这一课，可以引导学生去认识作者，作者鲁金是浙江金华人，如果班里有金华籍的学生，或是他的亲戚朋友中有金华人，他一定会对鲁金写的书更加有兴趣的。

教学改进

1. 去繁从简，直奔语言学习重点

在文化营造方面，教师是下了一些功夫的。如国学的诵读、拱手的问好等，但这不是这节课学习的重点。重点应放在对语言的学习上，从而使学生领悟文化。所以，不可以在文化氛围的营造上过多花时间。

在第二板块的教学时，在“理解文题”时，让学生说清文题之后，适当选择一、二位学生进行体验即可。第三板块学习时，也不需要引导学生对每一句话进行停顿、节奏的划分，对每一句话都进行讲解，生怕学生不懂似的。这里的学习目的是通过自主划分节奏，让学生掌握文言文学习的方法，从而理解内容。在学习了若干个重点句之后，就可以停止，其他句子就让学生自主领悟。

如此调整，就可以把时间放在“甚聪惠”的语言学习上，从而完成本组课文学习的重点——学习风趣的语言上。

2. 少讲多练，完成语言学习目标

在教学过程中，教师读字当先，在读上面下功夫，并分步骤进行。读课题、读正确、读好停顿、读懂“甚聪惠”等，多种形式读，让学生沉浸在语言的学习中。读是一种语言练习，但不能仅仅是读的练习，还需要写的练习，这堂课写的练习欠缺。要做到多练，就要少讲，老师的讲要减少，学生的讲也要减少。可以在“甚聪惠”学习环节上增加笔练，让学生先写后说，让课堂安静下来，让每一位学生都动起笔来；可以在结课前临摹书写，实实在在地进行文化的实践体验。

3. 注重融学，融合学习中达成文化课型

本课以场景、古今文化对比融学为主，但跨学科的融学不是特别明显。所以，在跨学科、泛学科融学方面要加强。比如，本课可以进行语言与艺术类学科的融合，可以出示相关的音乐来配乐读，提供线装版的《世说新语》直观体验，提供水墨配画来视觉感知等。

综上所述，课型的架构是建立在学科本质学习的基础上进行的，以语言为基础，多种角度、方式进行融合学习，达到润物无声的文体学习效果。

（陈贤彬）

第十四章　小学数学课堂

一、“理解课型”的实施

（一）课堂实录与点评

二年级上册“乘法的初步认识”

课堂实录

【学习目标】

（1）通过解决生活中的连加问题，发现并总结连加算式的基本组成，为理解乘法含义做铺垫。

（2）通过发现加法与乘法算式之间的联系，理解并构建乘法的意义。能读写乘法算式。

（3）能将加数相同的连加算式与乘法算式进行相互转化，巩固应用乘法的意义。在实际问题中体会乘法的简便性。

【学习策略】

体验学习、比较学习、拓展学习。

【学习过程】

板块一　情境融合　连接生活

1. 情境创设

师：（出示场景）“六·一”儿童节到了，老师想和同学们一同用美丽的鲜花装饰教室。（出示三种花朵）观察花朵花瓣的数量，你有什么发现？

生：有5瓣的、6瓣的和7瓣的。

师：老师选了3朵5片花瓣的花，你能提出一个数学问题，并解决吗？

生：一共有多少片花瓣？5+5+5=15。

2. 动手操作

师：你回答得既准确又清楚。请小朋友们也像老师一样，先选一种你喜欢的花朵，然后摆一摆。可以摆2朵、3朵，或是其他数量。再写一写加法算式表示一共有多少片花瓣。最后说一说你写的算式表示什么意思（出示活动提示：摆一摆、写一写、说一说）。听清楚了吗？请一位同学完整地说一遍。

生：先选一种花摆一摆，摆2朵、3朵随便你。再写加法算式算一共有多少片花瓣，最后说一说算式的意思。

师：你说得非常完整，帮助大家回顾了活动要求。现在请小组长领取、分发学具。

3. 展示分享

师：（用多媒体出示两个学生加法算式）你看懂了吗？谁来说一说？

生：有6朵7片花瓣的花，用7+7+7+7+7+7（出示板贴加算式）。

师：表示几个几相加？

生：表示6个7相加。

师：第二个算式呢？

生：有5朵5片花瓣的花，所以是5个5相加（出示板贴加算式）。

师：两个5表示的含义一样吗？

生：不一样。第一个5表示有5朵花，第二个5表示每朵花有5片花瓣。

师：（摆出4朵6瓣花朵）如果选4朵6瓣的花，你能像之前的小朋友一样加上算式完整地说一说吗？

生：6+6+6+6，表示4个6相加，6表示每朵花有6片花瓣，4表示有这样的4朵花。

师：请试着和他一样跟同桌完整地说一说你的算式表示的含义。

4. 观察比较

师：请仔细观察，这些加法算式有什么共同特点呢？你从哪里看出来的？

生1：都是连加算式，算式里只有加号。

生2：加数相同。第一个算式里都是7，第二个都是5，第三个都是6。

生3：都是几个几相加，可以写成乘法。

板块二　自主探究　比较理解

1. 引出概念

师：同学们讲得都很准确。实际中我们可能需要用到30朵5瓣花，要算一下一共有几片花瓣，加法算式该怎么列呢？

生：5+5+5+5+5+5+5+5+⋯

师：你在说加法算式的时候有什么感受？

生：太麻烦了，不方便。

师：是的，于是英国数学家威廉・奥特雷德发明了一种简便的算式来表示同数连加，那就是乘法。

2. 读写乘法

师：你会说乘法算式吗？（很多学生举手）有这么多小朋友会呀，那就请一个小老师来教我们如何读写乘法算式吧。

生：第一个算式写成乘法算式就是6×7。

师：还可以写成7×6，一起跟着小老师读一读这两个算式。很好，谁愿意带大家写一写乘号？（请学生用手指在空中比画，其他同学跟着一起）你觉得乘号像什么呢？

生1：一个叉叉。

生2：像加号转了一下。

师：你很会观察，乘号两边的数我们叫作“乘数”，乘出来的得数我们叫作“积”。“积”去掉两只脚就变成和了呢，看来乘法和加法之间确实有分不开的联系。

3. 理解乘法

师：加法能写成乘法一定是有联系，那两边的乘数在刚才的加法中表示什么意思，在问题中又表示什么意思呢？请你试着和同桌讨论讨论。

师：谁来和大家分享一下你的想法？

生：7表示加数都是7，6表示有6个7。

师：你的意思是乘数7表示之前的加数，乘数6表示加数的个数，对吗？在问题中又代表什么？

生：7表示一朵花有7片花瓣，6表示有这样的6朵花。

师：你的思路很清晰，大家赞同吗？再请一位同学说一说。（学生反馈）

师：了解了乘法的意义，现在请你试一试把其他加法算式也改写成乘法，并说一

说它们的含义。（学生反馈，老师板书）

师：比一比，你更喜欢乘法还是加法？

生1：我更喜欢乘法，比较简单。

生2：乘法更方便，不用写很多数字。

生3：加法太麻烦了，如果有很多数加在一起，就会花很多时间。

板块三　巩固练习　举一反三

1. 选一选

师：那现在就让我们用乘法解决一些问题吧。（出示游戏）请小朋友一起来玩一个游戏，把面包放到正确的位置。

师：他选得对吗？

生：对。

师：和大家说说你是怎么想的？

生：3×4就是4+4+4。

师：表示几个几呢？

生：表示3个4相加。

师：再请几位小朋友选一选。（学生反馈）

2. 判一判

师：来看看生活中哪些时候可以用到乘法。（出示判断）想一想，要解决一共有几个奥运环，能用5×5表示吗？请你用手势告诉老师，准备，三、二、一，出！

师：大家都觉得可以，请你来说一说你是怎么想的。

生1：有5个5就是5×5。

生2：5+5+5+5+5就是5×5。

师：很好，继续判断正方体的数量。准备，三、二、一，出！有不同意见了，请你说说你的想法？

生：我觉得可以用5×5表示。

其他学生反驳：不行，只能用2×5。

师：谁来帮助她解释一下为什么用2×5而不是5×5呢？

生：5×5表示5个5，图中左边有5个正方体，右边也有5个，是2个5，所以用2×5。

师：你听懂了吗？

生：听懂了。

师：请你再说一说为什么是2×5？

生：因为是2个5，就是2×5。

继续判断其余问题。

3. 改一改

师：原来我们生活中有这么多可以用乘法解决的问题，让我们一起完成学习单上的改写问题吧。

独立完成学习单反馈最后两个问题。

师：9+9+9–9能写成乘法算式吗？

生1：不能，要连加才行。

生2：可以，+9–9抵消掉了，只剩下两个9，就是2×9。

师：没错，这个算式不能直接改成乘法算式，但是我们可以通过把算式中的–9抵消，就能变成可以写成乘法的加法算式了。同样最后2+2+4你能想办法变成几个几相加吗？

生1：2+2=4，就有2个4相加变成2×4。

生2：还可以把4变成2+2，就是4个2相加，可以写成4×2。

师：你们的方法可真多。

4. 圈一圈，写一写

师：完成圈一圈、写一写的两个同桌可以相互说一说你是怎么想的。

师：谁愿意分享你的结果？

生1：我是2个2个圈的，算式是2×3。

生2：我是3个3个圈的，算式是3×2。

师：还有不一样的圈法吗？

生：1个1个也行。

师：你们觉得这样的乘法算式怎么写呢？

生：1×6。

师：你还能想到其他方法吗？一次圈6个行吗？

生：行！是6×1。

5．想一想

师：通过今天的学习，你对乘法还有什么疑问吗？请小朋友课后试着编一个用5×3解决的乘法问题。今天就上到这里，同学们再见。

生：老师再见。

教师点评

郭老师以“乘法的初步认识”为例，为我们做了小学数学理解课型的范例，我从以下几角度分享我的观点。

1. 围绕理解，以生为本

设计的每一个环节都十分注重通过学生动手操作、推理、实践等方法加深对乘法含义的认识，针对性强，充分发挥了学生的主体地位。

2. 多种学习方式的融合

比如，在“板块一：情境融合　连接生活”的环节，结合低段儿童的年龄特点，郭老师设计了学生喜欢的“摆—写—说”的学习活动。在活动中，学生融入了认真听讲、积极思考、动手实践、自主探索、合作交流等学习方式。学生首先动手摆一摆花朵，每人摆出的数量不等，选择的花型不同，列出的算式就不同。

3. 合理利用多媒体呈现

在设计展示交流过程中，多媒体让反馈更加直观清楚，便于评价；在活动过程中，课件展示清楚的操作要求，对关键环节进行提醒，便于低段孩子的组织；巩固练习中，巧妙设计多媒体游戏环节，吸引学生注意力，达到课中操的效果。

（执教：郭瀚远　点评：包利华）

（二）课型研讨与交流

【研讨人员】方建兰、钱洪芹、郭瀚远、陈思叶、杨潆娟、胡晓敏、吴启懋、张忠艳、陈思叶、周丹、郑晶、包利华、邓超逸、陈娜、殷瑛

【主持人】陈思叶

【研讨实录】

主持人：尊敬的各位领导，数学组的全体老师，大家下午好。今天我们的数学郭老师为我们带来理解课型的融学课堂，下面请大家各抒己见，从不同的角度谈一谈。

杨潆娟：我从“多媒体使用”的角度来谈一谈今天的课。在乘法的初步认识中，如何理解乘法与加法的联系并构建乘法概念是学习过程的一个难点。首先，郭老师在引入环节构建了用花朵装饰教室的情境，在学生动手摆一摆后，利用手机投屏，让摆一摆花瓣的结果立刻呈现在白板上，再结合板贴，孩子们能第一时间看到其他同学的摆法并反馈。接着，通过课件中的游戏活动，让巩固练习变得生动有趣，孩子们非常

感兴趣，参与度高。最后，郭老师呈现的小练习，充分结合了生活实际，在多媒体的帮助下，孩子们的思维活跃，全身心地投入思考中。在课堂最后郭老师设置了一个编问题的活动，由于时间关系没有展开。我觉得这是一个很好的展示活动，没有给予孩子充分的时间有些可惜。

胡晓敏：我从“学习方式”方面来谈一下今天的课。在课堂中郭老师让学生经历了连加计算的烦琐，适时介入乘法计算。学生进行对比后，自然就体会到了乘法简便和快捷的优越性。让学生参与经历数学知识的呈现，了解新知产生的由来，既利于学生掌握和理解知识，又利于激发学习的主动性和创造性。在教学乘法算式的列法，充分体现由扶到放的教育思想，逐步让学生探究新知。老师始终处于客体位置，把学生推向中央。老师只在关键处启发、点拨，留给学生充分的时间和空间，让学生积极主动参与知识形成的全过程。

吴启懋：我从“学习目标”方面来谈一下今天的课。通过本节课的学习，学生亲历了乘法产生的过程，知道了相同加数连加可以用乘法计算，初步感知了乘法算式所表示的含义。同时学生进行了有条理的思考，认识了乘号，掌握了乘法算式的读法和写法，并且能够在练习中很好地将同数连加的算式改写成乘法算式。在学习单上的改写乘法算式一题中，不仅出现了同数连加的算式，还出现了“2+2+4”这样的变式，通过引导学生对变式进行改写，让学生更好地体会相同加数相加才能用乘法的规则，但是在加数不同的其他情况下，通过改写最后也能写成乘法算式，拓宽了学生的思维。这一变式设计得非常巧妙。

张忠艳：我从“课标要求”方面来谈一下今天的课。这节课是在学生已经学习了加法、减法的基础上学习的，鉴于学生还未建立乘法的概念，教材安排了一节“乘法的初步认识”让学生理解乘法的含义，为后面的学习奠定基础。教材十分注重通过动手操作、推理、实践等方法加深对知识的理解。郭老师通过摆、写、说等环节，让学生合作交流，探究出不同种类花瓣从而引出不同的加法算式。又让学生充分表达，在操作中提升思维能力，培养学生的分析、比较、概括的能力。最后的知识巩固拓展环节，数学游戏充分调动了学生的积极性。

陈思叶：我从“难点突破”方面来谈一下今天的课。乘法的本质是一种特殊的加法，乘法知识的生长点是几个相同数的连加，本节课教学内容与相同加数连加有着相互依赖的关系，是在认清相同加数和相同加数的个数的基础上引发的。因此，本课的教学难点是使学生亲身经历乘法产生的过程，理解掌握乘法的意义。课堂上，郭老师让学生通过数花瓣的数量，直观地体会“几个几”。通过引导学生观察、分析，比较连加算式与相对应的乘法算式，帮助学生体验乘法的发生、形成、发展的过程。让学生说一说是几个几相加，建立表象，形成知识结构，促进思维发展。此外，还设计了让学生根据一个算式编题目的环节，学生只有在充分理解乘法算式意义的基础上才能编出符合条件的数学问题，因此该环节有效地检验了学生对乘法意义的掌握程度，同时也培养了学生思维。

周丹：我从“融学”方面来谈一下今天的课。“乘法的初步认识”这一节课是乘法认识的初始课，也是一节乘法的概念课。郭老师本节课的设计建立在学生一定的生活经验的基础上，紧紧扣住乘法的意义展开。小朋友们先摆花瓣，再写算式，最后说方法，拾级而上，自然而然地从加法过渡到了乘法。出示了乘法算式后，再结合图形理解乘法算式的含义。此外，郭老师还拓展了一些关于乘法的数学史知识，介绍了第一个使用乘号的人，让小朋友对乘法的认识更加多元。

郑晶：我从“融学”方面来谈一下今天的课。郭老师重视让学生实际操作，也重视用对照促进学生理解，通过实物图、加法算式与乘法算式相对照，乘法算式的读法、意义与乘法算式相对照。这样形数的有机结合，使学生初步认识乘法，学会乘法算式的读法和写法。从中可以清晰地得出两个知识点：一是乘法的含义，这是本节教学的一条主线；二是乘法算式的写法和读法，这是理解乘法意义和计算的基础。我认为整条设计思路比较符合学生的认知水平，基本完成教学任务。在教学时必须突破难点，而难点就是在乘法的含义是几个几相加上。在教学时郭老师通过变式，让学生理解相同加数相加才能用乘法，加数不同等其他情况也能通过改写最后写成乘法算式，融会贯通。

包利华：我从“融学”方面来谈一下今天的课。郭老师的这节“乘法的初步认识”体现了孩子们多种学习方式的融合。比如学生互相观察各自的“作品”，比较后发现算式的特点，又通过倾听他人发言、思考和交流，发现、加法算式、乘法算式之间的关联。最后，通过归纳和概括，得出乘法是求几个相同加数和的简便运算。

这样的设计是有一定根据的。其实在课前，郭老师对孩子们进行访谈，知道孩子们对乘法是有一定认识的。这个引入板块，郭老师没有回避孩子们的“已知”，而是通过设计有效的学习活动，让学生主动融合多种学习方式，呈现出他们对“同数连加”原有的认识，加法与乘法算式共存。因此，学习重点不是乘法的引入，而是加法和乘法的关联，通过关联更好地理解乘法的意义。通过多种学习方式的融合，学生能够更好地理解基础知识，掌握基本技能，获得基本数学思想，积累基本活动经验。

邓超逸：我从“师生互动”方面来谈一下今天的课。郭老师在进行课堂教学时，能够及时给予小朋友们正面评价，并且会变化表扬的语言，描述具体内容，而不是单纯地说“你真棒”，这也是我自己平时教学容易忽视的地方，值得我学习。另外，整节课郭老师照顾到了大部分同学的表达机会，尽量让更多的小朋友能起来回答问题。在想纠正小朋友的一些行为时，郭老师是通过表扬正面行为说“表扬……因为他……”其他小朋友听到后，马上就会自觉地像被表扬的那个小朋友那样做，这样效果显然是更好的。

主持人：感谢老师们的认真交流，下面我们先请钱老师做一下点评。

钱洪芹：感谢郭瀚远给我们提供了一次很好的学习机会。整节课从整体的建构来看是符合学校要求的，但是细看还存在一些问题。建议这些地方做调整。首先，课型程序分为四个板块：情境融合，连接生活；自主探究，学习新知；数形结合，意义建构；巩固练习，举一反三。第二，课型策略分为四个板块：融入生活，以旧带新；融入活动，实践探究；数形结合，层层推进；拓展练习，解决问题。第三，课型评价分四种：自我评价、同伴互评、师生互评、展示评价。评价的内容可以再补充。第四，课型设计这个部分四大板块需要做调整。

课型设计这个部分四大板块建议进行如下调整。学习目标要用“学习方法+解决问题”的方法去写。通过观察与实践理解同数加法变短的方法，能认、读、写乘法算式与乘法符号；通过看、说、画、圈等数学活动，建构乘法的意义，培养学生的语言表达能力；通过活动感悟同数相加与乘法之间的联系和区别，在实践与探究中亲身经历概念的形成过程。

主持人：感谢钱老师的指导，接下来有请方校长为我们总结。

方建兰：课堂是我们的学生接受教育和成长的重要场所，也是我们老师成长的平台。首先每一位老师都需要多上课。我们团队的每一位老师都要研究基于学生的能力和知识的学理这样的课型，要有自主研究的意识，勤于反思，及时改进。其次是开放。课堂里的语言可以更加幽默丰富一些，多一些孩子交互的活动设计。像郭老师的课堂中对学生的评价就十分丰富。一个宽松愉悦的理想学习氛围，能让孩子学得更加轻松，这和老师在课堂中引领、帮助与支持是分不开的。

很高兴我们的数学团队的学习讨论氛围能一直这么浓烈地持续下去。数学融学课堂的实践是有难度和挑战的，老师们精心准备，积极思考，推动着学校课堂样式的改变。在今后的课堂实践中，希望我们的老师们都能像这样人人参与、齐头并进！

（三）教后反思与改进

教后反思

理解是将未知事物的变化和发展逻辑同人固有的认识相统一的过程。在学习新知的过程中，一定会经历理解的过程。首先我将概念学习作为理解课型的范例，因为小学阶段的概念以定义性为主，学习时一般先理解概念的含义，再运用例子分析说明。在乘法的初步认识中，孩子需要通过理解乘法与加法的相同点与不同点，将乘法概念单独构建出来。而在这个理解过程中，加法的概念属于上位概念。

基于概念理解的学习过程，我拟定了小学数学低段理解课型的一般程序。

1. 创设生活情境，提供丰富的学习素材

运用已有知识与生活经验解决实际问题，以提问的方式引入新概念。

2. 分析学习素材，理解新概念

通过比、说、写、画等方式比较分析学习素材，感知理解新概念。

3. 借助拓展练习，巩固应用概念

通过交流、争辩与老师的引导，应用概念解决问题，巩固新知。

接着我又制定了以下学习目标：

（1）通过解决生活中的连加问题，发现并总结连加算式的基本组成，为理解乘法含义铺垫。

（2）通过比较加法与乘法算式之间的联系，理解并构建乘法的意义。能读写乘法。

（3）能将相同加数的连加算式与乘法算式进行相互转化，巩固应用乘法的意义。在实际问题中体会乘法的简便性。

在设计教学环节时，我尝试从通过融入多元的学习方式，丰富孩子理解过程中的思维体验，降低理解过程中的难度。

在实际的教学过程中，遇到了两个问题：一是课堂过于注重程序化，环节之间的衔接比较突兀；二是在个别学生出现理解困难时，老师介入过多，没有给予概念混淆的学生充分思考的时间。根据以上思考做如下反思。

1. 紧抓旧知基础：为新知铺垫

乘法概念的学习是基于学生对同数连加算式的理解与再认知。从同数连加中提取相同加数与相同加数个数这些关键信息，与乘法中的两个乘数建立联系，最后理解乘法就是几个几相加的简便运算。没有旧知识的预先铺垫与比较观察，就难以顺利理解乘法的含义，直接影响之后的练习巩固环节。纵观学习乘除法计算的整个过程，乘法概念又是除法学习的基础。所以乘除法计算的概念的学习是一个螺旋上升的递进过程，也是在旧知上构建新知的重建过程。

2. 注重概念应用：抽象到形象

在乘法概念总结之后，学生需要进一步理解概念的内涵，所以我选择使用判断、举例、变式、比较等方式。在举一反三巩固练习中，分别设置了判断能否用5×5表示图中出示的情景、让学生把变式的加法改写成乘法、比较根据同一张图写出的不同乘法算式等题目来帮助学生巩固新知。抽象概念的学习，最终还是需要回到实践中，通过解决具体的生活问题，来评价学生是否理解乘法的意义以及能否灵活应用乘法。解决实际问题对一般的学生来说是有困难的，对于孩子的思维却是一个很好的锻炼提升的过程。于是让学生用乘法算式举例在生活中的情景，发展学生的思维。在这个过程中，可以给孩子一些例子引导思考方向，降低问题难度。同学的分享也很重要，学习同伴的思维过程，能让更多孩子的思维得到提升。

3. 能迁移的学习：除法概念理解

数学知识间紧密的联系让教师在教学过程中熟悉学生的起点与未来学习的方向。在学习乘法的过程中自然会想到除法的学习，因为两者是紧密相关的。理解乘法的学习过程同样能迁移到对除法的理解，也适用小学数学低段理解课型的一般程序。同时学生已有学习乘法的经验，在学习除法的过程中的学习环节可以更加开放自主，充分调动学生学习的自主性。

以下是我的改进：

1. 关注个别，在以生为本理念中开展学习活动

在概念理解中，一定有孩子会对乘法的概念产生不同的理解和建构，比如课堂最后有一个女生把2个5用乘法5×5表示。为了帮助她理解，我请了其他小朋友解释，再加上我对她的引导，还是没有让她完全理解。课堂上出现这样的情况其实是一个非常好的资源，可以帮助巩固概念，需要好好利用。在设计过程中要预设学生容易搞错的点，关注个别有困难的学生。

2. 融合促学，在多元学习方式中实施理解课型

本课以同数连加和乘法的比较展开概念学习，运用了摆一摆、算一算、说一说、画一画等多元的学习方式融合，丰富理解体验。关于学习方式，我觉得还可以有更多的形式帮助理解，比如学生之间的小老师、思维导图等。关于这节理解概念为主的课

是否适合融入其他学科整合学习，我个人认为还有待讨论与商榷，可以尝试与科学进行融合，作为一种工具帮助解决科学问题，帮助巩固乘法的概念。

综上所述，我认为理解课型的基本架构主要应用于概念学习的课程，能帮助孩子更好地构建新知。数学学习在本质是螺旋上升的，是类似搭建高塔的过程。只有基础概念扎实，高塔最后才不容易倾斜。而概念学习最重要的就是从具象的问题中提取出抽象的本质，从而达到认知与巩固的效果。

（郭瀚远）

二、“归纳课型”的实施

（一）课堂实录与点评

四年级下册“鸡兔同笼”

课堂实录

【学习目标】

（1）通过了解“鸡兔同笼”问题的结构特点，渗透归纳推理的思想方法，掌握用列表法、假设法解决问题，初步达成解决此类问题的一般性策略。

（2）通过经历猜测的过程，尝试用列表、假设的方法解决“鸡兔同笼”问题，引导学生有序思考，使学生体会解题策略的多样性。

（3）通过解决问题，培养学生的迁移思维能力，感受古代数学问题的趣味性。

【学习策略】

（1）尝试、猜测、列表。

（2）依据顺序归纳推理。

（3）从简单出发，逐渐使问题复杂化，从中体会一般规律。

【学习过程】

板块一　以个例探究思维方法

1. 谈话引入

板贴课题“鸡兔同笼”。

师：关于鸡兔同笼，你都知道了什么？还有什么疑问？

生1：有没有公式解决？

师：这个问题提得有深度！

生2：我知道鸡兔同笼有好多种解决方法，可以用分组法、假设法、列方程法。

师：你知道的真多！

生3：我知道日本的龟鹤算。

师：是的，我国的数学史非常的悠久，都流传到了日本。

2. 新知探究

（1）探究假设法

视频播放：大约1500年前，我国古代数学名著《孙子算经》中记载了一道数学趣题——鸡兔同笼。（接着板贴题目）

师：谁来读一读题目？

生：今有鸡兔同笼，上有8头，下有22足，问鸡兔各几何？

师：谢谢你！谁能把这道题解释一下？

生：有鸡和兔关在同一个笼子里，它们共有8个头，从下看有22只脚。鸡有多少只？兔有多少只？

师：你解释得非常清楚！我们前几天做过一个前测单，上面写的正是这道题。老师拍下了4位同学的解题方法，待会儿给大家看一看，看完之后咱们来讨论。讨论是有要求的哦。

视频播放讨论要求。（讨论要求：先在小组内说一说你看懂了哪些方法？再在全班交流）

师：明白要求了吗？现在开始讨论吧。

（学生分小组讨论。老师参与一些小组，倾听孩子的想法）

师：每个组选一名同学作为代表发言，其他同学可以补充或者质疑。

生：我看懂了左上角的这种方法（如图14-1所示）。

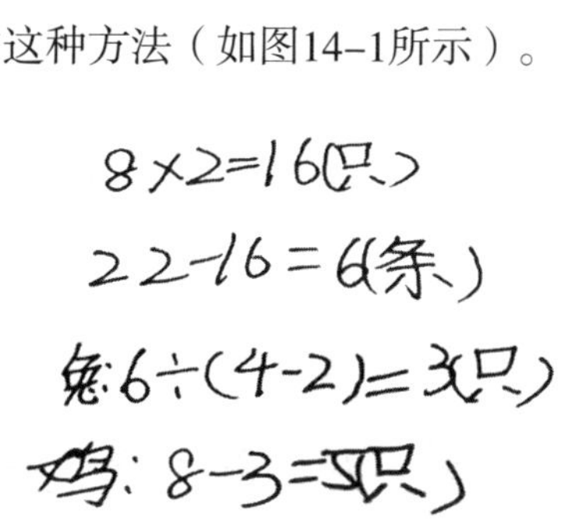

8×2=16(只)

22-16=6(条)

兔:6÷(4-2)=3(只)

鸡:8-3=5(只)

图14-1　解题方法一

这名同学借助图示（如图14–2所示），边讲解边在黑板上写算式。

生1：先假设都是鸡，就是2×8=16（条）。

生2：我想要质疑，假设8个头都是鸡的头，那16是什么？

生1：8个都是鸡的，这些都是鸡的腿数，用22–16=6（条），还剩下6条腿。

师：22–16=6中的6是什么？

生1：剩下的6条腿就是兔子的腿。

师：你能把兔子的腿补上去吗？

学生边画边说（如图14–2所示）。

图14–2　解题方法二

生：一只兔子4条腿。每个头加2条腿。6÷（4–2）=3（只）。鸡的只数就是8–3=5（只）。

师：4–2表示什么意思？

生：一只鸡比一只兔子少了2条腿。

师：为什么用6除以2？

生：少了6条，一只兔子比一只鸡多2条，然后就是用6除以2。

师：谁听明白了？

生：假设全是鸡，腿数就是2×8=16，比实际总腿数少了6条，这6条是兔子的腿，然后把这6条腿2条2条地往头上面补，可以补3次，也就是6÷2=3，3就是兔子的只数。

师：也就是求6里面有……

生：求6里面有几个2。

师：刚才我们讨论了左上角的方法，左下角的方法有谁看懂了？

生：左下角是假设都是兔子，一共有8×4=32（条），比实际总腿数多了10条腿，10÷2=5（只）。

师：老师这里正好有8只兔子图，需要吗？（如图14–3所示）

图14–3　解题方法三

生：需要。

生：这里有32条腿，多出10条腿，就2条2条地画掉，需要画5次，然后5只兔子都变成了鸡。（边说边画，如图14–4所示）

图14–4　解题方法四

师：前面都假设成鸡，这里都假设成兔子，这两种方法都可以称为什么法？

生：假设法。

（2）探究列表法

生1：我看懂了表格。如图14–5所示，8只兔和0只鸡，8×4，有32条腿；7只兔和1只鸡，有30条腿；6只兔和2只鸡，有28条腿；5只兔和3只鸡，有26条腿；4只兔和4只鸡，有24条腿；3只兔和5只鸡，3×4+5×2，有22条腿，已经符合了。后面就没有必要写了。

兔	8	7	6	5	4	3	2	1	0
鸡	0	1	2	3	4	5	6	7	8
腿	32	30	28	26	24	22	20	18	16

图14–5　列表法

生2：我觉得这个方法是不可行的，这只有8个头还好，如果有100个头呢？表格都挤不下了。

师：是的，列表法有局限性。我们把这个表格放大一点，看看能发现什么规律？

生：这个规律是，一开始有8只兔子，兔子往下减去1只，鸡就往下加上1只。而腿也有变化，一开始是32条腿，后来7只兔、1只鸡，只有30条腿，少了2条腿。

师：你的意思是说换掉1只动物，腿的总数就跟原来的相差2，从左往右看，腿的条数……，从右往左看，腿的条数……，头的总数有变化吗？

生：鸡和兔的只数之和都是8。

师：当总头数不变时，兔子越来越少，总腿数也……

生：总腿数也越来越少。

师：看到第一列的数据，你想到了什么？

生：假设全是兔子，4×8=32（条），32–22=10（条），意思是多出10条腿，多出来的腿是要减掉的。然后10 ÷ 2=5（只），也就是鸡有5只，就可以求出兔的只数了。

师：大家有什么疑问的话，可以问问他？

生：2是哪里来的？

生：2就是兔子和鸡相差的2条腿。兔子减去2条腿就变成了鸡。

师：她的回复，你满意吗？

生：满意。

师：刚刚这位同学看到第一列的数据想到了假设都是兔子，那假设全是鸡的情况，你们能在表格里找到吗？

生：最后一列是假设全是鸡。

师：在表格里，我们看到了假设法。

（3）探究凑数法

师：最后一种方法，谁来说一说？（如图14–6所示）

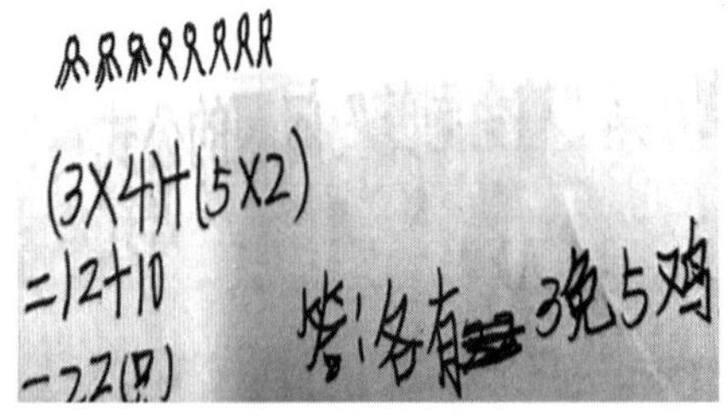

图14–6 凑数发

生：他的这种方法有点错误，他是凑出来的过程。不知道3是哪里来的、5是哪里来的？

师：不知道3和5是哪里来的，应该是凑出来的。数字小还好凑，数字大了就不好凑了。

生：我觉得他也不完全是凑出来的。因为他上面画了个图，只不过没有把过程写出来而已。

师：那你认为他是怎么想的？

生：他可能先假设成都是鸡，发现少了6条腿，再2条2条地补，补了3次，刚好是22条腿，结果就是3只兔子5只鸡。

（4）介绍方程法

师：你讲得很精彩！我们来看看另外一种方法——方程法（如图14–7所示）。等到了五年级，我们学了方程就能看懂了。

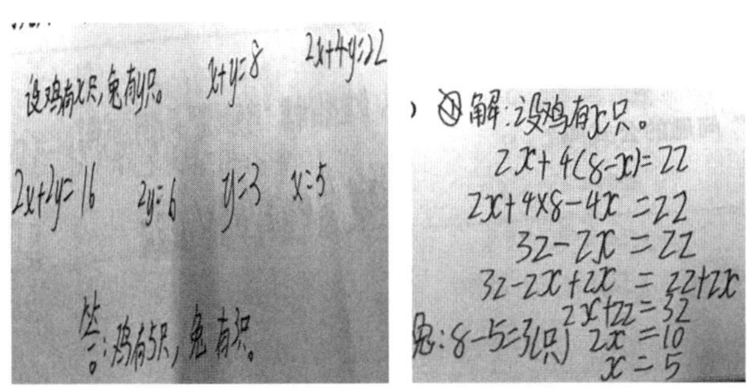

图14–7　方程法

（5）介绍抬腿法

师：我国的数学史源远流长。一起来看看古人是怎么解决“鸡兔同笼”问题的。

（播放视频“抬腿法”）

板块二　归纳一般方法

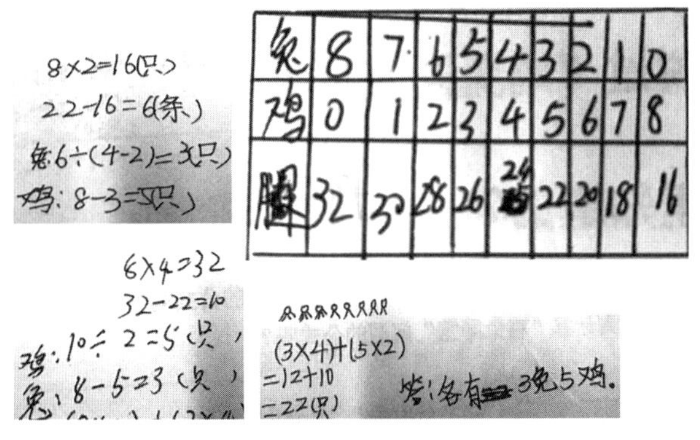

图14–8　方法归纳

师：如图14–8所示，左边两个是假设法，右上角是列表法，右下角是凑数法。刚才我们在表格中找到了假设法，这位同学还猜测了凑数法的思路，那这三种方法之间有没有什么联系呢?

生：全都是先假设成一种动物再调整。

师：哦，假设法、列表法、凑数法表现形式各有不同，但都是先假设成一种动物，再根据数量关系分别求出鸡和兔的只数。

板块三　巩固方法　强化模型

1. 巩固运用

（1）课件出示：一辆自行车有2个轮子，一辆三轮车有3个轮子。车棚里停车10

辆，车轮共有24个。车棚里自行车、三轮车各有几辆？

（2）先独立完成，再全班交流。

师：这道题里面既没有鸡也没有兔，你能猜出谁是鸡、谁是兔吗？

生：自行车是鸡，三轮车是兔。

师：没有鸡和兔，但也是“鸡兔同笼”问题，也可以用假设法来解决。

2. 学习整理

师：阅读课后习题，思考它们与“鸡兔同笼”问题之间的联系。

生1：“龟鹤算”里，可以把龟当作兔子、把鹤当作鸡。

生2：“投篮”问题里，可以把“3分球”当作兔子、把“2分球”当作鸡。

……

生3：“鸡兔同笼”不只是代表着鸡、兔同笼的问题，生活中有很多类似的问题都可以看成是“鸡兔同笼”问题，都可以用假设法来解决。

师：这节课我们一起研究了古代著名的“鸡兔同笼”问题。我们用了假设法、列表法、凑数法，最后都归纳为假设法，还了解了方程法、抬腿法。今天的研究经验在后续的学习中也会经常用到。

教师点评

“鸡兔同笼”是小学数学归纳融学课型的范例，有如下几点值得我们学习。

1. 凸显归纳课型的特点

这节课分成三个板块。课伊始，借助古代数学问题，以个例探究思维方法，然后通过学生的前测单展示多种解题策略，并把每一种解决方法归纳到假设法，概括成一般方法。最后，将数学问题与生活实际建立联系，巩固方法、强化模型。

2. 凸显课型的让学理念

老师把课堂放手交给学生，扮演好“组织者、引导者、合作者”角色。比如：学生分享时，把舞台交给学生，让他们互相倾听、互相质疑、互相评价；当各种方法呈现后，如何建立联系和沟通，教师适时引导，提出一个关键性问题，引领学生深入思考，优化策略。另外，老师在教学前进行了前测和分析。由于问题是学生提前思考过的，学材是学生自己提供的，课堂上的讨论就更有针对性和主动性。

3. 注重融学式体验学习

“鸡兔同笼”问题是我国古代著名的数学问题，老师借助富有情趣的视频，生动地引出《孙子算经》中记载的“鸡兔同笼”问题，并介绍了古人的抬腿法，激发了学生解决古代数学问题的兴趣。本节课融入了数学史，力求让数学史中的知识与文化更好地发挥出育人功能。

（执教：殷瑛　点评：包利华）

（二）课型研讨与交流

【研讨人员】方建兰、钱洪芹、陈思叶、殷瑛、郭瀚远、周丹、包利华、张忠艳、杨滢娟、胡晓敏、吴启懋、陈娜、邓超逸、郑晶

【主持人】陈思叶

【研讨实录】

主持人：请每位老师畅所欲言，说一说自己对这节课的想法。

郭瀚远："鸡兔同笼"问题是小学阶段孩子们会遇到的较为复杂困难的问题。如何引导孩子们归纳总结方法是教学过程中的难点。整节课从孩子们的前测、探究、交流、归纳总结中有层次地展开，整体的建构完整，融入了课前预习、课堂自主学习、小组交流学习、小老师分享学习等多种学习方式，围绕"鸡兔同笼"的假设法进行归纳。殷老师的课以生为本，从学生已有的解决方法中来，再到有困难的学生中去，让孩子们在相互交流学习中，能对"鸡兔同笼"问题有更深入的学习理解。有几个小建议：（1）在交流假设全是鸡或者兔的时候，老师的条理不够明晰，被学生的思路牵着走，导致学生听得比较混乱。（2）动画展示的抬脚法还有很大的发掘空间，学生只是看完后解决了几个问题，没有延伸理解其中的假设内涵。（3）时间比较紧凑，让孩子举一反三的时间不足，孩子们完成练习后就直接下课，来不及反馈。

杨滢娟：这节课老师注重学生的表达，也做了充分的准备，从展示学生前测的结果入手展开了"鸡兔同笼"问题的研究，课上使用了鸡和兔的相关教具模型，使结果更加直观。此外，本节课使用多媒体介绍了"鸡兔同笼"的相关史料和抬脚法的视频讲解，提升了这节课的趣味性。

殷瑛：我从"融学"的角度说说这节课。这节课我融入了数学史，力求让数学史中的知识与文化更好地发挥出育人功能。"鸡兔同笼"问题始见于公元3~4世纪的《孙子算经》，其中的算法可以称为"半足法"，也就是抬腿法。本节课，我通过一段视频给孩子们介绍了抬腿法。"鸡兔同笼"问题后来又收录于明代程大位所著《算法统宗》第八卷的"少广章"，书中给出了两种算法：一种是先假设全是鸡，另一种是先假设全是兔。也就是本节课的重点内容。此书第五卷出现了"米麦问题"，其数量关系和"鸡兔同笼"类似。之后清代李汝珍所著《镜花缘》、日本数学教科书中"龟鹤算"都是

“鸡兔同笼”问题。课前有孩子知道的“龟鹤算”就是从中国传到日本的，课后练习第一道就是“龟鹤算”，这样孩子就浸润在历史中。

胡晓敏：我从“学生的学”这个角度谈谈自己的想法。（1）课上留给了学生充分思考和表达的时间与机会。学生通过小组讨论、自由发言等，将自己的思考过程充分展开，以学带学。（2）归纳时，可以更系统一些。学生自由选择方法讲思路，其中存在重复性的问题，教师在提问时可以提前预设好几个板块，再让学生选择回答。

吴启懋：我是从“学习目标”的角度来看的。首先，殷老师从数学史入手，带领大家了解了“鸡兔同笼”问题，它是我国古代流传下来的一个非常经典的数学问题，同时在除我国以外的其他国家也有很多相似的数学妙题，如“龟鹤问题”“猎人与狗”“租船问题”等，让我们了解到这类问题与我们的实际生活息息相关，其中蕴含着我国古代学者的数学思想和智慧，令人叹服，并由此让我们感受到了古代数学的经典性与趣味性。其次，在解决“鸡兔同笼”这一问题时，殷老师更多的是以一个引导者的身份引导学生讨论、思考这一个问题，学生通过小组合作、自主探究的方式，主动参与讨论，积极思考，在猜想、实验、推理等数学探索过程中不断激发对数学的好奇心和求知欲。同时，融洽的上课氛围让学生在无形之中开放了思绪，有的用绘图的数形结合思想，有的用算术计算的假设思想，在合作探究的过程中，学生从多角度进行思考，运用假设法、画图法、列表法、方程法、抬脚法等多种方法来解决问题，体现了方法的多样性。

张忠艳：这节课殷老师打破传统的教学方式，放手让学生自己去探索，学生通过自己对题目的解读、思考得出多种解题思路。通过“小老师”的讲解，同学们产生怀疑，再到沟通这样思维的碰撞，让学生通过一道题学会了一类题。在这节课中，让学生认识、理解、运用假设法是本节课的教学重点，也是教学难点。列表法虽然有局限性，但它是假设法的基础，因此在介绍列表法时，学生就提出了质疑，在殷老师的引导下，明白了列表法中各个数之间的规律，为假设法的学习埋下了伏笔。本节课，殷老师从实践生活情境出发，让学生领悟发现、抽象、简化、处理、解决问题的整个思维过程，从“鸡兔同笼”到“龟鹤问题”的过程，从数量变化到提炼数学问题模型，这样一步步完成模型的建构。

陈娜：这节课，从课前测、微课、希沃软件、学生视频讲解等几方面进行了融合，提高了教学效率，培养了学生分析问题、解决问题的能力。如果最后结束的时候能总结下“鸡兔同笼”问题的归纳推理方法会更好。

陈思叶：学情和难点进行了很清楚的呈现，追问、突破难点，用微课演示抬脚法更直观，如果再多让几个学生去说一说会更好。

周丹：“鸡兔同笼”是在学生认知发展水平和基础上进行教学的，从画图法、列表法到假设法的教学，由浅入深。

郑晶：让学引思的思想，教学设计的改进。亮点：基于学生，以学定教非常好，题目非常有趣。进行益智分组，多角度地去思考，方法优化，深入地理解和掌握假设法。对于有难度的题目，合作交流的方式非常好，可以让学习有困难的学生得到帮助。

邓超逸：大部分的时间交给学生，学生间的交流互动，学生使用“追问”“质疑”等词来发表自己的想法。老师在学生表达自己的想法时会根据学生的生成及时追问，提供支持，推进关键内容。

包利华：教学设计有结构化的意识，整堂课围绕一个大问题而展开。学生就围绕一个问题思考、讨论、再思考、再讨论，一步步由浅入深，逐渐分享了不同方法和策略，最后又把各种方法进行沟通和联系，带领学生进入了深度思考的境界。课堂教学方式的改变是需要勇气的，尤其是年龄稍长的教师，要突破自己，把课堂放手交给学生，是很大的改变，也是特别值得我们学习的地方。也许过程中会出现难以驾驭甚至“失控”的场面，但这正是我们要学习的地方，如何在一个开放的课堂中扮演好“组织者、引导者、合作者”角色，其实是有难度的。比如：学生分享时，可以把舞台交给学生，让他们互相倾听、互相质疑、互相评价，教师无须太多的引导和重复；当各种方法呈现后，如何建立联系和沟通，就需要教师适时引导，提出一个关键性问题，引领学生深入思考，优化策略。另外，殷老师能够基于学生的学情，在教学前进行了前测和分析，课堂充分体现了学生的学习主动性。由于问题是学生提前思考过的，学材是学生自己提供的，学生参与讨论的积极性更高，课堂上的讨论就更有针对性。

钱洪芹：这节课的最主要的优点是三个基于学情，自主化、探究化。基于学情主要表现在学习有前测、内容来源与学生的自学练习。自主化主要表现在能把大量的时间给学生自主讨论、内化、交流，“小老师”说算法，老师给予指导。探究化主要表现在能让学生在讨论中探究学习。

建议有三个。首先是层次化。四种算法明显具有层次性，应该由易到难，不是一次性出现。信息量太大，会给学生带来困扰。我认为，表格最直观，应该最先出来；然后是用假设法一学重点，假设法二来巩固；最后是错例辨析（如果不是与表格结合有拼凑的嫌疑）。第二是直观化。鸡兔同笼的难点是把鸡换成兔，要放慢节奏，用图片或视频引入，反复演练，强化算法。第三是活动化。这样的课是否可以给学生打印8只鸡、8只兔的图片，分8组，实际动手操作试一试，再次强化算法。

方校长：融学课程的设计主要在于促进学生的整体提高，积极好学。支持、鼓励大家评课时直言不讳，更有助于老师的成长，听课就是一种学习。教学方面首先要关注学。学什么？怎么学？学得怎么样？要通过什么方法来达成这节课的教学目标？必要时可以打破常规。其次，要把握学习的特质，把握数学的六大要素。培养数学抽象的素养和能力，数学的归纳、逻辑推理能力，方式方法可以多样化。建议：（1）课堂是老师成长的主要场所，要多上课。老师应自主研究学生的学情、学力。（2）要更开放，姿态要开放，注意语言的幽默性和对学生的褒赏，以及组织方式的灵动性。

（三）教后反思与改进

教后反思

首先，我要思考归纳推理在小学阶段的教学基本目标和作用。归纳推理是小学阶段的重要的认知活动和基本的思维形式之一。学生通过归纳推理认知数学规律、形成数学概念、建构数学知识体系、解决问题，归纳推理是提高学生数学核心素养特别是培养创新意识的重要内容。

其次要思考归纳推理的含义。归纳推理是一种由个别到一般的推理。由一定程度的关于个别事物的观点过渡到范围较大的观点，由特殊具体的事例推导出一般原理、原则的解释方法。

基于以上文本的解读，我制定了小学数学归纳课型的一般程序：探究个别事物。通过有序列表，观察、思考、分析，发现总脚数和兔、鸡的只数之间的变化规律，归纳一般方法。归纳解题的有效方法有列表法、假设法、凑数法、抬腿法等。

建构强化模型。结合实例，感受“鸡兔同笼”问题的变式及其在生活中的广泛应用。

在策略方面，我从学情方面明确思路。尝试计算，从特例获得规律。发现因果关系，从个别归纳出一般。

为此我制定了以下学习目标。

（1）通过了解“鸡兔同笼”问题的结构特点，渗透归纳推理的思想方法，掌握用列表法、假设法解决问题，使用解决此类问题的一般性策略。

（2）通过猜测，尝试用列表、假设的方法解决“鸡兔同笼”问题，引导学生有序思考，体现解题策略的多样性。

（3）通过解决问题，培养学生的迁移思维能力，体验古代数学问题的趣味性。

本节课，孩子们在探索“鸡兔同笼”的多种算法时，先小组内交流，每个孩子至少掌握一种算法，并了解多种算法，再全班交流，结合前测单上呈现的方法，重点讨论画图法、列表法、凑数法、列算式法（极端假设法），然后通过比较发现这几种方法的共同点是都运用了假设思想，从而感悟假设思想在解决问题过程中的重要性。

但在实际的教学过程中，我发现：在全班交流算法的时候，学优生能很好地理清数量关系，进行数学表达，但是学潜生没有机会表达，因此本课没有达到让不同的孩子得到不同的发展目标。基于以上理解，我做如下反思。

（1）虽然课前做了前测，但是只统计了孩子们的各种算法以及解答正确的人数，没有记录出现错误的孩子的名字，尤其是理不清楚数量关系的孩子，这部分孩子应该重点关注。

（2）在讨论画图法、列表法、凑数法、列算式法（极端假设法），这几种方法之间有什么联系的时候，孩子们有些迟疑，说得不是很透彻。

（3）由于我对于小学数学内容相关的数学史料了解得较为浅薄，只能在原先教学设计之外加一点数学史的知识，借以给课堂增加些许文化色彩。《义务教育数学课程标准（2011年版）》指出：数学课程应帮助学生了解数学在人类文明发展中的作用，逐步形成正确的数学观。数学教材在“你知道吗”“阅读材料”等板块中安排了关于数学在历史、文化和现实生活中的作用的实例。教师在教学中适时穿插数学史，可以让学生更加深刻地了解数学知识的产生和发展过程，体会数学在人类进步中的作用，激发数学学习兴趣。

教学改进

（1）在全班交流讨论的时候，首先就要请那些理不清数量关系的孩子发表自己的观点和想法，然后请学优生补充或者质疑，这样不同的孩子就得到了不同的发展。

（2）还可以先讨论思维层次低些的、直观的、可操作的、形象的方法，逐步过渡到思维层次高些的、抽象的算式。例如可以从简单的事例入手：1辆自行车有2个轮子，1辆三轮车有3个轮子。车棚里停车10辆，车轮共有24个。车棚里自行车、三轮车各有几辆?

首先通过具体的数字进行尝试计算，在这个过程中发现规律，给出计算结果。先假设10辆车都是三轮车，没有自行车，则总轮子数为$10\times3=30$（个），显然比24多。说明三轮车没有那么多，需要减少三轮车，增加自行车。

减少1辆三轮车，增加1辆自行车，就是有9辆三轮车、1辆自行车，则总轮子数为$9\times3+1\times2=29$（个），依然比问题中描述得多，还需要减少三轮车、增加自行车。如此类推，学生最后可以发现：$3\times4+6\times2=24$（个）。这样，所求问题的答案是4辆三轮车、6辆自行车。还可以用表格表示出来：

三轮车数	自行车数	总轮子数
10	0	30
9	1	29
8	2	28
7	3	27
6	4	26
5	5	25
4	6	24

运算是具体的，是基于经验的。在这个过程中，学生逐渐建立起直观的概念。其次，在具体运算建立起来的直观基础上，发现因果关系，归纳出计算方法。

从上述计算过程发现：如果10辆都是三轮车，则多出30–24=6（个）轮子，这些多出的轮子数是由于把自行车的轮子数算成3了，每辆自行车多算了1个轮子。现在多出6个轮子说明有6辆自行车，这样就得到三轮车的辆数为10–6=4（辆）。由于1辆自行车和1辆三轮车的轮子数相差1，数量关系理解起来比较容易，学潜生就会参与进来，思维得到锻炼，同时体验到成功感。

（3）在解决“鸡兔同笼”问题的方法中，猜测是解决此类问题的基础，通过列表孩子可以有序思考。假设法则是逻辑推理能力的体现，是解决此类问题的一般方法。探究时，给孩子们充分的空间和时间，在小组交流、合作学习的过程中将各种解决方法相互碰撞，了解不同方法的特点，归纳总结的时候让孩子们说一说对抬腿法的理解，让孩子充分感悟假设的巧妙与灵活，并再次运用这几种思维去解决一些数学问题。只有在应用中孩子们才能有深刻的感悟，在比较中发现这几种方法之间的联系和区别，从而引出模型思想，对“鸡兔同笼”问题达到本质的理解和掌握。

（4）既然“鸡兔同笼”问题在我国流传了1500多年，索性整节课都让孩子浸润在历史长河中。通过视频给孩子介绍明代程大位所著《算法统宗》第八卷的“少广章”，书中对问题给出了两种算法：一种是先假设全是鸡，另一种是先假设全是兔。也就是本节课的重点学习内容。此书第五卷出现了“米麦问题”，其数量关系和鸡兔同笼类似，也呈现给孩子们，让他们试着做一做。还有之后清代李汝珍所著《镜花缘》也拿来试做，甚至可以让孩子们挑战“狐鹏共舞”，“今有狐狸一头九尾，鹏鸟一尾九头。只云前有七十二头，后有八十八尾，问二禽兽各若干”。

（殷　瑛）

三、“计算课型”的实施

（一）课堂实录与点评

三年级上册“口算乘法”

课堂实录

【学习目标】

（1）掌握整十、整百、整千数和两位数乘一位数的口算方法，能够正确地进行口算。

（2）经历多位数乘一位数的口算方法的形成过程，在操作、观察、对比交流中理解算理，提高计算能力。

（3）调动学生学习的积极性，培养学生转化迁移的能力。

【学习重难点】

重点：掌握整十数、整百数乘一位数的口算方法及两位数乘一位数（不进位）的口算方法。

难点：理解两位数乘一位数（不进位）的口算算理。

【学习过程】

板块一　复习表内乘法导入

黑板左边写出一列算式：2×3=__；5×6=__；4×3=__；8×9=__；7×7=__。

开小火车口算。

师：同学们的乘法口诀背得都很溜了，陈老师今天带来了一些题，你能解决吗？

板块二　创设情境，教学整十、整百数乘一位数

1. 出示情景图（如图14-9所示），列出算式

铅笔	一盒20支	购买3盒
星星贴纸	一袋200个	购买3袋

图14-9　购物图

师：陈老师最近在挑选要购买的小礼品，你能不能根据信息提出一个用乘法解决的问题并且列出算式。

生1：铅笔一共有几支？20×3（板书）

生2：星星一共有几个？200×3（板书）

2. 独立思考，分享算法

师：这些算式你会算吗？第一题？（60）（板书）你们是怎么算的？

生：先不看0，算出2×3=6，再把0添上。

师：可以这么算吗？（可以）为什么？那2乘3表示什么呢？

生：因为这个0反正也是没用的，0乘任何数都等于0，所以我们可以先不看这个0。

师：哦，0是没用的，你们觉得这个说法对吗？

生：不对，0要占位的。

师：那这个2乘3为什么用到0呢？不着急，我们用小棒代替铅笔来帮助我们研究一下这个问题（如图14–10所示）。

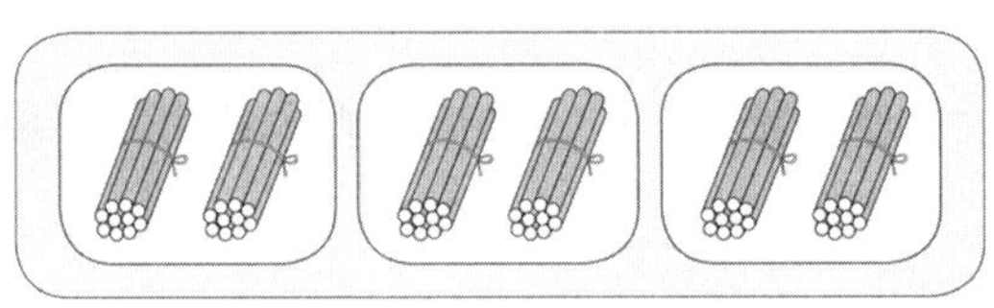

图14–10　小棒演示图

3. 借助小棒图，理解算理

师：这幅图你看得懂吗？（看得懂）

师：谁来解释一下？

生：每一个小圈里有两组小棒，每一组是10根，所以每个小圈就是20根，然后外面的大圈有3个小圈，就是20乘3算出一共有几根小棒。

师：刚刚外面说把一组铅笔用1捆小棒表示，这一个圈就表示？（1盒铅笔）那这里有几盒铅笔？（3盒）那老师想问一下：你们刚刚先算的2乘3在哪里？同桌讨论一下。

学生讨论，个别汇报。

师：谁来说？

生：2乘3是表示，这里有3个小格，每个小格里有2捆小棒。

师：有2捆小棒，所以是2乘3是不是？（是）那每一捆表示的是什么呢？（1个十）

师：那这一盒里有？（2个十）一盒里有2个十，所以你们刚刚算得2乘3其实是在算？（2个十乘3）那么一共是几个十啊？（6个十）

教师板贴：2个十乘3等于6个十。

师：谁能把这个计算方法再说一遍？为什么要先算2乘3？2乘3表示的是？

生：2乘3表示的是2个十乘3等于6个十，也就是60。

师：说得非常完整，谁再来说一说？

个别说，同桌说。

4. 迁移运用，小结算法

师：那这道题你会算吗？（200×3）怎么算？

生：2个百乘3等于6个百。

师：谁听明白了？

生：2个百乘3就是6个百。

师：6个百也就是？（600）（出示板贴）

（板书：2000×3）

师：那这道题，你还会算吗？（会）

生：2个千乘3等于6个千。

师：6个千就是？（6000）来，掌声送给他。

师：观察这三道算式，你发现了什么共同点？

生：都是0先不看，算2乘3等于6，再把0加上去。

师：所有的算式都是这样吗？（是）都是先算了什么？

生：都是先算2乘3的，然后再把0加回去。

师：谁听明白了？或者你有补充你也可以说。

生再次说。

师：也就是我们把这些整十数、整百数、整千数都看成了？2个？（十），2个？（百），2个？（千）。所以我们只要先算前面的2乘3就可以了。

师：看来大家都会用遮0补0的方法来计算，而且还能说清楚这样的道理，真的非常棒。你还能用这个算式编出其他的算式吗？

生：2万乘3。

师：等于多少？（6万）还有吗？

生1：20万乘3等于60万。

生2：200万乘3等于600万。

生3：2000万乘3等于6000万。

5. 口算练习

课件出示题目，学生记录答案。

师：那接下来老师就想来考考大家了，我带来了这么多算式，你能不能快速地把得数写在练习纸上，比一比谁算得又快又准确。准备，开始！

学生独立计算。

请一个小老师报答案，其他孩子回答“对错”。

学生21乘3等于61，其他学生纠正应该是63。

师：我们等下再来研究这道题，前面这些算式，哪道题容易出错？

生1：4乘200，5乘900。

生2：陈老师也有一道题经常出错（指出200乘5），这道题的乘数末尾只有2个0，为什么积的末尾却有3个0呢？

生3：我们先算2乘5等于10，然后在10的后面再加2个0，所以就有3个0了。

师：所以在做这类题的时候一定要注意得数末尾0的个数。

师：这里还有一道算式比较特殊，你们发现了吗？

生：21×3。

师：刚刚有小朋友算错了，其他小朋友都算出来了吗？（算出来了）是多少啊？（63）你们是怎么算的呀？

板块三　教学两位数乘一位数口算

师：不着急，老师要给大家布置一个学习任务：探究21×3的口算方法。

谁来读一读你的任务步骤是什么？（学生读题）

师：听明白了吗？

生：听明白了。

师：听明白的同学准备好练习纸的第二题，现在开始，先自己想，然后再跟同桌交流。

学生独立探究，合作交流。

师巡视：想想看还有没有更多的方法？

课件出示加法和笔算，黑板呈现口算和小棒图。

师：陈老师把好多种方法请到了黑板上，看看你能看懂其中的几种方法呢？谁来介绍一下？第一种方法，谁看得明白？下面的同学要听仔细了，如果他说得好，我们把掌声送给他。

生1：21+21+21=63，把21根小棒分为一组，他多次加了21，有三组。

师：谁听懂了？你有疑问吗？

生2：21乘3就是有3个21，所以可以把3个21加起来。

师：也就是用了乘法的意义是不是啊？（是）掌声送给这两位同学。

师指着笔算的方法，问：那这种方法呢？

生3：这是列竖式的方法。

师：列竖式的方法，你看得懂吗？（看得懂）他怎么算的，你知道吗？

师：像这种方法我们在下节课笔算乘法中会重点研究，今天就先不看这个。这里还有一种方法，看得懂吗？

生1：把21拆成20和1，先算20×3=60，再算1×3=3，最后算60+3=63。

老师带领学生再讲一遍。

师：下面还有一个小棒图，你看得懂吗？

生1：这里有2捆，都是10根小棒。那里还有1根小棒。他摆成了3组，都是21，所以这代表了3个21相加。

师：你从这个小棒图中看到了3个21相加，还可以看到什么？

（请学生上台画一画）

生2：3个20相加，3个1相加。

（联系小棒图和算式）

师：刚才他说的3个20就是×××小朋友写的哪个算式？

生：第一个算式，20×3=60。

（联系小棒图和算式，连上箭头）

师：用了这么多种方法，你觉得哪种方法最方便？

（引导学生比较小结，找出最方便的方法）

师：你在算的时候不用把这么多都写出来。

师：这两道题你会算吗？

（板书：14×2　342×2）

同桌互相说一说算法。

师：谁来说一下第一题14×2。（学生说，老师写。建议是不是可以放一放，让孩子上台讲解分析。学生都是从个位开始算的，口算乘法是不是也可以从高位开始算）

生1：2乘2等于4，个位上写4；4乘2等于8，十位上写8；3乘2等于6，百位上写6。

生2：直接用342+342。

板块四　巩固练习，总结提升

师：哇，你们真了不起，又把一个新的乘法知识转化成了我们已经学过的旧知识。

师：请孩子们闭上眼睛静静地思考一下，这节课我们学习了什么？

生1：多位数乘法。

生2：拆分算式。

师：就是把我们新的知识转化为旧的知识。

生3：我们现在学的是多位数乘一位数，一位数都是小一点的一位数。

师：这里的一位数都很小，都没进位。

师：看得出来同学们的这节课一定收获满满，不仅学会了如何计算这样的算式，还明白了这样计算的道理。

（板贴：方法、道理、转化）

师：陈老师这里还带来了两道挑战题，想不想来挑战一下？（想）

挑战题1：240=（　）×（　）

师：你能看懂题目的意思吗？谁来解释一下？

师：你想到了几个算式？想一想怎样写可以不遗漏？

学生独立思考完成。

师：同桌交流一下你写出了哪些算式。

反馈：学生报算式，强调有序思考的重要性。

学生汇报，教师板书：

1×240

2×120

3×80

4×60

…

（板书：$240=2 \times 170$错题的分析）

师：怎么验证对错？

师：等你学了进位的乘法会找到更多方法。

挑战题2：假如这个三角形表示300，你知道这个小正方形表示多少吗？这个大正方形表示多少呢？为什么？（如图14–11所示）

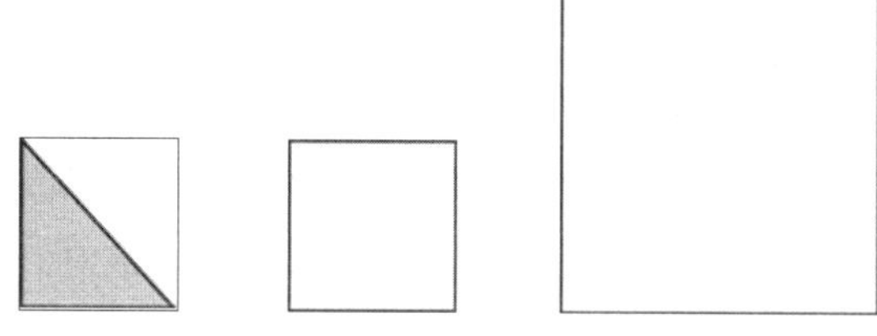

图14–11　挑战题2

学生独立完成，教师巡视，拍照展示，请学生汇报讲解（如图14–12所示）。

图14–12　学生汇报讲解

生1：一个小正方形可以拆成两个三角形，2乘300等于600。

生2：正方形分成三角形，有8个300就是2400。

生3（板书）：一个小正方形600，大正方形有4个小正方形，所以大正方形等于2400。

课后延伸：你能用这个三角形再设计出一个表示3000的图案吗？

（陈思叶）

（二）课型研讨与交流

【研讨人员】吕立峰（特级教师）、方建兰、包利华、陈思叶、张忠艳、郭瀚远、吴启懋、周丹、殷瑛、邓超逸、王翔、胡晓敏、陈娜、郑晶、陈一奇、许海燕

【主持人】郭瀚远

【研讨实录】

主持人：尊敬的各位领导、数学组的全体老师，大家下午好！很高兴今天我们又听到一节非常精彩的计算课型的数学课，相信大家都有各自的想法，请大家各抒己见。

王翔：我从“师生互动”的角度来谈一谈今天的课。陈老师语言精练，指向明

确，表达很清楚，学生也知道要做什么。今天关注了一个细节：在探究21乘3的时候借助了小棒，白板上用图贴上去很快，我感觉图和算式对应的时候，没有发挥图的直观形象作用。数形结合对照起来解释，孩子更容易 理解。就像华罗庚说的“数确形时少直观，形少数时难入微”。还有一个，1班孩子资源非常好，让孩子生成的东西再次呈现，拿出来比较交流，各种算法优劣。例：342乘2，很多老师都说从个位算起。从高位计算，不一定就是错的，印度数学就是这样的。在拓展时，难度比较高，你请的小朋友很棒，是有序思考的，我想也有混乱思考的孩子，从错误的资源再整理成有序的，这样比较好，真正的理解过程比较好。这是我的想法，希望得到上课老师的回应。

周丹：我从“难点突破”的角度来谈一谈这节课。陈老师在几次的试教过程中，有两点改变非常好。情景图出示—提出问题—解决问题—得出算式，她之前出示的是20×3，40×8，后来改成20×3，200×3，2000×3，然后问学生：你有什么发现？学生很快就从表内乘法迁移到整十、整百算法算理的理解，这一点听起来特别好。还有一点，在探究算理后总结算法时，老师跟随孩子的回答用箭头画一画，这个动作把算法更直观更形象地表示了出来，帮助孩子理解算理。

胡晓敏：我从“学习方式”的角度来谈一下今天的课。陈老师通过2个十乘3、2个百乘3、2个千乘3的环节，解决了算理算法，后面让学生做她出示的一组题，当时黑板左边有回顾的乘法口诀，可以让学生借助左边的乘法口诀编一编这样的算式，这样学生会更自主参与了。后面我发现她出示那组题有两个目的：一是通过对比，使学生发现乘数末尾有几个0，积的末尾不一定有相同个数的0；第二个目的是引出21乘以3。

殷瑛：我从“新课导入”的角度来谈一谈今天的课。建议一：复习引入可以不要，直接出示情景图，这样推进的速度快一些。建议二：直观图使用重复，在第一次探究算理的时候（20乘3），可以出示计器，在探究21乘3的时候再出示小棒，动手操作。在这节计算课里，陈老师渗透了迁移、转化的数学思想方法，这是我平时上计算课的时候没有特别关注的地方。

张忠艳：我从“难点突破”的角度来谈一谈今天的课。这个班的孩子表达能力强。老师问哪个算式是比较特殊的，如200×5，80×5，是不是可以让孩子再举一个例子，以巩固难点呢？用一个图形代表整百数，画3000，题目设计得很好，给了孩子更多的想象空间。因为之前加法在不进位时，从高位算起更简便，那乘法是不是也是可以这样？

许海燕：我从“学习方式”的角度来说一下。我觉得这节课老师导的比较到位，但可以更开放一些，把时间交给孩子。算式对应小棒图，课堂上是学生说、老师连线，是否可以由学生直接来完成？这样可能会出现先计算高位的情况，也可能会出现先计算低位的情况，从而引出问题：你还能用这个算式编出哪些算式呢？后续练习是否可以直接用学生生成的算式来练习？

杨潆娟：我从“多媒体使用”方面说一说。陈老师制作了精美的课件，课堂上使用希沃把摆小棒和算理联系在一起，比较明确。任务单的设计有的详细有的简约，是不是根据年级来的？另外，拓展部分240=（ ）×（ ），后面是否需要提升一下？

吴启懋：我从“任务驱动”这一方面来说说自己的想法。先说陈老师这一节课，在出示21乘3之后，老师给出具体的操作过程，先思考记录怎样算，再同桌交流，并借助小棒摆一摆、算一算，有清晰的思路。同时我也有一个疑问：陈老师这节课在练完口算题之后，老师提出了一个问题：你们觉得这里哪道题目难一点？我想问：提问的时机怎样操控？

邓超逸：我从“师生互动”这个角度来谈一谈这节课。教师非常注重鼓励学生，表扬发言的学生。整节课下来很顺利，是否可以多请一些学生来回答问题？最后的挑战题是否想要引导学生进行有序思考？

陈一奇：我从“探究材料”的角度来谈一谈这节课。这节课的探究材料很充分，指向性很明确，探究环节要求很明确，课堂上孩子乐在其中，我看见两个孩子讨论完了，击掌庆贺，这样的课堂氛围非常好。建议：给予学生充分发言的机会和时间。如21×3怎么算呢？有的学生举手了，有的学生还在思考，老师就直接进入下一环节了，这里可以先让学生说，再给点时间。

吕立峰（特级教师）：要善于用旁观者的眼光看数学课，因为当我走出大学校园，数学方法和素养，那个才是影响我一辈子的。课堂总结和评价，是比学了什么更重要的事，方法比知识和技能更重要。课后留下任务，需要形成闭环，只要布置了，就一定要去落实。老师是课堂中的倾听者、指导者、学习者、激励者，与学生融在一起。如何挖掘、如何拓展学生的资源是我们在备课时必须要去思考的。

一个新老师的成长可以分为四个阶段：一是读的阶段。二是讲的阶段。指的是自己弄懂了，心中有数，对教的学生有同样的要求。三是教的阶段。指的是眼里有学生，知道个别化因材施教。四是育的阶段。指的是用学科知识去育人。

就这一堂课来讲，我对陈老师有如下建议：

（1）老师的眼里要有学生。教学的过程努力贴着学生的思维前进，如：20×3，孩子说那个0是没用的，老师应该进一步追问，最后这个0怎么又用上去了呢？让学生去想一想，也可以去画一画，而不是直接出示小棒图，应让学生先独立思考，再合作交流，然后巡视，搜索需要的材料。数形结合的时候，要走得慢一点，跟着学生的思路走。

（2）环节的设计可以更加开放大气，让学生有不断进阶的快乐感。如：2（　）×3=（　），原来这里有几个0，后面就有几个0，挑一道，为什么2000×3=6000，让学生再说一说算理。从复习回顾中，拎出一道，你还会用这句口诀解决哪些计算题呢？让学生再次巩固。接下来，提炼很重要：通过今天的学习，你已经会做哪些口算题？整十、整百、整千，只要用口诀就可以解决。

（3）材料的选择要有重点。从21×3→22×3挑出重点，问：这种方法谁看懂了？（把两位数转化成整十数乘一位数和一位数乘一位数），还有这么多种方法，你看看，这些方法和刚刚这种方法有什么联系吗？结果有两个6。两个6的意义一样吗？进一步在比较中明白道理，方法和方法要进行沟通。

方建兰校长：

（1）学生学习习惯和常规非常好。全程参与表达，思维表达很全面，书写也很清晰，老师导学思路很清晰；“小老师”讲解、同伴教同伴。问题：课堂小结的问题是由老师提出的，提出的问题也比较清晰，今天课堂学习了什么知识？课堂小结应该要指向人才的培养，指向数学能力的培养。

（2）口算练习题量要适度。在一定的时间内要达到一定的练习量，提高学生的计算速度。

（3）课后思考题要形成练习、反馈、纠正的学习回环。课后布置了“你还能设计出一个表示3000的图案吗？”这道题设计得非常好，建议把这道题贴在教室的数学挑战栏里，让学生做完以后马上能够放上去展示，老师在合适的时候在现场进行讲解、反馈，形成学习的回环。这才是有效、实在的学习。

（三）教后反思与改进

教后反思

计算，数学用语，是一种将单一或复数之输入值转换为单一或复数之结果的一种思考过程。计算课型的教学应置入现实情境之中，减少单纯的技能性训练，避免繁杂计算，避免将运算与应用割裂开来。目的就是要让学生从单纯地掌握计算方法的学习层次上升到在理解运算意义的基础上灵活运用计算工具的较高水平。

这节课是人教版数学三上册第六单元“多位数乘一位数”的起始课：口算乘法。

里面又包括了两个例题，分别是“整十、整百、整千数乘一位数”和“两位数乘一位数（不进位）的口算。在研读教参的过程中也不难发现，教材安排了先教学口算的原因：一是学生在表内乘法的基础上学习整十、整百、整千数乘一位数很容易接受；二是由于笔算乘法要用到整十数乘一位数和表内乘法，需要有口算乘法的基础，先学口算有利于掌握笔算；三是在学习笔算的过程中又可以帮助学生巩固口算，提高学生计算能力。根据以上的分析，我就定下了第一个学习目标：掌握整十、整百、整千数和两位数乘一位数的口算方法，能够正确地进行口算。也就是我们说的算法，也是本节课的重点。

想要帮助学生更好地掌握算法，当然并不只是通过单纯的、机械的技能训练，而更应该强调在理解算理的基础上进行算法模型的建构。教材上也是出示了小棒图，例图通过小棒的操作让学生理解算理。从而我也制订了第二个学习目标：通过小组合作，借助小棒学具，在操作、观察、对比交流等活动中理解算理，提高计算能力。也就是算理，本节课的难点。

教材上在每个例题的下面还安排了想一想的内容则是对例题的巩固和提升，同时也是在培养学生的迁移运用能力。所以我制订了第三个学习目标：通过观察、比较新旧知识间的联系，培养学生转化迁移的能力。

根据以上的教学目标，我制订了如下课型程序。分别是：复习导入，创设情境。通过复习旧知、口算游戏、创设情境等形式激发学生的学习兴趣。探索算法，表达算理。通过学生独立思考，自主探索多样化的计算方法并借助小棒表达算理。迁移运用，理解算理。充分利用教具、学具等教学资源。设置多样化的操作活动，鼓励学生动手操作并借助操作活动充分理解算理。内化新知，巩固提升。通过开火车、抢答、挑战等丰富、有趣的活动和练习，提高学生的运算能力。

在策略方面，我试着通过迁移学习、学具学习、探究学习鼓励学生思考，掌握算法，理解算理。

在实际的教学过程中，我也发现了自身在上课时存在的一些问题，现做如下反思。

1. 口算练习是基础

本节课的教学重点是要学生掌握口算乘法的算法，其最终目的也是为了提高学生的计算能力。那么想要达到这个教学目的，一定容量的计算练习是必不可少的，笔者在设计这节课的时候过多地重视了学生对算法、算理的表达，缺少了让学生将优化后的口算方法进行实践和运用。除了对口算正确率有所要求，还应对学生的口算速度提出明确的要求标准，在每节课的练习中逐步达到熟能生巧、对而快的程度。

2. 学生学习的主体地位不够突出

在教学口算20×3的方法时，学生提到了“补0法”，我没有顺着学生的思维，给予学生充分的时间去思考“为什么这个0可以先不管，后面再加上去呢”这个问题，而是直接给学生提供了小棒图让学生去观察。这样的教学设计就限制了学生的思考，使学生真实的思维过程得不到暴露。虽然整节课的流程都完成得非常顺利，但总让人有种不够开放、教师“扶”得太多的感受。

另外，在反馈第一题挑战题时，我请了一位程度中上，能条理清晰、有序思考问题的学生，所展现出来的答案也是近乎完美。这就忽略了部分还不能做到有序思考的学生。如果在班里巡视的时候还能多关注到一些这样的孩子，并鼓励他们勇于表达后再帮助他们建立有序思考的方法，相信这样会使更多的学生看到自己学习道路上前行的希望。

3. 课后思考题不够落实

在拓展提升的环节中，我布置了一个课后思考题：请你设计一个表示3000的图案。在处理这个环节时，我把问题留给了学生课下去思考，没有提供一个展示反馈的平台，像这样的课后思考题如果只是在课堂上布置而不进行反馈，那就无法真正地让学生去思考，教学环节也就无法形成闭环而只能流于一个拓展的形式。

教学改进

1. 增加练习，巩固强化计算能力

基础的计算练习可以帮助学生及时巩固计算技能，也是检查学生对新知掌握程度的有效途径。除此之外，为避免出现枯燥的课堂教学，可以设计丰富、有趣的活动和练习，提高学生的运算能力。如开火车、抢答、对口令、改错等。也可以利用希沃软件设计一些有趣的竞赛类计算游戏，增加学生学习的兴趣。同时鼓励学生运用所学知识去解决生活中的实际问题。让数学教学实现从生活中来，到生活中去。如在挑战题环节之前设置一道解决问题的题目。

2. 注重“让学”，相信学生是学习的主体

在进行教学设计时，应当充分考虑到学生才是课堂中的主体，树立以学生中心的教育理念。如在教学20×3的算理过程中，应该给予学生充分的时间来思考，鼓励学生表达自己的想法，教师教学的过程则需要努力贴着学生的思维前进。在学生遇到表

达不清的情况时，给学生提供丰富学材，让学生自己动手去摆一摆、画一画，借助操作活动讲清算理，经历从动作表征到语言表征的过程，而不是主动地向学生提供标准化的答题方式，限制学生的思维。在学生充分理解算理的基础上，再组织学生小组合作交流，自主探索多样化的计算方法。经历语言表征再到符号表征的过程，从具体到抽象，符合儿童认知发展的规律。

3. 务实教学，让每一个环节形成闭环

在本课最后一个环节中，提出了一个“你能设计出一个表示3000的图形吗”的题目。像这样比较开放性的题目其实是非常考验学生综合运用知识的能力的，为了避免这样的题目流于设计的形式，最后可以设计一张反馈海报，让学生把自己的作品张贴在海报上。并且在下次上课时进行集体反馈。这样做不仅使学生感受到不管是什么作业都应该认真对待，同时也让教学环节形成了一个闭环。

（陈思叶）

四、“图形课型”的实施

（一）课堂实录与点评

四年级上册“线段、直线、射线和角”

课堂实录

［导入］

出示生活中的图片，抽象出“线”，区分“直的线”和“曲线”。

师：包老师有个习惯，在生活中遇到与数学有关的内容都会拍下来。我们一起来欣赏一下，找一找。

请生上台指一指，说一说。

生1：楼梯的线。

生2：房梁的框。

请同学们一起用手指比一比图上的线。

师：线有直的线和弯的线，这节课我们先来研究直的线。

［学习过程］

板块一：进一步认识线段

（1）回忆线段的特征，寻找身边可以看作线段的实物。

师：这种直直的线我们在二年级的时候是学过的，谁还记得？

生：学过线段。

师：线段有什么特征，谁还记得？

生1：有两个端点，一条线。

师：还有补充的吗？

生2：它不能无限延长，它的长度是有限的。

师板书：它有2个端点，长度是有限的。

师：那我们身边有什么东西是可以看作是线段的？就在教室里找找看。

生1：黑板的边是线段。

师强调：这条边“可以看作”是线段。它的端点在哪里？

生1：在两头。

生2：数学书的边可以看作线段。

（2）画线段，量出长度，并命名。

师：我们身边有很多实物可以看作是线段，那么线段你会画吗？

出示任务：按要求画图。画一条线段，并量出长度。

学生在画的过程中，请一生上台画。

师：画完的同学给其他同学看看他画对了吗，都对了的可以发信号了。

师：在数学上，为了表示方便我们会用字母来给它命名，如线段*AB*。

师在上台画的同学的线段上演示命名。

师：那还可以叫作什么？这就由你自己决定了。

请给你自己的线段命名。巡堂后说：线除了横着画还可以竖着画、斜着画都可以。

板块二：认识射线和直线

1. 想象射线

出示任务一：想象。

生一起读任务：线段笔直地向一端延伸，会延伸到哪里？这时还是线段吗？

师：准备好我们一起来想象。慢慢睁开你的眼睛，你仿佛看到了什么？

生1：我仿佛看到手电筒的光一直在延伸。

师：是往哪个方向延伸的？延伸到哪里？

生1：延伸到看不见的地方去了。

生2：仿佛看到了车灯，照到了看不见的地方。

生3：大屏幕的光线延伸到那栋楼那边。

师：这时还是线段吗？

有的同学说是，有的同学说不是。

生4：它向一端延伸了，所以是射线。

师：他是这样想的，有反对意见的举手。

生3：它延伸到那栋楼，然后它就被那栋楼挡住了，把这栋楼看作一个点，它还是线段。

师：小朋友们，你们觉得呢？这时候线段的两个端点在哪里？

师明确：一个端点在大屏幕，另一个端点在那栋楼那边，但它还是线段。那刚才有同学说延长到看不见的地方，这个时候是什么？就是射线。

师明确射线概念：把线段向一端无限延伸，就得到一条射线。

学生齐读。

师：什么叫无限延伸？

生1：就是一直往外延伸，一直往外延伸。

生2：就是无穷的。

师：我们再也找不到它的端点了，这样的话就叫作无限延伸。

2. 想象直线

出示任务一：想象，线段向两端无限延伸，会是什么线？

生1：射线。

生2：直线。

师：你们同意谁的？

生：直线。

师明确：是的，我们把线段向两端无限延伸，就得到一条直线。（PPT出示直线定义）

师：刚刚生1说是射线，表示他还不太理解，谁能帮助他解释一下。你觉得什么样的是直线，什么样的是射线？

生：直线是向两端可以无限延伸的，射线是向一端无限延伸的。

师小结：像这样，把线段向两端无限延伸，就得到一条直线。

3. 探究射线和直线的特征

出示任务二：探究。我会研究射线和直线。

师：刚才通过想象，我们仿佛看到了哪些线？射线和直线究竟是怎样的？你们自己来研究好不好？你们可以像研究线段一样从这几个方面进行探究，也可以自己补充。我们接下来要做什么事情？谁听明白了？

生：我们要先自己独立研究直线和射线，然后与同桌交流一下，再全班分享。

师：这是老师给你的建议，那我们要怎么独立研究呢？

生：从端点、长度、生活中的直线、射线，然后画一画这些方面去研究。

师明确学习建议：根据之前对线段的研究，可以从这几方面入手，也可以自己补充。先独立研究，然后同桌交流，最后全班分享。

学生完成在学习单上。

师巡堂，拍下学生作品。

分享交流：展示成果，集体校对，讨论质疑。

师：生1，你问同学们有问题吗？

生：我觉得生活中是存在直线的，比如海岸线。

学生关于海岸线是否是直线展开讨论。

生1：海岸线不管往哪一边看去都是看不到头的。

生2：海岸线不管怎样总是会绕地球一周的，最后还是回到了一个地方。

生3：看不到不代表它没有头。

生4：直线是直的，海岸线又不是直的。

生5：直线是无限的，你开车沿着海岸线开，不管开几天，总有一天会回到原点的。

师：同意吗？

生：同意。（响起来掌声）

师：其实在生活中很难有真正的直线或射线，是需要我们去想象的。

师：刚刚我发现大家画法有一些不同，我们一起来看看。

师：你同意谁的，理由是什么？

生：同意第二个，更详细。

师：谁画的？自己来解释一下。

生：因为是无限延伸，所以用省略号表示。

师：下面这幅图它没有省略号，你们也同意吗？

生：他写了。

师：如果他没写呢？

生：那就继续画。

师：有同学有不同意见了，他只画出了一段。你觉得呢？

生：不对/也可以。

师：可以的理由是什么？

生：指出来了。

师：我们都知道射线可以向一端无限延伸，有必要全部画出来吗？画得完吗？

生：没有，也画不完。

师：对，但是你要表示出它的特征。端点有没有？

生：有。

师：现在请你调整下你的画。

（生动手操作）

师：现在同学们想一想，射线只要画一部分就可以了，那直线呢？

生：也只要画一部分就可以了。

师：不需要画得很长很长，自己调整下。

师：刚才我们说线段可以命名，那射线和直线可不可以命名？

生：可以。

师在黑板上画出并演示。

师：包老师先画一条射线。先画一个端点，笔直地延伸。先将这个端点命名为A，再随便取一个点命名为B。它就叫作射线AB。同样直线我们也来画一条直线，命名为直线AB。直线因为没有端点，也可以任取一点，小写字母叫作直线l。

师：同学们给自己的射线和直线也取个名字。

（生动手操作）

师：刚才同学们找到了生活中的射线，包老师也带来了一些图片。（课件展示各种灯光）

4. 探究线段、射线和直线三者的关系

师：刚才我们学习了这三组线。接下来我们理一理，线段、射线和直线到底有什么区别和联系呢？不要着急，先思考下，再小组讨论下。区别比较简单，联系要讨论下。

（小组讨论，师巡视指导）

师：已经有小组有结果了，请先举手的小组说。

生：我们组一人说一个。

师：先说区别吧。

生：线段有2个端点，长度是有限的；直线没有端点，长度是无限的；射线有一个端点，长度也是无限的。

师：继续。声音响亮一点。

生：联系是：他们的组成都有一条线，并且都是直的。

师：下面小组有什么补充？

生：线段向两端无限延长得到直线。

师：等一下，你站起来说话的时候先说我要补充哪点，表明你自己的观点后再解释。

生：我要补充联系。线段向一端无限延长的到射线，向两端无限延长的到直线。

师：还有吗？

生：在直线中取两个点就变成线段，取一个端点和它剩余的部分就是射线。

师：她比较厉害的。同学们，她刚才所说的你能想象吗？

生：能。

师：我们再来回顾下。第一，线段怎么变成射线呢？

生：去掉一个端点，向一端无限延长。

师：怎么变成直线呢？

生：去掉两个端点。

师：看来这三种线是可以互相转化的。那射线能不能变成直线？

生：去掉一个端点就成了直线。

师：你们同意吗？刚才的第二点不知道你们明白吗？直线里怎么有线段？

生：直线里任意加两个点就变成了线段。

师：射线怎么变成线段？

生：再加一个点。

师：小朋友们，这幅图能看明白吗？看来这三种线并不是独立存在的，是有一定联系的。这就是今天我们所学的内容。

［巩固练习］

师板书：从点O出发画射线，可以画（　　）条。

O

师：可以画几条？

生：无限的/无数条。

师：既然画不完我们就不画了，这幅图中有什么我们学过的图像呢？

生：有角。

师：我们把角请出来了。看黑板，角我们学过了什么？

生：直角、锐角、钝角。

师：非常棒！还记得各部分的名称吗？

生：顶点、边。

（师板书）

师：学了今天的知识，谁来说说什么是角？

生：角是由两条线段和一个端点组成的。没有端点的一端是无限延长的。

师：所以角是从一个点引出的。这就是今天我们所学的，你学会了哪些内容呢？

生：线段、射线、直线和角。

师：你有什么收获？

生：我知道了它们的联系。

教师点评

包老师以《线段、直线、射线和角》为例，为我们做了小学数学图形融学课型的范例，有如下几点值得我们学习。

1. 凸显图形课型的特点

这节课学生通过眼睛看、空间想象、动手画、动口说、动脑思考等活动让学生观察、想象体验、操作、思考、概括，从而建立线段、直线、射线和角的概念，明确直线、射线线段之间的联系与区别。

2. 凸显课型的让学理念

这节课包老师通过给学生提供挑战任务，学生以小组为单位，经过自主探究、合作交流、小组汇报等方式进行学习，教师很好地结合了课标理念，老师讲得少、学生做得多，老师没有灌输，而是引导，引导学生动手、动脑，凸显让学理念。同时，又特别注意学生的“生成”，学生是活生生的人，有生命，有活力，有发展的潜能。他们带着自己的知识和经验、兴趣和需求、思考和灵感参与课堂活动，从而使课堂异彩纷呈。

3. 注重融学式体验学习

课堂中，注重把数学知识同生活相融合，以及多种学习方式的融合，使学生感悟知识的发生、发展过程，充分调动学生学习的积极性、主动性。

（执教：包利华　点评：陈娜）

（二）课型研讨与交流

【研讨人员】吕立峰（特级教师）、方建兰校长、王翔、周丹、胡晓敏、殷英、陈一奇、包利华、郑晶、吴启懋、杨潆娟、郭翰远

【主持人】郭瀚远

【研讨实录】

主持人：尊敬的各位领导、数学组的全体老师，大家下午好!很高兴今天我们又听到一节非常精彩的图形课型的数学课，相信大家都有各自的想法，我们一起来交流一下。首先，欢迎吕特前来指导!

吕立峰老师：谢谢大家！我觉得把自己的想法清楚地表达出来也是一种基本功。大家有话则长、无话则短，大胆发表自己的想法。

王翔：今天我主要关注了老师的语言。包老师语言精练，指向明确，表达很清楚，学生也知道要做什么。例如：在想象射线这个环节，老师通过大的问题：线段笔直地向一端延伸，会延伸到哪里？这时还是线段吗？学生们开始想象，想象完就按照这两个大问题开始讨论和交流。老师没有多余的话，也不打断学生，就这样静静地等待学生讨论，结果学生反而放得开，有的说：线段延伸到那栋楼，然后它就被那栋楼挡住了，把这栋楼看作一个点，它还是线段。有的说：线段延伸到看不见的地方，它不是线段了。

周丹：我主要关注了师生互动和生生互动。包老师的这节课中，以两个探究任务贯穿了整节课。学生在完成任务中有独立思考，也在和同桌交流、和小组交流，任务中学生都有事可做。全班交流时，师生互动不多，但是生生互动很活跃。尤其是讨论“海岸线”是不是可以看作直线这个地方，老师并没有着急插话，而是让学生与学生互相辩论，后来学生自己得出结论。这样，学生在充分表达中对一个问题进行深入思考，比教师直接给予答案更令人信服，也更有意义。

胡晓敏：我主要关注了学习目标。第三个教学目标是通过画、找、比较等活动，经历比较联系、归纳概括的过程，理解图形之间的转化，发展空间思维能力。我认为这个目标要实现是有一定难度的。今天这节课中包老师设计的“想象”这个任务特别

好，学生经历了想象后再探究三种线的特征比较顺利。在“想象”这个环节中，学生的思维被打开，每个人想象的情况不同，有的想到对面的大楼，有的想到太空，有的永远看不到终点。这点对学生来说印象深刻。后来回顾时，有一个孩子就说：我知道了原来数学也可以想象。

殷瑛：我主要关注了课标。《义务教育数学课程标准（2011年版）》的第四部分实施建议中的教学建议有一条是“关注学生对基础知识和基本技能的理解和掌握”。其中第一点是“数学知识的教学，应注重学生对所学知识的理解，体会数学知识之间的关联”。今天所学的射线和直线都是建立在线段的基础之上。老师从线段引入，注重学生经验起点，在这个起点上展开想象和探究，学生最后才能把三种线建立起联系。后面有位学生总结得很好，他说这三种线是可以互相转化的，线段向两端无限延伸得到直线，向一端无限延伸得到射线，而直线加上两个端点，任取一段就是线段，剩下的就是射线。

吴启懋：我从“任务驱动”这一方面来说说自己的想法。包老师这节课任务设置得非常开放，没有长段的文字，而是给了学生几个关键词。我觉得这样训练出来，学生的概括和领悟能力会比较好。呈现太多文字后，给人的感觉会比较麻烦，会降低任务的吸引力。而学生熟悉用关键词来表示任务后，只要弄明白要做的事情，就可以大胆地完成任务了。这样，约束减少了，活动更开放了。

杨潆娟：我从“多媒体使用”方面来说一说。包老师的课件内容不多，但在关键处很有用。课堂上使用希沃软件，把学生探究的作品呈现出来，非常真实，也很吸引人。我看到其他小朋友马上静下来观察同学的作品，思考并讨论这样做的优劣之处。我想表达的是，多媒体的运用是为了课堂增光添彩，但要与课堂相融合。在需要的时候用，不需要的时候不用，这样做恰到好处地体现了多媒体的作用。

郭瀚远：我想说说“学生的主动性”这一块。包老师的课上生生互动非常好，孩子在课堂表现得非常棒！因为老师把自主权交给孩子，讨论“海岸线”是否可以看成直线，老师没有把自己的观点强加给学生。所以，我们看到老师的尊重和放手很重要，这样做能赢得学生的积极主动，学生在课堂上就敢于争辩、敢于质疑。当然，学生的主动性也来自老师设计的学习任务，今天的任务设计比较开放，所以学生呈现的作品多元，自己做过的事情也会有话说，更加主动讨论和深入思考。

郑晶：我从“小组合作交流”这个方面说一说。这节课从想象和探究两个方面展开。小组合作与交流，请同学补充，全班展示，修改自己的作品，学生交流得比较充分。表格设计也很大气，基本是学生交流后得出的。但今天学生的生成脱离预设，讨论时间过长，后面就没有时间做练习了。其实到了“角”这个环节就已经要下课了，老师是否可以考虑把“角”这个内容留到下一节课，直接在这里回顾和总结，这样后面的学习效果可能会更好。

陈一奇：我从“学生学习习惯和常规”来说一说。这个班学生学习习惯比较好，全程参与表达，完整性也不错，书写也很清晰，老师导学思路很清晰。“小老师”讲解、同伴教同伴是一个非常好的学习方式。我的问题是：课堂小结的问题是由老师提出的，提出的问题也比较清晰，小结部分是否可以让学生自己来提炼，这样也可以提高学生的概括能力。

吕立峰老师：包老师的设计能够整体推进，就这个教学设计来说，整节课很完整，老师也很成熟。要给的建议就不多了。但是我们今天换一种设计来谈谈。直线和射线从严格意义来说生活中没有原型，这么抽象的东西，要通过想象才能感知，是否可以上得更加理性？

（1）先看引入环节

课的开始，我们可以直接引入：小朋友们，今天我们去认识“线”。学生拿出一张纸，用水彩笔画一条线；请学生拿起作品，教师选择并呈现，贴在黑板上，请学生将这些线分分类——曲线或直线；你看看，这些线有没有什么不一样的地方？学生说：有的粗、有的细、有的竖、有的斜……没关系，这些都是直线的非本质属性。

（2）再看探究环节

就关于长跟短这件事，你们说，有的长、有的短，那到底多长的线可以叫作直线呢？然后展示学生的作品，老师延长，如果延长一点呢？再延长一点呢？学生说：原来，直线可以向两端无限延长。既然直线可以向两端无限延长，我们确定不了它的长度是多少，那有什么办法是可以确定这条直的线的长度呢？学生说：两端加两个点，变成线段就有长度了。所以，我们把这一种直的线叫作线段。老师随即给出射线，如果现在只确定一个端点，另一边没有端点，这就是射线。

（3）最后再来整理

今天认识了直的线：直线、线段、射线，它们之间有什么联系和区别呢？然后出示表格，最后引出“角”会更加自然。不在乎哪种设计好，但我的出发点是更加理性。效果如何，还有待实践检验。

方校长：非常感谢吕特前来指导。数学老师们善思、善言、善论，非常棒！对于学术间的研讨就应该这样知无不言，就课论课。怎么教重要，教什么也很重要，老师们还要思考：课学完以后，留给孩子的是什么？孩子学什么？怎么学？学得怎么样？

希望老师们要更多地从教师教的角度转化为从孩子学的角度出发，来设计“学”案。

（三）教后反思与改进

教后反思

1. 学习过程可以更理性

从学习内容看，线段、射线和直线严格来说在生活中找不到原型，是人们为了方便研究而抽象出来的图形。既然本身就这么抽象，是否一定要从生活引入呢？从学生学情看，四年级学生处于从形象思维向抽象思维过渡的阶段，可以尝试从理性的角度来思考这节课的学习。在线段的引入环节，教师呈现生活中随手拍的几张照片，让学生从中发现生活中的线可以分为直的线和弯的线。这样的设计虽然是从学生生活出发，试图从实物图抽象出数学图形，但就本课的学习而言，学生可以直接从线的认识入手，过渡到更理性的阶段，便于对三种线的深入研究。这样，中间探究的环节就不需要在“海岸线是否可以看作直线”这个问题上做出过多的探讨。

2. 时间安排可以更合理

本课在实际教学中超时完成，这样，后面的学习效果就明显下降了。反思课堂，在学生探究反馈交流后出现了一些意外的小插曲，导致节奏变慢了。但是，一堂课的设计是否需要满满当当才好呢？答案是否定的。课堂的主角是学生，学生在探究中会生成多样的问题，有的可以预设，有的难以预设，这就需要教师在交流环节留出更宽裕的时间。只有在时间上充足了，探究才能充分，交流才能展开，思考才能深入。一旦设计上过满，就有可能造成为了赶时间而压缩一些环节，或者在课的结尾草草了事。对这节课而言，探究环节必须给予足够的时间，那么“寻找生活中的射线和直线”这个环节就要考虑是否需要或者如何安排更节省时间。

3. 评价引导可以更深入

本课的两个挑战性任务：想象和探究，都是由学生自主学习，任务比较开放，学生呈现的情况各不相同，如何在学生呈现学习情况后引导其他学生更加深入地进行互相评价呢？从课堂来看，学生间的相互评价比较单一，如“我同意他的看法”“我觉得他说的不对”。这样的表达，只涉及了肯定或否定，对进一步思考的启发作用不明显。我们在课堂上不仅要把学生真正请到舞台的中央，还要帮助学生在舞台上更好地表达自己。所以，教师的引导和组织作用至关重要。

教学改进

1. 遵循认知规律，让思维循序发展

小学生的思维还处于形象到抽象过渡的阶段，遇到概念学习，往往有一定困难。因此，教师要遵循学生的认知规律，从适合的起点切入，利用学生生成的资源，允许学生从模糊的、不完整的概念开始，逐步学会归纳、概括，简化、抽象出概念本质。在这个过程中，学生需要进行复杂、曲折、缜密的数学思考。同时也要提供学生喜欢的学习活动或练习，充分调动学生的学习兴趣，激发学习热情。这节课的开始，笔者以“从生活中的照片中抽象出线段”引入新课，学生的学习兴趣没有被很好地激发。可以让学生自己画线，呈现学生的作品，然后在比较分析中理解“线”可以分为“直的线”和“弯的线”，接着重点来研究“直的线”。这样的引入直接从图形开始，图形是学生自己创造的，学生自然会有话可说。虽然一开始学生把“直的线”称为“直线”，但经过学习，“直线”的概念会逐渐清晰和完整。遵循学生的认知规律，眼里有学生，教学的过程会贴着学生的思维前进。

2. 基于学习任务，让概念逐步建构

概念教学中，教师要抓住本质，设置有挑战性的学习任务。具体的，要寻找适合学生的、通俗化的学习素材；要创设综合性强，有难度、有意思的活动；要引导学生归纳、概括、提炼、反思。这节课围绕三种线的概念本质，设置了“想象无限延伸”和“探究射线与直线”两个任务，环节简单，任务综合，但在时间安排上还可以更加充分。对四年级学生而言，“想象”是有一定难度的，所以借助图形的动态演示，给予学生安静想象的时间和空间，呈现的结果就比较丰富。探究中让学生找出生活中可以看作射线和直线的东西，产生了插曲，学生围绕“海岸线”是否可以看作直线激烈地讨论。直线本身是抽象出来的，生活中很难找到原型，但如果说是想象，也可以把一些有限长的物体想象为无限长。所以这个讨论的意义并不大。改进后，任务的安排删去明确要求学生找生活原型的环节，更加集中力量讨论射线和直线的特征和联系。这样，由两个任务把课堂串联起来后，学生就有时间、有机会去经历完整的概念形成过程，从而锻炼空间思维。在学习中学生不仅动手实践，还动口表达、动脑思考，积累了基本活动经验，深化了对图形概念的理解。

3. 优化学习生态，让素养得以提升

课堂是思维碰撞的舞台，也是生命交流的驿站。优化学习生态，构建民主和谐的课堂，能让学生敢于争辩、勇于挑战。这节课学生在分享交流中，多次进行辨析讨论，学生对他人独特的方法和见解能够积极思考、各抒己见、大胆质疑，每次辩论之后都像打了胜仗一样，充分感受到成功的喜悦。基于这样民主和谐的课堂氛围，本节课还需改进的就是教师对学生互相评价的引导。比如，学生完成“探究射线和直线的特征”任务后，有一位学生上台分享他的研究成果，结束后他问大家：“听明白了吗？”学生们异口同声地回答：“听明白了。”下面就没有其他评价了。此时，教师可以引导发言者问：“你们有问题要问吗？”还可以引导其他学生：“你觉得他说得怎么样？”“仔细观察他的作品和你自己的，完全一样吗？你有什么补充？”这样，分享者能够从更多的角度得到大家的评价，对自己的作品会有进一步思考和修改。同时，倾听者也能学会思考和质疑，既能学习他人探究成果，又能反观自己的作品。从素养发展的角度看，相较于知识的获得，提问、合作、倾听、表达、质疑、反思等优秀学习品质的习得尤为重要。

（包利华）

第十五章　小学英语课堂

一、“情景剧课型”的实施

（一）课堂实录与点评

二年级下册“My Day”

课堂实录

【学习目标】

（1）借助录音、图片、文字和小组互动，学生能正确朗读小故事。

（2）学生能够通过学习，对日常生活中的活动顺序建立初步的概念。

（3）通过小组合作，学生能够与他人合作朗读并表演故事，在学习故事的基础上根据自己的日常活动大胆创新。

【学习策略】

团队合作、多媒体道具使用、肢体语言等非语言类表达。

【学习过程】

板块一　读前活动，创设情境

（1）热身。

师：Hickory Dickory Dock.

生齐唱。

（2）故事导入。

（3）讲解“钟”，学写“钟”。

T：Turn around. Say good morning to teachers.

Ss：Good morning， teachers.

T： Let's sing a song. Hickory Dickory Dock.

（Sing a song）

T： What is this?

S1： It's a clock.

S2： Get up.

师出示“get up”图片，问：When do you get up?

师出示“eat breakfast”图片，并询问When do you eat breakfast?

依次出示“go to school”“eat lunch”“go home”图片，并请学生回答。

（师问生答）

S1： I get up at seven o'clock.

S2： I eat breakfast at seven twenty.

S3： I go to school at seven forty.

Ss： I go to school at seven forty. （answer together）

S1： I eat lunch at twelve o'clock.

S2： I go to home at four thirty.

Ss： I go to home at four thirty. （answer together）

T： Now work in pairs. Ask when do you ...?

（生生互问）

When do you get up? I get up at 6:30.

When do you eat breakfast? I eat breakfast at 7:00.

When do you go to school? I go to school at 7:30.

When do you eat lunch? I eat lunch at 12:00.

（小组互问）

T：Now let's work in groups. Group1 ask the question. Group2 answer the question.

Group 1：When do you play football? When do you go to home?

Group 2：I play football at 3 o'clock. I go to home at 4:30.

男女生互问

T： Now boys ask the question. Girls answer.

Boys： When do you eat dinner? Girls： I eat dinner at 6:00.

T： Girls ask the question. Boys answer.

Girls： When do you go to bed?

Boys： I go to bed at 9:00.

板块二　读中活动

1. 呈现故事

师出示故事挂图1。

T：（一张猴子与兔子的图片）What do you see?

S1： I can see a rabbit and a monkey. They are playing under the tree.

T： Where are they?

S1： They are in the park.

S2： They are in the jungle.

T： What are they doing?

S1： They are going to play football.

S2： Where are they going?

T： How are they?

S1： They are animals. They are happy.（老师引导） They are scared.

T： Can you be scared? 学生提到scared，请学生表演出scared。

Ss： Express “scared”.

T： What happened? Why are they scared?

S1： They see a snake.

T： Maybe.

2. 阅读故事

（听故事录音。请学生回答听到了什么内容）。

T： Listen to the story. Can you repeat?

S1： When do you get up， monkey?

S2： When do you get up， monkey?

T： Let's read together.

Ss： When do you get up， monkey? （read together）

Monkey asks the Rabbit.

T： Spell “when do you get up” together.

This is a ...（question）老师引导：Who can answer?

S1： I get up at seven.

Ss： I get up at seven. （read together）

S： I need a ... period（老师引导）

（男女生读）

Boys： When do you get up?

Girls： I get up at 7:00.

S1： I eat breakfast at 7:20.

Ss： I eat breakfast at 7:20. （together）

（全体学生一起指读课文）

When do you eat breakfast?

I eat breakfast at 7:20.

S1： When do you go school?

S2： I go to school at 7:50.

Ss： 7:50（老师强调fifty的发音）.

Ss： 7:50 .I go to school at 7:50.

T： Let's listen.（听动物叫声，请学生猜一猜是什么动物，出示图片，请学生确认是什么动物）

T：Who is coming?（Maybe a lion/tiger） When does it eat lunch?（请学生听tiger的录音内容，请学生尝试重复听到的内容，模仿老虎的语气和声音）

S1： tiger.

S2： Lion.

S3： Elephant.

S4： Dinosaur.

T： What is it?

Ss： It's a tiger.

T： Yes or No?

Ss： Yes / No.

T： Is the rabbit happy? Is the monkey happy?

S1： They can not see the tiger.

S2： Because tiger is behind the rabbit.

T： What is it about?

S1： When do you eat lunch?

Ss： When do you eat lunch? （together）

Ss： tiger.

T：Be a tiger.

（模仿tiger的语调）

S1： I eat lunch at 12:00.

S2： I eat lunch at 12:00.

S3： I eat lunch at 12:00.

S4： I eat lunch at 12:00.

S5： I eat lunch at 12:00.

S6： I eat lunch at 12:00.

T： Listen one more time.

Ss： I eat lunch at 12:00. （together）

T： What did you hear?

S1： It' s twelve now.

S2： It' s twelve now.

S3： It' s twelve now.

Ss： I eat lunch at 12:00， It' s 12:00 now. （together）

T： What happened?

S1： Tiger run after rabbIt and monkey.

T： Who can repeat?

S1： It' s time to go home.

Ss： Oh， no. It' s time to go home. （together）

T： Let' s read together. Open books and point at the sentences， read the story together.

3. 分角色朗读故事

（生分角色朗读）

T： Now let' s watch a video of the story.

板块三　读后活动

1. 回顾故事

T： Now let' s watch a video of the story.

2. 表演故事

T：Who wants to be the monkey?（请学生扮演rabbit， monkey，教师扮演tiger）

This time， you are tigers. I need a rabbit and a monkey.（一位学生扮演兔子，一位学生扮演猴子，其他学生扮演老虎）

OK. Thank you. Remember. Be a tiger. “It's time to …”

Now I give you 2 minutes to practice. 123 （one group）

So teachers， do you think they are good?

（教师示范坐姿和举手姿势）No talking.

Show your face to everybody.（提醒学生注意表演时的朝向）

（表演结束）Are they good?

3. 改编故事

T：So today's homework. （1. Make an ending for the story. Does the tiger eat the animals? 2. Can you give the story a title? What is the title?）1. Listen and read the story. 2. Book report.3. Role play with your parents.

T：Goodbye everyone.

Ss：Bye， teacher.

点评实录

俞老师以“My Day”为例，为我们做了小学英语情景剧融学课型的范例，有如下几点值得我们学习。

1. 学习目标

俞老师在句式的复习上使用了板贴，并在句式中复习本单元的重点活动短语。在故事教学过程中，通过图片展示、录音播放，请学生听后重复，注意模仿故事中的角色语气。听读故事之后，老师先和学生进行故事表演的示范，然后给学生3分钟时间进行小组操练，最后在教室里进行展示。通过不同的方式，Amy老师使小故事的听、说、读、演的目标都达到了。

2. 学习策略

老师主要通过听音模仿关注功能句的强化训练，使学生能准确表达，但缺乏语言的实际应用，建议创设实际场景或结合学生实际情况进行问答。

3. 教学过程

Amy的教学步骤分为warm-up，presentation，learning，practice，extension等，在具体

实施环节中，对于二年级的故事教学，教师可以更多地以采用图片的形式呈现故事，询问学生故事中的人物、故事中的主要情节等，再让学生对故事进行演绎、创编。

4. 教学方式

课堂多出了情景学习，创设一个和故事相似的情境，让学生们模仿动物的语音语调，模仿动作来学习对话，这样会使学生积极性更高，故事也显得更加生动形象。

5. 师生互动

在课堂中，互动形式多样，有师问生答、生生互问、小组问答、男女生问答互动、全体学生读故事，还有小组合作、role play等活动，整个课堂氛围非常活跃。在role play环节，老师先自己参与故事表演，做了很好的示范；然后请两位学生上台扮演rabbit和monkey，剩下的学生扮演tiger，让所有学生都能参与其中；最后分小组练习、上台展示。在最后的展示部分，坐在位子上的学生的参与感就没有那么高，所以建议可以事先制定一个评价标准，比如emotional，loud，clear等，让学生评价，这样所有的学生都能参与。

6. 语音语调

老师在课前就带学生唱英文歌，在唱跳的环境中学生就不知不觉进入了英文世界，从中文语音环境进入英文的语音语调环境。而在课堂中，老师主要是通过观察—感知—训练的顺序培养学生的语音语调能力。观察：让学生读图，观察故事角色的情感，如happy，scared。感知：Amy不断通过自己有情感地读关键词，给学生听故事、看故事视频，从而让学生不断地感知不同语境下情感对语音语调的影响。训练：最后给学生表演的机会，并且不断用具体的标准评价，加强学生在角色扮演中情绪对语音语调感影响的感知和运用能力。

7. 教学效果

故事课型里，通过引导学生看图片，引导学生预测故事，加深学生对本单元主要单词和表达式的敏感度。加强对故事内容的理解，帮助学生正确认识单词，并理解故事要表达的含义。最后通过故事表演，为学生搭建展示的平台，让学生在相互合作中，对目标语言的使用进行不断操作和强化。

（执教：俞晓红　点评：徐洁）

（二）课型研讨与交流

【研讨人员】吴萍（专家）、俞晓红、俞越、刘瀚璘、徐洁

【主持人】俞越

【研讨实录】

主持人：今天我们再次请来吴萍老师，对我们英语组基于核心素养，抓住学科本质，探索学科核心素养的小学英语情景剧课型教学进行指导。

主持人：接下来让我们各抒己见，从不同的角度针对今天的这堂课进行点评交流。

Tess：The pace in this lesson is perfect， not too fast， not too slow.

Herman：Give students the picture first， and ask question about the picture， which is helpful for them to develop the reading picture skill.

Crystal：1.It will be helpful to play some music while role-play；2. Give the microphone when they act.

Freya：There are so many interactions between teacher and students， boys and girls；teacher also gives the scaffolding to them.

Gail：From the perspective of expressing，Amy has reached the aims imitate and acting.

Jarret：Enough time to practice the sentence ， so they can say the sentence really well.

刘瀚璘：俞老师的故事教学课生动有趣，让学生在故事中学习句型单词，在故事中了解不同的文化内容。我主要从以下几点来点评俞老师的故事课。（1）有一个相对完整的有语境的语言素材。学习外语最好是采用有意义的语言素材，这样有助于学生了解语言的意义。俞老师在让孩子们根据图片猜测故事内容后，会留一个空让孩子填写。出示答案不只是简单地给出一个词组，而是给出词组和它对应的图片，让孩子们图文结合地去学练，从而加深记忆。并且在学完词组后，用When do you ...? 来做对话造句，学以致用，扎实掌握。（2）注重原音的跟读。在故事教学过程中，俞老师播放了好几遍录音让孩子们模仿。确实，很多老师容易忽视这一点，以为故事教学就是把句型故事学习了即可。实际上语音语调也是很重要的一个环节。要培养孩子多听多读的能力，学会根据情节来用不同的语气朗读故事。（3）注重语言输出。故事是孩子们感兴趣的材料。俞老师擅长用故事里有趣的一个点来吸引孩子的注意力。里面有句老虎的话“I am hungry.”她让很多学生来读这句话，并且模仿老虎的语气。孩子们都很兴奋，想尝试，也在不知不觉中输出了语言。最后，分组进行角色扮演。让孩子们对故事有了整体的感知。有一点小建议就是在角色扮演的时候，孩子们声音不够大，导致效果没那么好。可以配几个耳麦，并且来点故事相关的背景音乐，抓住小观众的眼球，也让小演员们更有代入感。

徐洁：从这一堂故事教学课可以看出俞老师对每一个教学环节的精心设计，环环相扣，层层递进，不仅让学生很好地掌握了这个故事，还通过自己的方式将其演绎出来。在课堂中，互动形式多样，有师问生答、生生互问、小组问答、男女生问答互动、全体学生读故事，还有小组合作、role play等活动，整个课堂氛围非常活跃，学生的参与度也很高，可以看出学生是完全融入到老师创设的情境中了。而且在整个过程中，俞老师起到了一个很好的引导者的作用。在role play环节，俞老师先自己参与故事表演，做了很好的示范；然后请两位学生上台扮演rabbit和monkey，剩下的学生扮演tiger，让所有学生都能参与其中；最后分小组练习、上台展示。这样的活动设置，老师只是引导和示范，学生才是课堂上的主角，可以充分看出“以学生为主体”的教学理念。在最后的展示部分，俞老师借助一些可爱的动物头套以及一些小道具增强了学生的表演欲望和张力，在台上表演故事的学生是很热情高涨的，但是坐在位子上的学生参与感就没有那么高了，这时候我们作为一个组织者，可以事先制定一个评价标准，比如emotional，loud，clear等，让学生来进行简单评价和打分，这样不仅可以更好地激发上台表演的学生的热情，也可以让坐在位子上的学生认真观看表演，并尝试对故事表演进行评价。这样全员参与的课堂就会更加充满活力了。

楼思程：俞老师执教的这一堂课是一节思路清晰、逐步推进、生动有趣的故事课，俞老师以融学课程理念为指导，充分考虑学生的年龄和学情特点展开教学，在本课的教学设计和实践中比较注重活动设计的层次性以及教师辅助支架的逐渐撤离。除了前期的TPR唱跳预热以及单元单词的复习，俞老师将故事学习分为3个阶段：在阅读前导入情景，让学生通过图片了解故事发生的情景，通过观察故事结尾主角的表情来猜测故事情节，这样的设计，无疑是增加了学生与故事的互动感，就像“未见其人先闻其声”，学生先对故事产生好奇心。然后俞老师通过听、说、读、看、问等方式带着学生了解故事的发展，理清故事脉络。其中“问”是一大亮点，俞老师通过“问”，加以恰当的图片作为提示，从而让学生在有恰当的支撑下了解故事。最后通过学生上台演绎的方式将这个故事表现出来，妙的是演绎的过程也是层层推进，从教师与一名学生做示范，到两名学生做示范，其余同学做辅助，再到小组练习以及上台表演，这样一个老师逐步淡出的过程可以让学生在适当的挑战中成长。俞老师引导学生一点一点地去推进情节的发展，将学生从一个被动的阅读者转变为主动的创造者，让一个简单的故事变得更加的生动立体，学生的学习热情自然高涨。

俞越：俞老师执教的是一堂故事教学的小学英语课，俞老师以新的课程理念为指导，结合教材的内容，进行合理的选择与应用。通过学生一天的活动get up， eat breakfast， go to school， have lunch， have dinner， go home 过渡到动物的一天。俞老师能够抓住任务型教学的核心，即learning by doing，这样的教学方式能够使情景和英语有机结合，体现语言的工具性和人文性。例如俞老师在故事教学前，通过师生互动、生生互动，问了学生大量的关于“When do you get up?” “I get up at 6:30 a.m.”的句型，句型的操练是大量的输入，学生能够以听说领先、口语突破的方式过渡到故事的内容。

“合作学习法”是《义务教育英语课程标准（2011年版）》提出的一种互动交流和协作学习的模式，这节课俞老师能够有目的、有计划、有针对性地组织学生进行学习，使师生之间的交流不是一对一的交流，而是教师对小组一对多的交流，实现了课堂效率的提升。学生在表演故事时，相互合作，学会扮演rabbit，monkey，tiger。不同的角色有不同的情感与态度，小组也通过合作走向了小组之间的学习。

俞老师在故事的学习后，让学生合作进行表演，自己也先进行了示范表演，扮演了tiger的角色，学生则扮演monkey和rabbit的角色。俞老师用引领使学生参与、合作，用互动使学生交流，用评价使学生实践，用启发使学生合作，也就是《义务教育英语课程标准（2011年版）》出的“参与、交流、体验、合作、实践”的教学方式，有效的教学方式使得本节课有质有量，十分丰满。

闫玉：从学习目标来看，俞老师在句式的复习了上使用了板贴，并在句式中复习了本单元的重点活动短语。在故事教学过程中，通过图片展示、录音播放，请学生听后重复，注意模仿故事中的角色语气。听读故事之后，老师先和学生进行故事表演的示范，然后给学生3分钟时间进行小组操练，最后在教室里进行展示。通过不同的方式，Amy老师使小故事的听、说、读、演的目标都达到了。

陈巧辉：从学习策略来看，俞老师主要通过听音模仿关注功能句的强化训练，使学生能准确表达，但缺乏语言的实际应用，建议创设实际场景或结合学生实际情况进行问答。

金星霖：从教学方式来看，课堂多出了情景学习，创设一个和故事相似的情景，让学生们模仿动物的语音语调，以模仿动作来学习对话，使学生积极性更高，故事也显得更加生动形象。

主持人：感谢老师们从各个方面针对今天的小学英语情景剧课型进行了点评。接下来有请吴萍老师给我们建议。

吴萍老师点评：

Today's class is the type of story-time. We need to think “What should we do in such kind of lesson-story time? ”, “How to push them into the story.” It's a dialogue between rabbit and monkey. All the things in one day, so you can come back to the theme of the unit: my day. When we come to the story, kids try to act the monkey and rabbit, and after that, they need to know monkey's day& my day. The story has to come back the theme of unit: my day.

吴萍老师具体点评

1. 课堂状态

二年级课堂状态一定是在玩中学、学中用，在动态中进行学习。这就要求我们老师在前期设计课堂活动时要围绕单元主题，明确学习目标，并根据这个年龄段学生的学习特点来设计。

2. 说课

说课不是说上课流程，而是说这堂课在整个教材的地位是什么？围绕这个课型，每个环节是为了达到什么意图？其他老师来讨论这个意图有没有偏颇。课前说课和课后说课的区别在于，课后说课就是讨论这个意图是不是达到，是否是有效意图。

3. 对文本的理解

今天的关键词还是“My day”，课堂教学除了运用到monkey上，最后还是要回归学生现实生活中的一天。通过这个故事再让学生讲自己的故事。课堂设计中有涉及表演的创造性和感情色彩，而不是机械式表演。最后如果回到“My day”，学生讲自己的故事，或是两个人互问，了解对方的一天，效果会更好。

4. 板书

板书要很好地体现一节课的重难点。建议如果贴一个动态的闹钟，而不是很多个固定的闹钟，让学生自己动手来根据情景对话的内容来展示时间，效果会更好。教师在设计活动时也要注意基于教材，又要适当地高于书本的表达，白板上的素材才可以更有效被利用。

5. 教学理念

是否体现了“以意义为核心”“整进整出”的教学理念，是否将整体教学、启发式教学等方法贯穿于或融入课堂教学之中。

6. 教学目标

是否实现了本课教学目标中提出的语言能力和非语言能力目标，如：学生能否读懂故事情节；能否用标准的语音语调独立朗读故事；能否组织语言复述故事；学生是否提高了未雨绸缪、防患未然的意识。我们讨论的故事是服务于教学的，所以就要首先考虑教学目标。所以需要反思的还有是否聚焦核心知识要点，是否利用故事巩固了知识要点，是否在故事的延展活动中处理核心知识要点，是否能利用故事引出学习的主题。

7. 课堂实施

Warm-up：教师带领小朋友唱歌跳舞状态好，为之后的学习创造了很好的情绪和氛围。Presentation：引入句可以改善，教师的有些指令可以再斟酌，要与教学意图相匹配。交代故事的教学步骤，学生是否能积极回应；教师能否专注倾听学生的言语表达，并做出回应；教师对于个体、小组和全班在故事活动中的互动是否有明确的指示和引导，这样是保证学生能否顺利地参与到教师所设计的活动中来；教师能否理解学生的具体表现（如复述故事时的动作、表情、手势和不十分清楚的言语），并能够及时做出相应的反应（动作或话语）。

8. 故事课总结

（1）情景剧教学在课文中的比重虽然不是最重要的，但一定要考虑和整个单元的关联性。教师在备课时一定要注意每一个单元一定要整体设计、整体备课。

（2）情景剧表演前的故事教学是先了解整体内容，然后再一张张地理解。可以从故事中的人物转换到现实中，结合学生的现实生活，鼓励学生在现实中运用所学的语言。学生可以对故事进行拓展，通过问答完成。

主持人：热烈探讨中，静静聆听中，我们的教研活动接近尾声。一上午的聆听和切磋，让我们对这次的融学课型有了更为直观形象的感悟和体会。感谢老师和学生们精心构建的课堂，感谢在座各位老师的热烈讨论，更感谢专家吴老师和各位领导的积极参与以及精辟、切实可行的指导性建议，正是有了大家的全身心投入，我们才能够营造出有效、务实、探索的教研氛围。与此同时，经过专家的点拨，我们也深深感受到，将教室外的生活潜移默化地拉进我们的英语课堂是一件意义重大，需要我们长期探索的任务。

本次英语教研活动到此顺利结束，感谢大家的光临！期待下一次的再会。

（三）教后反思与改进

教后反思

英语教育的目的是激发学生学习英语的兴趣，培养他们英语学习的积极态度，使他们建立初步的学习英语自信心，培养一定的语感和一定的语音、语调基础，使他们形成初步用英语进行简单的日常交流能力，为进一步的学习打下基础。在教学中，开展英语情景剧表演，不仅能够激发学生的学习兴趣，调动学生的积极性，提高学生的听说能力，而且可以培养学生的自主学习能力，丰富第二课堂。

英语情景剧教学的实施分四个过程。

1. 拟定主题

教材的内容分布都是以主题为单位的，这些主题大都贴近学生生活，符合儿童兴趣。在每单元教学前教师以每个单元的话题为中心，给学生拟定可以开展的活动主题，让学生的学习有目的性，提高学习效率。

2. 自主编排

在目标词汇和句型教授后，由学生分组课余自主编排本单元课本情景剧。学生接到主题后，在课外进行剧本创作和排练表演活动。鼓励学生充分利用各自的特长。有的小组自己制作头饰面具；有的小组充分利用教室实物，群策群力；还有的小组分不同的场次排演……积极参与，各显其能。提高了学生的动手操作能力、空间想象能力、创新能力和实践能力。

3. 个别指导

小学生的英语语言储备量有限，在编排过程中难免遇到各种问题，尤其是英语语言，在句子的表达方面难免遇到困难。在编排的过程中依各小组需要，老师进行个别帮助辅导。对于目标语言的表达，教师指导学生尽量运用不同的方式表达。有效掌控和指导学生的编排过程，为情景剧的表演打好基础。

4. 课堂展示

在每一个单元的最后一课时进行情景剧展示。课堂开始先用几分钟时间很快地复习热身，然后给学生5~8分钟时间自己先排练准备一下，然后登台展示。可按照抽签决定顺序。

鼓励学生发表自己的意见。课堂展示是情景剧的高潮，它不但营造了活泼愉快的英语学习氛围，而且还给学生提供了大量展示英语的机会，使学生各方面的素质都得到了发展。

基于实际的课堂教学过程，我的反思如下：

兴趣是最好的老师。教材一课时以几个单词或以最多2~3个重点句型为教学内容，教师一般都单独教授这些内容再反复复习、操练，机械性比较强，学生也容易失去积极性和耐性。根据课本改编的情景剧虽短却总有一些surprise 的插曲或出人意料的结局，以故事为主线，通过故事情节，让学生去猜新单词、新句子，极大地激发了学生的学习兴趣和学习动机，提高了学生的综合语言的运用能力，培养了学生的创新精神。同时，小学生好奇性强，就喜欢表演，什么都想体验，而情景剧教学正好满足了他们的这种强烈愿望，为学生开展各种角色扮演活动提供了广阔的空间。在学生理解故事内容后，我们可以给它配音、复述，可以模仿表演，也可以灵活性地创新续编，使学生有充分的发挥余地，也学得开心。

挖掘感情因素，带孩子体验丰富的情感世界。教师在解读教材时，不能只看到核心词句的字面意思，要挖掘教材内容背后的情感因素，利用一些视频和文本资源，让学生在学习中体验情感，感受情感，同时培养他们的思维能力，提升学生的核心素养。在设计二年级下册“My Day”主题教学中，核心内容是“When do you get up? I get up at 7:00.”单从教材内容的表面上看，是When do you get up? 等句式的替换和变化，设计时，也容易走上机械操练的教学方式。但若深度思考，二年级的学生已经具备一定的思维能力和理解能力，教学时不能仅仅浮于教材内容的表面，剧情中只是提及Monkey’s day,但我们回到这个单元的主题，也是我们每个人的一天。教师要时刻谨记，在教学实践活动的设计中要引导和鼓励学生结合自己的实际生活，让学习的语言在现实生活中得到运用。

鼓励学生创造性地排演情景剧。著名教育家陶行知曾说过:“处处是创造之地，天天是创造之时。”我们的教育教学就是知识创新、传播和运用的主要基地。培养学生们的思维能力和创新能力也是教育的重要任务。情景剧的排演能充分挖掘学生的创造力。教材上的内容往往只有简单的几句，以教材为基础，鼓励学生充分发挥自己的想象力和创造力，编排成一个完成的情景剧。在这个过程中不仅复习了已学的知识，还对新旧知识进行了创造性的融合，使学生获得成功的喜悦。

教学改进

1. 教师引导示范化

小学生虽然想象力丰富，喜爱表演，但生活阅历少，因此，课本情景剧教学，不能完全抛给学生，教师的示范在课本剧中必不可少。在板块三中，教师要真正担当起示范者和指导者的角色，进行角色示范。教师也可以参与实力较弱的组进行共同编演。对于每个组的课本情景剧剧本的英语语言方面，应该提前阅读审核，保证目标语言的正确性。

2. 角色分配均衡化

在情景剧表演中要关注学生的情感，营造宽松、平等、和谐的互动教学氛围，引导每一位学生都参与其中，这点尤为重要。学生的语言表达能力和表演能力各有强弱，小组长在分配课本剧情景剧角色时要注意协调，尽可能多地为他们创造语言实践的机会，增强他们的自信心，合理运用和发挥小组成员各自的优势，全员参与，共同完成编演课本情景剧，才能使每一位学生都能得到锻炼。

3. 适时评价激励化

小学生正处在身心发展的关键时期，他们的自我意识和独立意识不断增强，十分注重自己在别人心目中的地位。教师应善于发现学生的闪光点，多用激励性评价引导学生，使学生产生自豪感，从而激发其学习英语的兴趣。课本剧表演结束后，教师在对学生实施评价时要注意评价的多元化与激励作用，如让学生进行自评、互评，并且特别要注意评价的引导作用，要提前让学生明确具体评分标准。

总之，英语情景剧教学是一种很有效的教学模式，可以激发学生的学习热情，培养学生的学习兴趣，挖掘学生的创造力和想象力，进而培养学生的合作、互助的意识，增强自信心，养成活泼、乐观开朗的性格，满足学生情感的需求。通过情景剧表演，提升了学生综合素质和增强实践能力，一定能影响学生一生，会为他们今后的学习打下坚实的基础。

（俞晓红）

二、“角色对话课型”的实施

（一）课堂实录与点评

Big English Unit8 healthy living

课堂实录

【学习目标】

（1）学生能理解对话，能用正确的语音语调朗读对话。

（2）学生能听懂、会说有关询问是否有做过某事的功能句：Did you…? Yes，I did. / No, I didn’t.

（3）学生能通过对话学习，树立健康的生活理念。

【学习策略】

听音模仿、情境体验。

【学习过程】

板块一　热身活动

1. 歌曲热身

T：It's a nice day. Let's sing a song and do some exercise.

2. 听音判断

T：Read the sentences as quickly as possible. If you think it's healthy， please say yes， if you think it's unhealthy， please say no.

T：It is healthy to eat lots of candies.

Ss：No.

T：Exercise is bad for you.

Ss：No.

T：Fresh air is good for you.

Ss：Yes.

T：Drink more water is healthy.

Ss：Yes.

3. 自由谈话

T：You did a very good job. I feel nice today. How do you feel today?

S1：I feel good.

S2：I feel bad.

T：Why?

S2：Because I went to bed too late.

T：I'm sorry to hear that. It's unhealthy.

板块二　呈现新知

1. 语篇呈现

T：Tomas and Maria are also talking about healthy living. Let's watch the video and think about the questions.

（1）How does Maria feel today?

（2）How does Tomas feel today?

（3）Why does Tomas feel bad?

S1： Marie feels great.

S2： Tomas feels bad.

S3： Because he ate three donuts.

T：He should eat three donuts!

2. 语音语调呈现

（1）跟音频逐句读，用正确的语音语调朗读。

T： Let’s follow the audio sentence by sentence.

（2）读准难句——Three donuts! That’s why you feel bad!

T： Can you find the sentence and read it in your own way.

S1： Three donuts! That’s why you feel bad!

T： Wow! You feel surprised.（出示惊讶的表情）

S2： Three donuts! That’s why you feel bad!

T： You had a good try! You are a little scared. Now please read it with your partners.

（3）与音频同步读，在完整的语篇中感受语音语调。

T： I heard you can read the passage very well. Let’s read with the audio together.

板块三 文本操练

1. 师生合作，分角色朗读

T： Now， I am Maria， you are Tomas. Are you ready?

Ss： Yes. We are ready!

T： Thank you! You are good actors and actress! Now， let’s exchange.

Ss： Ok!

2. 同桌合作，分角色朗读

T： You can read the whole conversation very well. How about do role play your partners?

3. 情境操练

T： How do you feel today? Why? Did you...?

S1： I feel good! Because I had good breakfast.

S2：I feel good! Because I rode a bike yesterday.

T：That's healthy.

S3：I feel bad. Because I did a lot of homework.

T：I'm sorry to hear that. So when do you go to bed?

S3：I went to bed at almost half past ten.

T：Half past ten! That's why you feel bad.

T：See，we can make a new conversation like this. Now it's your turn to make a new conversation with your partners.

板块四　巩固拓展

1. 角色扮演，展示对话

S1：Hi！Andy. How are you?

S2：Hi! Timmy! I feel great today! I got lots of sleep.

S1：How about you Peggy?

S3：I don't feel good today.

S2：Why? Did you eat breakfast?

S3：No，I got up too late. And I didn't have breakfast.

S1&S2：You didn't have breakfast! That's why you feel bad!

T：Thank you for your performance. Let's give them warm applause.

T：Why does Timmy feel well? Why does Peggy feel bad?

S1：Timmy got lots of sleep.

T：Is it good for his health?

Ss：Yes.

S2：Peggy didn't have breakfast.

T：Is it good for her health?

Ss：No.

2. 学习反思

T：What you sometimes do is unhealthy?

S1：I sometimes don't exercise.

S2：I sometimes play computer games.

S3：I sometimes eat junk food.

T： Now, please write down the things you ever did which are good for you and which are bad for you.

（二）课型研讨与交流

【研讨人员】市教研员吴萍老师、执教教师、翡翠城学校英语老师

【主持人】俞越

【研讨实录】

俞越：各位老师，上午好！今天我们有幸请到了杭州市教研员吴萍老师来校指导。接下来研讨的主题是基于核心素养的小学英语“融学课型”研究。首先让我们用热烈的掌声欢迎吴萍老师的到来！

吴萍老师：老师们好，今天很高兴再一次进入翡翠城学校，很欣慰看到了大家为课堂付出的努力，也看到了大家对融学课型的尝试，首先我想听听大家对今天的融学研讨课的认识。

俞越：谢谢吴老师的开场白，接下来我们把时间交给各位老师们。

闫玉：我从“学习目标”来谈一下这堂课。陈老师这堂课的教学目标非常清晰又全面，而且是围绕着英语学科素养而设定，课堂活动的开展也紧扣学习目标。本节课的语言能力目标是学生能理解对话，能用正确的语音语调朗读对话；学生能听懂、会说有关询问是否有做过某事的功能句：Did you…? Yes， I did. / No， I didn’t.本节课的情感目标是学生能通过对话学习，树立健康的生活理念。学生通过课堂上的各项活动逐步积累了语言素材，提高了会话技巧。

俞越：我从“教学过程”来谈一下这堂课。本堂课的教学思路非常清晰，主要有以下几个步骤：热身—呈现—操练—应用。在热身活动中，本节课采用了歌曲和头脑风暴的方式快速调动了学生学习的积极性，也激活了学生的语言旧知；在呈现文本时，陈老师以视听的方式让学生对整体语篇有了初步的理解；接下来是以听音模仿的方式让学生能够用正确的语音语调朗读对话，最后再以角色朗读及情景表演的方式让学生在理解的基础上应用对话。本节课教学过程紧凑，循序渐进，学生能在一项项活动中高效吸收知识。

金星霖：我从“教学方式”来谈一下这堂课。陈老师的课堂教学方式丰富灵活，适合三年级学生的年龄特征。在最开始的热身部分，陈老师采用了歌曲和头脑风暴的方式很快让学生融入课堂。在呈现新知的时候，陈老师主要采取了以听促学的方式，利用了学生的听觉优势，让学生受到良好的语音语调熏陶。在操练部分，陈老师采用

师生合作操练及小组合作操练的方式，让学生能在合作中相互学习。在教学方式上陈老师坚持以学生为中心，并根据学生的课堂状态及时调整教学方式。

徐洁：我从“师生互动”来谈一下这堂课。在陈老师的课堂中，刚开始时师生互动主要是以师问生答的方式开展，形式比较单一，学生参与感不是很强。观察到学生积极性不够时，陈老师能带着大家一起“动起来”，一起做一些简单的动作，调动学生的积极性，这是值得我们学习的。在最后的任务选择时，学生可根据自己的兴趣和实际能力选择不同的任务，生生及师生之间的配合都达到了很好的默契。

楼思程：我从“语音语调”来谈一下这堂课。良好的语音语调是一个英语老师的基本素养。这节对话课的教学目标中就提到学生能用正确的语音语调朗读对话，陈老师良好的语音语调给学生做了很好的示范，以及陈老师在课堂中会用夸张的语调来表现情感，给学生做了很好的示范；同时陈老师还会用肢体语言来辅助表达，学生的注意力能够集中在陈老师身上，因而达到了想要的教学效果。

刘瀚璘：我从“教学效果”来谈一下这堂课。陈老师这节课主要达到了以下两点教学效果。（1）有效的渗透教学游戏，活跃教学氛围。在热身的时候采用了快速判断的游戏，让学生在文字及图片中对 healthy 和 unhealthy 的基本概念有了初步的了解。在过去式（ate got did）语法点教学过程中，采用的看图猜词游戏让学生在轻松愉悦的氛围中掌握了几个动词的过去式。（2）进行小组合作交流，增强学生学习频率。本堂课一共开展了三次小组合作，这三次小组合作一次是针对文本朗读、两次是针对拓展应用，相对来说都是学生无法通过个体达到的效果，而小组合作能达到较好的教学效果。

俞越：感谢六位老师针对今天的对话课型进行点评，相信集大家之智慧，我们的英语课会越来越优秀。接下来有请吴萍老师给我们引领。

吴萍老师点评：语篇对话作为新标准小学英语教材的重要组成部分，不仅为学生的学提供了丰富的阅读材料，同样也为教师的教提供了丰富的可创造性素材。在课堂教学中，教师可以结合教学目标的要求和教学各环节的定位，灵活地运用教材，开发文本资源，在静态文本与动态文本中寻求平衡，提高小学英语对话教学的有效性，从而提高学生的语言素养和综合运用能力。

针对今天的对话课，我还有两点建议：

（1）听说先行。小学阶段的孩子正是听觉敏感期，在对话课上，我们要给予学生足够的听力输入及表达空间。

（2）关注学生情感教育。教师的情感教学无处不在，课堂上的提问方式、评价用语、课堂活动等都是渗透情感教育的机会，这节对话课讨论的话题是healthy life，课堂上学生了列出了多条 healthy 及 unhealthy 的生活方式，但如何真正落到实处呢，这需要我们每一位老师长期的关注。

主持人：感谢吴老师宝贵的建议，在今后的教学过程中我们会牢记您的指导。让我们再一次把掌声送给亲爱的吴老师。

（三）教后反思与改进

教后反思

基础教育阶段英语课程的总体目标是培养和激发学生学习的积极性和自信心。综合语言运用能力的形成建立在学生语言技能、语言知识、情感态度、学习策略和文化意识等素养整体发展的基础上。语篇对话作为新标准小学英语教材的重要组成部分，贯穿于教材的始终。通过对话教学，学生可以进行听、说、读、写各方面技能的训练，可以说这是培养学生语言综合能力的重要载体。

基于以上综合语言运用能力及对话教学的关系，我制定了小学英语对话课型的一般程序——热身活动。通过歌曲、游戏、谈话等方式让学生在自由、轻松的氛围中复习旧知，激发语言表达欲——呈现新知。以图片和视频为载体，以问题为导向，引导学生理解对话大意，在完整的语篇中学习对话——操练巩固。通过逐句模仿、词汇替换等活动，让学生在掌握功能句的基础上，用正确的语音语调朗读对话——拓展应用。通过角色表演、情境迁移及问题思考等活动让学生能灵活应用语言。

而在策略方面，我通过听读模仿等方式规范学生的语音语调，通过情景体验来提高课堂效率，通过小组合作解决教学难题。

因此，我制定了以下学习目标。

（1）通过看图说话、听音模仿等活动，完成对话的理解及朗读目标。

（2）通过词汇替换、情境创设等方式进行功能句的灵活应用。

（3）通过对话学习，让学生树立健康的生活理念。

但在实际教学中，我发现课堂上过于重视基本句型的掌握，而忽视了语言的灵活应用；过于重视活动的流程，而忽视了价值观的真正落实。基于以上理解，我做如下反思。

1. 语言知识和语言技能是综合语言运用能力的基础，打好基础是关键

在学习课文对话时，本堂课主要进行了三次不同的听力输入，第一次是视听，有画面的对话呈现能很好地辅助学生理解对话大意。第二次是听音模仿，利用学生的听觉优势，将学生的注意力集中在听觉上，让学生从最开始就接受标准的语音语调熏陶。第

三次是整体的语篇听读，让学生在完整的语篇中再一次感受语音语调。通过以上三次听读，学生已经有了良好的语音语调积累，为接下来的语言输出打好了一定的基础。

在语言输出阶段，教师在本堂课中一共进行了三次角色表演的活动，一次是对文本中选定的重点句型的表演，一次是对文本的整体表演，一次是对创设的情境进行的表演。角色表演为学生提供了语言输出的平台，同时也能直观地检测到学生是否已掌握语言知识。学生在理解中还有什么偏差，表达中还有什么错误，只有在演练中才能暴露出来；学生能否说、问，能否正确运用，只有在模拟的情景对话中才能看出来。教师进而针对现场所观察到的学情及时调整教学策略，打好语言知识及语言技能的基石。

2. 学习策略是提高学习效率、发展自主学习能力的保证

本堂课中，课文的学习分为三部分完成。第一部分是整体呈现对话，让学生在完整的语篇中感知对话。在这一部分学习中，笔者引导学生看图找线索，带着问题观看对话视频，这是在培养学生思维的逻辑性，有了思维，学习才能真正发生。第二部分是呈现语篇的语音语调，学生通过视听及听音模仿等方式，不断地提高语音语调。学生通过对比原声音频，了解差距，进而及时调整。在语音语调重难点突破时，笔者引导学生结合自身的实际经验，体会“Three donuts! That’s why you feel bad.”这句话的情感，不同的学生因为不同的感悟而读出了不同的情感，这样才使语音知识也变得灵活起来。第三部分是呈现语篇中的难点——动词过去式，通过看图说句子，举一反三的活动，让学生熟练掌握动词过去式的使用。举一反三的学习策略是语言学习中常用的策略之一，掌握了学习策略，自主学习才有可能发生。

3. 情感态度是影响学生学习和发展的重要因素

情感态度的渗透并不只是体现在授课内容上，教师的语言、动作及神态等处处能渗透情感。在师生互动时，笔者主要通过跟进提问及个性化鼓励，让学生不断地树立自信。本堂课的核心话题是healthy living，在学生回答相关问题时，教师都会给予及时的点评或提问“Is it healthy”，通过点评及建议给予学生正确的价值观引导。最后在完成选择性任务时，更是体现了尊重学生的个体差异性，也直接凸显了价值观的引导。学生通过小组合作列出healthy living 及unhealthy living的生活方式，并发出healthy living的倡导，情感及价值观的渗透为学生的学习和发展指明了方向。

教学改进

1. 让学理念，让学生在尝试中学习

由于担心学生语言输出会有错误，因此从课文对话操练、词汇替换操练，到新对

话创编几乎都没有离开功能句型“Did you...?”反复在同样的句型结构中操练不仅费时间，也容易限定学生思维，最终不利于学生语言能力的提高。英语作为一种语言，它的运用是双向性的，在鼓励学生开口交流的同时要尊重学生个体差异。因此，教师应该为学生的表达搭设更多的平台，而不是为学生的语言表达立框架，只有做到心中有学生，学习效果才会事半功倍。

2. 融学理念，关注学生持续发展

课堂活动的设计是为教学目标而设定的，每一项活动的设计都应该考虑到如何达成我们预设的目标，关注学生学的过程，而不是自己教的过程。最后关于正确价值观的引导活动只流于形式，却没有落到实处，展示环节只是让学生读出自己的反思清单，而没有考虑后续的教育效果。从更长远的教育效果来看，应该有小组分享、点评环节，最后的作品也应该经过修改后粘贴于教室展示墙，让课堂的教学效果更深刻、更持久。英语课堂不能只拘泥于英语知识，只有树立融学的理念，才能为学生的持续发展提供更好的条件。

（陈巧辉）

三、“情境对话课型”的实施

（一）课堂实录与点评

六年级上册“Animal World”

课堂实录

【学习目标】

（1）在谈论动物的情境下让学生从以下功能句中就动物的类别、外表、习惯等方面进行讨论：

What animals do you like?

What kind of animals are monkeys/ penguins/ sharks/turtles?

What can monkeys/ penguins/ sharks/turtles do?

What do monkeys/ penguins/ sharks/turtles like to eat?

（2）学生可以写几个句子来介绍这些动物。

（3）学生对动物在“类别、外观、习惯”方面更感兴趣。

【学习策略】

基于英语和科学融合、交互式学习、体验式学习。

【学习过程】

板块一 热身活动：复习动物的单词

1. 热身

师：Look at the picture， what are we going to learn today?

生：Animals!

师：Do you like animals?

学生齐唱。

师：复习动物单词 When you sing the song， What animals can you see?

生：Zebra.

师：What kind of animals are monkey?

生：Sharks are fish.

师：What else do you see?

生：I see snakes. I see bees. Bees are insects. I see chickens. Chickens are birds.

教师引导学生回顾动物的单词和种类，复习“Monkeys are mammals”句型。

Guess the riddles（猜谜语）

师：I have some riddles for you. I will read the riddles， if you know the answer， you have to raise your hands. OK?

师：They are black， yellow， they have wings.

生：They are bees.

师：Is there anyone who can read another story for us?

生：They are not fish. They are reptiles， and they can walk slowly. They can swim.

生：They are turtles.

师：Thank you!

师：Yes， they are monkeys. Today we are going to learn about monkeys. Do you like monkeys?

学生通过猜谜语中动物的关键词能猜出是什么动物和动物的种类。

2. 呈现

师： Look at this picture， who are they?

生： They are Miss Wu and students.

师： What are they talking about?

教师呈现主场景，教师进行场景介绍：教师呈现图片，让学生猜测图片中的场景和活动。教师进行人物介绍：教师让学生说一说教室里有哪些人。

板块二 新知呈现：交流喜欢的动物

1. 学习

Let’s listen and answer.

What animals are they talking about.

What kind of animals are monkey?

What can monkeys do?

What do they like to eat?

师： Have you got the answers?

生： Yes.They are talking about monkeys.

师： What kind of animals are monkey?

生： They are mammals.

师： What can monkeys do?

生： They can climb trees.

师： What do they like to eat?

生： They like to eat bananas and peaches.

师： You did a very good job. Please open your books， let’s listen and repeat. Pay attention to your pronunciation. (students listen and repeat)

学生通过听音频，回答问题，理解故事。

2. 操练

师：Now， I am Miss Wu. You are Yaoyao.

(the students and teacher do role play)

师： Now Who can be Miss Wu?

(One of the students and the other students do role play)

师： Thank you little teacher. Who can be the little girl?

（One of the students and the other students do role play）

师：Now practice with your partners.

学生通过听音频和回答问题，学生能够理解对话，并且能够跟读和模仿对话。

板块三　巩固练习：交流喜欢的动物

1. 应用

师：We will make a new dialogue. I need a student to work with me.

生：What animals do you like?

师：I like pandas.

生：What kind of animals are pandas?

师：They are mammals.

生：What can pandas do?

师：They can eat bamboo.

生：What do pandas like to eat?

师：They like to eat bamboos.

生：What do pandas look like?

师：They are short and fat.

师：Thank you. Now you can ask questions with your partners. Then fill in the blanks.

（three groups show the dialogue）

学生通过操练，能够掌握句型“What kind of animals are monkeys?” “They are mammals.” 学生能够自己创造句子，并用句型“They are mammals. They are short and fat. They like to eat bamboos.”进行操练。

板块四　拓展应用：表达喜欢的动物

1. 拓展延伸

师：At the beginning of the class， I gave you a riddle like this： They are fish. They can swim very fast. They have big mouths， what are they?

师：What are they?

生：Sharks.

师：Now it’s your time to write your own riddles.

They are________.

They can ________.

They have _________. What are they?

师：Time’s up. Anyone want to share your riddles?

生：They can fly. They have sharp eyes. The have big wings.

生：Are they eagles?

生：Yes.

2. 总结

Today we learn about the habit， appearance and the category of the animals.

师：Thank you！ I think you can share your riddles after class. Now， class is over. Goodbye everyone.

开放的话题为学生提供了更多的想象空间，利用对话的学习，学生能够更加关注动物世界，了解自己喜欢的动物，并且进行书写和口语表达。

点评实录

对话课教学对学生形成口语表达能力和英语思维能力方面有着重大影响。对话教学的目的就是提高学生的口语表达能力。俞越老师的对话课教学在热身、呈现、学习、操练、巩固环节有序开展。

1. 教学过程

俞老师通过游戏、自由朗读、歌曲的形式，营造学习氛围并且复习回顾，这不仅降低了新知的难度，也为学生的学习进行了铺垫。本课播放歌曲与主题有关，可以营造学习氛围，增强学生学习的热情；听课老师建议可以配上简单的动作，师生同做，调动学习气氛。本堂课的歌曲建议选择难度更大，更适合六年级学生的歌曲。

2. 学习策略

教师对于情境进行了呈现和导入。教师使情境整体呈现，学生带着问题，在充分讨论图片的基础上，完整听音频获取信息；图片呈现的时候，学生充分观察，问题设置也是由易到难，体现出分层教学的优势。

3. 师生互动

对话课先由师生互动作为范例，再通过生生互动，采用了跟读、齐读、男女读等形式，让学生熟练运用重点句型、模仿语音语调；在句型操练、感知对话内容的基础上，进行重点句型操练。操练的过程中教师可以让学生替换练习，学生可以通过替换对话内容创编对话，进行操练；再分组讨论，学生可以通过所给话题分享交流结果。

本堂课中学生扮演Yaoyao，老师扮演Miss Wu，再两两合作进行pair-work，也可以以采访的形式进行操练。

4. 巩固环节

最后的巩固环节，可以改变谜语的形式，如教师要进行拔高训练，则可以展示动物的阅读材料，比如绘本、文章，让学生从种类、外观、习惯、数量方面进行总结；教师还可以布置实践拓展作业，自主查阅资料，比如动物在地图上的分布等，使得学生从种类、外观、习惯等多方面了解动物，对于喜欢的动物有更深的理解。

本节课亮点在于对话课中，教师采用思维导图的形式，为语言输出做好铺垫。学生在描述动物的时候，能很清晰地找到动物的几个角度，使学生能够更加深入地学习。

对话课教学中，教师需要积极思考，巧用任务，提高能力：挖掘课内插图，延续情境，创编对话；拓展课文文本，发挥想象力；努力提供课外阅读，迁移情境挖掘，引导学生在情境中形成灵活的语言，进行有效的输出，从而实现自我价值，不断提高核心素养、语言能力、学习能力、思维品质和文化意识。

（执教：俞越　点评：金珊）

（二）课型研讨与交流

【研讨人员】吴萍、钱洪芹、金珊、陈巧辉、俞晓红、闫玉、唐丽君、刘瀚璘、俞越、徐洁、金星霖、楼思程、Louise

【主持人】刘瀚璘

【研讨实录】

主持人：欢迎吴萍老师对于英语组基于国际理解的融学课程进行指导。接下来让我们各抒己见，从不同的角度针对今天的这堂课进行点评交流。

徐洁：俞老师的课是一堂对话课，在对话课型中，最重要的就是使学生开口说、大胆说、流利说。俞老师的这节课让我们看到了教学的激情，有很多方面值得我们效仿学习、静心思考。一是稳扎稳打：扎实地突破了本课的重点。本课的重点是帮助学生从“种类、外表、习惯”等方面掌握运用句型“What animals do you like? / What kind of animals are monkeys/penguins/sharks/turtles? / What can monkeys/ penguins/sharks/turtles do? / What do monkeys/penguins/sharks/turtles like to eat? ”来谈论动物。从热身环节的歌曲导入，引入重点词汇，然后是听音频导入本课时的重点对话句型，师生互动、生生互动、小组操练。在处理操练环节时，先听音跟读，然后齐读，再请学生上台进行role play，步步推进，给予学生充分的时间练习，扎实有效地突破了本课时的重点。而且为了帮助学生更好地运用句型来讨论自己喜欢的动物，俞老师还设置了多种互动方式，关注到每一位学生，让学生都有开口发言的机会。源于书本但高于书本，俞老师不仅抓住了本课时的重点，还进行了拓展，鼓励学生自己写一写喜欢的动物以及设置一个关于动物的谜语，使学生更好地掌握了本节课的重点句型。

闫玉：对话教学的整个过程是循序渐进的，如通过歌曲引入本课的话题，通过听录音导入对话，再通过带读、老师与学生对读、学生小组读等活动设计让学生进行朗读的操练。在对话的引入上，可以通过设计更多听的活动，让学生能够专注于听，并重点抓住这节课的重点句型“ They can .... They like to .... They are .... ”在听的设计上，就让学生感受到这节课的重点，再结合老师制作的思维导图，效果会非常好。老师还通过设计活动，让学生讨论自己喜欢的动物，介绍自己喜欢的动物的习惯、类别等，并通过设计动物谜语，让学生能够进行英语的描述介绍。但是，在教学内容上，老师可以提供更多的阅读内容，让学生进行更多的拓展阅读学习。

金珊：对话课教学对学生形成口语表达能力和英语思维能力方面有着重大影响。对话教学的目的就是提高学生的口语表达能力。俞越老师的对话课教学在热身、呈现、学习、操练、巩固环节有序开展。本节课亮点是，对话课中，教师采用思维导图的形式，为语言输出做好铺垫。对话课后，巧用任务提高能力：（1）挖掘课内插图，延续情境，创编对话；（2）拓展课文文本，发挥想象力；（3）提供课外阅读，迁移情境。

对话课教学中，教师需要积极思考，努力挖掘课内外的多元素材，引导学生在情境中形成灵活的语言，进行有效的输出，实现自我价值，不断提高核心素养、语言能力、学习能力、思维品质和文化意识。

刘瀚璘：“亲其师，才能信其道。”师生关系是以基本的人性观为前提的。这节课也很好地体现了这一点。俞老师教态亲切，教学用语明确易懂，对学生的反应能够及时给出回应，不忽略任何一个学生。在刚开始导入的时候，俞老师问一个学生“What animal do you like?” 学生回答：“Zebra.”俞老师没有很快让他坐下，而是又接着问“Do you know what kind of animal it is?”对学生的问题有一个延续性，促进交流和互动，让学生感受到老师对自己的回答是重视的、是关注的。在游戏环节猜动物的时候，有个学生猜错了。俞老师没有直接说你答错了让他坐下，而是露出很抱歉的表情说：“Sorry, no. But thank you. Thank you for suggestion. ”虽然只是一句简单的话，但是体现了老师对学生的包容和鼓励。虽然学生回答错了，但仍旧谢谢他能够给这个问题提供新的思路。这样他们班的学生就更会乐于开口，而不是怕说错。这点值得我们所有老师学习。俞老师在学生做对话的时候一直关注学生。所以她会察觉有个学生有点紧张了，然后立马和他说：“Don’t be nervous， you did a good job.”体现了师生互动的和谐和激励。

金星霖：俞越老师的这节课是人教版课本新起点六年级上册第三单元的talk部分内容。本节课的新授句型是：What kind of animals are monkeys? 重要句型有：What can they do? What do monkeys like to eat? Do you like monkeys? 所以这节课的话题围绕着某种动物，讨论它们是哺乳动物还是其他类型的，它们能做什么、喜欢吃什么等。

俞越老师的课堂设计很棒，整节课的流程一目了然，开头用一首生动有趣的儿歌导入今天的主题Animals，接着快速复习上一节课学过的知识。在呈现单词上，俞越老师采用了猜谜的方式，给出一些线索，让学生们去猜测，这样既增强了趣味性，也给最后学生的产出做了铺垫。在呈现对话时，俞越老师也是逐句播放，先让学生感知，再让他们复述，这个教学方式很棒！在完成新知学习，到呈现环节时，学生们也都踊跃举手，展现出了精彩的对话。最后的拓展也是让学生们根据今天所学的4个主要句子，选择一种动物进行描述，让大家猜一猜是什么，学生们都颇有兴趣。

总体来说，这节课令我印象最深的是俞越老师激情澎湃的个人魅力，这种情感渲染了整个课堂，学生也都跟着活跃起来。这节课也是一节典型的对话课设计，能给我带来许多想法和创新。

楼思程：苏联著名教育家苏霍姆林斯基说过：“教师的语言修养在很大程度上决定学生在课堂上的劳动效率。”因此，教师的课堂语言对于课堂质量有着关键作用。从教师语言在课堂上的占比来说，Kerry的指令简单清晰，充分把课堂时间留给了学生，让学生说得更多，体现了以生为本的原则；在教师语言的质量方面，俞老师的用语非常精准，配上丰富的肢体语言，学生可以立马获取到关键信息，并且去互动以及进行活动。尤其是在给学生的反馈上，俞老师的评价用语丰富多样，对待不同的学生都有不同方式的鼓励和反馈，鼓励语言简洁明快，配上肢体语言感染力强，比如说在role-play展示环节，有一些学生有点害羞，俞老师就会说：“Don’t be shy！ Try！ You are excellent！”鼓励他们上台展示，展示完也会既给到他们肯定，也给到他们提高的标准和方式，让学生在每一次课堂互动中都有所提高。

陈巧辉：俞老师的课堂能关注学生的情感体验，从而建立了良好的师生关系。在师生互动环节，教师不仅能及时给予有效的教学评价，还能针对学生的回答进行追问对话，使学生参与课堂的积极性有了很大的提高。其次这堂课采取灵活多变的教学方法，吸引学生的注意力，从歌曲导入到猜谜语、合作表演等，灵活多变的教学方法不仅是课堂活动的载体，也是吸引学生注意力的重要策略，只有这样，课堂活动才得以顺利开展，课堂也因此而变得丰富有趣。最后，课本资源是有限的，我们可以根据学生的认知水平和教学需要，灵活地选择或自创各种形式的辅助资源，比如在这节课中，俞老师运用了思维导图让学生描述动物特点，这是一种文本再构的方式，对于高段学生而言，有利于学生思维水平的提高。

唐丽君：本节课准备得很精心，语言表达和课程设计都很出色，课堂组织的也很有条理，每个环节都能引起学生的兴趣。以歌曲开篇，引入情境。学生刚上课时处于紧张状态，与学生一起欢唱歌曲，可以活跃课堂气氛，消除紧张感，可以集中学生的注意力，激发学生的学习兴趣，使学生很自然地进入到良好的学习状态中，并且为下面的教学环节做好铺垫。

俞老师教学层次清晰，过渡自然。用引领使学生参与，用示范使学生体验，用互动使学生交流，用评价使学生实践，用启发使学生合作。有效的教学过程使得本节课有质有量，十分丰满。

学习目标明确，重难点操练到位。学生通过完成思维导图、role-play等方式掌握了本节课的重点句型：What animals do you like? / What kind of animals are monkeys/ penguins/sharks/turtles? / What can monkeys/ penguins/sharks/turtles do? / What do monkeys/ penguins/sharks/turtles like to eat?

板书重点突出、知识点明确，清晰构建知识要点，而且是经过精心设计的。

最后通过一节课的对话词汇的输入拓展到学生写的能力，让学生通过编写有关动物的谜语，进一步巩固加深本节课的重点句型，实现由听、说到写的过渡。

Louise: Firstly, the lesson was very well planned out. The teacher had clearly taken time to plan the lesson using a scaffolding style to start the lesson easy and progress to add more difficulty.

However, the lesson seemed to be too easy for the students, they already knew a lot of the information that was being taught for example, a butterfly is an insect. When teaching this lesson again, the teacher should begin with establishing the different groups of animals, followed by more context of each animal. We know monkeys are mammals with long tails and they can swing, but why? “The monkeys have long tails so they can use their tails to swing from one tree to another, furthermore they are safe from predators that are hunting on the ground below.” This gives the students more context about the animal whilst learning what group they belong to. Moreover, the teacher could adapt further on this point by describing the animal's habitat. Using the students understanding of "why monkeys have long tails" they can attempt to answer where monkeys typically live. Monkey's need lots of trees to swing between so you would usually find monkeys in a rainforest. By adapting the lesson and going into more detail about the animals, the teacher is making the lesson more interesting for the students and teaching more information they didn't know before.

Throughout the lesson the behavior management was brilliant. The students were engaged during the lesson and only speaking when answering questions or during partner activities. The teacher was able to control the class and see if students were listening and understanding the information given. Once the information was explained, the teacher would ask different students questions to check their understanding, this strategy worked very well with the students.

Furthermore, the teacher created a conversation to allow for partner work and role play, followed by an individual activity to make the students think about their favourite animal and describe it. This encouraged them to demonstrate a wider knowledge of English, beyond what had been discussed in the lesson.Overall the lesson was a success, the range of activities allowed for more students to participate. It was informative, interesting and students seemed very willing to learn.

钱洪芹：教师的感染力很强，教师在思考两两合作中可以采用采访等方式来促进学生合作。

吴萍老师具体点评：

（1）说课。说课不是说上课的流程，而是说这堂课在整个教材中的地位和每个环节的设计意图是什么。

（2）课堂实施。在复习词汇的时候，不要单独教，要放在句子中，放在具体的语境中来学习词汇，语言是用来交流的，而不是为了教词而教词。在遇到有同学不会回答某单词时，老师要面向全体学生，让同学们一起学习。

（3）chant学习。学习chant时，要先听，学节奏，再带学生读，读的过程应是从慢读到中读再到快读，选其中的一段即可；老师在教给学生chant时，自己要先对chant十分熟练。

（4）上课语言。上课语言要自然婉转，语气体态要面向学生，对学生的回答也要有所回应，不能是简单的一问一答。

主持人：我们的教研活动接近尾声。一上午的聆听和切磋，让我们对这次的融学课型有了更为直观形象的感悟和体会。上好一节课除了自己的基本功，自己对教材的理解也很重要。成功的课更加需要思考，失败的课就要找自己的不足，改正不足，不断进步。本次英语教研活动到此顺利结束，感谢大家的光临！期待下一次的再会。

（三）教后反思与改进

教后反思

小学英语对话课通过对情境的对话，着重训练听说技能，以进一步提高会话能力，同时呈现新的话题、功能、词语和句型，教师要尽量创设交际活动，采用“先听说、后读写、先整体、后局部”的方法，增进教学过程中的理解，提高学生口语表达能力的过程。

情境对话教学就是在平等民主、尊重信任的氛围中，通过创造情境，教师、学生、文本三者之间相互对话，从而促进师生共同发展。对话教学包括师生对话、生生对话、生本对话等。

英语对话课实施的三个过程如下。

（1）文本解读前，寻找切入点。导入课题，感知对话文本

句子是建构在词块的基础之上的，针对语篇中出现的单词和词组，教师可以设计多种环节让学生复习、交流，或者教师在之前的课中进行适时渗透，从而降低学习新知识的难度。

（2）文本解读中，分段突破，解读对话文本

小学英语高年级教材中的对话篇幅长，语言点多，学生理解、掌握对话文本有一定的困难。因此，在导入对话后教师还要重点引领学生在整体感知对话文本的基础上通过听、说、读、写等多种形式的活动进一步解读对话文本，以此达到突出重点、分解难点、理清脉络的目的。一般而言，对话文本可按话题的转换或场景的变化进行分段解读。

在对话教学中我们一般会采用“整体—部分—整体”这一教学原则，将整篇对话文本分解成几大块，并采用不同形式的练习帮助学生对文本进行有侧重、有层次的解读和梳理。当然，分段突破、解读文本的练习形式可依据文本需要采用多种形式。比如听录音跟读、模仿、分角色朗读等。重点内容可采用填空、回答问题等形式。教师所提出的问题必须少而精，紧扣知识点，使学生容易把握，同时尽可能避免“Yes”

或“No”问题，填空练习要凸显关键信息。对于对话文本中的非重点内容则可选用判断、选择、打钩等形式。

（3）文本解读后，要进行实际运用，提升对话文本

学习语言的目的是运用语言，文本解读的目的不仅仅要求学生熟悉文本内容，还要求学生把学到的知识运用到实际生活中去。在这个阶段中，教师应该把文本的运用提高到一个新的高度，侧重于训练学生运用文本信息对其进行挖掘加工，并在此基础上创造性地组织语言和输出信息的能力，并有机地渗透情感目标及素质教育的一些其他要求，体现出对学生语言素养的培养和提升。

“没有反思的经验是狭隘的经验，至多只是肤浅的经验。”基于《Animal World》的实际课堂教学，我进行以下反思。

1. 充分体现学生的主体地位

这一节课针对的是学生喜欢的动物，是什么种类，学生在回答了喜欢的动物zebra（斑马）之后，教师进行了追问，这是一种什么种类的动物。此类的追问说明教师对于学生的问题很感兴趣，同时也体现了师生之间的交互接纳和共同分享。

2. 激发学生的对话兴趣

对话教学中激发学生参与对话的方式有倾听、提问、回应和反思。《义务教育英语课程标准（2011年版）》要求培养学生发现问题和提出问题的能力，对话教学作为一种课型，我们要用多种语言和目光交流激发学生敢于对话、敢于提问。《义务教育英语课程标准（2011年版）》明确指出，小学英语教学的主要目的是使学生为交际初步运用英语的能力，教材中的情景对话占用了很大比例，这些对话是从学生的生活中挖掘出来的，以培养学生的交际能力。

3. 利用思维导图，让学生进行对话创编

本节课的亮点是在对话课中教师采用思维导图的形式，为语言输出做好铺垫，给学生提供语言支架，学生可以从动物吃什么、动物喜欢做什么、动物的外貌等形式来描述和表达动物的种类、外观和习惯。对话课后，巧用任务，提高了学生的能力：挖掘课内插图，延续情境，创编对话；拓展课文文本，发挥想象力；提供课外阅读，迁移情境。

教学改进

1. 操练方式应该更加多样化

教师在第二板块的学习和操练环节，教师采用了较多的机械跟读，多次重复模仿，教师操练的形式可以采用跟读、齐读、男女读等形式，熟练重点句型，模仿语音语调；

对于课文文本的内容，教师可以让学生通过替换内容，进行创编对话和练习。

2. 师生配合进行角色扮演，加强了师生合作，也生动了学生的学习感受

本堂课中学生扮演Yaoyao，老师扮演Miss Wu，再两两合作进行pair-work，也可以以采访的形式，进行操练。

3. 拓展延伸，达到语言学习目标

最后的巩固环节，可以改变谜语的形式，如教师要进行拔高训练，则可以展示动物的阅读材料，让学生从种类、外观、习惯、数量方面进行总结；还可以布置实践拓展作业，自主查阅资料，比如动物在地图上的分布等，使得学生从种类、外观、习惯等多方面了解动物。

4. 板书应更加简洁，以思维导图形式呈现

综上所述，在对话课教学中，教师需要积极思考，努力挖掘课内外的多元素材，引导学生在情境中形成灵活的语言，进行有效的输出。对于学生已知或者掌握较好的内容，要适度进行拔高，如可以补充课外阅读材料，可以让学生创编对话，使学生不断提高核心素养、语言能力、学习能力、思维品质和文化意识。

（俞　越）

四、“国际理解课型”的实施

（一）课堂实录与点评

二年级上册“Happy Holidays（story time）”

课堂实录

【学习目标】

（1）通过跟唱歌谣及教师的问题引导，学生可以了解一些圣诞节的背景信息。

（2）借助录音、图片、文字以及教师的讲解和表演，学生能够读懂这个小故事，并尝试在教师的指导下有感情地表演故事。

（3）通过观看视频及教师的鼓励和示范，学生可以尝试从更多的方面去谈论圣诞节这一西方经典节日。

【学习策略】

中外教协同教学、合作学习、体验式学习。

【学习过程】

板块一 营造节日氛围

1. Warming up（热身活动）

（1）常规问候。

T：Good morning， boys and girls!

Ss：Good morning， Freya.

（2）观看一个关于圣诞节的视频，师生共唱。

T：Today we are going to learn an interesting holiday. First， let's watch a video. We can sing together.

Students watch the video and listen to the song *Merry Christmas*.

Students listen to the song for the second time and act together.

2. Presentation（引出故事）

（1）课前复习。老师向学生提问一些有关圣诞节背景的问题。

T：Do you like the song? What's the song about?

Ss：Christmas.

T：Today， we are going to learn Christmas. Who can read Christmas?（show the flashcard）

Students read Christmas one by one.

T：Do you know when is Christmas? Come and point it.

One student comes to the front and point at December 20th.

T：Do you think Christmas is on December 20th? Sorry， I don't think so. Who can come here and show me when is Christmas Day?

Another student comes to the front and point at December 25th.

T：Good job. Christmas is on December 25th. And there is an important man on Christmas， he is very old， he wears a red hat with white beard， every kid likes him very much. Can you guess who is he?（show the shadow of Father Christmas）

Ss：Father Christmas.

T：Do you like Father Christmas? Do you want to see father Christmas? Let's call father Christmas!

Ss：Father Christmas! Father Christmas! Father Christmas!

（2）导入故事。Louise身穿圣诞节服饰出现并向学生打招呼。

Father Christmas comes in.

T2： Hohoho! Merry Christmas! Who am I?

Ss： Father Christmas.

T2： What’s in my bag?

S： Gifts/Presents.

T2： Do you want some presents? Who can read presents?

Ss read the word “present” one by one.

板块二　整体感知故事

1. PPT出示整个故事的图片，老师引导学生猜测故事中发生了什么

T2： Look at the story， what is father Christmas doing?

T2： Is he playing football?

Ss： No.

T2： Is he throwing the ball?

Ss： No.

T2： Father Christmas is giving presents to boys and girls. Who can say presents?

Students read presents one by one.

2. 逐图讲解故事

（1）picture 1，2（图1、图2）

T2： When is Christmas? Is Christmas in summer?

Ss： No! Winter.

T2： It is in winter， so what’s the weather in winter?

Ss： Cold.

T2： Yes， it’s very cold. And look at this picture， what’s this?

Ss： Snow.

T2： It’s snowy. Well done. So it is very cold at Christmas because it’s in the winter.

T2： What is Father Christmas saying?

Ss： Merry Christmas.

T2： Merry Christmas， Coco. You can say Merry Christmas to your friends.

Invite students to say Merry Christmas to their friends.

T：Can you all say Merry Christmas. Say it louder!

Read group by group.

T2：Who can read the story?

Read the picture one by one

（2）picture 3，4，5，6（图3、图4、图5、图6）

Role-play：

T2：I need one person to be father Christmas，one to be the little girl and one to be the boy.

Students act out this picture.

T2：Who can read this? What does this boy say? What does this girl say?

T2：Here is a present for you.（Say to one group）

Ss：Thank you.

T2：And for you.（Turn to another group）

Ss：Thank you.

T2：The little girl says in very high tone. And the little boy，very low tone.

Students say and act like little girl and boy.

T2：Who can come and be Father Christmas? This time we are all the boys and we are all the girls.

（3）picture 7，8（图7、图8）

T2：Look at this picture，what is father Christmas doing?

Ss：He is sleeping.

T2：Yes，he is sleeping，because he is very tired.（act）

T2：Who can act like Christmas?

Some students come to the front and act one by one，and then act all together.

3. 复习整个故事

Read story with your partner in pair.

板块三 尝试表演故事

1. Role play（角色扮演）

T：Look at me! Who can act the story? I will give you three minutes to practice this story in two.

Louise and Freya make an example first and when the students are practicing， teachers provide help if they need.

Students come to the front and act the story.

Teachers and students give comments.

2. Extension（拓展拔高）

T： You act very well! Now we will watch a video and learn more about Christmas.

Teacher plays an introduction video about Christmas.

T： And today’s homework is to review this story and try to act it out. No.2， you can look for more information about Christmas and talk with your parents or you can make a poster about Christmas. Do you know the homework?

Ss： Yes.

T： Class’s over. Goodbye， boys and girls.

Ss： Goodbye， Louise and Freya.

教师点评

徐老师和Louise以“Happy Holidays （story time）”为例，中外教协同教学。为我们做了小学英语融学课型的范例，有以下几点值得我们学习。

1. 以语言运用为落脚点

这节课前半部分是徐老师输入一些圣诞节的背景信息，然后外教Louise来整体讲解故事。在这整个过程中，中外教都十分注重语言的灵活运用，在活动设计时很好地做到了在用中学、学中用，学用结合、学以致用的原则。

2. 体现“生本”的教学理念

在整个学习过程中，学生处于相对自然的状态，不断地在习得和使用语言，学和用时刻都和谐地交织在一起。徐老师和Louise扮演着引导者的角色，引导学生一步步走进这个故事，了解整个故事，并鼓励学生表演整个故事。在课堂上，徐老师和Louise关注到每一位学生，使学生成为学习的主动者，充分发挥了学生的主动性，使整个课堂都灵活了起来。

3. 充分体现课型特点

这堂课基于国际理解教育理念，通过徐老师和Louise的共同教学，做到了中西方文化的融合。徐老师用开场的英语歌曲及结尾的关于圣诞节的小视频，使学生很好地了解了节日文化。外教Louise穿上圣诞服装，给学生发礼物，让学生能直观地了解圣诞文化，体验圣诞文化。

（执教：徐洁 Louise 点评：陈巧辉）

（二）课型研讨与交流

【研讨人员】钱洪芹、闫玉、金星霖、徐洁、俞晓红、刘瀚璘、俞越、金珊、楼思程、陈巧辉、唐丽君、Louise、Harry、Cory、Nani

【主持人】刘瀚璘

【研讨实录】

主持人：Good morning，dear teachers，welcome to the English seminar.尊敬的各位老师，欢迎参加“基于国际理解的‘融学’研究——英语实践教学研讨会？”。下面请各位老师依次就自己所选的角度对课堂进行点评。

俞晓红：我从“课标要求”角度来点评这节课。G2的圣诞主题课程，二年级学生能做到用简单的英语互致问候，能在教师的帮助下表演故事。整节课的课堂氛围很活跃。学生乐于参与、积极合作、主动请教，初步形成了对英语的感知能力和良好的学习习惯。对西方的节日有了初步的了解。学生更乐于了解外国文化和习俗。这都符合《义务教育英语课程标准（2011年版）》中对二年级英语教学的目标。教师设计的课堂活动帮助学生了解了世界和中西方文化的差异，拓宽了视野，培养了爱国主义精神，形成了健康的人生观。教师的课堂教学面向全体学生，使每个学生都得到了发展，突出了以学生为主体。备课时充分以学生为中心选择教学材料，也以此为基点开展教学环节。在小学英语教学中，兴趣、情境、活动是三个非常重要的因素。兴趣是学习英语的动力，活动是提高小学生英语运用能力的主要途径。教师要保持学生学习的兴趣，就必须好好思考教学活动的设计，并使活动情境化。设计和组织教学活动是一项创造性的劳动，有了情境，各种活动就有了依托，活动就会生活化、趣味化和真实化。本节课堂的表现就充分反映了教师们对这一块有深思熟虑，并做了充分准备。

俞越：在教学过程中，教学目标起着十分重要的作用。教学活动以教学目标为导向，且始终围绕实现教学目标而进行。徐老师通过跟唱歌谣、图片、文字、表演等多种形式，较好地达到了本节课的基本目标：学生能够了解圣诞节的背景信息；学生通过这个小故事，可以尝试从更多的方面去讨论圣诞节这一西方经典节日。通过外教Louise扮演圣诞老人，中外教之间协同合作，学生能够整体感知圣诞节的故事和基本信息；并且通过多种道具、行为和肢体语言，“Here is your present” “Thank you”，学生知道圣诞节的文化习俗，并且学习到关于圣诞节的英文表达；通过Louise扮演圣诞老人，中外教合作，学生能够更形象地表演圣诞节的故事。

闫玉：我从“教学过程”来点评这节课。徐洁老师和Louise老师的课上中外教能够协同分段教学。中教先通过greeting和领唱圣诞歌谣*Merry Christmas*，引出故事主题，并通过询问圣诞节在哪天引起学生的兴趣；外教扮演圣诞老人出场，更加吸引了学生的注意力，教师在故事图片的教学环节还能使用丰富的情感进行演绎。整节课中外教配合得非常默契，既增加了课堂的趣味性，又提高了课堂效率。另外，整节课进行了分步学习。整个故事的学习过程是逐图学习，这样既能降低学习难度，又使学生更容易了解和掌握整个故事。老师在教学过程中，先讲解故事，然后根据故事内容教学生进行口语操练，再请同学们两两合作跟读和练习，并鼓励学生在教室里进行展示，扮演圣诞老人进行对话，用自己的语言表达出自己的情感。

金珊：我从“教学方式”来点评这节课。本节课是中外教合作协同的故事课教学，主题为“Merry Christmas”。为营造课堂氛围，故事课教学往往会准备精美的教具。为迎合本课的主题，两位教师准备了圣诞老人的服饰，如帽子、披风、胡子等，由中教老师先引出话题，装扮成圣诞老师人的外教老师配合时间点进教室，营造了趣味性的学习氛围，吸引了学生的注意力，同时，圣诞老人服装不光仅仅为了氛围的营造，在课文操练表演环节也作为一个道具，真正让学生表演起来。在讲授故事内容时，教师遵循课前导入，从整体出发理解故事内容，又通过表演创编，对课程进行了教学活动设计。在故事内容呈现环节，教师讲解重点单词和句型，学生通过跟随音频正音模仿、看图说话等形式对已学内容进行练习巩固。教师通过让学生用不同的语气语调来朗读重点句型，调动学生的学习积极性。在小组创编故事表演环节，学生以小组为单位，分工合作，配合教师准备的圣诞老人服饰，用夸张的肢体语言与表情动作，将故事内容再现。在这个环节，教师鼓励学生大胆创编，用自己的语言去表达，而不是照本宣科。

刘瀚璘：我从“师生互动”角度点评 Happy Holidays国际融学课型。徐老师和外教Louise的这节课的氛围非常活跃，充满激情。外教和小朋友们时刻有眼神、感情的交流，并给予他们认可和信任。还有一些肢体语言的互动，也可以让孩子充分感觉到爱和关心。有个环节让小朋友穿着衣服来扮演圣诞老人，很生动有趣。并且让他们有代入感，又可以在情境中运用句子。每个学生上来表演完后，老师们都会很真诚地鼓励，并请下面的学生们鼓掌。这样增强了学生的自信心，让他们敢于开口。在学生做小组对话时，中教老师和外教老师都会一起协作，给予指导和帮助，真正体现出国际融学的教学方式。并且在指导过程中，老师都是蹲下来和学生交流的，有一种亲近感。“亲其师，才能信其道。”师生关系是以基本的人性观为前提的，而这节课很好地体现了这一点。

金星霖：徐洁老师和Louise老师的这节课是人教版课本新起点二年级上册第六单元Happy Holidays的Story部分内容。

在课程开始的时候，先是由徐洁老师带领小朋友们进入主情境。她播放了一首圣诞节的歌曲，再从日期、圣诞节活动等方面引出圣诞老人，Louise老师身着圣诞老人服装进入教室，背着一个装满礼物的大袋子，和孩子们一起学习故事。等孩子们已经听过、读过多遍后，就让孩子们拿着道具进行role-play的活动。两位老师对这节课准备充分，设计合理，因此在整节课里，孩子们都十分活跃，积极参与到课堂活动中来，课堂氛围很不错。在教学设计上，两位老师从故事中抓住了关键点——Christmas，并从这一点延迟、扩展，在一开始让学生了解今天我们学习的主题，通过儿歌、图片、提问圣诞节日期等形式丰富孩子们对Christmas的印象，引起孩子的兴趣。这些铺垫工作都是由中教老师徐洁完成的。在新知呈现上，外教老师Louise在授课中特别强调每句话包含的情感，她请不同的孩子来读，让孩子们意识到要用感情去说句子。这不仅是Storytime这一课型的要求，而且只有在学习的时候融入情感，下面呈现的环节孩子们才能表演得更好。

总体来说，这是一节优秀的中外教协同例子，也是 Story time 课型流程设计的范本。

楼思程：英语课堂上的教师语言，不仅是传授知识的媒介，也包含着学生所需要学的内容和技能本身。因此，英语教师要注重教学语言的准确性和流畅性，精心组织教学语言。徐老师课堂用语简洁明快、语调丰富、抑扬顿挫、和谐流畅，非常悦耳，很容易引起小朋友的注意力，也有利于提高学生的语音意识，这样一个引人入胜的 lead-in 为整堂课就打好了一个基础。Louise老师虽为母语使用者，但是她将课堂用语的难度调到微微高于二年级小朋友，运用易于接受且合适的语言，小朋友基本能听懂，遇到一些生词也能根据教师的动作去猜，这就让学生在听和猜中学会更多，培养学生的语感，增强课堂教学效果。同时，在Louise老师教学用语中，实用性和灵活性这两个特性非常突出，即使是同样的环节，她与每一个小朋友的互动方式都是不同的，她会根据每一个小朋友的不同特性和不同反应做出不同的互动方式和反馈，也会采用难易程度不同的句型来表达同样的意思。而教学语言一旦具有实用性，英语与学生之间就搭建了桥梁，从而学习兴趣也就被激发了。同时，每一个环节，Louise老师也会设置串联语，通过串联语来承上启下，为下一个活动的顺利展开做好铺垫，让学生能顺利地进入下一个阶段的学习或学习下一个新活动。

陈巧辉：这堂课英语活动是以语言运用为落脚点，发展了学生的语言技能，从而提高了学生的综合运用语言的能力。徐老师和外教Louise 在活动设计时很好地做到了用中学、学中用，学用结合、学以致用的原则。同时体现了以学生为主体、教师为主导的新课程理念。在这样的一个学习过程中，学习者处于相对自然的状态，不断地在习得和使用语言，学和用时刻都和谐地交织在一起。如果课堂活动多一点地关注对重难点的学习，学生学习效果会更好。其次，这堂课做到了中西方文化的融合。外教穿上圣诞服装，给学生发礼物，让学生能直观地了解圣诞文化，体验圣诞文化。开场的英语歌曲，及结尾的关于圣诞节的小视频，让学生很好地了解了节日文化。

唐丽君：本节国际理解课非常有趣，上课思路清晰，动静结合。教学活动丰富有特色，训练方式多样，有全班活动、师生互动、小组活动、双人活动、个人活动等，在活动中突破难点，在活动中发展能力。既培养了学生的个性，也培养了他们在小组活动中相互合作、相互沟通和交流的能力。课堂教学环环相扣，师生之间配合默契，营造了愉悦的学习氛围。中教做引导，引出故事；外教用丰富的情感演绎故事，中外教的默契融合，相得益彰，大大提高了课堂效率。整堂课学生的参与度很高、课堂气氛活跃。教师利用实物、图片、卡片、身体语言、表情动作等作为教学资源，创设讲解、操练和运用英语的情境。通过外教和学生的角色扮演，学生在体验中感受圣诞节的文化背景，同时也能将本课的重点句型更好地融入真实的情境中。两位老师能贯彻以同学为中心的原则，关注教学过程，尽可能发挥学生的主体作用，让学生真实地去感受知识、体验知识，积极参与，努力实践，在活动中学会用语言表达交流，较好地体现了从不懂到懂、从不会到会、从不熟练到熟练。

Cory：The lesson was very well organized. The teachers had communicated their learning objectives and different roles within the lesson well， which created a consistent flow and included various props to engage to the students and make the lesson more interesting. There was a lot of enthusiasm and emotion when explaining Christmas and reading through the story which mirrored the emotions felt around Christmas time within western countries， consequently giving the students a better understanding of the holiday. By using a variation of emotions， the students were able to interpret the story and act it out using their understanding of the story. Class work， pair work and individual work were all used during the Christmas lesson， giving every student the opportunity to comfortably participate and practice their oral English. Furthermore， the teachers were able to circulate the classroom during the pair activity to give any corrections on pronunciation or support to students that needed it.

Good basic information was given at the start of the lesson so students could understand the story better, however more context could have been given about Christmas. Christmas is a very big holiday in western countries, so if this lesson was to be taught again it could include a lot more detail about what happens at Christmas after completing the story. So, once Father Christmas gives the children presents it's time for him to relax, but the children have a big dinner with their family; the teacher can show a traditional Christmas dinner and list a few items that are included. The families watch Christmas movies together, decorate a Christmas tree, put up beautiful lights and decorations around their house and everyone is happy. This is good contextual information to include in future Christmas lessons.

To conclude, the lesson was very well thought out, the students seemed to enjoy it a lot, especially when imitating Father Christmas.

（三）教后反思与改进

教后反思

本节课是基于国际理解的中外教协同故事教学课，因此对于这节课的设计我首先考虑国际理解的含义。国际理解课型是基于国际理解教育（Education for International Understanding）背景下开设的英语课程，国际理解教育就是以各国普遍关注的“人权、和平和民主”为宗旨，以促进国际理解为目标，通过各种教育手段和措施，培养具有国际理解品性和能力的人，促使文化之间的相互尊重、相互理解和共同发展。针对英语学科，国际理解课型就是通过文化的输出，增强学生的国际视野，培养学生的国际公民素养。

其次我思考的是中外教如何协同教学，如何让学生通过这一节故事课了解更多关于圣诞节这一西方传统节日的信息，如何通过学习圣诞节激发学生去了解更多的国际文化，增强他们的国际视野。

基于以上两点的思考，我制定了小学英语基于国际理解的中外教协同故事教学的一般程序：（1）营造氛围。通过一起跟唱歌曲以及外教穿上节日服装的形式出现，让学生浸润在故事的氛围中。（2）整体感知故事。通过对故事的预测，跟读和表演图片的文字内容，学生可以掌握并理解整个故事。（3）尝试表演故事。借助音乐和道具，鼓励学生大胆尝试将故事有感情地演出来，在表演中体验故事所传达的欢乐；同时通过观看视频和老师的鼓励，学生可以勇敢尝试从更多方面讨论圣诞节，激发他们去了解更多的国外节日以及文化。

在课型策略方面，我通过中外教协同教学提高课堂效率，通过分步学习降低故事的难度，通过小组合作以及体验式学习，帮助学生更好地理解故事内容，体验故事中的情感表达。

通过和外教的沟通、对学情的分析、对教材的解读和对故事的剖析，针对本课时的故事，我制定了以下学习目标。

（1）通过跟唱歌谣及教师的问题引导，学生可以了解一些圣诞节的背景信息。

（2）借助录音、图片、文字以及教师的讲解和表演，学生能够读懂这个小故事，并尝试在教师的指导下有感情地表演故事。

（3）通过观看视频及教师的鼓励和示范，学生可以尝试从更多方面去讨论圣诞节这一西方经典节日。

但在实际的教学过程中，由于课堂时间有限，我们对于故事的背景信息渲染不够，对故事中某些细节处理不是很得当，拓展环节也不够细致和深入，基于以上思考，我做如下反思。

1. 国际理解需教师引导

国际理解教育就是通过各种教育手段和措施，培养具有国际理解品性和能力的人，促使文化之间的相互尊重、相互理解和共同发展。因此，作为教师的我们应该引导学生去多多了解世界各国的文化。那么针对这一堂课，在导入环节时，老师不能仅仅停留在几个简单的问题上，这样对于激发学生去了解更多关于圣诞节的信息起不到很好的激励作用。

2. 对故事的分析需突出重点

整个故事一共有8幅图，备课时我和外教讨论，一致认为重点是3~6图，重点句型是“Here is a present for you. Thank you”。在实际教学时我们也是对这4幅图进行了重点处理，不仅有跟读、小组操练，还有role-play，做到让每一位学生都能看懂并流利地说出这两句话。但是在处理5、6图的时候，外教在让学生模仿男女生不同的声线上花的时间稍微多了一点，导致后面留给学生进行role-play的时间就压缩了。

3. 适当进行提高拓展

因为我们这节课是基于国际理解的中外教协同故事课，所以我们不能拘泥于这个故事，而是要通过这个故事的学习激发学生去了解更多关于圣诞节信息的兴趣。故事学习固然是本节课的重点，但我们可以在开头和结尾“做文章”。在warm-up环节我们可以适当增加一些图片以及问题，让学生直观明了地知道更多圣诞节的背景信息；

在最后的extension环节，我们是通过一个视频以及其他小朋友做的小报来鼓励学生进行一些课外拓展，鼓励他们去了解更多节日信息，但是老师的引导做得还不够。在播放视频时要考虑到有些学生可能不能够完全理解，这时候老师应该稍加引导，从而更好地激发学生的表达热情。

教学改进

1. 加强故事背景的渲染，自然导入

在文化氛围营造方面，我是通过一首经典的圣诞歌谣以及一些简单的问题"What's the song about? When is Christmas? Who always appears on Christmas Day?"来进行导入的。通过动听的旋律以及简单的动作，整个课堂是活跃起来了，但是这两个简单的问题对于帮助学生了解圣诞节还是不够的。由于课堂时间有限，我们不可能花很多时间进行导入，但是我们可以通过照片或者短视频的形式来直观明白地让学生了解到更多关于圣诞节的信息。在板块一"营造节日氛围"的时候，问完第一个问题"What's the song about?"我们可以放一张中国春节的照片和圣诞节进行对比，这样学生就能知道在西方国家，圣诞节是和我们中国春节一样重要的；也可以放一些西方国家在庆祝圣诞节时整个城市以及各个家庭的装饰图；等等。通过这些色彩鲜明的照片，学生们就能更直观地去了解一些关于圣诞节的背景信息，激发想要去了解更多国外节日的兴趣。

2. 分析故事的内容，抓住重点

一个故事中并不是每一幅图都是重点，对于重点图以及句子我们要多花一些时间进行操练，而对于非重点图以及句子我们就可以适当地带过。在板块二"整体感知故事"中，外教Louise在处理第5、6幅图时，为了区别男女不同的声线，对小男孩和小女孩说的"Thank you"进行了很多次的操练。其实这没有必要，因为男生的声音本就和女生不一样，只需要点到即可，学生自然就能理解老师传达的意思。这样我们就能在其他重点句子和最后的role-play呈现环节花更多的时间了。在后面让学生小组合作操练整个故事之前，外教应该再带着学生把整个故事读一遍，这样老师就能知道哪些句子还需要再加强练习，哪个单词的发音还需要再纠正，也能帮助学生更加熟悉整个故事的内容。

3. 结合学生接受能力，进行拓展

在故事表演结束后，为了使学生更好地了解圣诞节这一西方传统节日，我们给学生播放了一个介绍圣诞节的视频，虽然内容不多，句子也不是很难，但是我们应该要考虑到学生不同层次的学习需求以及学习状况，作为一名教师，我们还是要做好引导工作，激起学生的学习欲望。在最后的海报展示环节，老师也应该加大鼓励力度，通过学习圣诞节，激发学生去了解更多的国外节日以及文化，拓展国际视野。

综上所述，学生的国际视野不是一朝一夕养成的，我们要做的就是通过一堂堂精彩有趣的英语课激发学生学习的兴趣，增强学生的国际视野，培养学生的国际公民素养。

（徐洁）

第十六章　其他学科课堂

一、小学“道法判断课型”的实施

（一）课堂实录与点评

四年级下册“合理消费”

课堂实录

【学习目标】

（1）通过对“心愿单”的填写与修改，判断自己的心愿清单是否合理，从而学会辨析“合理消费”与“不合理消费”。

（2）通过换位思考、榜样学习等方式积极自觉地反思自己的消费欲望，学会体贴父母，不赶时髦，不攀比，初步树立理性消费、勤俭节约的意识。

（3）通过合理比较、自我克制等控制消费欲的方法的交流分享，树立正确的消费观，能在生活中购物时做出正确的购物选择。

【学习策略】

体验学习、辨析学习、榜样学习。

【学习过程】

板块一　尝试判断

1. 创设情境

学习小伙伴（小李）：大家好，我是小李！临近期末，我即将要从班级的积分银行存折中支取一部分零花钱了，加上马上要“6·18”购物节了，我有好多想要购买的东西，想想都好开心！生活中有那么多的商品吸引着我，请和我一起看看有没有你也

想要购买的物品吧！（播放各种商品视频）

师：最近你特别想让爸爸妈妈给你买哪些东西呢？请你拿出心愿卡，写下三个你最想要的东西和想要的理由吧！

学生分享自己的心愿卡及购买原因。

生1：我想要一盒回形针，因为可以整理试卷。

生2：我想要一块瑜伽垫，因为可以居家锻炼。

2. 对比学习

师：请看小李的心愿卡，你们觉得爸爸妈妈会同意购买这些他想要购买的东西吗？

（1）交流第一个心愿——想买名牌包

出示学习要求：演一演小李的父母，讲清楚同意或拒绝的理由。

生1扮演小李：虽然我已经有一个书包了，但这个新书包多好看啊！如果背到学校去，同学们一定会羡慕我的！而且这个书包是限量版的，能给我买一个吗？

生2扮演小李妈妈：我觉得不能。虽然这个限量版书包的价格，我们家经济情况能承受，但你已经有新书包了，除非你原来的那个书包用坏了，我才会给你买这个限量版书包。我们不能浪费啊！

师：明白“想要”和“真正需要”是两回事，为满足虚荣心而追逐可有可无名牌的炫耀心理，是不合理的消费。

（2）交流第二个心愿——想买最新款平衡车

师：听完小李的想法，你觉得妈妈会说些什么？

预测对比学习：猜一猜小李的妈妈是否会同意小李的心愿，再听一听妈妈的说法。

师：妈妈是用什么理由来说服小李的？

生1：妈妈说要还房贷，房贷是比较贵的。

师：钱都是父母辛苦劳动所得的，在我们的生活中，并不是所有的要求都能得到满足。我们可以做到：体贴父母，想想父母的辛苦和难处，不提让父母为难的要求；不赶时髦，不要攀比；不购买增加家庭负担的物品。

（3）交流第三个心愿——想买碳酸饮料

师：你有没有喝过碳酸饮料？每次当你跟爸爸妈妈提出喝饮料的要求时，爸爸妈妈会说什么？

生1：你碳酸饮料喝太多了，每个月只能喝两三次。碳酸饮料是不健康的。

播放医生的讲解视频，倾听儿童是否能经常喝碳酸饮料的权威建议。

师：看完视频你有什么收获吗？

生谈收获。

师：不利于健康成长的消费不可取。如果心愿是真正需要的、合理的，我想父母是会同意的；但如果是可有可无只想炫耀、用于攀比或是不利于健康的不合理的，父母多半会拒绝。

板块二　修改判断

1. 交流判断

师：让我们再看看刚才填写的心愿卡，你觉得你购物你的要求合理吗？有没有想要改动的地方？（随机投影两位同学的修改展示）

师：为什么汉服和炸鸡你们想要改了呢？

生1：汉服平时不怎么穿，只是喜欢。

生2：油炸食品对身体不好，我们要尽量少吃。

师：有需要的可以买，但这些可有可无或者不利于身体健康的就不要买了。

师：瑜伽垫你为什么不改？

生：瑜伽垫是用来锻炼身体的，对身体健康有好处。

师：豪华乐高这么有吸引力，为什么你又不买了呢？说明你开始考虑到家庭的实际情况了。

师：什么样的要求是合理要求？

生1：生活必需品、家庭可以承担的购物要求是合理的。

生2：有利于身体健康的购物要求是合理的。

2. 榜样学习

父母代表介绍儿时勤俭节约的故事，学生交流感想。（视频展示）

学生分享自己家人生活中勤俭节约的做法，以及身边勤俭的事例，结合家里的实际情况反思、二次修改心愿卡。

师小结：勤俭节约是中华民族的美德，即使经济条件再好，我们也要倡导勤俭节约的传统。购买可有可无、不利于健康成长的、价格过于昂贵、增加家庭经济负担的东西，属于不合理消费，要尽量避免。

板块三　完善判断

1. 小组探究，分享方法

学习小伙伴（小李）：同学们，我也知道有些东西不应该要，但是心里真的特别想要。怎么才能让我忍住，不那么想呢？你们有什么好方法？

生1：可以转移注意力，自我克制。

生2：想一下家里的经济是否能承担。如果承担不了的话，就冷静下来思考一下。

视频展示吕梓源用电子元件自制小风扇“比较替代”方法。

师：原来“自我克制”“冷静处理”“转移注意力”“比较替代”等都是能够帮助我们克制购买欲的好方法。

2. 内化所学，完善判断

师：请看小李调整过的心愿卡，现在的心愿合理了吗？请调整自我心愿，完善判断。

师：合理是相对的，人们会有不同的合理消费的标准，不宜一概而论。如果从家庭的角度出发，本着勤俭节约不浪费的原则，依据自己的需要和具体情况，不赶时髦，合理比较，自我克制，做出正确的购物选择，就能做一名聪明的消费者了！

教师点评

侯老师以“合理消费”为例，为我们做了小学道德与法治判断课型的范例，有如下几点值得我们学习。

1. 环节层层递进学习判断

今天侯老师的课堂层次很明显，以心愿卡为主线，一写二修心愿卡，让学生在一次次修改中完善心愿卡，学会合理消费。第一次写心愿卡，勾起自我的生活体验，感知自己的需求。第二次修改心愿卡，删选心愿，判断需求物品的合理性。第三次修改心愿卡，根据板书合理和不合理要求的评判标准，确定自己的心愿，总结自己的选择方法，这样以后也能有法可循。这样一层层的递进，代替了单纯的说教，降低了学生判断的难度，这样的学习设计也体现了上课老师的巧心、用心。

2. 课堂融学体现以生为本

首先，我第一眼看到本课的主题“合理消费”，感觉看起来跟孩子很遥远。侯老师基于教材，以心愿卡的方式，从学生生活中的问题出发，调动了所有学生的生活体验和学习主动性。其次，课堂上学生学习活动丰富，如填心愿卡、角色扮演、微课视频、新闻链接等，让学生能在课堂上通过多种途径对消费观念进行判断。第三，是否合理的评判标准来自学生，如出示小李的心愿卡，如果你是父母，你会同意他的心愿清单吗？说说理由。根据学生的发言，教师相机提炼出判断标准，这样的标准来自学生，也更容易被学生接受。第四，融入道德品质的教育，本课结合了勤俭节约的中华传统美德教育。

3. 多方互动提升思辨能力

思辨能力就是思考辨析的能力，是用分析、推理、判断等思维活动对事物的情况或事例进行分析的能力。从小培养孩子良好的思辨能力，掌握科学的思辨方法，能帮助学生树立正确的人生观、世界观。在本节课中，学生写心愿卡，唤起了自己的内心观点；同桌扮演角色代入，增强了思辨需求的合理性；加入父母儿时故事、医生和科普视频，提供了思辨方向。小组讨论、学习整理提炼，在思辨中帮助学生树立正确的价值观念。

（执教：侯东微　点评：樊凭飞）

（二）课型研讨与交流

【研讨人员】易柳红、樊凭飞、李玢、匡澜、黄莹莹、苏欣欣、王雪莹、张亮、仇明芹、陈巧辉、金晓青、徐华芳

【主持人】赵颖

【研讨实录】

主持人：今天我们进行了基于核心素养的小学道德与法治“融学课型”研究。接下来让我们各抒己见，从不同的角度针对今天的这堂课进行点评交流。

易柳红：我从“教学策略”方面来谈一下今天的课。侯老师基于学情，课前充分挖掘身边学生家长的教学资源，准备了很多精彩的视频、音频资料，结合丰富的资料并通过方法的融合、场景的融合、生活学材的融合等策略提高课堂效率。尤其巧妙运用了“心愿卡”，如一卡三判、“心愿卡”搬家等，让学生学会反思自我心愿，修改心愿，再通过学生的思辨活动，交流反馈，让学生学会区分合理与不合理要求，从而辨析“合理消费”与“不合理消费”。另外，采访家长的视频很巧妙，忆苦思甜，通过合理比较、自我克制等方法的分享，使学生学会做出正确的购物选择。

李玢：我从“教学过程”来谈谈这道法课。侯老师的“合理消费”教学过程板块非常清晰，从“思辨心愿卡，尝试判断想要和能要”“修正心愿卡，区分判断合理与不合理消费”到“完善心愿卡，合理判断并总结正确选择方法”，整堂课由一张心愿卡贯

穿始终，步步引领学生认识到哪些是合理消费、哪些是不合理消费，了解合理消费和不合理消费要看个人情况而定，并让学生探究控制不合理消费的方法。教学过程环环相扣，紧紧围绕这个教学目标而展开。

匡澜：我从“社会发展”方面谈一谈今天的这节课。现在很多学生都是独生子女，从小有家长的关心和照顾，许多家长为了避免他们因对物质的吸引而分散学习精力或是为了满足孩子的需求，对孩子经济上的要求百依百顺。许多学生不知金钱来之不易，消费知识不足，没有理财的经验。而这个年龄段的学生正处于世界观、人生观、价值观的形成时期，他们的消费行为在某种程度上折射出其生活状况及价值取向。正确的消费观念，可能影响他一生的消费行为，并与其人生观、价值观、健全人格的形成和完善密切相关。因此，重视小学生消费心理和消费行为的新变化，学校、家庭、社会多管齐下，引导小学生树立正确的消费观，并在此基础上形成健康的消费理念，养成良好的消费行为，不仅有益于小学生的健康成长，而且有利于全社会建立文明健康的消费方式，并对落实科学发展观，构建和谐社会都有一定的积极意义。

苏欣欣：我从“学习重点”这个方面来谈谈今天的这节课。侯老师这节课的学习重点是通过心愿单的填写与修改，学会判断“想要”和“能要”，能区分自己的心愿清单是否合理，学会辨析“合理消费”和“不合理消费”。课堂中，以“心愿单”串联整个课堂，先让学生写下自己的心愿，接着创设情境，出示小李的心愿卡，通过讨论思辨、角色扮演、播放视频、音频等多种方式让学生明白哪些是属于可有可无的东西，哪些心愿是会增加家庭负担、不利于健康成长的。在此过程中，老师也引导学生结合自身的生活实际展开思考讨论，学生的参与度很高，贴近生活的事例也切实地帮助学生学习怎样区分合理消费和不合理消费。在学生理解的基础上，老师又引导学生自主修改自己的心愿卡，引发学生思考。整堂课以“心愿卡”为主线，一卡三判，反思自我心愿，重点突出，学生也在思辨和修改心愿卡中树立了理智的消费观，学会做出正确的购物选择。

王雪莹：我从“师生互动”方面来谈一谈今天的这节课。侯老师的课堂有收有放，张弛有度。课堂秩序井然，但很有活力。视频丰富，迎合学生的心理，拉近和学生的距离。在学生上台表演前贴心安抚学生，给孩子力量，调整孩子的心理状态。处处体现了“让学”理念，让学生录制视频丰富课堂，教师设计课堂主线，但由学生的探究和发现来推动课堂。

张亮：我从“教学现状”这个方面来谈谈今天的这节课。侯老师执教的“合理消费”和我们的生活息息相关，随着生活质量的逐渐提高，家长对孩子的消费也增加了，大多都能满足孩子的需求。而很多学生往往会单纯地将消费与花钱画等号，而导致“盲目消费”“攀比消费”等现象变得很常见，在这种社会背景下，引导学生学会合理消费是必要的。

仇明芹：我从“多媒体在小学课堂教学中的运用”这个方面来谈一下今天的这节课。在小学课堂教学中，多媒体技术运用于课堂教学，可以成为教学活动的润滑剂。侯老师课堂上使用了许多多媒体，首先打破了常规，在教师呈现学生自读的文字时，教师提前录制了音频，请小朋友来说一说即将提出的问题。侯老师请小朋友用音频介绍他们的心愿，代替教师语言，贴近同学，使小朋友更加愿意去思考。除了运用音频，教师还提前拍了几个很贴近同学生活的视频，请一位爸爸说了说为什么要勤俭节约，真实案例形象生动地让同学们了解生活的不易，孩子们通过观看视频，集中注意力，了解了生活实际后明白了道理。

陈巧辉：我从“教师语言”这个方面来谈一下今天的这节课。侯老师的课堂语言凝练，注重每个学生的独特感受，以激励为主，捕捉他们身上独特的闪光点，有利于增强教学活动的感染力，促进教学活动的顺利开展。侯老师的语言实事求是，灵活多变，激励学生积极思考，主动探究。

金晓青：我从“教学方式”方面来谈一下今天的这节课。教学方式是指教学方法的活动细节。教学过程中具体的活动状态，表明教学活动实际呈现的形式。如讲授法中的讲述、讲解、讲演；练习法中的示范、摹仿等。同一教学方式可以用于不同的教学方法，不同的教学方式也可包含于同一教学方法之中。今天侯老师根据课堂要求向学生提出问题，通过问答的形式来引导学生发现合理消费的重要性，以及如何才能做到合理消费。提问是课堂教学的常用方法，能调动教与学双方的积极思维，培养学生分析、理解和解决问题的能力，激发学生的挑战心和学习热情。

徐华芳：大家都点评得很到位，下面我做一个总结。侯老师的板块非常清晰，设计意图明确，课堂悟性好。

1. 课型类型明确

侯老师的这节课是判断课型，从理论上看，道德判断的形成一定是先内化再延伸到生活。

2. 融学内容精彩

融学的内容是促进学生行为和生活的提高，让孩子写一写自己的心愿是什么，这点非常好，很贴近生活，心愿卡的使用是贯穿整节课的，淡化说教，让孩子通过活动中的体验、感悟和主动构建来实践学习目标。

3. 融学策略得当

方式多样，自然融学。通过体验式教学进行融学，运用了图片、文字、音频多种方式。辨析学习和榜样学习穿插其中，充分体现了融学课堂中孩子的生活性、活动性及综合性。

主持人：本次道法教研活动，内容充实，程序紧凑，交流互鉴，思维碰撞，使老师们明确了在道法课上培养核心素养的重要性，提升了教学理念，学习了新的教学方法和手段。老师们在交流中碰撞出思维的火花，分享听课的心得，对道德与法治课的意义有了更多的认识。

（三）教后反思与改进

教后反思

道德与法治课程是以生活为基础、以学生良好品德形成为核心、促进学生社会性发展的综合课程。

结合融学主题，我执教了道德与法治判断课型。判断是对思维对象是否存在、是否具有某种属性以及事物之间是否具有某种关系的肯定或否定。在小学阶段，学生的自我意识不断发展，对外界事物有了自己的认识态度，开始尝试自己做出判断。但由于心智尚不成熟和缺乏生活经验，判断时易受外界影响，缺乏独立判断的能力。根据小学道德与法治判断学习的目标，从具体生活实际问题着手，引导学生从自己和家庭的实际出发，反思自己的行为做出恰当的判断尤为重要。

结合学生生活实际，我通过三个板块来展现小学道德与法治判断课型的一般程序。尝试判断：在自我意识不断发展，对外界事物有自己认识态度的基础上，尝试自己做出判断。修改判断：从具体生活实际问题着手，比较他人与自我的看法进行探究学习，引导学生从自己和家庭的实际出发，反思自己的行为，修改自己的判断。完善判断：通过思考整理，学会从不同的角度观察社会事物及现象，对生活中遇到的问题，完善自己的判断，做出正确的判断。

而在策略方面，我试着从通过融学来提高课堂效率，通过比较来达到学习目的，通过思辨学习在探究学习中的探讨和把握从而获得更合适的消费理念。

因此，我制订了以下学习目标。

（1）通过“心愿单”的填写与修改，判断自己的心愿清单是否合理，从而学会辨析“合理消费”与“不合理消费”。

（2）通过换位思考、榜样学习等方式积极自觉地反思自己的消费欲望，学会体贴父母，不赶时髦，不攀比，初步树立理性消费、勤俭节约的意识。

（3）通过合理比较、自我克制等控制消费欲的方法的交流分享，树立正确的消费观，在生活中购物时做出正确的购物选择。

在实际的教学过程中，基于以上理解，我做如下反思。

1. 引出主线学习，紧扣活动主题

结合学生生活实际，以心愿卡为主线，通过三个板块来层层递进，推进课堂。学生通过第一次写心愿卡，勾起自我的生活体验，判断自己的需求。第二次修改心愿卡，筛选心愿，判断需求物品的合理性。第三次修改心愿卡，根据板书合理和不合理要求的评判标准，确定自己的心愿，反思整理正确选择的方法。在这样一层层递进中，代替了单纯的说教，降低了判断的难度。

2. 多种角度融学，体现以生为本

本节课结合学生的生活实际和教材进行方法的融合、场景的融合、生活学材的融合等，通过融合提高课堂效率。紧紧围绕融学主题和判断课型来进行合理消费设计。充分挖掘学生和家长的教学资料，结合丰富的课程资源和场景进行学习。反思、修改、交流反馈，思辨区分什么是合理与不合理消费。通过学生家长忆苦思甜的儿时勤俭的故事与现在生活的对比，了解家长童年生活的不容易，对赚钱的辛苦有所不知，从而有些购买昂贵物品的心愿可以通过自我克制、合理代替等方法进行替换。

3. 体悟胜于说教，提升思辨能力

思辨能力就是思考辨析的能力，是用分析、推理、判断等思维活动对事物的情况事例进行分析的能力。从小培养孩子良好的思辨能力，掌握科学的思辨方法，能帮助学生树立正确的人生观、世界观。在本节课中，学生写心愿卡，唤起自己的内心观点；同桌扮演角色代入，思辨需求的合理性；加入父母讲的道理、医生和科普视频，提供思辨方向。小组讨论、教师总结提炼，在思辨中帮助树立正确的价值观念。道德判断的形成一定是先内化再延伸到生活，融学的内容是促进学生的行为和生活的提高，让孩子写一写自己的心愿是什么，很贴近生活，再将心愿卡的使用贯穿整节课，用体悟活动代替说教语言，在活动中处处提升思辨力。

教学改进

1. 用好学习整理，提升学习效率

道德判断的形成一定是先内化再延伸到生活的。融学的内容来源于学生消费的真实情境，学习内容促进学生生活思辨能力的提高，贴近生活的心愿诉求，心愿卡的使用让多次思辨活动贯穿整节课，淡化说教味。但由于儿童心智尚不成熟和缺乏生活经验，易受到外界的影响，往往缺乏独立的判断能力，所以不单单只告诉孩子对错，从具体生活实际问题着手，引导学生从自己和家庭的实际出发，反思自己的行为做出恰当的判断尤为重要。但在小李的心愿分享时，漏掉了在我们的生活中并不是所有的要求都能得到满足。所以，我们要做到：（1）体贴父母，想想父母的辛苦和难处，不提让父母为难的要求。（2）不赶时髦，不要攀比。另外，用好书中的提示，及时进行学习整理。通过充分挖掘自己班级孩子和家长的资源，融入道德品质的教育，结合勤俭节约的中华传统美德，为思辨助力。让教与学根植于儿童的生活，在活动中探究和解决问题，充分地展现并提升自己的智慧。

2. 注重生本融学，摒弃表面融合

融学不仅仅是学材的融合、学科的融合，更多的是以生为本，通过体验学习、辨析学习、榜样学习，来进行融学课程的学习。不仅仅是拘泥于表面的融学，对于视频教学材料的主要选择应该从学生中来，这样才能唤起孩子们的生活记忆，才能更好地进行场景、方法等形式的融学。整节课下来，发现有小李平衡车心愿的视频学材选择略有欠缺，应该更加紧扣儿童生活中的需要和问题，教学活动还应该更注重儿童与自我的内在整合。在综合实践活动中，根据不同的教学目标、教学内容、教学对象和教学条件加以选择，最大限度地发挥每一种教学活动的效用。接下来，我还要继续钻研教材，继续提升自己，争取有更多的突破；学习融学的本质，让生本学堂更有利于学生的成长。

3. 体现生活践行，胜于道德说教

本课程视儿童的生活为宝贵的课程资源，从儿童的角度出发，在教师的指导下体验生活、主动参与生活，并以正确的价值观引导儿童在生活中发展、在发展中生活。课程学习是知和行统一的过程，注重学生在体验、探究和问题解决的过程中，形成良好道德品质，实现社会性发展。因此在教学过程中，教师除了关注教材内容和儿童生活，更应该关注当地所在儿童的生活特点，教学设计时结合实际引导学生在实践发展中发现和提出问题，充分挖掘社会、地方、学校、父母等课程资源，在亲身参与丰富多样的社会活动中，学会判断，逐步形成探究意识，取代一味的道德说教课堂，真正体现本课程的生活性与实践性。

（侯东微）

二、小学“道法活动课型”的实施

（一）课堂实录与点评

二年级下册“我的环保小搭档”

课堂实录

【学习目标】

（1）通过观看视频，了解环保的重要性；通过探讨交流环保，明白生活中什么是环保。

（2）通过“郊游分一分”活动，明白小搭档就是小帮手，并知道在我们外出活动时有哪些环保搭档。

（3）通过日常生活中的细节，寻找生活中的环保小搭档，从而树立环保意识，使学生在日常生活中养成环保的好习惯。

【学习策略】

自主探究、小组合作、交流访谈。

【学习过程】

板块一　活动激趣　聚焦主题

1. 活动预热——课题初探

（1）出示课题。

师：今天我们一起来学习《道德与法治》的第十二课，你看到题目有什么疑问？

（2）视频导入。

师：先来了解下环保（出示环保视频），我们一起来看一个视频。小朋友们看了这个视频后，觉得环保重要吗？

2. 活动探讨——七嘴八舌话环保

（1）小组合作，交流讨论。理解环保的含义。

师：看着我们的地球妈妈一天天衰弱，我们要做点什么，你们知道什么是环保吗？

生：保护环境。

师：还有什么？

生：不浪费资源；还要绿色出行，减少空气污染；随手关掉电灯、电器等。

（2）学习整理。

师：节约，不浪费也就是环保，要爱护环境，现在我们要争做环保小达人，共同爱护我们的地球。

（板贴：“节约不浪费”“保护环境”。PPT展示语音：环保有小帮手更好）

板块二　活动体验　情景再现

1. 郊游分一分

（1）活动要求。

师：那么今天，大家跟着杨老师一起郊游。小朋友们说到郊游都很高兴，我们准备了很多东西，我们一起看看。这里哪些东西是倡导带的，哪些是建议不带的呢？请你把它们分分类，再同桌讨论为什么这么分？

（展示板贴：“郊游倡导带/建议不带”）

（2）学生交流。填写分类单。

（3）学生展示。学生分一分，并说明原因。

师：为什么这么分？

生：这些东西带上既可以野餐，也卫生。这样郊游就好玩有趣了。

师：我发现这一组小朋友在纸杯、水壶中，选择了水壶。我们来采访下这组小朋友，为什么选择水壶？（师做采访状）

生：水壶方便，纸杯浪费还污染环境。

2. 郊游辩一辩

（1）物品优先用。

① 实物展示。

师：为你的环保意识点赞。今天我也把水壶、纸杯请到了我们的课堂。（教师适时拿出两样东西）

师：（拿起一次性纸杯）这是什么？

生：一次性杯子。

② 讨论交流。

师：因为它只能用一次，所以叫一次性纸杯。哪些地方会用到一次性纸杯？

生1：办公室，还有一些热水器旁边。

生2：还有我爸爸的办公室里。

师：小朋友们真会观察。大家知道这些一次性纸杯是怎么来的吗？

生：是把大树做成纸，然后再做成纸杯的。

师：果然是我们班的“小百科”。

师：（出示树木制成纸杯的对比图）纸杯是大树做的，你看这些大树都有几十年的树龄了，但是一棵树只能做八千个纸杯，而中国一年消耗将近两百亿个，你有什么感受？

生：要砍好多的树啊！我们不要用纸杯了。

师：（出示图片：树桩）看到这样的图片你有什么想说的？

生：这么多树都被砍了，这么多树墩仿佛在哭泣。

师：所以你选择什么？

生：我选择水壶。

③ 学习整理。

师：小朋友的选择是有道理的。我们什么时候还会用到水杯呢？

生：喝水、上学。

师：是的，这么好的小水壶，我们送给它一个好听的名字——“环保小搭档”。你能用“因为……所以……”这样的句子说一说吗？

生：因为小水壶可以多次使用，所以我和小水壶可以是环保小搭档。

师：这样的环保小搭档，我们就可以优先用起来。（出示板贴“优先用”）

（2）循环用、创意用。

① 提出质疑。

师：但是有时候外出，我们忘记带小水壶了，不得不用上小纸杯。这样一次性的纸杯，难道我们真的用完就丢了吗？

② 学生交流。

生：我会把它当作笔筒、花瓶、小章鱼。

师：同学们想法可真棒，可以做成很多手工，这些纸杯可以创意使用。

生：老师，我还可以留着自己用。

师：是的，如果是你自己用，也可以像这位同学一样再次使用。我们要树立环保意识，当不得已使用一次性物品时，也尽可能实现循环使用、创意使用，提高使用率，实现环保价值。

3. 重新分一分

① 二次调整。

师：那么请大家看一看郊游所带的物品，还需要调整一下吗?

② 学生交流。

师：恭喜你们成为环保小达人。一次简单的郊游物品中就藏着这么多的环保小搭档。

板块三　活动探究　追根溯源

1. 亮眼睛，找搭档

（1）提出质疑。

师：我们身边还有哪些环保小搭档呢? 我们一起来找找看吧！（播放视频）

（2）学生讨论，交流视频中的环保小搭档。

师：通过视频你们找到了哪些环保搭档?

生：拼插玩具、洗漱工具、大铁桶是我们的环保搭档。

（3）合作交流。

师：（出示课本对话框）生活中有这么多环保搭档，请你们擦亮眼睛在你的身边找到它们，并和你们同桌说一说，也可以用上这样的句式。

2. 我有小搭档

（1）垃圾分类。

① 认识垃圾分类。

师：（出示垃圾桶图片）郊游时会产生垃圾，可这么多的垃圾我们怎么办?

生：垃圾分类。

师：请大家想想，垃圾如何分类的呢?

生1：我们小区垃圾桶旁边会贴一个表，介绍了怎么投放，还有检查表。

生2：把垃圾分成易腐、可回收、其他和有害垃圾。

② 分类的好处。

师：哎，垃圾分类这么麻烦，还是不要做了吧?

生：不行！比如有害垃圾是有毒的，要保护环境。

生：有的可回收的垃圾还可以再利用，易腐垃圾还可以做肥料。

③ 表彰绿色出行标兵。

师：原来垃圾分类好处多，看看我们小朋友多积极呀！（播放班级垃圾分类视频）

师：垃圾分类应当从我做起，从身边做起。恭喜大家获得环保小达人两颗星。

（2）绿色出行。

① 认识绿色出行。

师：现在我们准备好了东西，可以出门了！你们打算去哪里？怎么去呢？

生：我打算骑电动车去郊外玩，因为电动车可以节省汽油，减少废气排放。所以我的环保小搭档是电动车。

② 交流绿色出行的好处。

师：你说得真棒！我们出门时有很多种交通方式，还有什么环保的方式呢？

生：地铁、公交车、自行车、有轨电车。

③ 表彰绿色出行标兵。

师：（出示板贴）绿色出行也是我们的环保小搭档，恭喜大家获得了环保小达人的三颗星。

（3）植树添绿。

① 认识植树添绿。

师：前段时间我种了树，小树成了我的环保小搭档。现在我们因为疫情不能出门，有一种很方便的种树方式，就是？

生：蚂蚁森林。

师：（播放蚂蚁森林介绍视频）我们一起来了解下蚂蚁森林。

② 交流植树添绿的好处。

师：（出示荒漠、绿洲图片）你看到了什么？

生：荒凉、没有生机。

生：有了树木花草，生机勃勃。

师：蚂蚁森林已经在我们身边持续了很久了，大家看看，我们种下的树变成了森林。虽然我们不能使用电子产品完成蚂蚁森林植树，但是我们可以号召爸爸妈妈们也加入环保行列，成为我们的环保小搭档。

③ 表彰植树造林标兵。获得环保小达人四颗星。

3. 学习整理

师：现在你的身边又多了哪些环保小搭档呢？

生：我可以垃圾分类、绿色出行、植树添绿。

师：你们真是环保小达人。

板块四　活动延伸　学以致用

1. 情景再现

师：（出示图片）这个是老师最近找到的写了很短的小笔头，扔掉太可惜了。我们可以怎么做呢?

生：可以做个小笔套，做装饰品。

师：这就是你送给老师的环保小搭档。谢谢你!

2. 学生交流

师：小朋友们真聪明，找到这么多的好方法。你看，小朋友们找到了很多小搭档。（播放学生制作环保小搭档视频，为下一节展示课做铺垫）

生1：我回家也去做一做，找到我的环保小搭档。

生2：我打算用矿泉水瓶做笔筒。

3. 学习整理

师：其实，在我们身边有着很多的环保小搭档能够帮助我们保护环境、爱护环境。我们要有一对善于观察和发现的眼睛，动动手、动动脑，和环保小搭档一起，保护好我们的环境。

教师点评

杨老师以“我的环保小搭档”为例，为我们做了小学道德与法治活动融学课型的范例，整堂课设计思路巧妙，四大板块非常清晰，同时有以下几点值得我们学习。

1. 利用媒体，让课堂乐起来

在课堂的设计上巧妙播放视频，不但能很好地吸引学生的注意力，激发学生的学习兴趣，也能在视频中传播知识。尤其是低年级的课堂，多运用具有针对性的图片、视频，会有事半功倍的效果，让枯燥的课堂充满乐趣。这堂课里，导入部分用环境被破坏的视频引起了学生对环保问题的思考；看到树木制成纸杯的对比图，这种强烈的对比使学生受到了极大的触动；课外延伸部分用班级小朋友自己拍的视频介绍环保小妙招，能促进学生相互学习。

2. 创设活动，让课堂活起来

道德与法治的课堂必须活起来，让学生在体验中学习，在活动中成长。这堂课设计了“郊游分一分”“找找我的环保小搭档”“帮老师找环保小搭档”等活动。尤其是在“郊游分一分”活动中让学生区分可带与可不带，学生参与度高，并在分一分的过程中内化所学。在学生初步建立环保意识后，再次让学生分一分，强化所学，通过课堂活动的创设，不仅让课堂活起来，又使学生学以致用。

3. 探讨交流，在课堂学起来

通过探讨交流，让学生直抒胸臆，大胆表达自己的见解看法，从而内化为自己的所学。在探讨交流中，学生能够用环保的视角去看生活中的物品，因此知道了什么是“倡导带”、哪些是“不建议带”的物品。通过探讨，学生明白了小水壶就是自己的环保小搭档。通过交流，学生能够明白，生活中还有许多的环保小搭档。除了物品，还有坚持各种环保行为，也是环保小搭档。从而树立正确的环保意识。

（执教：杨静　点评：华丽佳）

（二）活动课型研讨与交流

【研讨人员】李玢、匡澜、苏欣欣、王雪莹、张亮、仇明芹、陈巧辉、金晓青、徐华芳

【主持人】赵颖

【研讨实录】

主持人：今天我们进行了基于核心素养的小学道德与法治“融学课型”研究。接下来让我们各抒己见，从不同的角度针对今天的这堂课进行点评交流。

李玢：我从“教学过程”来谈谈今天的两节道法课。杨老师的“我的环保小搭档”一课教学过程非常的清晰，从“环保知识知多少”“环保搭档找一找”到“环保大事做一做”，整堂课围绕主题“环保”展开，让学生一步一步完成教学目标。课堂当中杨老师还设计了很多活动环节，比如“一起去郊游”活动中，让学生选选带哪些物品比较环保，很适合低年级的学生，有效地激发了学生的学习兴趣。杨老师也很注重道法课和学生实际生活相结合，让学生说说自己的环保小搭档等。

匡澜：我从“社会发展”方面谈一谈今天的课。环境是人类生存的基本条件，是人类赖以生存的基础。人们在环境和资源问题上出现盲目的、缺乏自觉性的行为使资源遭到破坏，使环境受到污染。环境问题已经成为一个世界性的话题越来越引起世界各国的重视，同时也是制约社会经济发展的因素。因此，培养学生的可持续发展观念显得尤为重要。而小学阶段是学生塑造世界观、人生观、价值观的非常关键的一个时期，学校的角色就显得特别重要，如依托教材内容在课内渗透环境教育，围绕环境与可持续发展主题开展相关班会，在实践中增强学生的环境保护责任感等等。

苏欣欣：我从“学习重点”这个方面来谈谈今天的课。杨老师这堂课的学习重点是在日常生活的细节中寻找生活中的环保小搭档，从而树立环保意识，让学生在日常生活中养成环保的好习惯。课堂中，杨老师创设郊游露营的情境，激发学生的学习兴趣，让学生同桌讨论并填写必带物品和可带、可不带的物品分类单。在学生分类的基础上，老师通过出示树木制成的纸杯的对比图，让学生更直观地感受一次性纸杯的过度使用对树木造成的破坏，让学生明白环保小搭档可以优先使用、循环使用，也可以有创意地利用。在学生理解的基础上，老师引导学生重新分一分，马上进行反馈落实。接着杨老师通过播放视频，引导学生找找视频里的环保小搭档，出示句式“因为……所以……是环保小搭档”，为学生搭建框架，让学生结合生活实际说一说生活中的环保小搭档，贴近学生生活，让学生更有话可说，学生也在思考讨论的过程中树立了环保意识，知道在生活中可以通过废物利用来节约资源。

王雪莹：我从“师生互动”方面来谈一谈今天的课。杨老师课堂上的游戏导入，使学生快速参与课堂。教学语言非常亲切，用闯关的方式引起孩子们的兴趣。课堂中也加入了很多孩子们的足迹，如班级小朋友的视频介绍拉近了孩子们与这一课的距离。师生互动的形式多样，不仅是课堂上的教师提问和学生发言，更是通过教学材料迎合学生生活、教学内容，加入了学生的引导和分享。

张亮：我从“教学现状”这个方面来谈谈今天的课。环境保护，是协调人类与环境的关系，保障经济社会持续发展的必要行为，而学生又是祖国的未来，培养学生养成环保意识，从自身做起重视环保，能够找到自己的环保搭档，能理解环保的重要性。杨老师执教的“我的环保小搭档”能结合实际，从小培养学生树立保护环境的意识，在日常生活中养成环保的好习惯。联系学生的实际，不但有利于知识的传授，更能引领情感态度价值观的正确树立。

仇明芹：我从“多媒体在小学课堂教学中的运用”这个方面来谈一下今天的课。在小学课堂教学中，多媒体技术运用于课堂教学，可以成为教学活动的润滑剂。它是一种把声音、文本、图形和图像等多种媒体和计算机结合在一起的技术。正确适当地运用多媒体不仅可以使师生关系得到质的改善和提高，形成良好的课堂气氛，而且它能在有限的时间（课堂）、空间（课间）内打破地域界限，展现古今中外的客观事实，使经验较贫乏的小学生在课堂上就能很感性地认识教材中的事物，达到知识领域、情感领域目标。多媒体利用声、光、电、画等手段制作成的动画，还能够引起学生的好奇心和求知欲，使注意力容易分散的小学生在课堂中能多感官、多角度、多渠道地进行学习，使枯燥的课堂学习成为他们学习的乐园。

杨老师的课堂使用了许多多媒体，首先打破了常规，在教师呈现学生自读的文字时，教师提前录制了音频，请小朋友来说一说即将提出的问题，代替教师语言，贴近同学，使小朋友更加愿意去思考。杨老师请小朋友来到校园垃圾桶边，来到学校废纸回收房，倡议大家一起来环保。孩子们通过视频观看，集中注意力，了解了生活实际后明白了道理。

陈巧辉：我从“教师的语言”这个方面来谈一下今天的课。课堂语言应注重每个学生的独特感受，以激励为主，捕捉他们身上独特的闪光点，教师的课堂语言有利于增强教学活动的感染力，促进教学活动的顺利开展。杨老师的课堂语言生动丰富，饱含情感，符合低段学生的特点，能很好地鼓励学生，并营造和谐的学习氛围。

金晓青：我从“教学方式”这个方面来谈一下今天的课。教学方式是指教学方法的活动细节。教学过程中具体的活动状态，表明教学活动实际呈现的形式。如讲授法中的讲述、讲解、讲演；练习法中的示范、摹仿等。同一教学方式可以用于不同的教学方法，不同的教学方式也可包含于同一教学方法之中。杨老师更多的是采用讲述法，帮助学生全面、深刻、准确地掌握教材，知道生活中有哪些环保小搭档，不过学生的主动性和积极性不易发挥。所以，杨老师通过讨论郊游需要带的东西，从一个水杯出发，发现循环利用是环保小搭档最重要的一个特点，活动中发挥学生的主体作用、学习积极性和主动性，优化学生参与学习的质量与效果，培养学生之间的合作与交往能力；激发学生的学习兴趣，提高学生学习的独立性。

徐华芳：大家都点评得很到位，下面我做一个总结。杨老师的试教和今天的课堂对比，进步非常大。

课型类型：杨老师是活动课型，从理论上看，活动课型是活动，来源于生活，从而内化又回归生活。

融学内容：环保这个概念和孩子们的生活不接近，所以杨老师创设了“郊游分一分”“垃圾分类”等活动，把教材内容与生活融合。最后再通过一系列的活动，把环保意识融入实际生活中。

融学策略：方式多样，自然融学，通过体验式的融学，运用了图片、文字、音频多种方式。

在道德与法治课的实施中，我们的教学设计还需要注意以下两点。

第一，课堂教学怎样更好地贴近学生实际？孩子的起点不同，我们不要太着急，应放低心里的期望值；课堂应和真实的生活结合；眼里要有孩子，对个别孩子的倾听和专注应多给予关注；多关注自己的评价语言，尽量不要重复学生的话。

第二，定好目标：所有的环节都是围绕目标来服务的，不论什么环节，一定要先确定教学目标，在课堂教学实施中，围绕教学目标进行。这样做到胸中有目标，课堂的效果定会事半功倍。

主持人：本次道法教研活动，内容充实，程序紧凑，交流互鉴，思维碰撞，使老师们明确了在道法课上培养核心素养的重要性，提升了教学理念，学习了新的教学方法和手段。老师们在交流中碰撞思维的火花，分享听课的心得，对道德与法治课的意义有了更多的认识。

（三）教后反思与改进

教后反思

道德与法治课与生活贴得很近，绝对不能照本宣科。本节课学习的是第一课时，主要是引导学生明确环保可以有搭档，并且知道哪些是生活中的环保搭档，旨在引导学生树立环保意识，关爱保护环境的社会责任。二年级的学生对环保有一定的认识，但是仅仅局限于保护环境、绿化环境这样的形式下，因此要通过有效的教学活动，帮助学生在实际生活中建立环保意识，落实环保行为。

活动课程的思想可以溯源到法国自然主义教育思想家卢梭。19世纪末20世纪初，美国的杜威和克伯屈发扬了这一思想。活动课程亦称经验课程、儿童中心课程。是与学科课程对立的课程类型。它以儿童从事某种活动的兴趣和动机为中心组织课程。因此，活动课程也称动机论。道德与法治活动课程，旨在通过组织课堂活动，进行体验、探究，形成正确的道德认知，养成良好的道德习惯。

基于教学内容的解读与活动课型的关系，我制定了小学道法活动课型的一般程序。（1）活动激趣，聚焦主题。通过视频图片等媒介，引出问题，激发学生学习的兴趣，营造学习氛围。（2）活动体验，情景再现。通过组织学生体验参与，丰富学生课堂活动，增加学生生活体验。（3）活动探究，追根溯源。通过在活动中进行探究、跟进交流互动，激发学生的学习与判断能力。（4）活动延伸，学以致用。联系生活升华主题，达到知行合一。引导学生认识自我、社会、自然的关系，形成良好的品德和行为习惯。

而在策略方面，我试着通过教材文本与生活实际的融合、自我认识与道德实践的融合、自我表达与交流访谈的融合，以达到提高教学效率，让学生在学习、实践过程中形成良好的道德和行为习惯的效果。

基于对教材和学情的分析，在课堂设计上，我把教学目标确定为以下三个。

（1）通过观看视频，了解环保的重要性。通过环保探讨交流，明白生活中什么是环保。

（2）通过“郊游分一分”活动，明白小搭档就是小帮手，并知道在我们外出活动时有哪些环保搭档。

（3）通过日常生活的细节，寻找生活中的环保小搭档，从而树立环保意识，让学生在日常生活中养成环保的好习惯。

为了更好地进行课堂教学，实施课型策略，在教学活动设计中，我也融入了以下的学习方法。（1）联系生活实际情景再现。以学生喜闻乐见的郊游事件为主，从学生实际生活出发，情景再现，通过学生分一分、说一说、辩一辩的方式让学生能够更好地融入课堂活动环节。（2）对比学习，联系生活实际，让学生明白环保的重要性。通过比较学习，认识到水壶的重要性，从而激发学生从生活实际出发，树立不用或减少用纸杯的环保行为目标。（3）同伴学习，学习来源于同伴榜样。设计中联系学校践行的垃圾分类，用视频记录照片等方式，从学生的身边出发，记录学生平常生活中践行环保的行为，用同伴效应做好示范榜样作用。（4）联系生活实际的课外延伸。课堂中适时地创设“水杯创意用”“蚂蚁森林”等活动，让学生参与到活动中。尤其是“蚂蚁森林”的创设，考虑因为疫情的原因，学生无法到户外进行植树造林，用这样的活动既能为社会植树添绿，又践行了环保的理念。

但是在实际的教学过程中，我觉得还有许多地方值得我去反思。

1. 聚焦导语，确立目标

教材中的导读语是教材的重要组成部分，不仅为教师的教学提供了重要的依据与参考，同时也为学生的学习指引了方向。本课时提示语有三个：一是“怎样保护地球，从而让我们的家园更美好”；二是“如果有个小帮手就好了”；三是“你发现身边有哪些环保小搭档”。根据这三个提示语，我确立了相应的三个教学目标，同时对应了三个教学板块，并延伸了第四个板块。细读导读语，理好教学主线，能够更好地提高课堂效率，引导学生提高自主学习能力。

2. 联系生活，情景再现

学习来源于生活，学生的道德认知同样也是从生活中的点滴细节中获取的。因此我们应该根据学生的认知水平和道德水平，从身边的小事抓起，让一些细节化的情境再现，从而让学生获得新知。因此在设计中我选取了“郊游”事件，从郊游准备的物品出发，让学生从环保出发来分一分“倡导带”“不建议带”的物品，过程中，学生小组合作完成分类并说明理由。依托生活实际创设活动，让学生在活动中体验乐趣，也在潜移默化中树立了环保意识。

3. 知行合一，促好习惯

在一定认知和道德水平的基础上，要打破学生知与行的鸿沟。教学中，创设了“郊游分一分”“环保搭档找一找”“班级垃圾分类”等活动，让学生明白环保就在我们身边，并通过活动让学生参与其中，通过实际操作内化所学。再创设“再分分”“铅笔头事例”等活动回归生活实践。同时设置了环保小达人的星级制，让学生在一步步获得星星的过程中，找到了环保小搭档，从而树立了环保意识，践行了环保行为，做到知行统一，促进学生良好行为习惯的形成。

教学改进

1. 帮扶太多，需“多让学”

整个课堂下来，大多是老师提问，学生根据问题进行活动实践探究。学生交流展示时，也是根据老师的引导一步步生成。课堂中，以老师的引导为主、以学生的学为辅了。而让学的理念是体现在“以学生为主体”的教学实践中，教师在教学过程中应与学生积极互动、共同发展，要注重培养学生独立、自主的学习能力，引导学生在活动中质疑、探究，在实践中学习。因此，课堂中的“让学”显得尤为重要。

2. 情景生硬，需“知学情”

道法课的活动实施，应当以显示生活中的问题或现象为抓手，以实际生活案例为依托，突出正面引导。在教学过程中，本堂课在选取情境创设时，考虑到因为疫情原因，学生没法外出植树，采取了“蚂蚁森林”的形式，为地球植树添绿，但是因为很多家庭考虑到孩子的用眼情况，基本不建议孩子使用电子产品。因此在此环节时，学生又提出质疑“我没有手机怎么办”，在此处的引导上，浪费了课堂的一部分时间，在内容上也出现了衔接问题。因此，关注基本学情对教学的实施有着事半功倍的作用。

3. 活动单一，需“多形式”

道德与法治课是超越单一的书本知识的传递和接受，采取以活动为教与学的基本形式。课程的呈现形态主要是由儿童直接参与的各种主题活动、游戏或其他实践活动，因此在活动的创设中活动课型显得尤为重要。整堂课下来，学生参与积极性比较高的是“郊游分一分”，学生积极参与，并能充分说明理由，而在垃圾分类、绿色出行等环节，学生的参与度与认知度明显减弱了，主要是活动创设得不够新颖，千篇一律，不能充分激发学生的学习热情。因此，可以制作一些小道具以及利用希沃白板游戏等方法提高课堂效率，丰富课堂活动形式。

道德与法治活动实践的形式多种多样，内容丰富多彩。这虽然是道法课的一次初尝，不管是从教材分析、教学准备，还是教学实践，都让我受益匪浅。

（杨　静）

三、小学“科学实验探究课型”的实施

（一）课堂实录与点评

四年级下册“简单电路”

课堂实录

【学习目标】

1. 科学概念目标

（1）了解一个简单电路的构成所需要的元件。

（2）知道要使用电器工作就必须要使用电器和电源联通。

（3）使用相同的材料，电路可以有不同的连接方法。

2. 科学探究目标

（1）会用更多的方法和材料点亮更多的小灯泡。

（2）观察、描述和记录有关的实验现象。

（3）会用简易符号表示一个电路的不同部分。

3. 科学态度目标

激发对电探究的兴趣。

4. 科学、技术、社会与环境目标

初步了解简单电路在日常生活中的应用。

【学习策略】

实践学习、交流学习、分享学习。

【学习重难点】

教学重点

（1）知道使用相同的材料，电路可以有不同的连接方法。

（2）会用简易符号表示一个电路的不同部分。

教学难点

尝试用更多的方法和材料点亮更多的小灯泡。

【学习准备】

每组小灯座2个、电池盒1个、电池1节、导线4根、小灯泡2个、记录纸若干、记号笔1支、尺子1把。

【学习过程】

板块一　提出问题　建立猜想

（材料准备：1节电池、1个小灯泡、1个电池盒、1个小灯座）

1. 回顾导入

师：回顾在前面一节课的学习中，大家点亮小灯泡用的是哪些材料？

生：1根导线、1节电池、1个小灯泡连起来就可以点亮小灯泡。

2. 揭示课题

师：小灯座和电池盒的作用是什么？

生：小灯座是用来固定小灯泡的，电池盒是用来放干电池的。

3. 认识元件

师：先观察后使用（请学生上台投屏演示），讲解正确的连接方法。

师：电池应该怎么放入电池盒呢？

生：接好导线，电池的正负极要根据电池盒中的位置放置。

师：干电池的正极靠近红色的一端，负极靠近黑色的一端。

板块二　设计方案　寻找证据

（材料准备：每组2根导线、1节电池、1个小灯泡、1个电池盒、1个小灯座、活动记录单）

1. 组装电路

（1）介绍实物连接图

师：组装好后用导线连接起来的电路图，我们把它叫作实物连接图。

（教师课件展示实物电路图的具体画法）

（2）画实物连接图

请学生来检测一下小灯座和电池盒的作用，成功点亮小灯泡后在活动1（A）的记录单上画出组装的实物连接图。

2. 电路图画法的改进

（1）发现问题

师：画实物电路图你们有什么想法?

生：不方便，花的时间比较久。

（2）解决问题

师：为了解决这个问题，科学家们想了一个办法，那就是简单电路图。在画简单电路图的时候，我们只需要把小灯泡、干电池用导线连接起来就可以了。画的时候要注意什么呢?

生：画导线时尽量要用尺子和铅笔来画，这样才会直。

3. 构建电流路径

（1）电流的流动

师：在简单电路图的基础上，电流在这个电路中是怎样流动的?

生：电流从正极流出、流回负极。

（2）画简单电路图

根据以上的了解，学生在活动记录单1（B）画出简单的电路图，并标出电流的流动方向。随后教师出示另一种简单电路图的画法。（学生拿记录单上台演示）

板块三　分析数据　得出结论

（材料准备：每组再增加1个小灯泡、1个小灯座、2根导线、活动记录单）

1. 组装升级

师：我们点亮了1个小灯泡，如果有2个小灯泡，你能同时点亮它们吗?

生：能，像刚才那样连接就可以。

2. 设计方案

小组讨论如何实行，包括需要哪些材料、如何画电路图等。

3. 给出材料

2个小灯泡、2个小灯座、4根导线、1节电池和1个电池盒。

课件中出示活动流程：

（1）小组尝试连接电路，同时点亮2个小灯泡；

（2）请把成功的连接方式用简单电路图画在记录单2上；

（3）试一试，同时点亮两个小灯泡的第二种方法；

（4）听到停止口令后停止活动，整理材料。

（5）过程中，教师提醒学生可以小范围内走动参观。

4. 分组实验

学生分组实验，教师巡视

5. 得出结论，交流展示

实物投影“两种不同连接方法的简单电路图”，最后请小组来展示。

6. 交流讨论

师：连好后你们发现有什么不一样的地方吗？

生：灯泡亮度不一样。

师：还有什么不一样？

生：连接方法不一样。

（学生会发现第三种方法，实际也是并联，只是位置换了一下，可以请他上来演示，教师分析并联：表面不一样，本质一样。）

（1）（出示图片）这种接线方式就好像糖葫芦一样，用导线将电池和灯座串成一串（串联）。（还可以用班级坐的座位引申）

（2）电池在中间，左边是一个独立的电路，右边是一个独立的电路，它们共用一个电池，但可以分开看作两个独立的电路，即两条路并排走（并联）。

（3）展示串、并联电路的简单电路图画法（教师演示画）。可展示同学们的画法，正确的一种，错误的即导线交叉的一种，并解释为什么不能交叉。

（4）再探究。

师：这里有两个灯泡，如果其中一个不亮的话，另外一个的发光情况如何呢？

生：串联不亮，并联亮。

师：你们觉得我们教室里的灯是串联的还是并联的呢？为什么？

生：是并联的，这样一个灯泡坏了其他的灯泡还能亮。

板块四 交流评价 应用拓展

1. 应用拓展

师：我们发现串联电路的小灯泡，更暗一些，你们有什么好办法可以让小灯泡更亮呢？

生：用串联的方法多连电池。

师：如果现在有更多的小灯泡，你能让这些小灯泡同时亮起来吗？

生：可以，继续挑战，有串联和并联两种方法。

2. 总结回顾

针对本节课所学习的内容，参考板书做一个简要总结与梳理。

教师点评

姜老师以《简单电路》为例，为我们做了小学科学实验探究课型的范例，有如下几点值得我们学习。

1. 以观察生活中的科学为切入点来学

关于电路，学生通过之前的学习已经获得了一定的经验，并能用1根导线、1节电池、1个灯泡建立起使小灯泡亮起来的简单电路。在这一课中，姜老师引领学生们利用小灯座、电池盒、导线等电路元件连接出完整的电路。在这一系列由浅入深的活动中，学生主动探究，不仅会使用更多的材料来组装电路，让更多的小灯泡亮起来，而且还能加深其对电学的认识。

2. 学习目标、方法探究上，都符合实验探究课型的特点

理念上不错，一个问题连一个问题，预设成功。环节紧扣，提问方式得当，学生是能答出来的。教师上课前准备工作做得很充足，能先想学生之想，把难关一个个攻克。教态严谨又不失幽默感，深得学生喜欢。材料准备也很齐全，准备了十五组的材料，确保让每位学生都能进行挑战与尝试，体现了以学生为本的理念，课堂中也在逐步落实小学科学课程的总目标——培养学生的科学素养。

3. 课程体现了融合的学习方式

科学的学习不仅仅只是科学的学习，也可以结合语文、数学、技术、美术等学科，进行相融与贯通。姜老师这节课从生活问题出发，引导学生发现并提出问题，建

立猜想与假设，搜集处理信息，最后得出结论，通过表达交流进行反思评价。这些探究过程从多方面融入了不同学科的魅力，使得科学的学习更加多元化与全面化，更好地诠释了STEAM的概念并得以延伸。

（执教：姜梦莹　点评：方仁勇）

（二）课型研讨与交流

【研讨人员】汪潮、方仁勇、姜梦莹、郭华清、郭骁林

【主持人】姜梦莹

【研讨实录】

主持人：今天我们再次请来汪潮教授，对我们科学组基于核心素养，抓住学科本质，探索学科核心素养的实验探究课型教学进行指导。

汪潮：老师们好，今天我们开始进行融学课型研究的课堂实践。科学课的融学课型非常丰富，也很有意思。我们开展融学的探究并非只是着眼于当前，而要把目光放长放远，意义才会久远。这是一种形式，也是一种发展势态，会让教育更加多元也更加立体，我们教育者要有前瞻性，并且为之不断努力。

主持人：接下来请各位老师各抒己见，从不同的角度针对今天的这堂课进行点评交流。

郭华清：我从“教学板块”角度谈一谈今天的课。

第一部分：带灯座的电路。姜老师在引导学生了解了小灯座、电池盒这些元件的构造后，尝试让学生用这些元件使小灯泡亮起来，并在实物图的基础上画出简单电路图，既留给了学生充分思考的空间，也让学生进行了较全面的拓展。

第二部分：让更多的灯泡亮起来。这里让学生尝试用2个小灯泡、2个小灯座、3根或4根导线、1节电池和1个电池盒组成电路，并把这些电路画下来，再进行讨论、交流。除了考验动手能力之外，还考验学生合作交流的能力。最后，进一步提出我们能连接更多的小灯泡和电池，让它们亮起来。姜老师步步引导，让学生们从实践操作观察中得出结论。随后进行拓展提升，只要使用电池、小灯泡、导线等元件构成一个完整的电路就能使更多的小灯泡亮起来。

郭骁林：我从“结合生活实际”角度谈一谈今天的课。科学来源于生活，善于发现与总结往往能提炼生活中的科学，并得以造福人类。本课的重难点在于理解串联和并联的特点及其各自的运用。我们先来看看它们各自的科学解释。串联电路：各电器元件可以同时工作，但不能单独工作；如果某一电器元件断路时，电路是开路，其他元件不

能继续工作；当某一电器元件短路时，其他电路是通路，元件可以继续工作。并联电路：各电器元件可以同时工作，也可以单独工作；如果某一电器元件断路时，电路是通路，其他元件能继续工作；当某一电器元件短路时，其他电路是短路，元件不能继续工作。随后姜老师以学生们的兴趣为出发点，拓展了生活中的灯泡的连接方法，通过大家亲身探究，理解了生活中的一些电器元件的连接方法，解释了生活中的科学，学生们很开心，收获也很大。

（三）教后反思与改进

教后反思

本次的融学课型是小学科学实验探究课型，教学内容是小学科学教科版教材四年级下册第一单元“电”里的第3课里的《简单电路》。在这一课中，他们将学会使用新的装置——小灯座和电池盒，“解放”双手点亮小灯泡。接着，学生将使用更多的电器元件点亮更多的小灯泡，从而获得更多的电路连接经验。

关于电路，学生通过之前的学习已经获得了一定的经验，并能用1根导线、1节电池和1个灯泡建立起使小灯泡亮起来的简单电路。在这一课中，他们将学会使用新的装置小灯座和电池盒，用导线连接完整的电路。我引导学生在这一系列由浅入深的活动中，探究用更多的材料来组装电路，让更多的小灯泡亮起来，从而加深学生对电学的认识。

本课课型程序是：（1）提出问题，建立猜想；（2）设计方案，寻找证据；（3）分析数据，得出结论；（4）交流评价，应用拓展。针对本节课的内容，我反思如下。

第一部分：提出问题，建立猜想。回顾在前面一节课的学习中，大家点亮小灯泡用的是哪些材料，引出像由导线、电池、小灯泡（用电器）组成的电路，我们把它叫作“简单电路”。随后认识元件。在点亮小灯泡的过程中，根据遇到的问题介绍小灯座和电池盒的作用。实物配以课件图片，观察小灯座和电池盒，并讨论怎么用。即接好导线，电池的正负极要根据电池盒中的位置放置。干电池的正极靠近红色的一端，负极靠近黑色的一端。通过回顾导入，铺垫学习背景，根据简单电路课题的揭示，加深理解，同时认识电路元件，为后面的组装电路学习打好基础。

第二部分：设计方案，寻找证据。从组装电路开始，介绍了实物连接图，并把它画下来。请学生来检测一下小灯座和电池盒的作用，成功点亮小灯泡后在记录单上画出组装的实物连接图，这可以让学生更好地理解，同时也为后面的简单电路图的学习做好了铺垫。学生利用小灯座和电池盒点亮了小灯泡，并将实物电路图画了下来。

但通过实践学生发现这样的画法不方便。随后统一并规范画法，构建了电流的流动路径，便于学生加深对简单电路的了解。

第三部分：分析数据，得出结论。学生已经点亮了1个小灯泡，挑战如果有2个小灯泡是否能同时点亮它们。随后小组根据设计方案讨论如何实行，包括需要哪些材料、如何画电路图等。最后根据材料及具体的活动流程，点亮两个小灯泡。学生发现了串联和并联的不同点，兴趣很高且浓。用班级坐的座位引申，这种接线方式就好像糖葫芦一样，用导线将电池和灯座串成一串叫串联。电池在中间，左边是一个独立的电路，右边是一个独立的电路，它们共用一个电池，但可以分开看作两个独立的电路，即两条路并排走叫并联。学生亲手实践有利于加深印象，结合生活实际，可以让本课的学习更加富有意义。

第四部分：交流评价，应用拓展。通过延伸拓展，让更多的小灯泡同时亮起来。最后针对本节课所学习的内容，参考板书做一个简要总结与梳理。有回顾与反思，可以更好地呈现本节课的学习，也加深了学习印象。同时结合生活实际，对简单电路进行了延伸，拓展了学生的生活视野。

总体来说，本节课的设计理念不错，一个问题连一个问题，预设成功。环节紧扣，提问方式得当，学生是能回答出来的。教师上课前准备工作做得很充足，能先想学生之想，把难关一个个攻克。教态严谨又不失幽默感，深得学生喜欢。课件设计精简有针对性，材料准备充足，能保证两人一组，探究活动种类多样，保证了每位同学的探究思考时间。教学环节突出了学生的主体地位，从实践到分享再得出结论。最后能从生活中着手，学以致用，分析判断身边的串联和并联现象的运用。体现了以学生为本的理念，课堂中也在逐步落实小学科学课程的总目标——培养学生的科学素养。

教学改进

以下是我的学习目标与一些改进。

1. 加大与生活的接轨程度

实验主题怎么确定？要来自问题，现实生活中要遇到无法解决的问题时，可以结合背景引出主题，这样主题可以凸显得更清楚。电与生活中的联系之深、用途之广，学生也深有体会。所以，《简单电路》这堂课可以充分抓住这个点，引领学生们往更深的层次进行学习。

2. 融学板块可以拓展延伸

科学的学习可以结合语文、数学、技术、美术等学科，进行相融与贯通。融学的学习即综合性学习、合作性学习。从生活问题出发，发现并提出问题、建立猜想与假设、搜集处理信息、得出结论、表达交流、反思评价等探究过程都可以融入不同学科的知识，使得科学的学习更加多元化与全面化，从而更好地诠释STEAM的概念并加以延伸。

3. 了解为什么而学

电路是哪里来的？它有什么内容、特征、意义？它有什么用？实验只是个手段，除了可以用肢体语言更加清楚地表述电流的流向，加深学生的学习印象之外，还可以突出重难点以及需要掌握的地方。所以，对于实验课的成分、容量的要求要更典型一些。融学就是融到学里面去。用不一样的视角，去提炼与提升会更好。从实像到抽象，也可以体提现哲学思想的渗透。了解为什么而学，会让学习的意义更加深远，对学生也更加有启迪作用。

（姜梦莹）

四、小学“科学观察课型”的实施

（一）课堂实录与点评

三年级下册“蚕变了新模样”

课堂实录

【学习目标】

（1）借助观察工具和方法获得信息，推测蚕茧中有蛹及蚕蛹身体可能发生的变化。

（2）通过观察记录蚕蛹，了解蚕蛹的外部形态特征。

（3）通过比较的方法研究蚕蛹与幼虫的相同与不同之处，进一步认识两者的关系。

【学习策略】

分解学习、体验学习。

【学习过程】

板块一　导入与准备

1. 出示蚕房

师：今天同学们带来了自己制作的蚕房，里面放置着各种各样的蚕茧，你觉得蚕茧是怎么形成的？茧里的蚕是什么样子的呢？蚕还活着吗？

生：蚕茧是吐丝形成的，茧里的蚕还活着……

2. 揭示课题

师：为了探究蚕茧，今天我们一起来学习第二单元第4课。（教师板书：“蚕变了新模样”）

板块二　示范与指导

1. 热身学习

学生观看并描述蚕吐丝过程的图片。

师：老师想请5位同学分别用一句话来描述一下图片。

生：图1，蚕宝宝准备吐丝，它的身体有点透明。图2，蚕宝宝在小格子里吐丝。图3，蚕宝宝正在吐丝。图4，蚕宝宝将自己包裹在球形的蚕丝中，此时蚕丝还很薄。图5，蚕茧形成了，蚕变成了蛹。

2. 学习整理观察方法

师：经过这样一个过程，蚕茧成功结成了。茧里蚕的幼虫还在吗？它是什么样子的呢？带着这些疑问，我们先对蚕茧的外部进行观察，看能不能找到一些有价值的线索。你准备怎样观察蚕茧呢？

生：用眼睛看，用尺子量长度，晃一晃听声音……

师：同学们刚才说得都很棒，老师把你们的方法汇总、补充，我们一起来回忆一下。

（1）可以用眼睛看一看它的形状和颜色；

（2）用尺子量一量它的大小；

（3）用手掂一掂它的轻重；

（4）用手摸一摸它的光滑程度；

（5）放在耳朵旁摇一摇看是否有声音。

3. 微课指导

师：通过刚才的方法，相信同学们对蚕茧的外部特征很清楚了，接下来我们对蚕茧的内部进行观察。怎么剪开蚕茧呢？老师是这样做的，同学们请看视频，看完告诉老师剪开蚕茧的步骤是怎样的。

生观看剪开蚕茧的视频。

生：先在顶端剪一个小孔，横着放，沿着刚才小孔的地方开始剪。

4. 明确记录任务

师：相信同学们都已经学会剪开蚕茧的方法了。通过视频，我们发现蚕在蚕里的样子和之前蚕的幼虫已经很不一样了，我们把它叫作蚕蛹。（老师板书：蚕蛹）那么蚕蛹有哪些不一样呢？接下来我们对蚕蛹进行一次大体检，让我们做一个小医生吧！这是我们的体检单，你们能看懂吗？这一列是需要体检的项目，合格的医生是会对照表格逐项观察并记录的。中间一列是蚕幼虫的特点，蚕蛹的特点记录在这一列。前面我们学过，蚕的幼虫身体分为头部、胸部和腹部，然后蚕蛹也是一样的，也分为头胸腹三部分。你可以对整体和局部进行观察，局部是头部、胸部和腹部，如果还有别的发现，记录在“其他发现”。接下来就开始我们的大体检吧！

板块三　组织与实施

1. 分发材料

师：接下来我们按小组边观察边记录，观察的过程中不要离开自己的位置。听到老师拍手的时候，请你停止实验，坐端正。请每组的小组长领取材料。

教师分发观察工具和活动记录单。

2. 学生观察，教师巡视

生观察和记录。

师巡视指导，提醒学生及时完成活动记录，维持观察活动的有序进行。

（课堂情景：学生舍不得剪，剪不开，剪开后亲眼看到会动的蚕蛹，看到双宫茧，很兴奋。个别学生害怕触摸蚕蛹，需要老师帮忙把蚕蛹取出来放在纸上，再进行观察。学生之间彼此分享蚕蛹，沉浸在兴奋的气氛里，一时忘记填写活动记录单，需要老师及时提醒）

板块四　研讨与拓展

1. 展示交流记录单1

师：刚才同学们观察得很认真，哪个小组愿意分享一下蚕茧的观察结果？

生：我们组观察到蚕茧是淡黄色的，椭圆形的，长度约3厘米，晃一晃里面有沙沙的声音。

师：你们观察得很仔细，其他组有不一样的发现吗？

生补充：我们组观察到的蚕茧是白色的，长度是2.4厘米。

师：你们的补充也很对。蚕茧的颜色不同是因为它自身能合成一些色素，长度不同和蚕在幼虫时期吃的多少有关。

2. 展示交流记录单2

师：我们刚才讨论了蚕茧的外部，接下哪个小组愿意展示一下画的蚕蛹和蚕蛹记录单。

生：这是我们组画的蚕蛹。我们观察到的蚕蛹形状是椭圆形的，颜色是深褐色的，有眼睛，有口器，有环节，腹足没有了，有气门。

师：你们的蚕蛹画得很逼真，观察也很仔细。其他组有不一样的发现吗？

生：我们组观察到没有口器，胸部有翅膀的形状。

师：你们都观察得很仔细，发现翅膀的形状很不错，但两个组在有没有口器上结果不一致，到底有没有呢？谁能回答？

生：蚕化蛹，然后变成蚕蛾，就不再吃东西了，所以它的口器就退化了。

师：说得很有道理，其他组有不一样的发现吗？

生：我们组发现除了蚕蛹，还有一层蚕皮。

师：这层蚕皮说明了什么呢？

生：说明蚕宝宝在茧里面不是立刻变化蛹，而是有一次蜕皮活动。

师：说得不错，的确是这样。蚕被茧包裹起来之后，先蜕皮，再化蛹。刚才这一组剪开蚕茧时，就是看到了蚕，它还没来得及蜕皮。

3. 研讨蚕蛹和蚕的幼虫的异同点

师：同学们刚才都仔细观察了蚕蛹。这里是蚕的幼虫和蚕蛹的照片，请同学们思考：蚕蛹和蚕的幼虫有什么相同和不同？

生：都有头、胸、腹，有体节和气门。不同点是形状、颜色变了，没有足。

师小结：同学们刚才总结得很好。我们今天观察了蚕茧和蚕蛹，发现蚕蛹和蚕的幼虫已经大不一样了。

4. 拓展：了解大自然中其他动物的蛹

师：大自然中也有一些动物会经历蛹的阶段，我们接下来通过视频了解一下蝴蝶蛹。

学生看视频“蝴蝶幼虫”。

师：自然界中还有其他动物也会经历蛹的过程。留一个小任务，同学们回去查阅资料，找一找。今天的课就到这里，同学们再见。

教师点评

郭老师以“蚕变了新模样”为例，为我们做了小学科学观察融学课型的范例，有如下几点值得我们学习。

1. 凸显观察课型的特点

这节课分成四个板块，板块之间衔接自然。先通过学生亲手制作的蚕房实物导入，激发学生的兴趣和积极性。接着从示范如何观察、组织观察活动，到最后的交流分享，形成了一个闭环。其中郭老师的方法指导和精心设计的记录单给学生的观察提供了“脚手架”，是亮点，使学生科学地进行观察。

2. 有融学的意识

让学生画一画蚕蛹的外形特征，与美术结合，符合这个年龄学生喜欢画画的特点，提高了课堂效率。

3. 课堂紧凑有序

语言过渡比较自然，刚开始从实物蚕房引出课题，接着从蚕吐丝的过程过渡到蚕自身的变化，引导学生从外到内观察蚕茧，这样让学生紧紧跟着老师的思路。

（执教：郭华清　点评：方仁勇）

（二）课型交流与研讨

【研讨人员】汪潮、陈贤彬、方仁勇、姜梦莹、郭骁林、郭华清

【主持人】陈贤彬

【研讨实录】

主持人：今天我们有幸请来汪潮教授，对我们科学组基于核心素养，抓住学科本质，探索学科核心素养的观察课型教学进行指导。接下来让我们各抒己见，从不同的角度针对今天的这堂课进行点评交流。

姜梦莹：我从“学习目标及重难点的达成”来谈一下这节课。郭老师这节课的学习目标：一是能够通过观察获得的信息推测蚕茧中有蛹，及蚕蛹身体可能发生的变化，这通过动用感官和观察工具对蚕茧的外部进行观察，从而达到目标。二是观察并记录蚕蛹的外部形态特征，这部分是课堂的高潮，学生剪开蚕茧都很兴奋，这激发了学生的学习热情，能让学生在记录单上如实记录观察到的蚕蛹的外部特征。三是能用比较的方法研究蚕蛹与幼虫的相同与不同，进一步认识两者的关系，这部分在研讨环节，基于前期学生充分观察蚕蛹，获得了有力的证据，很容易就总结出了异同点。

重点是能用各种观察方法记录蚕蛹的外部形态特征，郭老师在记录单中用了看、摸、画等观察方式，记录单非常丰富，方便学生及时记录下所观察到的特征。难点是研究蚕蛹与幼虫的相同与不同。教学重难点的达成都需要：材料准备到位；在学生探究的过程中及时发现问题并反馈；分享和交流；学生自己得出结论。本节课中因为课前蚕茧准备得很到位，课堂上分发观察工具和记录单，学生亲自剪开蚕茧观察，这极大地激发了学生的探究热情，最后的研讨环节学生积极分享自己的观察结果。本堂课环环相扣，有效突破了教学难点，最后学生很轻松地就总结出了蚕蛹和蚕的幼虫的异同点。

姜梦莹：我从“教学过程及教学效果”来谈一下这节课。郭老师这节课的教学过程分为4大板块，分别是观察的导入与准备、示范与指导、组织与实施、研讨与拓展，这样的安排让教学过程形成一个闭环。郭老师先用蚕房实物导入，激发学生的兴趣，接着转到蚕茧身上，引出蚕茧是怎么形成的，蚕变成什么样子了，这是两个问题，从而引出课题。接着是观察蚕茧的示范和指导，用各种观察方法和工具从外部到内部观察蚕茧，如何剪开蚕茧，解读活动记录单，为下一步观察做好准备。接着是观察的组织和实施，学生观察、老师巡视，及时解决学生观察中遇到的问题，保证观察过程顺利进行。最后是观察的研讨与拓展，讨论蚕蛹和蚕的幼虫有什么相同和不同点。前期对蚕蛹的观察自然促成了这个答案的生成，还拓展到自然界哪些动物还有蛹这个阶段，由对蚕这一种动物的认识拓展到其他相似动物的认识，渗透着一种认识事物的方法。

再来谈谈这节课的教学效果。教师指导学生通过各种观察方法和工具对蚕蛹进行观察，并完成活动记录单，完成了本课的教学目标。学生在教师的指导下，90%以上的学生在学习中掌握了有效的观察方法，积极参与观察活动，获得了知识，也培养了良好的观察习惯。剪开蚕茧，观察蚕蛹，学生都很兴奋，这极大地激发了学生对科学的兴趣。

郭骁林：我从“师生互动”来谈一下这节课。良好的师生互动能营造轻松的学习氛围，让学生敢于发言，帮助教师了解学生的前概念，制造认知冲突，提高课堂效率。郭老师在课堂上很注重师生互动，课前通过展示学生自己制作的蚕房，拉近与学生的距离；学生观看蚕吐丝过程的图片，然后描述，教师及时补充和鼓励，让更多小朋友举手发言，接着启发学生关注蚕身体本身的变化，自然引出本课的探究活动——观察蚕茧和蚕蛹。在看完如何剪开蚕茧的视频后，提问学生剪开的步骤，及时了解学生的掌握情况。老师语态亲切，对于学生的发言都能给予肯定的评价。

方仁勇：这堂课的主要目的是学会观察和记录。郭老师想了很多办法，充分调动了学生的积极性，课堂氛围比较活跃，达到了让学生快乐地获取知识的初衷；课堂上有个细节，郭老师先示例如何剪开蚕茧，看完微课后让学生概括，这个处理非常好。让学生说一说自己的认识，如果学生会了，就可以节省一些时间继续后面的教学，也可以让教师的指导更有效。

陈贤彬：你的观察目标很明确，观察蚕蛹的目标是研究它与蚕的幼虫的相同和不同，建立两者之间的联系。研讨时，学生以小组的方式自己来汇报，一个学生主汇报，其他同学补充，老师旁听并及时处理各种生成的问题，这样方便老师及时了解学生的学习情况，很好。一组学生汇报完之后，另一小组再补充汇报，形成对比，这样学生很清楚，教学也形成了一个完整的过程。作为一个观察课型，主题和板块很清晰。

汪潮：一是观察的良好习惯的培养。一、二年级时学生已经观察过很多次，三年级了怎样培养学生的观察习惯，渗透观察方法呢？本节课中使用活动记录单非常好，一边观察和发现，一边记录，表格的使用让观察结果更清晰，使学生在日常的学习中从小就掌握了科学的观察方法，这点很难得。

二是这节课作为一节典型的观察课，选得好。既有观察方法的渗透，动用感官学会从外到内的观察，也有活动记录单的设计，这些都可以应用到其他观察课中。但本课融学的意识比较弱，如果能在画蚕蛹时和美术多一点融合，比如蚕茧、蚕蛹，都是虫字旁的，和语文结合，营造融学课堂，注重学生综合素质的培养就更好了！

郭华清：首先非常感谢大家能够提出这么多意见，是对这堂科学课的认可，更是自己以后教学努力的方向，这堂科学课前期自己也做了不少准备，效果可圈可点，有值得肯定的优点，也有需要努力克服的地方。小学开设的科学课是学生认识世界、了解世界、研究世界的一扇门，感觉有太多的东西要学习、要教授给学生，这是一个任重而道远的征程，我也会努力去实践，衷心感谢各位教授及同事的中肯意见。

主持人：时间过得真快，刚刚还沉浸在大家激烈的讨论中，现在就要说再见了。

融学在科学课程的尝试无疑是成功的，让小朋友亲身经历，让科学课程始于生活，我们发现它、观察它、研究它，在生活中学习，也在生活中进步。这次课程也有不少需要改进的地方，但却是所有学科中最有趣的一次融学尝试，希望郭老师再接再厉，最后再次感谢汪教授和各位老师的指导，我们下次再见！

（三）教后反思与改进

教学反思

我先思考观察的含义：观察是学生认识世界的开始，科学始于好奇，发现始于观察。在小学科学中，观察是科学探究的主要活动，它是一种指导学生有目的、有计划地利用感官和观察工具对自然现象、物体特征及属性、动植物生长及其他习性等进行系统的观察，以获得知识、经验，并培养观察、分析、比较和概括能力的教学活动。

基于观察在科学探究中的重要地位，我制定了小学科学观察课型的一般程序：（1）导入与准备。通过实物让学生观察、思考，从而调动学生的兴趣和积极性。教师要适当地提出观察点，以便学生更加明确观察的目的和要求。老师准备好观察材料，满足每一个学生的观察需要。（2）指导与示范。通过讨论观察方法和老师视频示范，让学生调动自己的感觉器官，正确使用科学仪器，科学地观察事物，获得直接经验。（3）组织与实施。学生小组合作进行观察，老师巡视指导，点拨学生的活动，提醒学生利用文字或图片的方式及时完成活动记录，帮助学生解决观察过程中遇到的不便或困难，保证观察活动的有序、有效。（4）研讨与拓展。学生小组汇报，老师补充总结，拓展延伸。在交流过程中，可引导学生既要清晰地表达自己的成果，也要善于吸收别人的成果，从而丰富自己的认识。

而在策略方面，我试着通过融学来提高课堂效率，通过分解来降低学习的难度，通过操作来达成学习目的，从而确定了以下学习目标。

（1）借助观察工具和方法获得信息，推测蚕茧中有蛹及蚕蛹身体可能发生的变化。

（2）通过观察记录蚕蛹，了解蚕蛹的外部形态特征。

（3）通过比较的方法研究蚕蛹与幼虫的相同与不同之处，进一步认识两者的关系。

但在实际的教学过程中，我在指导学生如何观察蚕茧时，方法讲得太快了；在讲述如何剪开蚕茧时，总是担心学生不知道，总是自己在讲步骤；教师对学生的要求不够明确，记录单上的“其他发现”学生没有填写，作为教师当时我没有明显地指出来。基于以上理解，做如下反思。

1. 观察方法需展开讲解

观察活动是学生从一年级科学就开始学习的内容，到了三年级是良好的观察习惯养成阶段，在指导学生如何观察蚕茧时，方法讲得太快容易让学生囫囵吞枣、似懂非懂，学生也许耳朵听到了，但具体操作的时候不知道怎么办。教师应该让学生先来说一说，其他学生再补充，等到学生都回答不上来的时候，老师再补充。观察方法是非常重要的，它指导学生接下来的观察，还有助于学生养成科学的观察习惯，所以在讲课的过程中这部分要慢一点，多花一点时间。

2. 课堂需要让学

课堂是学生的课堂，学生是课堂的主体，教师是指导者。学生看完如何剪开蚕茧的视频时，此时老师提问学生剪开的步骤，让学生自己来说一说，这个处理很好。但是接下来为了再次强调，把步骤展示在PPT上时，应该让学生自己来读一读，不应该老师代替。有效的课堂是学生已经会的知识不要讲，学生不会的重点讲，在这之前是让学，让学生暴露自己哪里会、哪里不会，这样老师的教学才会更有针对性，也能节省更多的时间使课堂效率更高。

3. 活动记录单的要求需明确

我以为学生知道只要是活动记录单上的空格都是需要填写的，但在实际中很多组表格最后的“其他发现”都是空白的，这是学生没有按老师的要求完成任务，但当时作为教师的我没有明显地指出来。而本课的“其他发现”是很重要的。除了观察到蚕蛹，剪开的蚕茧中还看到一层蚕皮，这说明蚕结茧以后不是直接化蛹的，而是还有一次蜕皮活动。当一个小组在汇报的时候，他们的“其他发现”是空白，我当时只是问其他组有什么发现，但应该这样说：这个组没有按要求完成，他们的“其他发现”是空白，其他组有完成任务的吗？这样可以让学生知道要求是什么、标准是什么，自己到底完成了没有，老师的明确要求有助于学习目标的达成。没有完成的同学在下一次遇到类似的记录单时，也知道应该怎么做。

4. 如何画蚕蛹，需要老师再多一点指导，明确科学课上画画的要求

在美术课上，一节课可能就只需要创作一幅画，老师还会讲一些方法和示范。而在科学课上，画蚕蛹只是其中一个很小的活动，如果没有简单的指导，学生不知道如何提笔。对于一些平时画画不太好的学生，觉得画得不好看，然后就不愿意画了。我应该明确地告诉学生科学课和美术课要求是不一样的，从而减少学生的心理负担，提

高学生画画的积极性。

教学改进

1. 上课时要更注重过程的展开

讲到观察方法时，让学生先具体地说一说，方法讲解放慢一点，只有让学生充分参与进去，这个方法指导才是有效的。如果只是简单的几句话带过，学生没什么印象，这样的指导是没有意义的，是不到位的。

2. 在课堂上让学

在课堂中，实验步骤让学生来读一读。在讲实验的注意事项时，让学生先来说一说，假如学生把答案都已经说出来了，证明学生已经会了，老师不必再赘述。真正有效的教学活动，就是在明确知道学生哪里不会的情况下，教师进行有针对性的指导，把课堂还给学生。学生是课堂的主体，教师是课堂活动的引导者。课堂教学应该突出学生的主体地位，教师要让学生先表达，暴露出来不会的地方，然后老师再进行引导。现代教育理念下的教师，不是知识的传播者那么简单，教师应从单一的知识传授者转变成课堂教学活动的组织者、引导者和合作者等角色。课堂教学中，教师应帮助学生培养自主学习能力，把课堂还给学生，充分调动学生的积极性，使学生从学会走向会学。

在教学设计中，时间上的安排给了学生更多的自主权，教师“教”的思路与学生“学”的思路尽可能有机统一起来，一切的教学活动都是为了学生更好地学习，真正实现少教多学。

3. 填写活动记录单的要求明确

在学生开始观察之前，因为“其他发现”很重要，老师通过大声、停顿等强调这部分需要填写。在汇报时，如果学生依然没有填写，此时老师明确指出没有完成，接着请没填写的学生补充。老师对学生要严格要求，当学生没有按要求完成时，要及时指出来，这才是对学生负责的表现。

4. 明确科学课上画画的要求

基于学生的年龄特点，画画比用文字表达更简单，也更节约时间。但有些学生可能因为画得不好看，缺少美术课上专业的指导而提不起笔。老师要明确告诉学生，科学课上的画画和美术课上的是不同的，这里你只需要画出事物的结构，美观性要求比较低，只是用一种简洁的方式把我们观察到的表达出来。另外，请教美术老师，画两张简笔画，给学生示范一下。

综上所述，观察课要注重方法的讲解，要让学；活动记录单的填写是非常重要的，要严格要求；在与其他科目融学时，要关注到不同的要求，引导学生更简单地学习。

（郭华清）

五、小学“音乐欣赏·表演课型”的实施

（一）课堂实录与点评

二年级下册《加伏特舞曲》

课堂实录

【学习目标】

（1）在聆听中能够感受到音乐所表现出的欢乐气氛和舞蹈性特点，并初步了解加伏特舞。

（2）了解三部曲式的音乐结构，掌握作品中的八度大跳和三度音程，记住作品的“大跳”风格，理解不同乐段的情绪表现，充分发挥运用肢体语言和舞蹈动作表演乐曲的能力。

（3）通过舞蹈展示，了解全曲结构；通过情境体验教学与音乐实践活动，学会运用肢体律动表现大跳和三度音程；通过哼唱主旋律并养成聆听、听辨音乐的习惯。

【学习策略】

合作学习、尝试学习、体验学习。

【学习过程】

板块一　肢体游戏　情境感知

1. 创设情境

师生伴随音乐的律动进入教室。

师：小朋友们，今天董老师想要带领你们去往美丽的城堡，去往城堡的路上需要我们踏步前行，现在让我们跟着音乐一起出发吧。

2. 网球音乐游戏

师随《加伏特舞曲》用网球“弹跳”与“向上滚动”模仿表示八度音程与三度音程。

师：城堡里面有很多很多的玩具，你们看，今天董老师带来了什么？

生：网球。

师：今天董老师就要用这个网球来和大家玩一个音乐小游戏。仔细观察，老师都用球完成了哪两个动作？下面请你们来欣赏我的表演。

生：董老师完成了把球往下拍又接起的动作。

师：哦，随着音高的变化我的球完成了大跳的动作。你还看到了什么动作吗？

生：还有向上的滚球的动作。

出示旋律谱，生随音乐运用网球体验模仿八度音程，并请五位学生上台展示表演。

师：那么你们想来试试看吗？下面让我们全体起立，我们每个人手中都有一个看不见的球，我们就跟着音乐一起先来完成大跳动作。

师：刚才我看到几个小朋友节奏感特别好，我想请五位小朋友上台围成圈表演一下。

用“bong”唱出八度音程大跳的三个音，同时用拍手表示球的运动轨迹。

师：在刚才的游戏中，我看到了球大跳时的运动轨迹，下面我们就来猜一猜，这几个大跳的音符里面，到底藏了什么音？

生：1、1、1。

师：刚刚唱的时候我发现有几个小朋友把我们的这几个大跳音唱得特别有弹性，就像我们的网球在拍的时候非常的有弹性，所以我们唱的时候也要更加跳跃一些，唱的时候也要加入科尔文手势。

师：最后三个是什么音？

生：2、5、5。

师：很棒！接下来我们就用“bong”来唱大跳的这三个音，同时我们用手拍出它运动的轨迹。

师播放音频，坐下带领学生做足尖舞，手拍出大跳轨迹。

出示旋律谱，用“du”唱出三度上行音，用拍手表示球的运动轨迹，手从下往上拍。

师：那么除了我们大跳的音，刚刚我们还完成了什么动作？

生：往上滚球的动作。

师：当我们的球向上滚动时，音在向上进行三度的平稳上行，那么接下来我们就来唱这三个平稳上行的音高。

师：最后一组音我们来看一下有什么不一样的地方。

生：最后又变成了大跳。

师：平行的三个音我们用“du”来唱一唱，同时也来拍出它的运动轨迹。它的运动轨迹怎么拍呢？

生：从下往上拍。

师：让我们跟着音乐一起来试一试。

板块二 舞蹈表演 感受主题

1. 揭题，体会情绪

师：刚才这段音乐选自于荷兰作曲家格赛特的《加伏特舞曲》。谁来说说刚刚这首音乐带给你什么样的感觉？是什么样的情绪？

生1：很开心，很快乐。

生2：心情非常愉悦，感觉很活泼。

2. 介绍与体验加伏特舞

（1）介绍加伏特舞

师：加伏特舞是选自法国的民间舞曲，后来被广泛地运用到芭蕾舞剧还有歌曲当中，要想学会芭蕾舞，首先得学会足尖舞，下面我们来学习一下足尖舞中最重要的点脚动作。当球往上弹的时候我们的脚就立起来，当球平稳上行的时候，我们就对旁边的舞伴做邀请动作。

（2）律动体会主题A

根据八度与三度音程合音乐进行原地“踮脚”与“邀请”动作律动。

师：现在我们一起来合作一次，所有的男孩都是绅士的王子，女孩都是高贵的公主，跟着音乐去做动作，谁愿意来试一试？

选两组学生上台表演。

3. 情境表演主题A

男女生配合，两人一组扮演王子和公主的角色，跟随音乐跳足尖舞。

师：小朋友们想不想来试一试？

师：现在请你们全体起立，离开座位互相面对面，王子邀请的时候先出右手，最后再出左手，记住了吗？

全体合作学习足尖舞。

板块三　道具表演　交互体验

1. 聆听表演全曲

师：很棒！现在让我们完整跳一跳加伏特舞，要想跳加伏特舞，我们要先从足尖舞开始，当我们听到不熟悉音乐的时候，请你们跟董老师一起来画一画旋律线。

2. 听辨主题顺序

引导学生发现表演跳的加伏特舞出现的地方，从而发现主题出场的顺序。

师：刚刚我们的加伏特舞跳了几遍？分别出现在了乐曲的什么地方？

生1：两遍。

生2：开头跳了一次，中间画旋律线，结尾又跳了一次。

师黑板上出示主题A、B、A的图形谱。

3. 场景再现，感受聆听主题B

跟随音乐画B部分的旋律线，引导学生将彩带想象成画笔一起描绘着这幅音乐美丽的景象。

师：很棒！我们的王子和公主在城堡里跳起了加伏特舞，之后他们来到了外面宽阔的大草原上。看到这弯弯曲曲的旋律线，你们想到了什么？

生1：我想到了草原。

生2：一座座的山。

生3：还像河流、小溪。

师：现在请你们轻轻地从板凳当中用左手拿出彩带，把它想象成一根小画笔，现在跟董老师一起来画一画这幅美丽的景象。

聆听“下滑音”。引导学生将“下滑音”特别的旋律想象成飞舞的彩带，请学生表演。

师：在刚刚的音乐当中你们有没有听到特别的声音？

生1：非常快速、急促的旋律。

生2：有些像弹簧一样的声音。

师：在音乐中的急促的声音，就像我们在舞动的彩带。你们能够用彩带表现出来吗？

全体跳B段“彩带舞”。

师：下面请公主王子们起立，让我们面对着这片广袤无垠的大草原一起来跳一跳彩带舞。

板块四　完整表演　提炼欣赏

1. 引导学生用舞蹈律动展示全曲

学生跟随音乐律动扮演王子和公主跳起了伏特舞，然后他们去郊游，拿出画笔画美景，画完美景又跳起了彩带舞，最后又一起回宫殿跳起了足尖舞。

师：现在让我们完整地跳一跳故事情节，音乐的开头王子公主在城堡里跳起了加伏特舞，之后他们来到城外的草原上，看到这么美丽的景象忍不住跳起了彩带舞，之后他们又回到城堡跳起了足尖舞。现在让我们把这幅美丽的景象从头到尾完整地跳一次。

2. 跟随情境的律动结课

当再现足尖舞主题A音乐片段再次响起时，教师引领学生跳着足尖舞离开教室。

教师点评

董老师以《加伏特舞曲》为例，为我们做了小学音乐融学课型的实践研究范例，有如下几点值得学习以及改进。

1. 从目标、策略看符合表演课型的特点

董老师最开始写的是小学音乐体验课型，体验更多的是一种学习的方式，这个提法不是特别恰当。课型的话，像我们音乐课中的演唱课、欣赏课、表演课型，或者以演唱为主的综合课、以欣赏为主的综合课，这个叫课型。今天这个更倾向于表演课型，体现得很充分了，所以我们音乐就做小学音乐表演课型。

2. 在表演导学中以道具辅助贯穿课堂

课堂中最主要的表演就是舞蹈表演，以及运用道具做的表演，用网球和彩带来做的道具。第一块道具表演激发兴趣；第二块舞蹈表演感受主题，道具表演感受主题B；最后是完整表演，整体感知，表演活动贯穿在整个作品的赏析过程中。

3. 关注在音乐课堂表演中的感受性

可以再放手一点。整个表演，包括踮脚、网球、彩带，学生多数以模仿为主。一开始的环节可能会乱，能不能让孩子每人拿一个球，自己去找那种感觉，自己去感受？包括后面的彩带，让学生拿着彩带听着音乐自己去感受，自己去听、去表现。请几个同学来表演，不一定要统一动作，下面的小朋友可以自己感受，也可以模仿，或者两个人互动等，可以更丰富一些。

（执教：董欣怡　点评：徐惠琴）

（二）课型研讨与交流

【研讨人员】徐惠琴、方建兰（语文）、陈兴苗（美术）、任思思（音乐）、魏源（音乐）、沈琦（音乐）、董欣怡（音乐）

【主持人】陈兴苗

【研讨实录】

主持人：老师们好，今天的教研活动我们围绕融学课型的研究，进行了音乐课堂中欣赏·表演课型的课堂实践。先请董老师谈一谈本课的导学设计和教学体会，专家徐惠琴老师做专题点评。

董欣怡：我的课型主题是音乐课堂中以欣赏为主的表演课型。我想通过运用一些声势的律动还有一些道具的辅助来赏析这首作品。学生在我们的课堂中、在玩中能学会一些知识。比如说我这节课的重点就是三度音程和大跳，让他们用网球的弹跳性和肢体的律动去感受。同时为了让他们有更深的记忆，我设计了一个“邀请”，“王子”邀请“公主”对跳，来帮助学生们进行记忆，到乐曲的最后一个片段，出现了快速旋律时，可以通过用彩带在空中旋转飞舞的感觉引导学生表演。在整个情境中，能感受到音乐的变化。学生从最初聆听音乐的效果，到一点点熟悉，再到能够完整跟随音乐特性进行律动表演，到最后完整地融合，把整支曲子从头到尾表演了出来。整首作品中融入了这节课的知识，加入一些律动来体验三度和八度音程的作用以及高低起伏变化，从这些音乐活动中赏析整首作品，可以将其呈现出来，这也是我这节课的思路。请大家批评指正！

徐惠琴老师：我从音乐学科开展融学课型研究的三个方面来说一说我的思考和建议。

第一，明确开展融学研究的意义。音乐学科是在学校这个融学课程课题下做的音乐教研，在学校的引领下去做，是一件非常有意义的事，教师会成长得非常快。我们做融合研究最终指向的一定是学生，课堂教学要立足于学生的发展、学生的素养，从指向知识到指向能力的发展。所以我们在课堂中要关注学生的能力，音乐审美感知的能力、艺术表现的能力、文化理解的能力。最终学生要在音乐的学习中，不仅仅学会知识，更多的是在这个过程中有没有自己的体验、感受，这些技能能不能很自如地去表现是更重要的。

第二，清晰音乐学科进一步开展研究的计划。音乐融合做的是表演课型，前面可以做一个总的介绍，如在音乐课中融什么、怎么融、融得怎么样，以及小学音乐表演课型的特色在哪里。拓展表演中可以有很多形式，比如歌唱中怎么融、欣赏中怎么融，有很多值得研究的课题。教师可以根据自身的专长来开设融学课型，多去看课程标准进行研究分析，从小学全册音乐书中梳理整合，对融学课程开展有着重大意义。

第三，从董老师的研究课中具体讲一讲我的观点。董欣怡老师今天执教的研究课，从课型看，是以欣赏为主的表演课，体现得比较充分。今天的课中最主要的表演就是舞蹈表演，还有就是运用道具做的表演，用网球和彩带来做道具，和学生进行互动律动表演。整堂课中既有道具表演激发兴趣，又用舞蹈表演感受主题，还有完整表演整体感知，教师的表演活动始终贯穿在整个作品的赏析过程中。不管是什么课，我们最终还是要落实到学生的发展上，学生的主体性、创造性能不能充分发挥，学生的亲身体验和自主的感受都成为教师对课堂设计和把控的重要因素。董老师的这堂课很完整，但能不能再给学生开放一点？在整个表演活动中，包括踮脚、网球、彩带，还是老师教的比较多，学生主要是模仿老师的动作。可以让学生跟着音乐自主感受表演，一开始的环节可能会乱，让孩子每人拿一个球，自己去找那种感觉，自己去感受，在一次次感受中孩子慢慢地学会了找规律，更能够去体会赏析这首乐曲。包括后面的彩带，让学生拿着彩带听着音乐自己去感受，自己去听、去表现。请几个同学来表演，不一定要统一动作，下面的小朋友可以自己感受，也可以模仿，或者两个人互动等，可以更丰富一些。

陈兴苗：我来谈谈对本次活动课型的见解。演唱、欣赏、表演、综合四类课型在选课型的时候可以反向来做教学设计，研究可以继续做下去。如何把点串成线、线串成面，从而形成系统化，需要做一个子课题。围绕着表演课型，每个人独立地画一个思维导图，再做一个汇总，需要头脑风暴。

方建兰：本次音乐融学课型的开发也是对未来课程的开发，学校也将再次开展对于融学课程的概念以及方式方法的解读。本校的音乐老师各有所长，可以通过对声乐、舞蹈、器乐特长进行专项课程开设，也希望更多音乐教师能开展同类型的融学课。

（三）教后反思与改进

教后反思

表演课是小学音乐教学的重要内容和方式之一，在小学音乐教学中占有重要的地位，而以欣赏为主的表演课型，对乐曲的表演更是能够起到提升小学生音乐学习信心和激发学生音乐学习兴趣、挖掘学生音乐学习潜能的重要作用。是结合歌唱、舞蹈、律动、乐器、戏曲等多种形式，引导学生积极参与音乐体验，引发他们的联想和想象，培养他们的音乐鉴赏能力的一种课型。在欣赏教学中要尊重学生的个性感受与见解，鼓励学生表达审美体验，激发欣赏音乐的兴趣，养成聆听音乐的良好习惯，积累感受与欣赏音乐的经验。

我们做的是融学，我们先要把融什么、怎么融，音乐表演的特色在哪里思考清楚，要区别于常规课。融什么？比如说内容、方法、策略。怎么融？音乐欣赏教学是音乐教学中的重要组成部分，是培养学生音乐鉴赏力最有效的途径，也是一切音乐活动的基础。在音乐欣赏环节，为学生创设一个集听、视、感、触于一体的情境对提高学生音乐素养有着非常重要的作用。为了在欣赏作品中突出表演活动，将表演活动贯穿在整个音乐作品赏析中进行探索和研究，我设计了本节课《加伏特舞曲》为表演课型的分支——“以欣赏为主”的表演课型。

基于以上对文本的解读与欣赏表演的融合，我制订了小学音乐“以欣赏为主”的表演课型的一般程序。（1）肢体游戏，情境感知。首先要对作品有深刻的理解。以视觉、听、律动为主，创设情境通过聆听音乐、游戏感知、道具表演让学生浸润到音乐作品中。（2）舞蹈表演，感受主题。通过舞蹈表演、手势、旋律的发展进行分辨，有效地让学生在本节课中能够在合理的音程内唱歌，能够参与和创造性地进行原地的或空间的身体律动。（3）道具表演，交互体验。通过道具律动以及旋律体会对作品的曲式进行体验，在尝试中一遍遍发现问题，男女生之间互相配合，在音乐的听辨中、在老师的引导下，完成对作品曲式分析和相对应乐段部分的表演。（4）完整表演，提炼欣赏。通过创设生生互动的情境，完整表演乐曲，以欣赏的角度出发体验律动，让学生在实践活动中感受学习本课内容，进一步完成了情感的升华，以及提高了对作品的赏析能力。

基于上述理解，我制订了以下学习目标：在聆听中能够感受到音乐所表现出的欢乐气氛和舞蹈性特点，并初步了解加伏特舞；了解三部曲式的音乐结构，掌握作品中的八度大跳和三度音程，记住作品的“大跳”风格，理解不同乐段的情绪表现，充分发挥运用肢体语言和舞蹈动作表演乐曲的能力；通过舞蹈展示，了解全曲结构；通过情境体验教学与音乐实践活动，学会运用肢体律动表现大跳和三度音程；通过哼唱主旋律并养成聆听、听辨音乐的习惯。

但在实际的教学过程中，我对课型定义还不够明确，同时应该使学生在课堂中发挥出创造力以及自主性。基于以上理解，我做如下反思。

1. 课型定位明确，体会表演融学

一开始我设定的是小学音乐体验课型，体验更多的是一种学习的方式，这个提法不是特别恰当。课型的话，像音乐课中的演唱课、欣赏课、表演课型，或者以演唱为主的综合课、以欣赏为主的综合课，这个叫课型。这节《加伏特舞曲》课的设计更倾向于表演课型，体现充分。课中最主要的表演就是舞蹈表演，还有就是运用道具做的表演，用网球和彩带做的道具。所以我们音乐就做小学音乐表演课型，从而引伸以及定位这次我的融学课型——“以欣赏为主”的表演课型。

2. 挖掘表演力，聚焦生本

教师应探索学生的音乐表演力，在音乐环节中让学生大胆表演自己的音乐，挖掘他们的音乐体现和审美才能。音乐课程重视感受和体会，表演和发明是学习音乐的根本。在课堂上，学生随网球、彩带律动，跟随声势律动，做出与音乐相对应的动作，体现出不同的理解和想象力。学生的表达欲望得到了充分调动，激发了课堂气氛，使学习更加生动，增强了学生的学习爱好。在音乐课堂实践活动中，必须重视学生发明潜能的开展，给予他们探索问题、对音乐理解的空间，让他们大胆地发现问题、解决问题。在教育过程中，教师还需培育学生的审美才能和情感表达才能。总之，在课堂上，教师应采用正确、恰当的办法培育学生的才能，不断提高学生的音乐水平。

教学改进

1. 确立课型板块，层层递进

本堂课展示的是“以欣赏为主”的表演课型。在本堂课中，第一板块是道具表演，激发兴趣；第二板块是舞蹈表演，感受主题A；第三板块是道具表演，感受主题B；最后一个板块是完整表演，整体感知，将表演活动贯穿到整个作品中。本堂课通过“玩游戏”和表演的方式启发引导学生学习乐曲，调动学生全身的感官，使他们积极主动地参与课堂教学，并在教学中引导学生能从玩中了解、玩中获取、玩中掌握相关音乐知识和感知音乐。

2. 感受与鉴赏，给孩子创造空间

放手你可能会收获得更多！我们应该充分地发挥孩子们自己独立的对音乐的理解，所以在整堂课的环节中应落实到学生发展，以及学生的主体性和学生的自主学习。整个表演如踮脚、彩带、网球活动中老师把控得过多，学生就是模仿。可以让学生每个人手里拿着一个网球自己去寻找音乐的大跳感觉。彩带的动作我先是让学生跟着我表演，之后再让他们说音乐中特别的紧凑音应该怎么表演。可以让他们自己拿着彩带听着音乐感受，再问小朋友做的动作有什么意义，在音乐中什么声响时做出。先让学生自己感受，然后再来听这段音乐，之后请几个孩子在课堂上表演，动作不一定要整齐划一，台下的小朋友可以两个人互动表演，这样做得更加丰富。音乐的领悟没有标准答案，作为老师更应该让孩子们在音乐中充分发挥他们的想象力。

（董欣怡）

六、小学“音乐舞蹈·表演课型”的实施

课堂实录与点评

二年级下册“草原就是我的家”

课堂实录

【学习目标】

（1）通过本课的学习，让学生初步感受蒙古族音乐的风格特点。了解蒙古族风情，掌握有关蒙古舞的基本动作（如叉腰、耸肩、提压腕），增进民族间的团结及热爱家乡的情感。

（2）通过舞蹈、图谱让学生学唱、聆听、感受，培养学生的想象能力。

（3）学会感受音乐，模唱旋律，运用杯子接力与冲刺游戏来巩固四分音符、八分音符和十六分音符的认知与运用。学会准确地有感情地演唱歌曲，同时也能准确地掌握歌曲演唱中的大跳音程。

【学习策略】

聆听、感受、舞蹈表演。

【学习过程】

板块一　感受内涵

1. 创设情境，律动导入

（1）律动，用简单的骑马动作跟着老师进教室

师：好，请同学们回到自己的座位上。大家看看大屏幕，我们骑着马儿来到了哪呀?

生：内蒙古。

师：没错，我们今天骑着马儿来到了蒙古大草原，你们看，今天思思老师还换上了蒙古族特色的服装。

（2）了解蒙古

①介绍蒙古族风情。

师：现在，让我们了解一下美丽的蒙古族，走进内蒙古，看完之后告诉我美丽的蒙古族给你们留下了什么样的印象。

（师播放音频，出示课件，介绍蒙古族）

② 欣赏蒙古舞。

师：蒙古族人民生活多姿多彩，他们热情奔放，喜欢骑马、射箭、摔跤，更喜欢唱歌跳舞，刚刚我还听到有同学说一听到蒙古族就想到什么？

生：羊肉串，羊腿。

师：对啦，还有数不胜数的美食，把口水擦干净哦。

师：每到节日的时候，他们都会穿上盛装，唱歌跳舞来赞美草原，赞美家乡，现在让我们围成圆，面对圆心里面，欣赏我带来的美丽的蒙古族舞蹈。

师：谁来说一说美丽的蒙古族给你们留下了什么样的印象？

生：舒服，很享受，很自由。美丽的一切。

2. 体验蒙古舞

师：还有刚刚思思老师带来的具有蒙古族特色的舞蹈，她的舞蹈热情奔放。现在，我邀请所有同学们来一起感受下美丽蒙古族的热情豪放。全体立正，让我们站到圆圈外面，学习一下具有蒙古族特色的蒙古舞蹈。

师：蒙古族舞蹈的手叉腰跟我们平时的叉腰是不一样的，握拳大拇指朝上，用虎口的地方叉腰，准备好了吗？1、2、1，走。（师演唱，叉腰律动示范，生跟做）

（师播放音频，做简单的耸肩、骑马动作。分男女生，随着音乐来跳一跳）

师：太棒了，感觉我们就在蒙古包旁边舞蹈，掌声送给自己。

师：现在让我们席地而坐，盘腿坐下，感受一下围在蒙古包的感觉。

3. 节奏游戏

师：刚刚还说到，蒙古族人民还离不开什么？

生（齐声）：马。

师：马在蒙古族人民的生活中真是太重要了，生活、娱乐、歌唱、舞蹈都离不开它。

（1）四分音符节奏游戏

师：你看，这不，小红马跑来和我们玩游戏了，我们来看一看小红马在玩接力游戏的时候，是在哪些地方完成接力的？（师清唱并打节奏）

生：飞彩霞的“霞”字上完成接力的。

师：我们一起来试试，用你的右手拍你的左手，1、2、1，起。（师生同做，师清

唱）

师：现在请同学们把板凳里的小杯子轻轻地拿出来。准备好了，盘腿坐下，看谁的坐姿最像一个逍遥自在的蒙古族人。1、2、1，走。（师清唱，师生玩接力游戏）

（2）八分音符节奏游戏

师：老师想问你们，当你们接力赛跑快冲到终点时，你们会怎么样？

生：冲刺。

师：冲刺的时候速度会怎么样？

生：变快。

师：我现在邀请女生冲刺，女生把小红马（杯子）拿起来，放到胸前。（接力游戏）

师：女生不动，男生来。（男生接力）

师：老师想问你们前面我们一共接力了几次？（师示范）

生：两次。

师：现在让我们跟着音乐一边哼唱着旋律一边玩耍。下面进行接力赛跑练习。（师播放音频，师生随音乐玩接力游戏）

师：问题来了，在这个小马接力的时候，我们用了几个节奏呀？

生：两个。

师：有人说两个，那你告诉我用了哪两个节奏。用ti、ta的节奏念法告诉我。

师：第一个节奏是？

生1：第一个是ta、ta、ta、ta。

生2：第二个是ti、ti、ti、ti。

生3：第三个是ta—

师：很棒！掌声送给他们。我们一起来试一试。

师：小红马顺利跑到了终点，让我们把小红马放回自己的小窝，轻轻地坐回自己的板凳上，面向大屏幕。

师：小马儿跑成了一条小节奏，谁愿意来试一试？（师出示节奏）

生个别尝试，再集体打节奏。

板块二　律动学唱

1. 歌曲节奏难点与学唱旋律

（1）分辨旋律

师：它又变成了一条旋律，谁愿意来试试？（师出示旋律，生唱旋律）

师：第二条节奏跟第一条是一样的吗？我们来看一下。（师出示第二条旋律，生唱旋律）

师：看看第三条旋律谁可以？

师：我们来听一听第四条旋律和第三条旋律有哪些地方的音不一样？（师唱旋律）

生：最后一个小节。

师：还有吗？

生：最前面第一个小节音高不一样。

师：来听听是什么音高？（师唱音高，生分辨）

师：让我们完整唱一下。（师播放音频，生跟唱）

（2）学唱旋律

师：刚刚小红马告诉我，它在第三乐句甩起了小鞭子，大家仔细听它在第三乐句的第几小节甩起了小鞭子？（师演唱并做动作）

生：第四小节。

师：我们可以一起来唱一唱吗？这个小鞭子前面有个什么？

生：附点。

（3）清唱旋律

师：2长5短，这个5就像小鞭子轻轻地一甩，我们来轻轻地唱一唱。（3—4乐句衔接）

2. 学唱歌曲

师：让我们骑着蒙古小红马，完整地来唱一唱这首属于草原的歌吧。（师伴奏，生演唱）

3. 情绪指导

师：让我们唱出豪迈的感觉，来，再试一次。

4. 合音乐伴奏演唱。

师生合音乐伴奏演唱一次。

5. 歌词记忆演唱

师：现在让我们看着图片完整地演唱一遍。

板块三　拓展节奏

1. 乐器伴奏

（1）师敲打杯子中的底部发出××××|××××节奏

师：很棒!坐回我们的蒙古包上。让我们来听这个像什么声音?（师敲杯子）

生：马蹄声。

师：看看老师把马蹄声加到了歌曲的哪个地方?（师播放音频，加入声音）

生：第三、四乐句。

师：现在请你们拿出你们的小木马，一起把马蹄声加入歌曲中。

（2）高低木鱼模拟马蹄声

师：仔细听，现在又来了什么马蹄声?（师敲打高低木鱼）

生：高低木鱼小马蹄。（师在1、2乐句加入木鱼声）

师：谁可以来试一试?

（高低木鱼、杯子与歌曲交响）

2. 拓展表演

师：现在我们骑着马儿来到了那达慕大会，你们看他们在摔跤、骑马、射箭，现在就让我们在草原上放飞自我吧，谁要上来试一试?让我们在这美丽的草原唱起来、跳起来吧，和蒙古族人民一起来赞美家乡、赞美草原吧!（师生随着音乐一同走出教室）

教师点评

任老师以《草原就是我的家》为例，为我们做了小学音乐舞蹈表演融学课型的范例，有如下几点值得我们学习。

1. 目标、策略符合表演课型的特点

首先是学校这个融学课程课题下做的音乐教研，在学校的引领下去做，是一件非常有意义的事，老师会成长得非常快。我们做融合最终指向的一定是学生，课堂教学要立足于学生的发展、学生的素养，从指向知识到指向能力的发展。所以我们在课堂中要关注学生的能力，如音乐审美感知的能力、艺术表现的能力、文化理解的能力。最终学生要在音乐的学习中，不仅仅学会知识，更多的是在这个过程中有没有自己的体验、感受，这些技能能不能很自如地去表现，这是更重要的。

2. 导学的表演环节有利于感受美

低段音乐教学要注重学生的情趣引导，让学生自主地探索发现音乐课堂中的奥妙，在玩中学、学中玩。如何用童趣的方法渗透教学重难点，不失童趣地完成知识目标？应用更贴切的乐器来提高学生们的学习兴趣，充分利用好奥尔夫音乐以及声势律动游戏，在音乐中提升知识技能，让学生自主创编节奏，自己体验歌曲的过程，让学生真正地享受音乐带来的美好！

3. 定义课型定位，明确舞蹈表演方向

本节课采用的导入方式是“蒙古舞动作律动”进入教室。老师穿着蒙古族服装，让学生们身临其境地感受到蒙古族的特点。这样的导入使学生们的好奇心与新鲜感又浓厚了许多，学生们的参与度也高涨了许多。在设计教学环节中有待完善之处，以及教师示范在课堂中的小细节时，应当全身心投入，将完整的表演展现在学生面前。

4. 民族风情的了解与民族舞蹈的表演

《草原就是我的家》这节课首先通过骑马的动作直接导入主题，来到了大草原。并让同学们欣赏蒙古族风情与蒙古族舞蹈，达到教学目标中让学生感受蒙古族音乐的风格特点，了解蒙古族风情，掌握有关蒙古舞的基本动作，增进民族间的团结及热爱家乡的情感。

（执教：任思思　点评：徐惠琴）

（二）课型研讨与交流

【研讨人员】徐惠琴、方建兰（语文）、陈兴苗（美术）、任思思（音乐）、魏源（音乐）、沈琦（音乐）、董欣怡（音乐）

【主持人】陈兴苗

【研讨实录】

主持人：各位老师好，学校一直在做关于融学课程的研究，今天的教研活动是围绕融学课型的研究展开的。首先，先请上课老师来谈一谈本节课的设计理念和教后反思，再请专家徐惠琴老师给予指导。

任思思：音乐舞蹈表演课型的融入，可以加入舞蹈、情景表演、舞台剧等，而本节课我是通过蒙古族特色舞蹈融入到课堂中。本节课采用的导入方式是“蒙古舞动作律动”进入教室。老师穿着蒙古族服装，让学生们身临其境地感受蒙古族的特点。这样的导入使学生们的好奇心与新鲜感又浓厚了许多，学生们的参与度也高涨了许多。不过在设计教学环节中还有待完善之处，以及教师在课堂中示范时，应当全身心投入，将完整的表演展现在学生面前。

沈琦：思思老师的课堂，设计精巧，课程导入时表演的蒙古舞充分展现了她扎实的舞蹈基本功。除此之外，不论是学跳蒙古舞，还是接力小红纸杯，抑或是加入小乐器伴奏等互动都让每个学生有参与其中的感觉，很好地激发了学生学习的兴趣。与学生的互动和教学环节的设计方面都让我受益匪浅。

董欣怡：通过本次课堂的实践感受，更加确定低段课堂教学更应该设计生动形象的游戏环节，如肢体语言的音乐，从肢体语言出发，教师的音乐课堂的设计思维应发散做到玩中学、做中学。从小朋友的童趣思维着手，思考如何在低段学生中培养学生的节奏感以及乐感，充分利用好奥尔夫音乐以及声势律动游戏，在音乐中提升知识技能，更进一步地让学生了解课堂中动物的形象，去模仿、体会，并深入其中。

徐惠琴老师：老师们好，我结合音乐课的特点从“融学”的角度谈谈我对任老师本节课的观点，供大家参考借鉴。按照常规课来说，在方法上，本节课包括歌唱的指导都做得很好。但是既然我们做的是融学，我们先要把融什么、怎么融，音乐表演的特色在哪里思考清楚，要区别于常规课。所以我主要讲两点体会。

1. 融什么，怎么融

在融什么这个问题上，首先就是要聚焦内容、方法、策略，不同学科的像音乐的舞蹈或相关艺术，艺术的不同形式，融什么要搞清楚。怎么融？今天的课，要突出表演活动，要以表演活动串联起整个的学唱，而不是到最后做一个表演，表演要包括前面的顿音、学唱。

2. 导学的具体建议

这首歌曲本来就具有表演性，在感受歌曲的旋律时就可以设计一些游戏的表演，演唱中也可以通过表演来感受力度的变化。以表演活动串联起整个歌曲的学唱活动，这样会更有情趣性。这首歌曲让学生记忆是有点难的，要有逐步的阶梯性。这首歌曲不一定是第一课时的新授，可以做第二课时，表演要区别于常规课的律动，可以是歌唱表演、音乐剧表演、舞蹈表演、戏剧表演，要先熟悉教材，可以改变歌曲速度、力度，变成一节拓展课。

（三）教后反思与改进

教后反思

音乐的传达是种抽象的艺术形式，而舞蹈是一种具体的、可触的艺术表达。舞蹈是我国古代“乐”的重要组成部分，“歌抒其情感，舞塑其形象”。舞蹈表演在小学音乐教学中是密不可分的，音乐在舞蹈表演中占有非常重要的位置。舞蹈表演与音乐的融合，胜似教师与学生的沟通。比如，在蒙古族歌曲教学中，所要表现出的浑然、热情、大方、无拘无束的感受。如果加上蒙古族舞蹈动作相信一定会有所收获的，因为两者之间的融合能恰到好处。这样便使课堂教学得到了延伸，有利于学生掌握更多的知识。

音乐的两个基本的要素是节奏和旋律，与此同时，二者也是与舞蹈表演关系最为密切的要素。舞蹈表演有肢体表现的“形”，也有情感体现的“意”。在舞蹈表演的范畴之下，音乐同样有着“形”与“意”的双重构成。无论是音乐的“形”与“意”，还是舞蹈的“形”与“意”，二者都相互呼应，而本节课《草原就是我的家》为表演课型的分支——“以舞蹈为主”的音乐表演课型。

基于以上对文本的解读与舞蹈表演的融合，我制定了小学音乐“以舞蹈为主”的表演课型三个环节：第一环节是感受蒙古族音乐内涵。创设情境，律动导入，融入蒙古族舞蹈元素。第二环节是律动学唱。通过节奏，让学有趣，融入创编杯子舞元素。第三环节是拓展节奏。舞蹈表演，学以致用，感受音乐与舞蹈的融合。三个环节环环相扣、层层递进。首先通过蒙古族舞蹈让学生感受蒙古族的民族特色，让学生由内而发地喜欢上蒙古族热情奔放、能歌善舞的特点。在课堂教学中落实知识点时，不仅通过游戏的方式让学生在玩游戏的同时初步感知基本节奏型，还要让学生理解×、××、×-的三种节奏。在最后拓展的环节，加入舞蹈和奥尔夫乐器，让学生们感受音乐的美，享受音乐所带来的美好。

所以我制定了本课的学习目标：通过本课的学习，让学生初步感受蒙古族音乐的风格特点；了解蒙古族风情，掌握有关蒙古舞的基本动作（如叉腰、耸肩、提压腕），增进民族间的团结及热爱家乡的情感；学会简单的蒙古族舞蹈动作，通过舞蹈、图谱让学生学唱、聆听、感受，培养学生的想象能力；学会感受音乐，模唱旋律，运用杯子接力与冲刺游戏来巩固四分音符、八分音符和十六分音符的认知与运用；学会准确地有感情地演唱歌曲，同时也能准确地掌握歌曲演唱中的大跳音程。

整堂课我以感受蒙古族风情与特点入手，主要让学生感受蒙古族音乐中的旋律特点与蒙古族人民的热情奔放的性格。基于以上理解，我做如下反思。

1. 多种方式创设学习情境

（1）蒙古舞动作

本节课采用的导入方式是“蒙古舞动作律动”进入教室。老师穿着蒙古族服装，使学生们身临其境地感受到蒙古族的特点。这样的导入使学生们的好奇心与新鲜感又浓厚了许多，学生们的参与度也高涨了许多。在设计教学环节中有待完善之处，以及教师示范在课堂中的小细节时，应当全身心投入，将完整的表演展现在学生面前。

（2）民族风情的了解与民族舞蹈的表现

《草原就是我的家》这节课首先通过骑马的动作直接导入主题，来到了大草原。并欣赏蒙古族风情与蒙古族舞蹈，达到教学目标中让学生感受蒙古音乐的风格特点，使学生了解蒙古族风情，掌握有关蒙古舞的基本动作，增进民族间的团结及热爱家乡的情感。

2. 接力游戏感知节奏的变化

在课堂教学中落实知识点时，不仅通过游戏的方式让学生在玩游戏的同时初步感知基本节奏，还使学生理解了×、××、×–的节奏符号。

在导入后，又运用传杯子的节奏游戏来初步感受歌曲的旋律以及了解四分音符、八分音符和二分音符，再深入到课堂歌曲的节奏与旋律中。同时也能较好地解决教学中的重难点八度音程“大跳”和附点音符的节奏。这样的教学方式也提高了学生们学习的兴趣。通过歌曲乐句的节奏，落实×、××、×–的节奏型，再完成歌曲的旋律演唱。能够恰当地选择歌曲的伴奏乐器，让学生自主创编。在最后拓展的环节中也加入了双响筒与“小红马”杯子的十六分音符节奏，让学生在自主探索、自主发觉中感受音乐。

为了营造出蒙古族人民享受音乐、热情奔放、享受自由的氛围，本节课采用了蒙古族舞蹈与“小红马”设计的节奏游戏、抹擦式的歌词记忆法等教学设计环节。通过以上设定的目标，所有学生都达到了预期的学习效果，同时也需要老师在课堂中关注全体学生的学习动态。

教学改进

1. 确立课型板块，导学过程层层递进

我以感受蒙古族风情与特点入手，主要让学生感受蒙古族音乐中的旋律特点与蒙古族人民的热情奔放的性格。教学过程中首先更应该通过学习民族特色舞蹈，提高学生的学习兴趣；然后在落实本节课重难点时运用了道具红纸杯边玩边学，同时使学生能够说出游戏运用的节奏型，落实知识点；最后，以层层递进的方式来帮助学生学习歌曲。

2. 在课堂中充分借助表演感受美

低段音乐教学要注重学生的情趣引导，让学生自主地探索发现音乐课堂中的奥妙，在玩中学、学中玩。如何用童趣的方法渗透教学重难点，不失童趣地完成知识目标？应利用更贴切的乐器来提高学生们的学习兴趣，所以这节课充分利用好奥尔夫音乐以及声势律动游戏，在音乐中提升知识技能，让学生自主创编节奏，自己体验歌曲的过程，让学生真正地享受音乐带来的美好！

（任思思）

七、小学“体育运动课型”的实施

（一）课堂实录与点评

篮球双手胸前传球

课堂实录

【学习目标】

（1）通过学习，初步理解双手胸前传接球的动作方法。

（2）通过本次课堂学习，较好地掌握篮球双手胸前传球，更进一步理解传球的重要性及在比赛过程中的实效性。

（3）在游戏和比赛中养成合作学习的习惯，感受集体荣誉感和体验成功的快乐。

【学习策略】

自主探究、小组合作、实战应用。

【学习过程】

板块一　运动技能专项热身

师：同学们好，今天老师要带大家来学习快乐篮球——篮球传球。请同学们和我玩照镜子游戏，老师怎样做动作，同学们就怎么做。

师：接下来我们玩一个更激烈的游戏——“烙饼”，同学们在进行篮球运球的过程中，把地上的标志点在规定时间内对地面标志贴进行正反面翻转，比一比谁烙的饼最多。

【通过简单的专项游戏热身，学生从无球运动过渡到有球运动，既达到充分热身的目的，又融入了专项技能练习，让学生从游戏中慢慢融入主教材，为接下来的教学内容做好铺垫】

板块二　运动技能导学

在队列队形展示课堂常规专项热身活动结束后，老师通过显示器播放NBA精彩传球视频。

师：同学们，刚才的视频精不精彩？

生：精彩。（全体学生齐声回答）

师：老师知道同学们都喜欢篮球，你能说出多少个篮球运动员的名字?

生：姚明、易建联、林书豪、科比、奥尼尔……

师：这些都是大明星，他们动作潇洒，技术过硬，但是要成为未来的大明星，必须学好基本功，相信同学们只要好好练习也会成为大明星，你们想学吗?

生：想。（全体学生齐声回答）

师：那么现在请同学们开动脑筋，大胆想象，看谁玩的篮球花样多?

【学生自由散开，有的进行单手、双手拍球，有的模仿老师将球放在指尖转，有的三个人一组地上滚球，也有的边跑边拍球，教师参与其中，不断进行鼓励与表扬】

板块三　技能学习与巩固

师：接下来我们将进行篮球的最基本技能——篮球双手胸前传球动作的学习，请同学们和老师一起进行动作练习。

生读要领：两手自然张开，持球曲肘于胸前，蹬地发力抖手腕，目视前方把球传。

师：同学们可以和老师一起边念动作要领口诀，边进行动作练习。

生1：老师，我发现我每次传球的时候，总感觉我的力量不够。

师：这位同学说得很好，我们传球的时候不仅仅是手上传球，下肢的力量也需要用上，同学们需要认真体会。下面请两位同学展示一下传接球技术动作。

师：同学们观察了这两位同学的示范，哪位同学说说她俩做得怎么样?

生2：老师，我发现这两位同学基本做到了持球曲肘，蹬地发力抖手腕，如果能够把传球的力量再控制下会更好。

师：你真是一个善于观察的孩子，能够很快发现问题!

师：那么请同学们再进行3分钟时间的练习。

生：两脚前后站，持球胸腹间，五指自然分，拇指成八字；两臂前伸送，手指用力拨球传。

【动作技能是指通过不断练习巩固下来的、自动化的、完善的动作活动方式。技能巩固教学目的是让学生通过不断强化的练习，实现动作的巩固，让运球传球技能逐步熟练起来，变成自动化的动作】

板块四　运动技能提升

师：同学们，请你们尝试下带着你的篮球朋友与对面的伙伴一起来回交换位置进行传球，想一想运动中的传球与原地传球的不同。

生：接触球的部位不同。

师：接触球的部位不同，说得非常好，同学们用手触球的后方给老师看看，下面我们一起学习我们今天的第二个练习内容——行进间的双手胸前传球练习。

师：下面我们分组练习3分钟的来回运球和传球练习，要求传球动作到位，同学们练习的时候记住两个数据：一是成功数据，二是丢球数据。

师：同学们做得非常棒，接下来我们分小组进行练习——四人跑动中的四角传球练习。

【在原地传球基础上，组织学生有目的地尝试跑动中的运球，并讨论、解决问题，知道行进间的运传球和原地传球部位的不同，通过相互统计丢球次数来约束失误次数，有力保证了学生对运动技能的更好掌握】

板块五　拓展与应用

师：同学们，刚才在上课前，我们看到了专业球员在比赛场上精彩的传球，下面我们也要进行一场比赛，注意游戏规则：可以在场上运球，但是不能投篮，比赛过程中队友间相互传球，传球次数连续10次算获胜。

师：同学们理解规则后，就可以进行比赛了。注意：被别的同学抢断传球的，比赛重新开始计数。

教师巡视并评价。

师：我们请各个小组的获胜队进行集体展示，其他小组在旁边欣赏他们的传球表现以及跑动表现，看看哪个小组表现得最好。

【从课的开始导入篮球赛场比赛的精彩传球瞬间，充分地调动了孩子们学习传球的积极性，同时也让学生第一时间建立了动作表象，在比赛过程中，学生迫不及待想呈现学习效果，通过展示和比赛对抗，让学生学会竞争、学会包容、学会协调，感受传球的成功与失败】

师：同学们，今天你们开心吗？好，请一起闭上眼睛，给你们1分钟的时间，回想一下你们在课上最开心的事情。

师：今天我们初步学习了篮球原地双手胸前传球和行进间双手胸前传球的动作，并基本能够掌握，而且我发现很多同学在这个过程中，丢球的次数越来越少，传球的准确率也越来越高，特别是后面的团队游戏传球比赛，同学们能够很快团结配合、相互鼓励与包容，希望同学们平时多进行一些篮球游戏活动，感受篮球运动的更多魅力，希望我们同学中多涌现一些小球星，再见。

【播放音乐，愉悦身心，充分放松拉伸肌肉群和各个关节，鼓励孩子们多参加篮球运动，激发学生课间练习的热情，为下一节篮球课的学习做好铺垫】

教学点评

肖老师以《篮球双手胸前传球》为例，为我们展示了小学体育运动课型的范例，我从以下几个角度分享我的观点。

1. 形式多样，突破重难点

本节课的篮球传球练习重难点为蹬地、伸臂、翻腕、拨指这四个动作，肖老师在指导过程中紧紧围绕教学目标，学生在学练的过程中运用朗朗上口的口诀，从而更易掌握动作要领。教学形式上多样化，如原地双人传球、四人传球、多人传球、行进间传球等，动作由简单到复杂、由分解到组合，突破重难点，目标达成度高。

2. 教学设计有梯度

肖老师在教学中通过运球热身游戏和欣赏NBA球星精彩传球视频情境导入，接着进行基础学习、技能巩固、技能提升、技能运用教学环节，过程清晰，设计巧妙，层层递进，遵循了动作技能的教学规律，使学生较好地掌握了篮球双手胸前传球的动作技能，目标达成效果良好，应该说这是一节非常成功的体育课。

3. 评价形式多样化

肖老师在指导学生学习的活动中，能关注学生的个体差异，给学生提供展示自己的平台，并注重多元化的评价。在篮球双手胸前传球动作教学中，学生交流时的气氛很和谐活跃，能积极地互相帮助。肖老师还进行了个体评价、小组评价、个体展示、小组展示等多种形式的教学评价，不断激发学生学习的兴趣，体现了学生主体性原则。

（执教：肖华龙　点评：陈贤彬）

（二）课型研讨与交流

【研讨人员】陈贤彬、许小连、肖华龙、肖文彬、张永明、王萌、李泽楠

【主持人】肖华龙

【研讨实录】

主持人：今天我们体育组进行了基于核心素养，抓住学科本质，探索学科核心素养的运动课型研讨，下面由我们几位教师从不同角度对今天的课堂进行点评交流。

张永明：我从“学习目标及重难点”的角度来谈一谈今天的课。肖老师的《篮球

双手胸前传球》第一个目标就是通过教学让学生初步理解双手胸前传球的动作方法，肖老师通过运球热身游戏和欣赏NBA球星精彩传球视频，充分激发了学生参与篮球运动的兴趣，又初步建立了动作表象，让学生理解了传球的重要性，目标基本达成。基于小学体育核心素养，肖老师在教学中通过情境导入、基础学习、技能巩固、技能提升、技能运用教学环节，过程清晰，设计巧妙，层层递进，遵循了动作技能教学规律，使学生较好地掌握了篮球双手胸前传球的动作技能，目标达成效果良好，应该说这是一节非常成功的体育课。

肖文彬：下面我从“教学过程”方面来谈一下今天的课。我觉得一堂优秀的课，我们更要关注的是教学环节的流畅性、学生主体活动的参与性，教学过程中要以学生的学、练、思作为教学主线，合理运用启发式教学，开发学生创造性思维，调动学生在教学中的主体参与意识。在肖老师的课堂中，教学组织有序，语言简洁明了，在双手胸前传球动作技能教学过程中，肖老师把复杂的动作技能内容口诀化，让学生在学练的过程中运用口诀，尝试练习双手胸前传球。并根据学生的学习情况导出了本课的传球重点。在教学过程中，通过观察—体验尝试—带问题练习—师生讨论—学生比赛等方式进行练习，从而调动了学生的积极性及主动参与能力，应该说教学过程中的方式方法是多样的。

李泽楠：运动参与是促进学生发展体能，获得运动技能，养成坚持体育锻炼的习惯，提高整体健康水平，形成乐观开朗的生活态度的重要途径。在本次课堂中，肖老师从课的开始就通过激情语言的调动学生进行游戏热身活动，再到观看NBA球星精彩传球视频，瞬间就点燃了学生积极参与课堂的兴趣。在教学过程中，肖老师不断进行教学形式的转变，如双人传球练习、运球和传球混合练习、四角传球练习、小组间的比赛等不断地激发学生的运动兴趣，在教学评价过程中也是不断鼓励孩子们积极展示，勇于挑战，将学生参与学习的积极性和勇于探索的好奇心调动起来，课堂氛围非常浓厚。

王萌：我从“教学主题”方面来谈一下今天的课。双手胸前传球是本节课的主要内容。传接球是篮球运动中主要的基本技术，是全队进攻的重要手段，是更好地学习各种技术和战术的基础。但是要准确、熟练、隐蔽、快速并且和其他动作融合衔接就比较困难，因此肖老师为了增强孩子们的球性而设计了本次课堂。所有内容的设计上基本都是围绕传球进行教学，特别是本次课堂的教学重难点——蹬地、伸臂、翻腕、拨指的个别化教学，遵循由简单到复杂、由分解到组合的教学原则，在进行教学过程中不仅教学形式多样化，如双人传球、四人传球，而且到最后的教学比赛都是紧紧围绕今天的教学主题进行主题式教学，课堂教学效率高。

许小连：我从“教学效果”方面来谈一下这堂课。肖老师根据本次课堂的主题，特别是在教学时注重情境式教学，充分激发学生的学习兴趣；在教学过程中由简单到复杂，动作练习要求由分解到组合再到运用，层层递进；教学重难点把握较好，特别是动作技能口诀化的运用，学生在整个课堂练习中都能较好地理解与掌握；在教学形式上多样化，练习由原地传球拓展到运动中的传球，再过渡到多人的传球及比赛中的应用，使学生在整个课堂中参与度高，学习氛围浓厚，动作技能掌握良好，教学目标达成度高，教学效果好。

主持人：感谢老师们从课堂的六个角度进行的精彩点评。融学课堂我们一直都在进行尝试研究，所谓的运动课型也是在原有体育教学模式下进行的探索式教学，经过我们今天的探讨，我们更加明确了方向，也给我们接下来的课堂教学与融学研究打下了良好的基础，我想只要我们能够静下心，认真研讨每堂课，草根研讨也必将有新的收获，谢谢大家!

（三）教后反思与改进

教后反思

所谓运动课型，是学生学习体育运动知识，掌握运动技能和方法，增强安全意识和防范能力的课程。《义务教育体育与健康课程标准（2011年版）》提出，运动技能是指学生在体育学习和锻炼中完成运动动作的能力，反映了体育与健康课程以身体练习为主要手段的基本特征，是课程学习的重要内容和实现其他学习方面目标的主要途径。在小学阶段，要注重体育游戏学习，发展学生的基本运动能力，所以对于小学体育运动课型，我们更多的是在掌握基本技能的前提下，设计更多的体育游戏，让学生在玩中学、在学中练。

基于以上的思考，我制定了小学体育运动课型的一般程序。（1）课的开始热身队列化。课的开始需队列练习，目的是加强学生的组织纪律性，严密课堂组织，保证课堂教学活动的正常进行和教学目标的顺利完成。（2）准备活动专项化。学生通过专项准备活动，把身体调整到最佳状态，达到预防运动创伤，同时也可以促进集中注意力、明确教学目标与要求，促使学生以饱满的精神参加体育课的学习活动。（3）基本部分重点化。学生通过课程实践练习，能够掌握科学锻炼的知识、技能和方法，发展体能、增强体质、增进健康、培养良好的道德品质和行为习惯。（4）放松活动常态化。学生通过课程实践练习，能够掌握科学锻炼的知识、技能和方法，发展体能、增强体质、增进健康，培养良好的道德品质和行为习惯。

而在策略方面，我试着从通过融学提高课堂效率，通过小组合作、自主探究、实践运用方式来达到学习目的。

因此我制定了以下学习目标。

（1）通过教学，使90%以上的学生初步理解双手胸前传接球的动作方法。

（2）通过本次课堂，使85%的学生能较好地掌握篮球双手胸前传球，让学生更进一步理解传球的重要性及在比赛过程中的实效性。

（3）通过游戏和比赛的形式培养学生合作学习的意识和能力、集体荣誉感和体验成功的快乐。

教学改进

但在实际的教学过程中，我发现过于重视强调运动技能的教学反而会淡化学生学习的兴趣。基于以上理解，我做如下改进。

1. 主动接近学生，了解学生的需要

四年级学生的身心发展正处于成长的时期，他们对学习成功的渴望强烈程度，直接导致了他们对教师新颖教学方式的期盼。而教师则应在拟定自己的教学计划之前，主动充分地了解学生对体育学习各方面的需求，以及未来社会对他们的需求。正所谓备课要备教材，更需要备学生，其道理就在于此。

2. 精心设计教学过程，积极营造主动探究学习的氛围

新颖灵活、富有创意的师生互动形式，可以最大限度地调动起学生参与活动的热情。篮球基本动作训练是比较传统的教学内容。老教材新教法，教师要善于挖掘教材本身所蕴含的，可以引发学生创新思维，引导学生主动学习关键内容。积极营造学生自觉参与的活动氛围。在整个教学活动设计和实施的过程中，教师也应注重开发学生体育学习的潜力，尤其要培养学生探究体育学习方法的能力，指导学生创新思维，创新设计并自主开展学习活动。

3. 注重活动过程的综合性评价，有效维持创新思维和探索体育问题的能力，为实现终身体育目标服务

体育与健康学科对学生能力的评价应在充分考虑其个性差异的同时更加突出对学生活动过程中诸如参与热情、活动态度、能力表现等各方面的综合性评价。

（肖华龙）

八、小学“体育竞技课型”的实施

（一）课堂实录与点评

二年级下册“小足球游戏”

课堂实录

【学习目标】

（1）通过模仿学习，初步理解带球、传接球的动作方法。

（2）通过实践练习，较好地掌握脚的各部位带球、传球，使学生更进一步地理解传球的重要性以及在比赛过程中的实用性。

（3）通过游戏和比赛的形式，培养合作学习的意识、运动能力和集体荣誉感，体验成功的快乐。

【学习策略】

分组练习、小组合作、竞技比赛。

【学习过程】

板块一　激发兴趣

1. 营造氛围

师：今天我将带领大家上一堂有趣的足球课。大家都知道足球是世界第一大运动，我们学校也开展了多种多样的足球活动课，你们在之前的课程当中也了解和学习了足球的各方面知识、技巧。我想问一问大家，你们喜欢足球吗?

师：是不是真的喜欢呢？老师今天就利用这节课来看看大家是否真的喜欢足球。

2. 进入主题

师：我们都知道足球的技术动作有许多，如运球、传球、射门等。在以往的课程当中我们也学习过脚背正面运球、脚内侧传球等，今天咱们来和足球做一些有趣的游戏吧。

板块二　竞技赛前热身

1. 竞技热身

师：接下来请大家跟着老师一起来进行热身运动好吗？（慢跑、横向跑和敏捷梯）当老师说单数的时候要变成横向跑，看看谁的反应快。

师：足球是协调性很高的运动，但也需要个人技术的发挥。接下来，我们来做个敏捷梯小游戏，看看谁最灵活。你们说好吗？

生：好。（充分调动学生上课的积极性）

（教师请两名学生按照讲解方法演示后，学生分组进行热身练习，教师对学生的情况给予评价）

2. 循序渐进，增加难度

师：接下来我们要做一个更有趣的游戏——踢灯笼”。老师给大家每个人都准备了一个足球灯笼。在踢灯笼练习时用我们的脚背处，踢球的正下方，力道要适中；左右脚交替，有节奏感。

生：好。（学生认真观察、体会并积极练习）

师：在练习的时候双腿放松，小腿自然摆动。接下来，每踢一个可以大声地数出来，好吗？

生：二……三……六……（学生边练习边数）

师：你们在喊出数字的时候脚要跟上节奏哦，脚底下的动作不能停，能做到吗？

生：能。（学生异口同声地回答）

师：（请同学展示）刚刚老师看了你们的练习，请点出练习时出现的问题。（教师指名学生演示，引导学生说出问题）

生：身体弯曲、眼盯球看、重心偏高。（学生认真观察，指名回答）

（组织学生根据要求进行改进，并继续练习，教师巡视指导）

师：哪位同学能将刚刚所学的动作展示给大家看呢？（指名展示）

板块三　竞技比赛，培养经济意识

1. 以赛代练，竞技意识初现

师：接下来我们进行“运球接力赛”。运球时可以用脚的任意部位。（把脚抬起，指脚的背部）你们知道这是什么部位吗？

生：是脚背。

师：没错。那这里呢？（指一指脚弓）

生1：这是脚弓。

生2：这是脚的内侧。

师：这些部位运球时都可以用，到达指定位置后传给下一个同学，你们清楚了吗？

生：清楚。（小组内积极比拼练习）

师：现在我们分成7人一组的小组进行练习。（教师巡视学生练习情况并个别指导。练习一次后，老师组织小组比赛，学生在欢快的音乐下融入比赛）

师：请两组比一比，看谁做得又快又好，请其他同学评判并鼓励，好吗？

生：好。（学生积极举手，展示自己）

师：刚刚两组同学的比拼谁做得好呢？

生：我觉得第一组比较好，他们的速度快！

师：请大家继续认真练习，争取赶超他们，好吗？

生：好！

（5分钟后练习结束）

师：集合！从刚才的练习中大家都很认真。经过第二次的练习，相信大家运球传球一定更厉害了。接下来，我们进行第二轮比赛，谁会是新的冠军呢？

师：请各组在指定地点站好。从起点开始向前运球，到达第二个标志碟返回，传给下一个同学。你们听懂规则了吗？

生：听懂了！（各组学生准备好，第二轮比赛开始）

师：刚才你们的表现更棒了。运球时脚步频率也比第一次快了，传球时脚尖也能勾住了。

生：用自己擅长的部位带球，动作更加流畅了。（学生思考、讨论）

师：如果比赛时球远离了你的身体，这种情况球就会被别人抢走，那么我们就会失去赢得比赛的机会。第二个问题，运球时身体重心是前移还是后移呢？

生：身体重心前移。（异口同声）

师：对，同时运球速度不能太快，手臂要前后摆动。请大家调整动作再次练习。

师：请各组推选一名同学来展示。（小组积极讨论并推选同伴）

2. 正式竞技赛，一触即发

师：在秋季时，我们学校会举办一个“小小世界杯”比赛。现在我们要组织一场抢球比赛，选出可以代表班级参加比赛的同学，你们有信心吗？

生：有！（兴奋）

（师播放提前找学生录好的微课，使学生更直观地理解规则。每轮出场1人，场地中间放置8颗球，四组同时出发，跑到放球位置，运球返回自己的组前面，停在自己组前，先抢到3颗保持5秒的队伍得1分。学生按顺序出发抢到球后，运球回相应的位置。带球过程中，除上场队员外，其他队员不得碰球，如球滚远，要上场队员自行捡回）

生：加油……加油……

（学生们积极认真地进行比赛并给同伴加油助威）

板块四　赛后恢复

1. 肌肉拉伸

师：接下来，请大家跟着老师在动听的音乐下做韵律拉伸练习。

（生认真进行放松活动）

2. 拓宽视野

师：今天这节课我们学习了运球和传球的技术动作，我希望大家在课外时间和家里人去现场看一场比赛，或者网上看一场经典的比赛，感受下竞技体育的魅力，好吗?

生：好。（积极回答）

师：下课。

生：老师再见。

教师点评

1. 学习目标、策略方法，都符合竞技课型的特点

把单调的运球传球练习融入到游戏当中，加入竞技性比赛，使学生更好地理解掌握。以一种和学生融入一起的态度，来激发学生和老师一起比赛的兴趣，从而带动整节课的气氛。在每个比赛环节，加入适当的音乐，调动了大家的兴奋性，记分牌的运用给比赛环节增加了更浓的竞技感，也有利于学生对竞技比赛有更直观的感受。

从开始的热身小游戏，过渡到简单的球性、球感的练习，掌握之后再进行竞技气氛浓厚的小比赛，整个课堂气氛热烈、浓厚，学生参与度高。

2. 精讲多练，优生展示

教师示范后，使学生自己通过不断的实践找到适合自己的带球节奏，通过小组推选优生，促进学生练习的积极性，激发少儿想表现自己的心理，达到更好的教学效果。

3. 竞技比赛，以赛促学

多种形式的比赛，激情的音乐，使得竞技气氛热烈。学生的竞争意识、团结合作意识，都得到了激发。直观的翻分牌，更能让学生感受到竞技比赛的紧张气氛。以赛促学是很好的学习方式。

（执教：肖文彬　点评：肖华龙）

（二）课型研讨与交流

【研讨人员】陈贤彬、许小连、肖华龙、肖文彬、王萌、张永明、李泽楠

【主持人】肖华龙

【研讨实录】

主持人：今天我们体育组进行了基于核心素养，抓住学科本质，探究学科核心素养的运动课型研讨，下面由我们几位教师从不同角度对今天的课堂进行点评交流。

张永明：我从“学习目标及重难点”的角度来谈一谈今天的课。肖文彬老师的《小足球游戏》第一个目标就是通过教学让学生初步建立球性、球感，肖老师通过使用敏捷梯来热身和循序渐进的小足球游戏比赛，充分激发了学生参与足球运动的兴趣，又初步建立了动作表象，让学生理解了运球、传球的重要性，目标基本达成。基于小学体育核心素养，肖老师在教学中通过情境导入、基础学习、技能巩固、技能提升、技能运用教学环节，过程清晰，设计巧妙，层层递进，遵循了动作技能的教学规律，使学生较好地掌握了运球、带球的动作技能，目标达成效果良好，应该说这是一节非常成功的体育课。

陈贤彬：我从“教学过程”方面来谈一下今天的课。我觉得一堂优秀的课是学生从开始到结束，有融入其中享受运动的乐趣，教学过程中要以学生的学、练、思作为教学主线，运动过程中合理运用节奏感合适的音乐，可以开发学生创造性思维，更可以调动学生在教学中的主体参与意识。在肖老师的课堂中，教学组织有序，语言简洁明了，在运球、传球的教学过程中，肖老师把相对枯燥的运球带球，合理地设置成小比赛，学生在享受比赛的过程中，渐渐和足球建立起了默契。根据学生的学习情况最后用更有竞技性的比赛，让学生的参与度更高。在教学过程中，通过观察—体验尝试—优生展示—师生讨论—学生比赛等方式进行练习，从而调动学生的积极性及主动参与能力，整节课下来学生热情高、参与性强。

肖华龙：我从“教学评价”方面来谈一下今天的课。本节课通过游戏的方式营造了快乐的学习氛围，以学生为主体，关注学生身心健康发长，健康第一的思想在课

中有了很好的体现。以竞技比赛为目标，课中学生积极主动参加各种练习，学习热情高涨。通过合作学习，学生综合素质和合作学习能力得到了有效提高，身心健康得到了有效锻炼。通过小组比赛，用游戏导入，体验球性、球感的重要性，学会课堂中合作，延伸合作精神到课外，来完成教学目标。课堂通过大量的游戏和小竞技比赛来巩固教学内容，比较合理、科学。教师以一个学生的引导者、合作者、朋友的身份与学生一起营造宽松愉快的学习气氛。教师积极参加到学生的游戏练习当中，师生之间的零距离接触产生了很好的教与学互动。

李泽楠：我从“学生运动参与”方面来谈一下今天的课。运动参与会促进学生发展体能、获得运动技能、养成坚持体育锻炼的习惯，是提高整体健康水平、形成乐观开朗的生活态度的重要途径。在本次课堂中，肖老师从课的开始就通过针对性的方式来调动学生的积极性，进行游戏热身活动，再到简单的小足球游戏的比赛，激发学生参与的热情和营造课堂的气氛。在教学过程中，肖老师不断进行比赛形式的转变，如运球和传球混合练习、抢球停球练习、小组间的比赛等不断地激发着学生的运动兴趣，在教学评价过程中也是不断鼓励孩子们积极展示、勇于挑战，将学生参与学习的积极性和勇于探索的好奇心调动起来，课堂氛围非常浓厚。

王萌：我从“教学主题”方面来谈一下今天的课。足球游戏和掌握基本技能后的比赛，是本节课的主要内容，运球传球是足球的基本技术，是进行比赛时的重要手段，是更好地学习各种技术和战术的基础，但是要准确、熟练、快速并且和其他动作融合衔接就比较困难，因此本节课肖老师为了增强孩子们的球性而设计了本次课堂。在所有内容的设计上基本都是围绕竞技性进行教学，遵循由简单到复杂、由分解到组合的教学原则。在教学过程中教学方式多样，如简单的颠球练习、带球接力，到最后的抢球大战都是紧紧围绕今天的竞技主题进行主题式教学，课堂教学效率高。

许小连：我从“教学效果”方面来谈一下这堂课。肖老师根据本次课堂的主题，注重情境的教学，充分激发了学生的学习兴趣，每环节一比赛，层层递进，特别是为了突出竞技感，把记分牌摆在了场地上，学生在整个课堂练习中都保持着高度的兴奋和积极的状态。教学形式多样化，练习由原地颠球拓展到运动中的运球，再过渡到小组的运球传球及比赛中的应用，学生在整个课堂中，参与度高，学习氛围浓厚，动作技能掌握良好，教学目标达成度高，教学效果好。

主持人：感谢老师们从课堂的六个角度进行精彩的点评。融学课堂我们一直都在进行尝试研究，所谓的运动课型也是在原有体育教学模式下进行的探索式教学，经过今天的探讨，我们更加明确了方向，也给我们接下来的课堂教学与融学研究打下了良好的基础，我想只要我们能够静下心，认真研讨每堂课，草根研讨也必将有新的收获！

（三）教后反思与改进

教后反思

足球运动被誉为“世界第一运动”，在学校里深受各个年级同学的喜爱。经过两年的接触，二年级的同学们对足球有了一定程度的了解和基础，特别是男生，对足球运动非常感兴趣，练习的热情比较高涨。但是大多数学生对球的控制能力不是很好，一到练习时段，就不能很好地控制足球，经常会出现捡球时间比练球的时间长的现象。针对这一情况，为了提高学生对球的控制能力，进一步学好小足球技术，我进行了观察、分析、反思，总结了学生不能很好地掌握足球技术的几点原因。

1. 游泳是在水中学会的——精讲多练

减少讲解时间，增加练习时间。为了提高学生的学习兴趣，我从最简单的球性练习来激发学生的学习信心，又利用踢灯笼、运球、传球比赛等足球游戏来激发学生的学习兴趣，从而培养学生自主学习、热爱足球的习惯。足球脚内侧传球这一课，学生为了玩好抢球大战这一游戏，认真练习，学习氛围好。从第一节球性练习的时候我就发现了学生对球的控制能力比较差，球感不佳，针对这一情况，我利用精讲多练的方式来增加学生的练习时间，提高学生的球感。虽然经过多节课的练习，学生控球能力有了一定的提高，特别是球性练习的时候球不再到处乱飞乱滚，但这仅限于简单的球性练习，对于脚内侧传球学生还不熟练，仅靠课上的四十分钟远远不够，学生要想进一步地掌握足球脚内侧传球技术就必须要利用课余时间进行练习。

2. 学生的智能是多元的——差别化分层教学

不断对学生进行鼓励，使学生有成就感。教学组织形式采用分组，并让学生发挥想象，用各种形式进行运球、传球练习，充分体现了学生的主体地位。该内容是本课的重点部分，所以更需要老师的巡视指导，并参与其中，运用激励性语言不断鼓励学生，创造展示机会，使学生有成就感。根据个体差异，学生自行选择难度，体现以生为本。

3. 一口气不能吃个胖子——循序渐进

充分发挥学生的主动性，让学生自由组合，比较符合学生的心理特点，让他们有自由选择的权利。根据哨声组队可以让学生有更多的机会与他人合作，形式多样，组合随意，学生乐意，真正体现以学生为主体的原则。孩子们的思维打开后，各种玩法应运而生，有的甚至于超出了老师的想象。教师在导学中应该按照学生的实际情况提出相应的要求和目标。刚开始教授脚内侧传接球的时候，我从语言导入到讲解示范，马上就要求学生分散进行练习。经过巡视观察，我发现很多学生动作变形、球到处乱飞，针对这一情况我迅速集合学生，引导学生进行原地踢固定球的练习，让学生巩固正确动作的练习。经过这一练习再进行分散练习，学生的动作明显改进不少，技术正确性也有所提高。

教学改进

1. 形成小组，优生教学

正确的动作是学好、学精的前提。在足球运球传球练习中，为了能让学生掌握正确的技术动作，我应该在每一组都单独设置小队长来督促组内队员，而不是老师一直来主导，让学生和学生沟通，帮助组内同学指出脚与球的触球位置，利用踢固定球的方式来体验支撑腿的摆放与触球一瞬的感觉，这样就更有利于学生正确动作的形成。

2. 注重学生良好习惯的培养，提高课堂效率

学生集体意识强是一件好事，但是如果学生一味地强调自己的主张，那样学生的学习效果就会比较差，为了能让学生在接受引导后又能够有一定的创新思维的话，那就要求教师在对学生提出要求时一定要坚持不懈地让每个学生达到其该达到的要求，要让学生有事可做，时刻都融入课堂当中。器材上要安排得更合理些，每个练习器材应该做到人手一个，保证每人都处于一个练习的状态当中，减少等待，这样不仅能提高课堂效率，也减少了课堂上学生因等待和聊天的情况发生。

3. 以生为本，循序渐进提高教学的有效性

学生具有个体差异性，应该以大多数学生的实际情况去指定合适的练习内容，制定符合学生发展的教学目标和教学计划，课堂上利用多样的形式去激发学生的学习兴趣。我发现在课堂上，有的学生因为课外参加训练明显基础要好一些，而大部分学生没有基础。所以，在环节的设置上可以考虑分成两个难度来让学生选择，这样的话能使学生的积极性和参与性都被调动起来。让基础好的学生有动力去积极展示自己的动作，技能也会得到大幅提高；让基础薄弱的同学通过降低难度的练习，相信我能行，告别我不行，在不断的练习中，也能体会到成功的喜悦，达到最好的教学效果。

（肖文彬）

九、小学“美术造型·表现课型”的实施

（一）课堂实录与点评

四年级下册《年年有余》第一课时

课堂实录

【学习目标】

（1）了解传统鱼造型的形式美感与特点，认识传统鱼造型的人文之美。

（2）运用概括、夸张、变形等艺术手法，尝试表现简洁、生动的“鱼”形象，体验鱼的造型之乐。

（3）感受中国鱼文化的博大精深，激发学生对中华优秀传统文化的喜爱之情。

【学习策略】

比较欣赏、小组研究、实践体验、分享交流。

【学习重点】

把握鱼的基本特征，运用概括、夸张等基本原理进行鱼主题形象的造型表现。

【学习过程】

板块一　读图识意　聚焦主题

1. 铺垫赏析

（1）出示一组传统吉祥图形，请学生仔细观察，连一连图形所表达的意思，小组讨论。

师：请说一说小组讨论的研究结果。

生1：图一是“喜上眉梢”，因为画面中有喜鹊和梅花。

生2：图二连的是“吉祥如意”，因为图形中有祥云。

生3：图三应该连中“五福捧寿”，因为我们发现图形中有五只蝙蝠。

师：有没有不一样的观点？

生：第二幅图我是从图形中的“大象”看出来的，因为吉祥中的“祥”与大象的“象”谐音。

师：请再找一找还有哪些这样的谐音寓意。

生：我发现图三中的蝙蝠和幸福的“福”也是谐音。

（2）学习整理。图一梅花的“梅”和喜上眉梢的“眉”谐音，图二中大象的“象”和吉祥的“详”谐音，图三中蝙蝠的“蝠”和“幸福”的“福”谐音。

2. 主题赏析

（1）出示传统图形——“莲年有余”，将“莲年有鱼”和“连年有余”对比呈现。

师：为什么这样写？

生1：因为“莲花”的“莲”和“连续”的“连”是同音字，表示连续不断，是每一年的意思。

师：“鱼”与“余”也是谐音，年年有余象征富足与收获。

（2）揭示课题。“莲”和“鱼”都寄托着人们对于生命永恒、子孙繁衍的美好愿望，所以我们一般把“莲年有鱼”写作“连年有余”或“年年有余”。

板块二　对比赏析　探究造型

1. 对比赏析，说感受

出示一组彩陶鱼纹和鱼的对比图，师生共同对比赏析。

师：彩陶鱼纹和生活中的鱼相比，在造型上有什么特点？

生1：鱼的图形进行了简化处理，并且画出了阴影部分。

生2：生活中的鱼颜色比较丰富，陶器上的鱼颜色比较单一。

……

2. 小组探究，找方法

（1）出示研究学习单内容，开展小组研究。

师：鱼的图形用了什么样的造型手法？这种手法表现了什么？请小组一起来交流讨论并写一写、画一画、圈一圈、说一说。

（2）小组汇报交流。

师：你们认为，这条鱼的表现用了什么样的造型手法？

生1：这条鱼的嘴巴是变形的，尾巴也是变形的，所以我们认为用了变形的艺术手法。

生2：这条鱼的图形眼睛很大，我们认为用了夸张的艺术手法。

生3：我们觉得还用了变色，我们发现正常的鱼颜色比较丰富，有白色、黑色，还有棕色等颜色，而古人画的鱼只有黑、白两种颜色。

师：还有没有其他发现？

生1：我认为还用了概括的手法，生活中的鱼是有鱼鳞的，而古人画的鱼直接以大块黑色表现，并没有细致地画出鱼鳞。

生2：我认为主要用了概括、夸张、变形的手法，还有抽象的表现方法。

师：概括、变形、夸张是造型表现中最重要的表现方法，研究单一中鱼的图形，是以什么造型呢？

生：以面造型。

师：我们继续分享研究单二的内容，谁来说一说？

生：用了概括、变形、夸张的造型手法，最主要用的是概括和变形的手法。

师：概括了什么？变形了什么？

生：概括了鱼鳞和条纹，变形了鱼嘴，嘴张得更大了，还变形了鱼须，鱼须没有那么长。

师：没有那么长，变长了，也可以称之为什么手法呢？

生：夸张！

师：还有没有不同的观点？这个鱼纹同样用了概括，和研究单一的鱼纹造型方法一样吗？

生：研究单一的鱼是以面来概括，而现在的这条鱼是以线来概括。

师：夸张是一种非常重要的艺术手法，再来一起看看研究单三中鱼的造型，又有什么不同？

生1：这个鱼的图形中间有一条线，用了对称的手法。左右的图形几乎都是一样的。

生2：生活中的鱼有很多细致的鱼鳞，而这条鱼只用花纹的样式来表现，简化了鱼身上的一些细节。

师：很好，看出了不少艺术手法。还有吗？

生1：我认为还用了夸张的手法，生活中的鱼我们一般只能看到一面，而这条鱼在一个平面上画出了两个侧面看到的样子，鱼眼、鱼鳍的位置和形状都发生了变化。

生2：有的。我认为还有概括的手法，主要用在头部和鱼鳞上面。鱼鳞是一块块的，而在这条鱼的表现上却是用波浪线一样的造型来完成的。

师：这条鱼的鱼鳞变成了花纹，这个花纹还是有吉祥寓意的，可以称之为意象造型。这些纹样的意思又是什么呢？

生1：这是云纹，象征步步高升。

生2：这是如意纹，象征吉祥如意。

（3）学习整理。

在古人画鱼的造型方法中最主要的三种手法是：概括、变形、夸张。（板书）

（4）出示一组鱼的图形，拓展欣赏。

师：随着历史的变迁，鱼的形象在不同时代的造型是一样的吗？

生1：商周时期的鱼图形是以面造型，用大块面概括。

生2：秦汉时期的鱼图形是以线造型，简洁生动。

生3：明清时期的鱼图形注重自然和真实。

生4：当代的艺术家，更喜欢意象造型，用鱼来表达美好的愿望。

板块三　自主表现　体验造型

1. 围绕主题，体验造型

（1）播放微课视频，示范启发。

师:如何来表现一条鱼呢?请先一起看看陈老师以线造型都用了哪些艺术手法。

师生共同观看视频微课，教师结合视频示范过程重点讲解变形、概括、夸张手法的运用。

（2）出示练习提示，随机为每组提供一张鱼图形的示范作品。

（3）学生实践练习，教师巡视辅导。

2. 互动点评，分享交流

师：今天我们学习了运用概括、变形、夸张的手法表现鱼。谁先来介绍一下自己的作品，说一说自己创作的鱼用了什么样的造型手法？

生：我主要用了夸张的艺术手法，主要夸张了鱼身上的花纹和鱼须。

师：请大家一起看看，除了夸张，她还用了什么样的造型手法？

生（齐声）：变形。

师：再请一位同学介绍一下自己的作品，一起看看她的作品造型上又有什么特点?

生：我画的是鱼中鱼，鱼的身上还有鱼。

师：也可以称之为“双鱼图”，请介绍一下你用了什么样的手法？

生：我用的是概括的艺术手法，我概括地表现鱼身，用了如意纹，还有一个我自己独立设计的吉祥花纹。

师：有一位同学在展示作品时，一定要把老师画的鱼和他画的鱼展示在一起，我们请他上来介绍一下，说一说他是怎么思考的。

生：因为陈老师画的鱼身上有“大吉”二字，我画的鱼身上有“大利”二字，贴在一起，就是“大吉大利”。

师：你在鱼的造型上用了什么样的手法？

生：变形，夸张了鱼身、鱼纹。

3. 延伸赏析，拓宽视野

（1）出示一组生活中鱼图形的应用图，请学生一起赏析。

师：鱼的造型在我们生活中非常广泛，比如挂饰、瓷器、服饰、青铜器，还有鱼形的建筑等。

生：哇！居然还有鱼形的建筑。

（2）学习整理。

师：鱼作为一种传统吉祥元素，已经渗透到艺术的各个领域，同时也在我们生活的器物中随处可见，它的吉祥寓意总是带给人们美好的期望，已经成为我们生活中具有深厚含义的造型元素之一。今天我们的学习就到这里，同学们，再见！

生：老师，再见！

点评实录

陈老师以《年年有余》一课的教学为例，为我们做了小学美术造型·表现领域融学课型的实践研究范例，有以下三个方面值得我们学习。

1. 凸显了美术学科学习的特质

美术作为一门视觉艺术，图像研究是其重要的内容。在本课的学习中，很好地体现了美术学习的特质——视觉性、艺术性。在本课的学习中，图像的选择和应用典型性强、针对性强，简明扼要。图像呈现的方式自然、生动，在欣赏学习中，较好地使用了对比欣赏、系统梳理的方法，增进了学生理解、应用的可能性，图像的欣赏支持了造型的表现和创意的表达。

2. 凸显了造型·表现课型的特点

本课学习设计分三大板块进行，层层铺垫、层层推进，以欣赏、讨论、交流为主要方式，聚焦了图像的研究、文化的解读、技能的习得、创意的表达。在图像欣赏方面，形式多样，目标指向明确，为学生的造型表现增进了对图像的理解，从文化的高度解读了为什么而画的问题。通过图像的剖析和微课的示范，渗透了造型方法的学习，使学生对鱼的造型表现有了直观的认识，这一过程解决了如何画的问题。而文化内涵的欣赏挖掘，使学生对鱼的图形有了更系统的认识，为学生的创意表现奠定了基础，引发了学生创意思维的萌发。

3. 凸显了融学研究的价值取向

从师生关系看，课堂气氛活跃，节奏张弛有度，采取小组研究的方法，有针对性地设计了欣赏、研究的内容，教师始终扮演着组织者、引导者、支持者的角色，体现了学为中心的融学理念。从文本内容看，体现了跨学科学习的理念，文学与美术学习、历史与美术在本课中成为一条潜在的暗线，增进了学生的文化理解。从教学媒体看，本课学习有机融合了现代媒体技术的应用。图像的深度剖析、过程的示范启发借助信息技术的应用，让教学更为直观生动。从空间环境看，本课还采取了场景式的学习，有效调动了空间资源，为课程学习、作品展示和讲解提供了高效的学习环境。

（执教：陈兴苗　点评教师：上官如靓）

（二）课型研讨与交流

【研讨人员】陈兴苗（美术）、上官如靓（美术）、刘薇（美术）、方仁勇（科学）、王羽（信息技术）

【主持人】上官如靓

【研讨实录】

主持人：今天，我们聚焦学生美术核心素养的提升，围绕美术学科中“造型·表现”课型的实践研究举行专题研讨，请大家分享一下观课心得和体会。

上官如靓：我从“教学艺术”的角度来谈谈观摩体会。造型·表现是美术学科四大学习领域中最基础、最核心的领域，陈老师执教的《年年有余》这一课在图像的欣赏教学为造型表现提供支持上做得特别出色，选择的图像典型性强、针对性强，图像呈现的方式也是多样化的，有课件出示、板书演示、微课示范、实物赏析、研究单等。欣赏的方式也是多样化的，有对比欣赏、图像局部剖析等，为学生的造型表现提供了有效的支持。在现代教育技术的应用上，陈老师对于微课的应用巧妙、贴切，没有在视频中直接配解说词，而是现场解说，让学习更有现场感，更为贴切。从学习的方式看，本课主要依靠学生的自主研究、自主讨论、自主分享与交流，关注学生美术学习能力的培养，很好地体现了学为中心的理念。

刘薇：大家好，我从“师生互动”的角度来谈谈观课心得。在融学课堂中，师生关系应该是一种怎么样的关系？应该呈现哪些特点？这是我一直在思考的问题。陈老师的《年年有余》这一课，在师生互动上呈现了以下特点，我用几个关键词来概括：首先，第一个关键词是“和谐”。在本课的师生互动中，教师的提问简洁、明确，学生的回答清晰而明了，掌声不断，赞美声不断，体现了一种文明、有礼、信任、宽容的和谐师生关系。其次是“灵动”。在师生互动中，教师在不断引导学生思维的发散和碰撞，更可贵的是生生互动中的“质疑”声，学生与学生之间的观点质疑，让互动更为高效而灵动。最后是“专注”。本课的学习互动过程，更多地听到的是学生表达观点的声音，教师在学习中起到的是引导、概括、启发的作用，学生的学习过程自觉形成了专注的学习状态。小组学习形成了良好的生生互动，小组分享又使师生互动、生生互动获得了更好的分享平台。

方仁勇：我从融学理念下“文本内容”的角度说说我的观课体会。陈老师的《年年有余》一课上得大气、高效、生动，在文本内容的选择和使用上体现了课型设计的精妙构思。教学一开始的一组传统图形欣赏，就巧妙地将文学中的谐音和图像寓意进行关联欣赏，从文化理解的角度入手，不仅让学生对鱼的图形寓意有了认识，更激发了学生对中国传统文化中图形寓意研究的兴趣和热情。同时，鱼的图形创作不是一成不变的，在本课的学习中，陈老师借助一张图系统呈现了不同历史阶段鱼图形的造型特征，这是从历史学的角度对鱼的图形进行了考证性的整体观照，对于学生的整体感知和理解起到了很好的促进作用。当然，这节课中，还有科学的渗透，如鱼的基本结构和构造，欣赏的尺度也把握适当，对于这一年龄段的学生来说，只做简略提示。

王羽：我从“教育技术”的角度来谈一谈心得体会。陈老师在本课的学习组织中很好地体现了教育技术为学习内容服务的思想，应用熟练而贴切。在本课的学习组织中，多媒体和实物示范作品是双轨并行的，教师依靠多媒体但不依赖多媒体，如小组研究的组织、示范作品的赏析，更多采用的是实物，让学生更直观地参与学习和体验。其次，在微课的应用上，我也受到了启发，并不是所有的微课都要配音、配解说词或字幕。本课的微课视频，陈老师采取现场解说，娓娓道来，更具亲切感和现场感，而且能关注学生的互动和生成，这也是值得提倡和学习的方向。

主持人：感谢老师们的点评和分享，美术学科的融学研究还有很多值得我们共同思考的问题，需要我们携手努力，再次感谢大家的热情参与！

（三）教后反思与改进

教后反思

在造型·表现课型实施前，我结合“造型·表现”领域的学习，对其含义进行了二度审视。在美术的学习中，造型·表现是基础，从普遍的含义分析，造型·表现即创造形体，是美术的主要特征，是指以一定物质材料和手段创造的可视静态空间形象。一般包括建筑、雕塑、绘画、工艺美术、设计、书法、篆刻等种类。美术造型需要借助一定的表现语言，如点、线、面、形状、色彩、结构、明暗、空间、材质、肌理等，以及将造型元素组合成一件完整的作品的基本原理，包括多样统一、比例、对称、平衡、节奏、对比、和谐、夸张、概括、变形等。从这些角度看，造型·表现课型就是借助美术表现语言创造特有的物体形象。

基于以上解读，我依据美术中造型与表现的关系，设定了小学美术造型表现课型的一般程序。（1）读图识意，聚集主题。通过对传统图样造型、音义的赏析研究，了解中国传统造型的内在寓意。（2）对比欣赏，探究造型。通过对造型演变、表现技法的探究，认识造型表现的基本思路和方法。（3）自主表现，体验造型。通过实践练习，以个性的美术表现语言创造独特的物体形象。这一程序的设置有机整合了图像识读、文化理解、创新意识的培养，但其核心是服务于学生造型表现能力的提升。

在本课教学中，试图做到以下三个方面：首先，尝试在对比欣赏中增进图像的理解。在教学中选取不同的图像素材进行对比或类比欣赏，认识、了解造型的形式美感、特点和人文内涵。其次，尝试在自主探究中提升表现的技能。通过自主探究、讨论交流、概括提炼、示范引导，使学生对物象的表现手法有更为深刻的认识和理解，为开展独立表现奠定基础，培养学生学习美术的能力。第三，尝试在实践表现中感悟造型的内涵。通过实践，引导学生结合个人的独特理解和认识，借助一定的表现原理进行物像的创意造型，促进学生创新思维的形成。

结合上述策略和程序，我在本课的导学中制定了以下目标：了解传统鱼造型的形式美感与特点，认识传统鱼造型的人文之美；运用概括、夸张、变形等艺术手法，尝试表现简洁、生动的“鱼”形象，体验鱼的造型之乐；感受中国鱼文化的博大精深，激发学生对中华优秀传统文化的喜爱之情。在教学中比较关注几个融合点的渗透：关注文字寓意解读和图像寓意融合解读，在本课一开始的导入环节，就以跨学科的融合开始本课的学习，引发学生的探究兴趣；关注图像在历史文化中的传承演变的融合解读，以同一物象在不同历史时期的变化来拓展学生对造型物象的认识，拓宽学生的视野；关注学为中心的融学课堂氛围的形成，进一步在美术课堂中凸显以学生为中心的核心理念，在讨论、交流、分享、实践中提升学生的美术素养和能力。

通过课堂实践，我就本课的导学过程及效果做如下反思。

1. 图像识读奠定美术造型表现的基础

美术作为一种视觉艺术，始终依赖于视觉形象的分析和理解。创造的前提是观察和理解。在本课的学习中，我对欣赏图像的选择进行了精心的选择和设计。教学伊始的寓意赏析、实物图与彩陶图的对比赏析、小组研究图像的个体深度研究、各种不同历史时

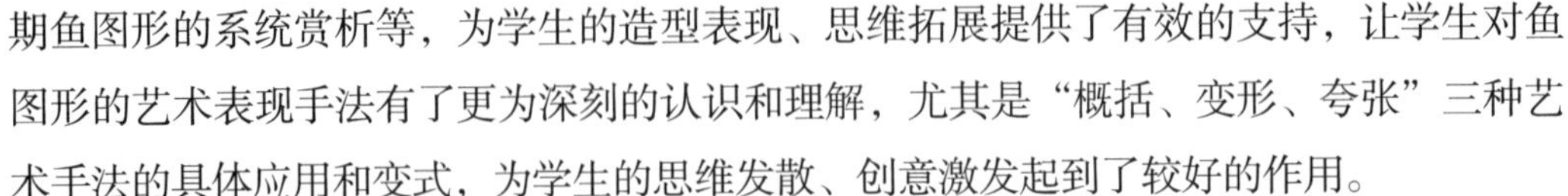

期鱼图形的系统赏析等，为学生的造型表现、思维拓展提供了有效的支持，让学生对鱼图形的艺术表现手法有了更为深刻的认识和理解，尤其是“概括、变形、夸张”三种艺术手法的具体应用和变式，为学生的思维发散、创意激发起到了较好的作用。

2. 文化理解增进美术造型表现的内涵

造型表现中最容易忽略的就是“为什么而画”，也就是造型的情感性和价值观问题。如何借助特定的视觉形象来表达思想、情感、态度、价值观，这是美术造型表现领域中值得研究的一个重要课题。本课的导学，从传统寓意出发，从历史观照感知，让学生对鱼的形象寓意以及在不同历史时期的不同特点有了较为全面的认识和理解，这是基于“学理”出发的美术素养学习，倡导“知其然更要知其所以然”。

3. 思维激发提升美术造型表现的高度

从描摹自然到转移摹写，再到创意表现，这是一个不断意象化的过程。这其中观察能力、思考能力决定了描摹能力和转移能力，而创意表现则需要思维的引导和激发。在本课的学习过程中，欣赏、小组研究和分享、视频示范等过程的实施，学生在鱼的造型手法上，在思维的广度、深度方面都得到了一定的启发。在结课阶段，通过欣赏鱼造型元素在生活中的应用案例，又进一步增进了学生对鱼图形创意应用的认识。

教学改进

反观本课的导学过程，如何更好地体现融学理念，促进学生美术核心素养的提升，有以下几个方面有待进一步改进和提升。

1. 提供更多样的作品表现媒材

在造型·表现课型中，材料的多样化应用对于艺术表现效果起到了重要的作用。在本课的学习过程中，如学生具有较好的美术造型基础，应提供更为丰富、多样的美术材料，为学生多样化的表现提供支持。在欣赏的图像中，也可以在线描画的基础上，增加剪纸作品、拼贴画作品、综合材料类的作品，从视觉上进一步增加视觉艺术效果多元化的引导。在学生实践阶段，可以设定以某一表现方式为基础，自主选择其他表现样式的梯度性学习。在创作阶段，为学生提供多样化的材料支持，如各类彩色纸、剪刀、固体胶水以及废旧材料，以支持少部分同学创意设想的达成，获得更生动、多元的表现效果。

2. 创设更生动的作品展示场景

基于上述造型·表现过程的需要，在学生作品分享、交流阶段，依据不同类别的学生作品应创设更为生动的展示场景。如模拟制作一个陶器，让学生在陶器上直接画鱼，或借助教室的窗户玻璃展示学生鱼图形的剪纸、拼贴作品，或借助实物展台展示学生以综合立体材料造型表现的立体鱼形象，让作品的展示更加具有人文性和审美性。

3. 建立更开放的互动学习方式

借助现代教育技术，在PC端或平板上预先置入学习资源包，提供一份自主学习单，指导学生以“自主学习+小组学习”的方式开展网络化美术学习，独立形成研究报告，小组开展学习汇报。让学生通过互联网学习有目的地搜索学习资源、梳理学习资源、分析学习资源，真正做到“用互联网工具”学习，摆脱依赖于多媒体的一贯模式，让课堂变得更加开放、自主。在导学过程中，教师应更多地关注于学习问题的设计、学习方式的设计，引导学生发现问题、解决问题，提升学生自主学习的能力。

综上所述，美术学科造型·表现领域的融学学习，指向于内容文本的融合，更指向于学习方式的转变，其终极目的不仅在于造型和表现能力的提高，更重要的是美术核心素养的综合提升。

（陈兴苗）

十、小学“美术设计·应用课型”的实施

（一）课堂实录与点评

三年级下册“巧折巧剪”

课堂实录

【学习目标】

（1）感受剪纸艺术的美，进一步了解剪纸的艺术特点，学习巧用折剪法进行设计创作。

（2）通过折与剪的方式，用对称剪纸的方法，设计制作一张剪纸作品。

（3）感受剪纸的趣味和美感，激发学生对剪纸艺术的热爱。

【学习策略】

分解学习、比较学习、体验学习。

【学习过程】

板块一　创设情境　引出课题

1. 视频赏析，创设情境

师：请一位同学上台做一个挑战，10秒内画出一只蝴蝶的基础外轮廓，哪位同学愿意试试?

一位同学上台快速画出蝴蝶外轮廓。

师：画得非常好，今天老师将这群精灵请到了我们的课堂上。（出示微课）我们一起来观察观察。

生观看微课视频。

2. 寓意交流，揭示课题

师：刚刚同学们看视频都非常认真，你们知道蝴蝶有什么寓意呢?

生：蝴蝶代表着甜蜜。

师：是啊，蝴蝶以其身美、形美、色美，被人们历代咏诵，被人们誉为“会飞的花朵”“虫国的佳丽”，是一种高雅文化的象征。（揭示课题）

生：巧折巧剪——蝶之美（一起朗读课题）。

板块二　引领探究　造型尝试

1. 了解基本形

师：首先我们来观察蝴蝶，它们的外形有哪些特点呢?

生：蝴蝶的翅膀是对称的。

师：非常好。提到对称性，你知道要想剪出对称的图案能用什么折法吗?

生：对折法。

师：请一位小朋友尝试说说对折法的整体步骤。

生：首先将纸对折，然后剪出蝴蝶翅膀的形状。

师：有没有其他同学可以补充?

生：我觉得折好纸之后应该先画外轮廓，再剪。

师：那么我们应该将图形画在哪一边呢?

生：画在闭口处。

师：同学们都把曾经学过的知识点运用了，我们来观察蝴蝶的翅膀有什么样的特征。

生1：上面的翅膀比较大，下面的翅膀稍微小一点。

师：那有人知道蝴蝶的身体分为几个部分吗？

生2：身体有头、胸、腹三个部分。

生3：翅膀。

师：接下来，老师想请同学们在对折的纸上画一画蝴蝶的外轮廓。请你先比较，这两件作品的大小哪一张更有美感？（出示范作）

生1：左边。

生2：因为左边的蝴蝶画得更大。

师：对了，所以请同学们自己在画的时候，一定要将你的蝴蝶外轮廓画大。

学生初次创作实践，教师巡视指导。

2. 探究变化形

师：在刚才的创作中，很多小朋友画的蝴蝶造型都非常的相似，你能否设计出独一无二的蝴蝶造型呢？先看老师变一变。（教师示范）

生：哇，两刀就可以变成不一样的蝴蝶了。

师：接下来我再变一变。是不是又变成新的翅膀了？我再将它变一变，我想变成半圆形的元素。然后，你看它变成了一只肥肥胖胖的蝴蝶。

生：像蚕蛾一样，哈哈哈！

3. 创造细节形

师：嗯，是的，像蚕蛾一样。蝴蝶的造型可以有哪些变化呢？

生：可以将它的翅膀变成很多形状。

师：蝴蝶翅膀的外形变化，可以有三角形、圆形、半圆形、扇形等。除了翅膀之外，还有哪个细节部分，可以使我们蝴蝶的造型变得更加精美呢？

生：是触角。

师：触角不宜粗壮，要纤细、柔媚，可以运用直线、曲线，同时进行长短、粗细、形态的变化。

师：现在请在你所画的蝴蝶造型上进一步修改，使你的蝴蝶造型更加精美。

学生二次修改创作。

板块三　识图组合　造型尝试

1. 纹样设计探究

师：蝴蝶虽然外形精美，但我们可以做一些什么来美化它呢？

生1：镂空。

生2：可以用剪刀镂空做蝴蝶的装饰。

师：我们可以在蝴蝶上增加一些传统纹样加以修饰，你们知道有哪些剪纸中传统纹样吗？

生1：有月牙纹。

生2：水滴纹。

生3：花朵纹。

生4：波浪纹。

师：我们来介绍几个简单的传统纹样。有月牙纹、锯齿纹、圆点纹。除了屏幕上的这几个，还可以有三角纹吗？

生：可以。

师：如果将这些单个的纹样组合在一起，会有什么样的惊喜呢？（出示幻灯片）

生：哇，组合一起的纹样好漂亮！

师：那我们来说说这些作品由哪几个纹样组合而成

生1：第一张是由月牙纹、圆点纹组合而成。

生2：第二张纹样中有月牙纹、圆点纹、三角纹。

生3：第三张是由月牙纹和锯齿纹，还有圆点纹组合而成的。

板块四　自主表现　体验剪纸

1. 实践示范

师：老师把这些单个的纹样搭配在一起，设计了一只很精美的蝴蝶，邀请小朋友们一起来看一看微课。（出示微课）

生观看微课。

2. 体验感受

师：请在你设计好的蝴蝶造型的基础上，借助月牙纹、锯齿纹、圆点纹等常用纹样进行组合，剪出一只独特造型的蝴蝶，时间为15分钟。

学生实践操作，教师巡视指导。

3. 评价拓展

师：精美的作品都已经展现在我们的展板上，请你来介绍一下自己的作品用了哪些设计方式和花纹。

生1：我用了月牙纹、锯齿纹进行美化设计。

生2：我用了对称的方法来剪制。

生3：我的蝴蝶触须是弯弯的、细细的。

生4：我觉得我的蝴蝶还可以剪得更大一些。

……

师：剪纸蝴蝶还有很多其他的造型，让我们一起来看一看。（课件出示蝴蝶拓展图）

生：都好漂亮啊，那个卡通蝴蝶是将蝴蝶的头胸腹都换成了卡通人物。

师：希望同学们今后可以在这基础上创作出更多不同造型的剪纸蝴蝶。请同学们将材料框中的垃圾分类好扔到后面的垃圾桶，并且整理好自己周围的环境。下课，同学们再见！

生：老师再见！

点评实录

上官老师以“巧折巧剪——蝶之美”一课为例，开展了一次融学课型关于设计·应用课型的研讨课，以下几个方面值得肯定。

1. 一节沉浸式的设计·应用融学课

在本课的教学中，老师非常关注视觉图像对学生的刺激和诱导。教学伊始的微课、教学课件的例图、示范过程的视频以及最后展示场景的创设，都十分关注这一点。除了视觉还有听觉，本课教学中上官老师选择的是中国传统乐曲《梁祝》，暗喻了蝴蝶的蜕变之美。学生在设计创作的过程中始终被美的图像和声音所刺激，营造了一种沉浸式的场域气息。

2. 一节指向核心素养提升的设计·应用融学课

美术学科中的核心素养图像识别占有主导地位，在本课导学中，教师对图像进行了抽丝剥茧式的解读。从基本形，到变化形，再到细节形，以及花纹的变化，都体现了一种图像欣赏引导设计思维的理念。借助比较欣赏，让学生进行价值判断和评述。从价值观培育角度看，这节课不仅为了表现一只蝴蝶，更是让学生通过蝴蝶的表现来热爱自然、热爱生命。

3. 在设计·应用实践中提高创新意识

在本课的实践环节，每个学生都要通过自己的创意制作一只蝴蝶，这就是创意实践。从造型设计到变式的学习和启发，学生需要借助一定的设计原理进行创意和想象。在本课的学习过程中，教师一直在寻求不变中的“变”，让学生在欣赏、示范、交流中，不断了解变的方法和原理，为学生的实践创作提供了可借鉴、可延展的美术表现方式。

（执教：上官如靓　点评：陈兴苗）

（二）课型研讨与交流

【研讨人员】陈兴苗（美术）、上官如靓（美术）、刘薇（美术）、王羽（信息技术）

【主持人】上官如靓

【研讨实录】

主持人：今天我们围绕美术核心素养的提升，结合设计·应用的融学课型开展了一次课堂研究，请大家畅所欲言说一说自己的观课体会。

刘薇：大家好，我从“教学语言艺术”的角度来说一说。首先，上官老师在整节课中给学生很多鼓励性的语言，让学生有更多的自信主动回答问题，即便回答错误，上官老师也能用鼓励性语言帮助学生将答案转向正确的方向。同时，上官老师与学生的课堂交流都非常的融洽和睦，从课堂氛围来看，学生对上官老师都非常喜欢。融学课堂很重要的就是课堂中平等、和谐、融洽又带有激励性的课堂氛围的建构。其次，本课教学中，导入部分学生的参与性高。课堂氛围融洽，学生互动自然，学生的注意力集中度高。教师不仅关注到学生的即时评价互动，而且教学环节的操作方法多变，展示场景的设计都有一定的艺术性。

王羽：我从“信息技术应用”的角度来说一说上官老师的课。上官老师的课导学主线明确，课堂环节中很多环节借助了信息技术开展活动，如教学伊始的微课应用，制作简洁，有美感，为导入环节的揭题起到了很大的作用。在导学的实施过程中，很多图像的解析都借助了信息技术开展，让我体会到了美术课堂教学中图像应用和信息化处理的重要性。这种应用对本课学生设计思维和创意能力的启发都起到了积极作用。

陈兴苗：我从设计·应用中“融学理念”建构的角度谈一谈本课观摩后的体会。首先，从教学过程和主题来看，这是一节能够指向学生美术核心素养的课。美术是一门视觉艺术，任何一节课都离不开图像的解读，本课对图像进行了抽丝剥茧的解读，如蝴蝶的外形认识、花纹的变化、触须的美感变化，这就是对图像的一种抽丝剥茧的分析和引领，做得很好。这节课也不仅是为了表现蝴蝶，更是让学生通过蝴蝶的表现来热爱自然、热爱生命，深层次的含义是在价值观的培育上。还有审美的判断，学生在比较欣赏中，进行评述和观点分享，所以美术的设计·应用课型是综合美术核心素养，但侧重于设计思维开发的一种探索。其次，本课的学习非常注重创意和实践，在不变中不断寻求变化，启发学生的思维，不断探求设计原理。第三，这也是一节沉浸式的融学课，十分关注视觉图像的审美问题，关注听觉的刺激，关注板书的设计，关注展示场景的设计，以美动人，以美育人。

主持人：非常感谢各位老师的点评和宝贵意见，美术课作为一门融学性很强的课程，更需要我们钻研学习，设计·应用课型的研究我们还将继续深入进行，欢迎大家继续深入我们的课堂指导，感谢大家！

（三）教后反思与改进

教后反思

首先，从课型角度出发，我对设计与应用的含义进行了深入思考，主要有三个方面：第一，了解“物以致用”的设计思想，并运用设计和工艺的基本知识和方法，进行有目的的创意、设计和制作活动，发展创新意识和创造能力。让学生在了解蝴蝶的基本形态结构的基础上，学会夸张和强化有美的特点的部位，并在不破坏身体结构的基础上大胆变化，举一反三，创造出美丽的蝴蝶形象。第二，感受各种材料的特性，合理利用多种材料和工具进行制作活动，提高动手能力。学习剪纸的常用纹样，利用长短、疏密、大小、粗细、曲直，表现蝴蝶翅膀的质感与特征。第三，了解剪纸形式美感及其与设计功能的统一，提高学生对生活物品和自己周边环境的审美评价能力，激发美化生活的愿望。第四，养成事前预想和设计计划的行为习惯以及耐心细致、持之以恒的工作态度。

基于以上对文本的解读，以及美术中设计与应用的关系，我制定了小学美术设计与应用课型的一般程序。（1）图像识读。通过蝴蝶的形态与基本形结合，让学生从基本形拓展到设计各种形态的蝴蝶造型。（2）分解设计。以让学的理念，引导学生学习创新设计，以分解步骤的方式来学习，体悟、实践设计理念，从蝴蝶的造型、触角的造型变化中感受蝴蝶之美、设计之趣。（3）比较异同。通过比较来学习古今、中外等文化，在异同中感悟与理解。（4）体验感悟文化。通过说、读、写等方式来体验与运用，让文化细细融入学生的思想与行为。

而在策略方面，我试着通过融学来提高课堂效率，通过分解来降低学习的难度，通过比较来达到学习目的。

所以，我制定了本课的学习目标：感受剪纸艺术的美，进一步了解剪纸的艺术特点，学习巧用折剪法进行剪纸创作；通过折与剪的方式，用对称剪纸的方法，设计制作一张好看的剪纸作品；感受剪纸的趣味和美感，激发对剪纸艺术的热爱。

但在实际的教学过程中，我发现过于重视造型，反而会淡化设计的巧妙方法，会对课程标题理解得不够透彻，不能凸显巧折巧剪中的巧字。基于以上理解，我做如下反思。

首先，在巧折巧剪——蝶之美这堂课中，它偏向应用。什么叫巧折巧剪？如何利用巧？就是要把这个“巧”字体现出来。我在课程中发现很多学生画，画了再剪，如果是“巧”其实就不需要画这个环节，我在课程设计中应该思考能不能让学生做到不画直接剪，这就是要通过巧妙的方法，省略掉画的环节，再精细地设计一下，这堂剪纸课整体水平可以再上升一个台阶。

其次，板书的逻辑性还有待提高，原理与美术语言的关系不清晰。在示范的过程中，我采用的是微课的形式，其实可以用外形微课的方式，指微课与现场解说相结合，又或者是内形亲手示范，既可以增加与学生的互动，又可以使步骤更加强化。在示范的过程中，也应该强调剪刀的运用（例如如何剪）。

教学改进

1. 设计思想需要深度挖掘

本课通过观察、对比、设计、思考、设计、操作等方式来体验与运用，让设计思想慢慢融入学生的思想与行为。但在课程的特点凸显设计上还不够明显。所以，在课程的要点设计这方面要加强。比如，本课可以导入凸显“巧”的蝴蝶外形的讲解，将“巧剪”运用到后面的剪蝴蝶，为后面的纹样铺垫，让学生不画，直接剪。

2. 学习方式需要转变提升

本课导学的逻辑结构可以提炼得再清晰，去掉一些累赘的环节。在导学的过程中，还需要更多地体现“让学”理念，引导学生自主学习和探索，教会学生如何去探索。在教学中可以将视野进一步拓展，联系生活中其他事物的对称原理进行理解和创作。

3. 导学的艺术性需要增强

在美术课堂的教学中，如何把握好信息技术的应用和教师现场示范结合的尺度，需要进一步研究和探索。进一步研究示范的内容、时机和方式，让设计·应用课的示范变得更加高效，有利于学生思维的拓展和表现方式的创新。

综上所述，美术学科中设计·应用课型的架构，是建立在学科本体的基础上进行的，也就是以设计理念、设计思维培养为核心，融合多种美术核心素养的融合学习，以真正达到设计·应用融学的效果。

（上官如靓）

十一、小学“综合实践电子小报课型”的实施

（一）课堂实录与点评

五年级“制作演示文稿”

课题实录

【学习目标】

（1）通过分析手绘板小报，熟记小报需要的三个要素。

（2）通过分析对比两组作品，认识制作小报的两条标准。

（3）借助实际操作，用艺术字和图片美化小报。

（4）借助制作电子小报，感受电脑制作的乐趣。

【学习策略】

探究式学习、融合学习、体验学习。

【学习过程】

板块一 情境导入 发现小报需求

1. 情境导入

师：欢迎大家来到塔的融学发布会现场，请先欣赏大家的手绘小报作品。这些是同学们在假期里制作的塔的小报（教师展示学生的手绘小报）。

2. 揭示课题

师：今天我们尝试将小报做成电子版。你知道可以用什么软件吗？

生：PPT。

师：教师出示课题“制作演示文稿”今天就用PPT来完成这份电子小报的制作。

3. 发布任务

师：你能分析一下，一份小报需要哪些基本元素吗？

生1：需要塔的图片。

生2：关于塔的文字介绍。

生3：好看的背景、花边之类的装饰性图片。

师：还有很重要的一个，看这里，这是什么？

生：标题。

师：对，标题、图片、文字就是做一份小报最基本的三个要素。老师先做了一张，请看PPT。你有哪些办法让这它变得更漂亮？

生1：可以用艺术字做标题。

生2：还可以添加这个塔的图片。

生3：可以改变字体、大小和颜色。

4. 学习整理

师：通过刚才的分析，我们可以得出一个结论：一份小报，需要具备三个基本要素——标题、图片和文本。

板块二　对比学习　发现小报学程

1. 对比学习

师：老师这里也做了两个作品，请同学们看一下。谁愿意来分析一下？

生1：标题太大了，图片又比较小。

师：你说得很正确，这样的比例影响美观性。还有要补充的吗？

生2：图片这里遮住了部分文字。

师：你观察得非常仔细，对排版也有了自己的理解。所以排版的第一个原则就是“图文布局要合理”。

师：我们再来看这组作品。谁愿意来分析一下？

生3：文字颜色太多了，看不清文字。

师：坐在后排的同学更有体会了，这个文字的颜色太多，字体选择不合适，导致后排的同学看不清文本内容。所以，我们在设计电子小报时，一定要留心观看者的感受，运用同理心原理去设计你的小报。

2. 学习整理

师：艺术字、图片不宜过大或过小，也不能太多，但是要恰到好处；文字的颜色不能太多，不然显得杂乱，花哨。

师：大家一起读一读：（板书出示）吸引人的作品图文布局要合理；颜色处理要得当。

板块三　套餐分层　助力小报制作

1. 布置任务

师：今天我们就要用PPT制作一张塔的名片。时间15分钟，做完后要保存在桌面上。如果遇到问题，请你举手，老师会一个一个来帮你解决。或者你可以轻声地问一下同桌，是否能解决。尤其要注意“自主搭配套餐”，必做项目完成以后，才可以去完成选做项目和挑战任务。

2. 小报制作

全体学生开始制作。时间15分钟。

3. 学习整理

师：大家可以看看这个同学的作品，有什么地方是值得你学习的。

生：他的图片是椭圆形的，很好看。

师：这个技巧老师在上节课有提到过，这位同学记在心里并运用了，非常棒。还有什么地方可以改进的吗？

生1：背景颜色是深绿色，文字又是黑色，看不清楚了。

师：嗯，你站的位置就能很明显地感受到文字看不清楚了。我们在制作的时候，因为离电脑屏幕近，这个问题就容易忽略，现在有同学感受到了并能提出这个建议，非常好。这就是我们DT课上讲到的同理心。你要带着同理心去设计你的作品。好，现在请大家根据刚才这个范例呈现出的问题，进一步修改自己的作品。

生2：老师，我可以挑战秘密武器了吗？

师：你的作品基本完成了，可以挑战了。

不少同学在完成自主搭配套餐的任务后，尝试挑战秘密武器，让作品的排版更别致新颖。

板块四　反馈拓展　实现小报功能

1. 发布作品

师：我刚才巡视了好久，发现大家基本都做完了，还有不少同学在挑战高难度，为你们的努力点赞。现在我们塔的融学发布会要正式开始了。我们一起看看大家的作品，大家先看屏幕。先请作者来介绍一下自己的作品。

生1：我介绍的是关于雷峰塔的名片。我用艺术字突出显示了“雷峰塔”三个字，还加入了雷峰塔的图片。并且用了微课里讲的技术，让图片变成了五角星的形状。然后，我还把文字变大了，给它加了一个边框的颜色。

2. 生生互评

师：这位同学详细介绍了她是怎么制作的，每个技术点都表达得很准确。谁愿意来评价一下这个作品？请你说出两个优点，再给出一个建议。

生2：她做的这个作品，标题突出，让人一眼就记住了。图片形状也很特别，不是普通的长方形，是五角星的形状，我觉得很好看。

师：对，根据黑板上这两条原则，这个作品的设计很有个人特色。那你有什么建议吗？

生2：建议的话，我觉得边框太粗了，文字太大了，可以再缩小一点。

师：你的建议很中肯，看看我们作者思考后是否采纳你的建议吧。

师：我们再看一个作品，请作者先介绍。

生3：我的作品是介绍大雁塔的，它在西安，是一座历史悠久的塔。我的标题是一个字一个字设计的，每个字我都旋转了。而且我放了三张图片，其中一张是塔的特写，一张是远远看过去的，一张是从空中看下去的。

师：嗯，你选了三张不同角度的图片，360度地展示了大雁塔的风貌。有哪位同学能来谈谈自己的感受？

生4：我觉得看了她的介绍，我也很想去西安看看大雁塔。她制作的这张名片中用的图片很吸引人，标题设计得也很活泼。

师：你这么一说，老师也很想去那旅游了。你有什么建议吗？

生5：建议的话，就是三张图片的大小可以不一样，其中有张图片变形了，不好看。

师：你的建议也是老师想到的。这张图片被拉得变形了，不符合实际了。请我们的作者考虑这个建议，做个调整。

3. 学习整理

师：全班同学都做了自己心目中塔的名片，因时间有限，我们就不一一展示了。

老师把你们的作品截图，做了电子相册，这样就串成了一部“中国十大名塔”的电子介绍，更全面也更吸引人了。希望通过这节课，同学们对于电脑制作有更深的认识，也能在平时生活中多做尝试。

教师点评

优点一：目标明确。这节课的目标就是做一份做图文结合的小报。所有的教学环节都是为这一目标服务的。

优点二：重点突出。这节课的重点是电子小报的图文怎么搭配。王老师在教学中，出示学习要求与范本，让学生明确学习的流程和目标。

优点三：体现融学。这堂课的设计体现了融学的思想。首先是内容的融学。我们年级组的融学实践主题是“塔的前世今生”要进行“塔”的系列学习。王老师就设计了“塔”电子小报学习，融入了学习内容。其次是信息与美术、音乐、语文学习的融合。在设计的过程中，要运用美术、音乐等内容，在编辑文字时，对学生的语文能力提升是有帮助的。

建议是电子小报学习的流程是层次性递进关系的，而且属性单一，只能用在这一类电子小报上。我们可以在这个基础上进行提升，创设一个适用于所有类型的电子小报课型。建议学习板块如下。

板块一：情境导入，发现小报需求。我们可以做一个融学课堂发布会，来介绍这一次“塔的前世今生”学习成果。你要做成果发布，就可以做“电子小报”，这时就发现了学习的需求。

板块二：对比学习，发现小报学程。在学习小报时，首先要找准电子小报学习的三个要素，分别是求标题艺术化、图片样式化、文本格式多元化。发现了学程后，学生再遇到类似小报的学习，就能举一反三、触类旁通。

板块三：套餐分层，预设框架助力小报制作。我们要以生为本，了解学生的学习基础。针对这一基础进行套餐的分层设计，如可以基础套餐加分层套餐，让不同学力的学生得到发展。在学习的过程中，要给学生提供学习的框架。框架可以是现场的指导，老师生成处理学习过程的问题的框架；也可以是制作微课电子锦囊，把事先预设好的学习要点和学习方法制作成可重复播放的微课，学生可随时点播学习。

（执教：王羽　点评：陈贤彬）

（二）课型研讨与交流

【研讨人员】陈贤彬、王羽、郭骁林、姜梦莹

【主持人】姜梦莹

【研讨实录】

主持人：今天下午举行了信息DT融学课型实践研究，王羽执教电子小报课型《制作演示文稿》，郭骁林老师执教了DT学科《塔》的测试课型。上课效果还是不错的，下面请听课老师谈一谈自己的想法与建议。

上官如靓：我从“教学内容”的角度来谈一谈。这节课是为塔制作名片，既有制作也有美化，尤其是美化部分，刚好和我的美术课是有相通之处的。就本节课的内容来看，设计塔的名片是重点，王羽老师还设计了分层任务让学生明白可以从哪几个方面入手美化作品。王羽老师上课时思路清晰，每一个板块的内容也有详细的思路。从导入到对比，再进行作品制作，最后是作品欣赏。王羽老师以生为主的课题还表现在尽量让学生回答，设计教案时有预设，增强知识点的强化。在最后的发布会环节作品的展示部分，学生互动比较积极，每个学生能根据自己的学习程度展示或评价作品。

姜梦莹：我从“学本”角度来谈一谈这节课。课题中有几个环节，充分体现了以学生为主体的课堂。比如对比作品这个环节，王羽老师都是让学生分析和回答的，这样学生会印象很深刻。到了制作小报环节，王羽老师也设计了分层作业单，让不同的学生都能学有所得。最后的发布会上，王羽老师邀请学生来介绍自己的作品，充分发挥了学生的主体作用。介绍前卫、方法多样，在小组分工讨论中学生产生了思想火花的碰撞。整节课学生体验到了，电子小报是分成制作和美化两个部分的，通过制作塔的名片，既能综合运用，也能融学其他学科。最后的发布会使作品情景化地呈现出来。

郭骁林：我从“教学过程”的角度来谈一谈。这是在DT课设计了塔之后的一节课，是融合了DT、美术等学科设计的一节电子小报制作课。听完整节课，我发现王老师采用的是类似PBL教学法，以制作电子小报为主任务，设计了分层小任务。最后把课题装扮成了发布会的现场，让学生上台演讲介绍自己的作品，其他同学作为观众提出自己的想法，成为一个以学生为主体的互动型课堂。王羽老师的这节课设计得很细，仔细分析了学生的学情，充分掌握了不同层次学生之间的差异；在执行任务环节，老师能充分调动学生学习的积极性，让学生当小老师去帮助其他人；在分析作品环节，王羽老师能充分尊重学生的想法，让学生敢于表达、乐于表达。信息技术的核

心素养指的是学生具备良好的信息素养，能适应社会的发展和提高自我能力，是知识、技能以及情感价值观的综合。信息技术的学科核心素养包括了信息意识、计算思维、数字化学习和信息责任四个方面。

主持人：谢谢科学信息组的老师，老师们从不同的角度充分发表了自己的意见，我想，对“电子小报”课型的改进是很有好处的。下面，请教师发展中心陈贤彬老师来总结。

陈贤彬：谢谢科学组，谢谢信息教学的探索者王羽老师，谢谢各位积极地参与。这次信息类融学课型研究，我全程参与听课与评课，收获很多，感触也很多。收获是信息类融学课型设计以生为本、以练为主，对其他学科的教学是有借鉴意义的；感触是我们的学生在我们的用心导学中幸福地成长。下面我来谈一谈这节课的优点与课型设计的建议。

优点一：目标明确。这节课的目标就是做一份图文结合的小报。所有的教学环节都是为这一目标服务的。

优点二：重点突出。这节课的重点是电子小报的图文怎么搭配。王老师在教学中，出示学习要求与范本，让学生明确学习的流程和目标。

优点三：体现融学。这堂课的设计体现了融学的思想。首先是内容的融学。我们年级组的融学实践主题是“塔的前世今生”，要进行“塔”的系列学习。王老师就设计了“塔”电子小报学习，融入了学习内容。其次是信息与美术、音乐、语文学习的融合。在设计的过程中，要运用美术、音乐等内容，在编辑文字时，对学生的语文能力提升是有帮助的。

建议是电子小报学习的流程是层次性递进关系的，而且属性单一，只能用在这一类电子小报上。我们可以在这个基础上进行提升，创设一个适用于所有类型的电子小报课型。建议学习板块如下：

板块一：情境导入，发现小报需求。我们可以做一个融学课堂发布会，来介绍这一次“塔的前世今生”学习成果。你要做成果发布，就可以做“电子小报”，这时就发现了学习的需求。

板块二：对比学习，发现小报学程。在学习小报时，首先要找准电子小报学习的三个要素，分别是求标题艺术化、图片样式化、文本格式多元化。发现了学程后，学生再遇到类似小报的学习，就能举一反三、触类旁通。

板块三：套餐分层，预设框架助力小报制作。我们要以生为本，了解学生的学习基础。针对这一基础进行套餐的分层设计，如可以基础套餐加分层套餐，让不同学力的学生得到发展。在学习的过程中，要给学生提供学习的框架。框架可以是现场的指导，老师生成处理学习过程的问题的框架，也可以是制作微课电子锦囊，把事先预设好的学习要点和学习方法制作成可重复播放的微课，学生可随时点播学习。

（三）教后反思与改进

教后反思

本节课是小学信息技术五年级下册第13课，从单元教学内容来看是图文混排的第二节课，初步涉及排版美化的概念。本节课实施的关键是教师如何组织教学，将“以学生为主体”的原则落到实处，让学生积极思考、主动实践，在思考与实践的基础上解决问题、获得知识、增强能力。

本课是在DT课设计了塔之后的一节课，融合了DT、美术、语文等学科内容，综合利用信息手段制作并美化塔的名片的一节电子小报制作课。在设计这节课时，我采用的是类似PBL教学法，以制作电子小报为主任务，设计了分层小任务。比如带领学生一起分析作品，得出制作标准。再通过“自主搭配套餐”，完成分层小任务，最后完成小报的制作。然后把课堂设计成发布会的现场，让学生上台演讲介绍自己的作品，其他同学作为观众提出自己的想法，成为一个以学生为主体的互动型课堂。信息技术的核心素养指的是学生具备良好的信息素养，能适应社会的发展和自我能力的提高，是知识、技能以及情感价值观的综合。信息技术的学科核心素养包括了信息意识、计算思维、数字化学习和信息责任四个方面。在我的教学过程中，着重培养学生的核心素养。而在信息核心素养培养的过程中，教师需要全面地整合教学资源，帮助学生在课堂上对问题进行创造性的解决，使学生不断提高独立完成任务的能力，并在现有的基础上进行技术创新。

从教学设计上看，这节课突出的优点是分层设计，“自主搭配套餐”和“秘密武器”都是充分考虑到不同层次的学生需求。从教学实施上看，评价环节充分而有效。下课前，95%的学生都能上交作业。不过这节课还有几点是课堂生成的，自己在设计教案时没有预料到，因此，我的反思如下。

1. 应对课堂生成

我的导入环节是这样设计的：塔的研究发布会现场，大家一起看看自己制作的手绘版塔的名片。让学生回答小报上都有哪些内容。我的预设答案是有图片、标题和文本三个基本要素。然后老师就直接告诉大家，今天教大家用电脑中的PPT软件制作塔的名片，优点是快速、环保。紧接着，教师就出示一份只有文本的名片，让学生分析可以用哪些手段来美化。在实际教学过程中，学生一直答不出小报的一个重要元素“标题”，并且把注意力放在了背景、花边装饰性图片上，为了避免时间的浪费，最后只能由我来回答了。这个学生生成的情况是我没有想到的。其次需要学生分析手绘版的名片，得出可以用艺术字和图片来美化。401班的学生对技能的掌握很扎实，无须多做讲解，学生都能完成。

2. 未能给出更多范例

把课堂学习的主动权交给学生，是我本节课设计的关键。把虚无缥缈的排版变成实实在在的作品呈现在电脑上，需要学生主动去思考。所以我没有给出具体设计好的范例，在学生完成作品的时候，我发现作品的设计局限性较大。比如：（1）在给出好的作品标准时，我只是给出对比的作品，学生讨论得出两条标准，这样记忆会更深刻，但最后的作品显得创意不够。（2）在学生选择“自主搭配套餐”时，必做项目是在导入环节复习过的，而选做项目是之前几节课讲过但并没有综合实践过的。完全放手让学生自己去回忆，并尝试操作，有的学生有点害怕不敢操作。但是“秘密武器”中有电子锦囊（微课）助力，倒是有不少学生很愿意尝试。（3）在集中展示了一位学生的作品，看看他是如何利用选做项目进一步美化了自己的作品后，其他学生纷纷效仿，导致最后大家的作品看起来也差不多。这也是需要和美术学科学习的地方，范例什么时候给出、给出多少范例等，才能让学生既能模仿又不至于被局限了思路。

教学改进

1. 让电子小报更具融合性，引导学生有效参与教学过程

虽然融合了美术、DT等学科，但是味不够浓。关于塔的介绍，是由教师在网上直接下载的。如果前期有语文课可以让学生写一写，我想学生会留下更深的记忆。关于设计塔的名片，可以请美术老师在美术课上做一些指导，完成手绘版小报。最后由我带着学生设计成电子稿，体会信息化带来的便捷。在有效参与中解决核心内容中的关键问题，加深学生对所学知识的理解，同时也指向学科核心素养的培养。

2. 让电子小报更具多样性，引导学生开展深度学习

在指导学生设计方面，我的能力不够，经验也不足。教师不是万能的，但教师需要想办法弥补自己的不足。所以可以尝试在教学过程中，引导学生围绕任务主题进行深入的探究活动。通过引领让学生大胆展示自己对问题解决方法的理解，允许学生有充足的时间和机会就不同的方法展开讨论和争论。在学生完成作品时，教师也一起制作，把学生的想法运用到自己的作品中，并向学生展示她们的理念是如何呈现在作品

上的，我想学生会感到惊喜。

3. 让电子小报更具生活性，引导学生整合各科作业

电子小报可以根据不同主题或使用场合，分成介绍产品类的、活动公告式的一系列小报，让电子小报课型可以通用。在平时的学习、生活中，我们经常会有手抄报、小组汇报、小队活动等许多综合性作业，引导学生好好利用信息化手段，让其应用到生活实际中，学生才会更好地使用电脑，而不是单纯地在电脑课上制作。

因为自己对电子小报课型了解得不清晰，所以课前准备也不够清晰。在上完课并听完大家的评课后，我才渐渐有所感悟。首先，我清晰地明白了电子小报是什么，它的课型有什么通用之处，分别是情境创设、化抽象为直观和交互练习。其次，我了解了电子小报课型的三大步骤，即理解、构思和制作。另外，我也比较深入地学习了电子小报的整体设计原则——逻辑结构清晰和整体风格统一。在不同的应用场合，要用不同的风格来体现作品与主题的相关性。

我认为在信息技术教学中，教师不应单纯教学电脑知识，而应尽可能培养学生利用电脑搜集、处理、利用各种信息的能力，让学生乐于接触，从而使电脑成为学生探索学习的得力助手。信息技术在我们今天的生活中扮演着越来越重要的角色，核心素养也是学生必备的学习素养之一。我一直在自己的课堂上努力践行将核心素养的培养与信息技术课程教学相整合，也一直在学校的领导下尝试多学科的融合，我想这不但能够帮助老师提高学生对信息技术知识和实践能力的掌握能力，还可以将课堂教学内容的深度和层面扩展开来。希望在今后能有更多的机会去尝试，与学生一起走得更远。

（王　羽）

十二、小学“综合实践观察课型”的实施

（一）课堂实录与点评

五年级下册“测试塔”

课堂实录

【学习目标】

（1）认识和使用测试设计通用思考工具，进行测试设计。

（2）能够和组员合作进行测试执行。学会观察被试的行为，发现更多被试遇到的

问题。

（3）认识和使用多维测试分析工具，对测试反馈进行分析。

【学习策略】

1. 角色学习

通过感受和表演项目经理、项目设计师、测试工程师角色，提升测试意愿。

2. 工具学习

通过使用测试设计通用思考工具进行测试设计。

3. 分析学习

通过使用多维测试分析工具进行测试分析。

【学习过程】

板块一　营造公司氛围（预备）

（课前已进行每组的成员分配，黑板上出示成员分配表，引导学生按组入座）

师：上课。

生：起立。

师：洋溢着完成作品喜悦心情的小设计师们，大家中午好。

生：大设计师好\尊敬的设计师好\……（每位学生用自己现在想到的问候语进行不一样的问候）

师：我们已经基本制作完成了塔，接下来就要来测试塔。我们创作过绘画作品，会把作品给亲人朋友欣赏；我们烧过一道菜，也会给我们的亲人朋友品尝。这些都是测试。塔的测试要比这些作品的测试更复杂，今天要给大家很多通用工具，可以用在以后的所有产品的测试中。塔的项目从刚开始的纯文字设计到草图。这里有两幅效果图——外观效果图和内部效果图，请大家欣赏一下。请作者上来介绍下自己的创意。

生：这是我们的外观效果图。

师：为谁设计？

生：为热爱中国文化的人设计的，外观是白色，中国风和欧美简约风结合而成。这是内部的效果图。第一层是接待室，第二层是图书馆，第三层是休息区，第四层是VR体验馆，第五层是茶馆，第六层是餐厅，第七层是观光台，有亭子、石子路、小树。

师：掌声鼓励。

生鼓掌。

板块二　设计测试

1. 教师讲解和示范

师：2021年杭州市20座杭州塔征集项目书，要求是：（1）为杭州市民提供观光、休闲、阅读、展览等实用的公共空间。希望成为杭州未来各大核心板块的新地标。（2）标出建设地点，提出理由。（3）塔高10米以上，建筑材质不限，外形和设计风格符合塔的功能。各个行业都有测试部门，通过测试给设计师提供很多建议。这节课每个组要分出三个职位：首席执行官（CEO）：一个公司的老板，什么都可以管，但是一般管大方向。首席设计官（CDO）：主管公司设计部门的设计师和设计工作。首席测试官（CTO）：主管公司测试部门的测试工程师和工程工作。这是我设计的钓鱼塔，我们以它的测试内例思考一下。

师：我们做这个事最终要达到什么目的？是让杭州市政府看中我们的项目提案。如何实现目的呢？是让我们服务的人群喜欢我们的设计。如何让我们服务的人群喜欢我们的设计呢？一是看起来喜欢，二是用起来喜欢。走进塔里怎么样，钓鱼钓起来怎么样，休闲区休起来怎么样，观光区观起来怎么样？今天我们计划选取前两项进行测试。以目前我们的条件可以怎么测试？（1）小人模拟体验+讲解；（2）带体验者到一个空一点的地方，在地上放一个椅子，在地上圈起钓鱼小台区域。所以用户体验步骤就有：第1步，远处看到，要准备解说词。第2步，进门浏览，上1、2、3、4、5楼，要准备解说词、小人。第3步，带到空的地方，体验钓鱼，要准备解说词、进行地面装饰。

2. 学生分组研讨设计测试过程

师：接下来给大家8分钟时间，完成“‘塔的测试’设计单”。

教师巡视，8分钟后，摇铃示意时间到。展示一个组的“‘塔的测试’设计单”。

板块三　执行测试

1. 测试准备

师：给大家3分钟时间进行测试准备，包括引导词、道具、记录表。

2. 执行测试

师：时间到。接下来进行执行测试，CTO做引导员，CDO做记录员，CEO全程旁观。每个组有三张用户测试量表。1、2、3、4组先去做被试去5、6、7、8组，5、6、7、8组先做测试。接下来给大家4分钟时间做测试准备。

（4分钟后，摇铃示意时间到）

师：接下来的8分钟时间，1、2、3、4组做被测试者，开始测试。

（教师巡视，教师做被测提建议。8分钟后，摇铃示意时间到）

师：我体验了某某组，他们准备了乐高小人，带我用小人一步一步参观了他们组的塔并做了讲解。全部体验完后，想要问我一些问题，我作为被测试的人，可以给他们一些建议。在被测试的人前来测试时，建议组员做好欢迎的姿势，可以说“欢迎您来体验我们的塔，请您现在以这个小人来体验我们的塔”。CEO全程旁观被测试的人的行为和表情，发现一些问题。CDO是记录员，CTO是执行测试的人。接下来8分钟时间，5、6、7、8组做被测试者，开始测试。

（教师巡视，教师做被测提建议。8分钟后，摇铃示意时间到）

板块四　测试分析

师：刚刚我体验了某某组，但当我要上楼的时候，发现没有楼梯，这个问题需要在接下来的优化环节首先考虑。那么哪些环节我们要优先考虑并进行优化呢？我们可以用这样的工具。要先把改进方向标上序号，再填入两个图中。

师：例如，“一楼改为大厅”可行性较高，满足用户程度较高，但是成本较高；“改进外观”可行性较高，满足用户程度一般，但是成本较高；“钓鱼时现场演奏”可行性较高，满足用户程度较高，成本较低。

师：我们一般先改进可行性较高、满足用户程度较高、成本较低的测试，再考虑其他的测试。大家可以用这样的方法，将接下来改进的内容进行优先级排序，来优化我们的设计。因为时间关系我们将多维分析表发给大家，大家在课后完成测试分析，为之后的设计优化做准备。

师：下课。同学们再见。

生：老师再见。

教师点评

1. 多样的学习方法符合综合实践课程的项目式学习要求

分组学习、框架式学习、现场布置、材料准备、小组互动、分角色学习，多样的学习方法使课堂充满了趣味，让学生体验到在一个项目中自己的角色定位，以及扮演好自己的角色是推进项目能够顺利开展的重要一环。

2. 小组合作学习让每个学生积极参与到项目中

公司环境的创设使每个学生都找到了自己的角色定位，使学生能积极地参与到每一个设计环节中去，让学生体验到现实环境中实施一个项目过程中每一个角色的重要性。

3. 多种设计工具的使用使学习充满了趣味

教师为学习设计了多种设计工具，当学生进行填空式的设计时，提供了思考的框架，能够让学生较好地理解现实环境中一个设计项目进行测试的思路，相信在课程实施过后，对于设计工具的不断优化能够使学生更加清楚有效地进行设计。

（执教：郭骁林　点评：姜梦莹）

（二）课型研讨与交流

【研讨人员】陈贤彬、郭骁林、王羽、姜梦莹、郭华清

【主持人】姜梦莹

【研讨实录】

主持人：今天下午举行了综合实践融学研究，请老师们各抒已见，多角度谈谈今天这节课。

姜梦莹：我从“学习方法”方面来谈一下今天的课。多样的学习方法使课堂充满了趣味。有小组合作学习，公司环境的创设让每个学生找到了自己的角色定位，并能积极地参与到每一个设计环节中去。有设计工具式学习，让学生进行填空式的设计，提供了思考的框架。能够让学生较好地理解现实环境中一个设计项目进行测试的思路，相信在课程实施过后，对于设计工具的不断优化能够使学生更加清楚有效地进行设计。

陈贤彬主任：我从“测试设计流程”方面来谈一下今天的课。优点是课型设计清晰；情景设计新颖，有自己想法。建议是要优化体验流程。现在的设计没有清晰流程，交换体验指令不明，体验说明不清晰。体验的过程，执行测试，最核心的是去体验，体验一定要有一个清晰的流程。去其他组体验，走到哪边去体验，体验流程较模糊。测试时，可以增加一个介绍部分，例如产品测试人介绍部分、功能和特色、体验。在所有组进行测试前，可以叫一个小组上来演示怎么体验，扮演一个人体验，沿小路进入一层，如何喝茶、如何玩、如何上楼等。还要强调体验者反馈的重要性。设计单可以精简，例如思考过程的单子可以省略，后面设计流程单和测试表有重复的部分，可以进行优化设计。一节课中的记录单太多会破坏学习思路，建议精简和优化。

王羽：我从“测试设计方法”方面来谈一下今天的课。可以考虑另一种思路，就是带着问题去测试、去体验。如体验者拿着体验单去体验，用户测试量表可以去掉测试流程的部分，只记录被试反馈信息和对应的改进方向。下方的总结也可以去掉，因为在改进方向里都写清楚了。

郭华清：我从“设计示范”方面来谈一下今天的课。设计示范可以更加清晰，例如可以完整地示范一个测试案例，强调其中的关键点。在引导体验的过程中可以更加模式化，例如可以引导用户从外部进入塔的内部的每一个关键点都有两部分引导，“你看到……”和“你可以做……”，来引导用户模拟体验浏览和使用塔。测试流程设计表可以单独出来，这样可以更加明确测试流程。每一步都可以分成两块内容：测试员动作和材料准备。例如，步骤1，测试员动作：您现在在塔外面，您可以看到……，入口在……。材料准备：乐高小人。步骤2，测试员动作：您现在进入第1层，您看到……，您可以做……。材料准备：乐高小人。步骤3，测试员动作：您现在进入第2层，您看到……，您可以做……。然后请您移步我们的 1:1 体验区。这里是我们的室内钓鱼区，请坐，这是鱼竿……。材料准备：平地上放一把椅子，地上画一个圈，一根长木棒代表钓鱼竿。最后的多维分析较难，可以简化，例如直接定好优先级排序策略，让学生填空：优先级1是满足用户，低成本，高可行性；优先级2是满足用户，高成本，高可行性。不考虑满足用户、高成本、低可行性，以及不满足用户、高成本的情况。

王羽：我再从“预备知识”方面来谈一下今天的课。还可以增加测试的基础知识——原型。最好的测试是 1:1 最终制造出来能完整使用的产品，直接让用户体验。但是在研发过程中，不同的设计阶段会有针对性地制作完整产品的一个部分去让用户体验，这叫原型。原型有功能原型和外观原型。功能原型是提取其中的部分功能让用户体验，外观原型是做出外观里面的空心的壳让用户去看去把玩外形。相对最终成品，只制作较少部分去测试的，叫低保真原型；制作较多部分去测试的，叫高保真原型。本次我们做的塔的模型，我们可以称之为外观加功能的微缩原型。测试的时候要结合外观和功能来测试。

姜梦莹：我再从“核心素养人文底蕴”方面来谈一下今天的课。“人文底蕴”要求主要是学生在学习、理解、运用人文领域知识和技能等方面所形成的基本能力、情感态度和价值取向。具体包括人文积淀、人文情怀和审美情趣等基本要点。本堂课中的用户从远处一直到进入塔的过程，伴随着解说员的解说，其实是融合了塔的人文背景和审美，对于学生来说是一种综合的人文体验。塔本身在中国文化中就有很强的文化底蕴，在进行塔的设计的时候，教师已经带领学生们提取了传统塔的文化内涵，并和本项目中的设计进行了对比。是否可以考虑在设计测试的环节中也进行相关内容的渗透呢？如果在引导解说的思考框架中进行强调，能够更好地体现核心素养人文底蕴方面的要求。

郭华清：我从“核心素养科学精神”方面来谈一下今天的课。“科学精神”主要是学生在学习、理解、运用科学知识和技能等方面所形成的价值标准、思维方式和行为表现。具体包括理性思维、批判质疑、勇于探究等基本要点。本节课的3份用户测试表以及最后的测试分析三维工具都能较好地体现科学精神的内涵，如果教师在相关环节增加相关的强调和引导就更好了，例如，“为了更严谨”“得出有理有据的设计改进方向”等。

王羽：我再从“核心素养责任担当”方面来谈一下今天的课。“责任担当”主要是学生在处理与社会、国家、国际等关系方面所形成的情感态度、价值取向和行为方式。具体包括社会责任、国家认同、国际理解等基本要点。在本课的学习中，教师创设了公司场景以及政府塔项目征集的背景，可以引导学生思考相关的社会责任。对于杭州市民来说，这样的塔为杭州市民带来了什么好处呢？对于杭州这座城市来说，这座塔的建成又意味着什么呢？延续着本设计项目的设计初衷，教师可以引导学生思考更多的社会责任，因为我们都是生活在一座城市一个社会里的，除了一座塔，还可以做什么让城市和社会生活变得更好呢？其实，还可以思考在城市的其他角落，我们可以做些什么，从而让我们生活的社会和城市更加和谐。

（三）教后反思与改进

教后反思

测试课型的核心是引导学生进行设施设计和执行。测试流程设计工具的可用性是本课型的关键。接下来我从测试设计流程设计、基础知识、设计示范三个方面进行反思。

1. 测试设计流程方面

当思考过程比较复杂的时候，教师应该想方设法对思考过程进行拆解。一些可以在口头上进行思考的过程，就没有必要将它纸面化；而一些独立性较高的思考环节就应该进行独立的思考框架设计。在原教学设计中，测试设计环节有两个工具：“测试设计通用思考工具”和“用户测试量表”，其中的用户测试流程结合在了“用户测试量表”中，这样的设计框架，使实际操作过程显得比较繁杂，导致学生的思考过程比较分散。因为“测试设计通用思考工具”中的大部分思考内容其实在脑中已经比较清晰，不太需要将其呈现在纸上。而用户测试流程的思考过程应该独立出来，不和“用户测试量表”结合在一起，这样才能让用户测试的时候更加专注地记录用户测试的情况。

2. 基础知识方面

在学生进行测试之前，应该较清楚地了解原型的概念。最好的测试是 1:1 最终制造出来能完整使用的产品，直接让用户体验。但是在研发过程中，不同的设计阶段会有针对性地制作完整产品的一个部分去让用户体验，这叫原型。只有这样才能让学生清楚他们当下去做测试的模型的功能是什么，在测试的过程中扮演的角色是什么。所以除了向学生介绍测试工作在实际生产中的重要性，还要向学生介绍在测试中原型的概念。

3. 设计示范方面

当设计的过程比较复杂的时候，设计示范就显得很重要。在实际授课过程中我发现，学生在进行测试的时候，对测试用户进行引导解说有较大困难，原因是在设计的时候没有将解说词明确到框架里。如果在思考框架中，加入了明确的解说词要求以及示范，此问题便可以得到解决。所以在进行授课的共事过程当中，每一个环节的具体示范都很重要，有一些重要示范中的框架性字眼可以直接写进框架里，这样才能让学生进行更高效的学习。

教学改进

1. 在讲解设计方法环节时增加“原型”的概念讲授

（1）老师介绍测试工作在实际生产中的重要性和工作内容。

测试工程师是产品质量的把关者，工作起点高，发展空间大。大多以QA（quality assurance）来命名这个职位，也就是质量保证。

（2）老师示范本次塔项目的测试设计的设计过程。

介绍“原型”的概念。最好的测试是 1:1 最终制造出来能完整使用的产品，直接让用户体验。但是在研发过程中，不同的设计阶段会有针对性地制作完整产品的一个部分去让用户体验，这叫原型。原型有功能原型和外观原型。功能原型是提取其中的部分功能让用户体验，外观原型是做出外观里面的空心的壳让用户去看去把玩外形。相对最终成品，只制作较少部分去测试的，叫低保真原型；制作较多部分去测试的，叫高保真原型。

塔的测试设计示范。本次我们做的塔的模型，我们可以称之为外观加功能的微缩原型。测试的时候要结合外观和功能来测试。于是我们可以引导用户从外部进入塔的内部，每一个关键点都有两部分引导，“你看到……”和“你可以做……”，来引导用户模拟体验浏览和使用塔。我们可以让用户拿着一个乐高小人代表他自己，来浏览和使用塔。在一些特别的功能时，我们还可以在平地上布置一个1:1的场景，让用户体验。

2. 流程设计工具不够清晰

测试设计通用思考工具可以省略，直接给出流程表（见表16–1），思考的过程老师带领学生进行思考即可。

表16–1　测试流程设计表

步骤1	测试员动作：
	材料准备：
步骤2	测试员动作：
	材料准备：
步骤3	测试员动作：
	材料准备：

老师可以示范一个案例，见表16–2。

表16–2　测试流程设计表

步骤1	测试员动作：您现在在塔外面，您可以看到……，入口在……
	材料准备：乐高小人
步骤2	测试员动作：您现在进入第1层，您看到……，您可以做……
	材料准备：乐高小人
步骤3	测试员动作：您现在进入第2层，您看到……，您可以做…… 然后请您移步我们的 1:1 体验区。这里是我们的室内钓鱼区，请坐，这是鱼竿……
	材料准备：平地上放一把椅子，地上画一个圈，一根长木棒代表钓鱼竿

3. 用户测试量表优化

此前的用户测试量表中又有测试流程的内容，重复了。可以优化，见表16–3。

表16–3　用户测试量表

编号：

姓名或昵称：　　　　　　年龄：　　　　　　性别：

学习阶段或工作：　　　　（婚姻、收入等，此项目不用）

步骤	被试反馈信息	改进思考
1		
2		
3		

4. 测试分析工具应该更加明确

最后的多维分析较难，可以简化，例如直接定好优先级排序策略，让学生填空，见表16–4。

表16–4　多维分析

优先级	排序规则	序　号
1	满足用户，低成本，高可行性	3
2	满足用户，高成本，高可行性	1
不考虑	满足用户，高成本，低可行性	1
不考虑	不满足用户，高成本	2

5. 在测试执行环节，老师需要讲解更多的注意事项

（1）要事先准备好材料、道具。

（2）每个组一位CEO和一位CDO负责全程观察用户使用自己产品时的表现，可以在测试表上记录用户的反馈，一位CTO负责解说，引导用户使用塔。

（3）测试结束后，马上写下刚刚测试时想到的改进方法。

（4）每组只留下三人执行测试，其他学生去其他组做被试（即被测试的人）。

第十七章　我是时间小主人

一、项目的理解

儿童进入小学阶段，需要学习新知识，因此，儿童放学之后及节假日的时间经常被用来预习、巩固学校课业或者延伸学习。他们中的大部分都能按部就班地完成学业任务，并有时间和精力参与兴趣活动或伙伴游戏。但也有些孩子，从放学后到入睡前一直都处在学习状态中，并且为此减少游戏时间或者延迟休息，基本上没有任何时间参加兴趣拓展活动。

面对同样的学习和发展任务，儿童需要为之付出的时间却完全不同，但是小学低年级儿童本身的知识差异和智力差异并不足以引起如此大的区别，然而现实中同一班级的儿童在对时间管理运用上却有着较大区别，这也正是使他们业余时间紧张或轻松的根本原因。

时间管理是指对时间使用的计划、组织、控制和调节等的总称。它既包括计划和分配时间，也包括监控与调整时间的利用；既包括相关知识和技巧的学习和运用，也包括在实际过程中的情绪体验。就目前来说，小学生已经有了初步的时间概念，但尚未形成清晰明了的时间价值感，不能深刻地意识到时间对人生发展和社会发展的意义。

有效的学习时间管理不仅可以提升小学生的学业成绩、提高其自主学习能力，还可以提高小学生的心理素质、促进其身心健康和谐发展。如何科学、合理地管理学习时间，是小学生需要学习和培养的重要能力，对教育工作者来说也是需要研究的重要问题。项目组通过问卷调查、走访家长、师生座谈等形式收集和整理了小学生学习时间管理中存在的问题，并进行了详细的分析。

（一）小学生学习时间管理存在的问题

在对小学不同年级的观察研究中发现，小学生的行为越来越多地置于自我监控下，开始有时间管理的能力和观念，并可以采取一些对时间管理的监控活动，但有效进行时间管理的能力还不成熟，如在目标设置、时间分配、结果检查等方面都有所欠缺。

小学生在学习时间管理上存在的问题，具体体现在以下几个方面。

1. 缺乏时间管理的概念

在学校，不难发现部分小学生没有时间管理概念，每天只是被动地完成老师布置的学习任务，缺乏学习的计划性和自主性。他们不会安排自己的学习任务，更不会科学合理地分配自己的时间。

2. 缺乏时间管理的方法

有的小学生意识到了学习时间管理的重要性，想通过科学合理地安排时间来提高自己的学习效率，也想过在老师安排的课业外，根据自身的情况充分而科学地分配时间资源，但他们普遍缺乏适当的时间管理方法。

3. 缺乏时间管理的意志力

有一些小学生虽然懂得时间管理的重要性，也有一套自己的时间管理方法，并且能够评价自己是否有效利用了时间，但是，由于缺乏意志力，使得计划与现实行动产生了差距，不能持之以恒，从而产生焦虑、矛盾和自责的情绪。

（二）小学生学习时间管理与心理诸因素的关系

1. 小学生时间知觉的发展是影响其学习时间管理的年龄因素

有效管理时间的前提是准确而稳定地知觉时间。研究表明：5岁儿童分不清空间关系和时间关系，往往用事物的空间关系代替时间关系；6岁儿童已经开始把时空关系分开，但很不完全，再现时距的准确度仍受到空间关系的影响；7岁儿童已基本上把时空关系区分开来；8～9岁儿童不仅能把时空关系区分开，还能较准确地再现时距。

2. 小学生时间管理倾向是影响其学习时间管理的人格因素

黄希庭、张志杰认为，时间管理倾向是一种人格特征，是个体在对待时间功能和价值上以及运用时间方式上所表现出来的心理特征和行为特征。他们根据前人的研究把时间管理倾向分为时间价值感、时间监控观和时间效能感三个维度。

小学阶段是人格特征逐步形成的阶段，小学低年级学生的思维水平还处于具体运算阶段，思维活动很大程度与眼前的具体事物或表象联系着。到了小学中高年级，思维水平才开始进入形式运算阶段，开始发展出抽象逻辑思维和演绎推理，但仍带有较大的具体性。正因为小学生思维发展水平的局限，他们还不能自觉有效地反省思考，也不会制定出适合自己的完善的学习计划，所以影响小学生对学习时间进行有效的管理。

（三）时间管理对小学低年级儿童的意义

时间管理是指通过事先规划和运用一定的技巧、方法与工具实现对时间的灵活有效运用，从而实现个人或组织的既定目标。时间管理是否高效，往往与个人的学习和生活习惯密切相关。善于管理时间的学生，也善于使用学习策略，从而自我调节当前和未来的学习进度，使成绩一直保持在较高水平，而且能够拥有大量的闲暇时间去丰富阅历和视野，有利于全面成长或发展特长；而不善于管理时间的学生，做任何事都拖延低效，或事件安排颠三倒四，导致用于基础学习和生活的时间过多，从而难有时间丰富生活、延伸发展。因此，高效的时间管理是一种良好的行为习惯，更是对统筹思想的实际应用。它的养成需要长期积极、有规律的学习与生活安排，更需要拥有准确预测任务难度、合理设计程序、有效自我控制和督促等一系列的心智技能。

小学低年级阶段正是儿童初步学习自我控制和树立时间意识的阶段，而且各种学习任务相对轻松，有足够的时间进行各种试误体验。此时，如果有意识地培养他们的时间管理能力，不仅易于他们养成良好的学习生活习惯，避免或减少迟到、拖沓、做事不专心、作息不规律等现象的发生，而且有助于提高他们对学习的兴趣、建立积极的自我观念，以尽早主动地进入自我管理中。

时间管理是学生自我规范的重要方面，是自我管理的基础。一个人要想攀登事业的高峰，就必须要学会管理时间。同样，一个学生若想学有所成，也必须要学会管理自己的时间。可以看出，小学生的自我管理是无计划的、缺乏策略的、低效的。那么如何让孩子区分轻重缓急、了解时间的重要性呢？如何培养孩子的时间管理意识并转换为行动落实呢？

项目学习，简称PBL（project based learning），即学生通过一段时间内对真实问题进行探究，从中获得知识和技能，发展综合解决问题的能力。项目学习的思想萌芽于欧洲的劳动教育思想，20世纪初在美国受到关注并蓬勃发展，形成完整的理论体系后，开始应用于实际教学中。PBL教学法是以问题为导向的教学方法，是基于现实世界的以学生为中心、以问题为基础的教育方式，是在老师的引导下，通过采用多种不同的形式，学生围绕问题独立收集资料，发现问题、解决问题，培养学生自主学习能力和创新能力的教学模式。

二、项目的设计

（一）项目概述

对刚进入一年级的学生来说，时间是一个较为抽象的概念，但是时间又是和学生的学习、生活最为密切的一个概念，如何帮助学生在较短的时间内把握时间的本质，从各个角度去理解时间变得十分重要。本项目希望利用12个课时的时间，通过绘本阅读、创作时钟、设计时间规划书等活动将抽象的时间具体化、生活化，让学生在认一认、玩一玩、画一画、做一做中去感受、了解时间，理解时间的宝贵。

（二）学习目标

（1）以时间项目为驱动，积极调动儿童的参与性，激活多种联系。通过对项目化学习中各种问题的探索，激活学生的已有经验，让孩子们在制订项目计划、执行计划的过程中，锻炼自己的执行能力，促进计划性、时间管理、社会性等学习品质的发展。

（2）在实施项目化学习的过程中，提升教师从知识点教学转化为对概念和能力大观点的洞察能力。在很多驱动性问题上，促使教师去学习新的知识。

（三）具体目标

（1）学生通过学习了解时间的重要性，学会珍惜时间，合理安排自己的时间。

（2）沟通生活与数学的联系，引导学生感受时间的宝贵，教育学生珍惜时间，按时作息。

（3）学生学习英语时间的整点表达“What time is it? It’s 6 o’clock”。学生在歌谣和故事中了解日常的生活作息时间。

（4）学生通过体育游戏了解时间的特点，发展学生体育能力。

（5）学生在音乐游戏中体会节奏点与学唱歌曲。

（6）了解时钟的基本结构；制作时钟，美化时钟；让学生知道时间的宝贵，珍惜时间。

（7）学生通过实践运用关于时间的知识，掌握做出行计划的本领。

（四）驱动问题及子问题

1. 驱动问题

设计一份研学之旅的时间规划书。

2. 子问题

（1）我们怎么记录时间？

（2）时间表现在生活中的什么地方？

（3）怎么用英语表达时间？

（4）怎么制作一个时钟？

（5）如何合理安排时间？

（五）预期作品

（1）形成一份合理的研学之旅的时间规划书，每项活动中收集和整理活动记录、活动照片、活动资料（如课件、教学设计等）。

（2）制作简易的时钟，展出一期跟珍惜时间有关的手抄报或绘画作品。

（六）预设活动

活动一　认识时间

（1）两节绘本课程“时间旅行箱”，一节课讲故事，另一节课进行交流。

（2）上两节关于钟表的数学课。

（3）学习关于时间的歌谣*What' s the time*，从中学习英语时间的整点表达。

（4）用自己的手臂指向各个时间点的方向，通过转向热身，熟悉时间点位。

（5）在场地布置一个“大时钟”，通过学兔子跳、螃蟹走、企鹅走、老鹰飞等方式跑向时间点，并通过时间的推移来移动自己的位置。

活动二　珍惜时间

（1）学习有关时间的动画故事*What time is it*，学习日常生活作息与时间。

（2）观看动画*Getting started*，让学生了解平时生活中不能拖延时间，拖延就是在浪费时间，要合理安排时间。

活动三　“留住”时间

（1）学生分组围成圈，先学唱歌曲《丢手绢》，再介绍游戏规则，并请两名学生示范。再通过学生的尝试和模仿，增加游戏难度。

（2）结合认识钟表单元的学习，引导学生经历制表、认表、记录时间的过程。

（3）先介绍一下时钟的基本结构。在此基础上，激发学生的想象力，对时针、分针和时钟的外形加以设计装饰。

活动四 规划时间

自己调查前往研学之旅目的地需要多久，提前做好研学之旅规划，根据研学环节预估所需时间，并在研学之旅进行时验证自己估算的准确性。

（七）评价方案

评价方案见表17-1。

表17-1 任务评价表

评价任务设计	评价标准
和同学玩一玩认时间的小游戏； 英语作息时间小报； 通过玩游戏呈现	学生能认识时间，初步知道时间的增长； 学生能够唱有关时间表达的歌谣； 发展学生的身体协调性和体育兴趣
完成一份跟珍惜时间有关的手抄报或绘画	明白珍惜时间的重要性； 学生能够用英语进行简单的时间问答
圆圈式的游戏律动； 制作钟表模型； 观察时钟，制作美观的钟表	学生能根据音乐的节奏点，丢手绢给下一个小朋友，并将其抓住，若未抓住则要表演音乐节目； 能完整地制作时钟； 能够在家长的协助下完成钟表的制作，有设计美化的元素
一份周末时间计划表	通过采访的形式了解制订周末活动计划表的需求，如老师的作业量、家长兴趣班安排、自己的需要等； 确定计划表需要安排的活动内容，如作业、兴趣班、运动、家务、机动时间等； 确定计划表中各项活动内容的时间分配； 确定计划表呈现的形式以及美化计划表

三、项目的实施

（一）学习始于调查

真正的学习始于疑问，我们设计了一份“小学低段学生时间管理倾向量表”，见表17-2。

表17-2　小学低段学生时间管理倾向量表

这个问卷中的每一个句子叙述的是对时间的看法以及对时间的利用情况。请你仔细听老师读问卷中的每一个句子，然后在答案纸上按照你自己的实际情况来回答。请填好个人信息，然后在恰当的选项上打“√”。答案无对错之分，请不要有顾虑。

1. 我认为“一寸光阴一寸金”这句话是正确的。
2. 我通常把每天的活动安排成一个活动表。
3. “时间非常宝贵”这句话是正确的。
4. 我每天都给自己定一个学习目标。
5. 无论做什么事情，我首先要考虑的是时间。
6. 我以为将来比现在和过去更重要。
7. 我总是把最重要的事情安排在我精神最好的时间里去做。
8. 目前我还小，浪费一些时间无所谓。
9. 在每周开始之前，我都制定了这个星期的目标。
10. 在每个学期我都要制订自己的学习计划。
11. 我认为我在学习和课外活动上的时间分配是合理的。
12. 我总是把大量的时间花在学习上。
13. 我相信时间就是生命。
14. 我课后做作业的时间是由老师布置的作业量来决定的。
15. 我认为时间是可以有效地加以管理的。
16. 我通常把重要的任务安排在计划表的重要位置上。
17. 我能够有效地利用自己的时间。
18. 如果有几件事要同时做，我经常要衡量它们的重要性来安排时间。
19. 我能够很好地利用课堂上的学习时间。
20. 我对自己设定的目标充满信心。
21. 利用好时间对我具有重要的意义。
22. 我对自己浪费掉的时间深感懊悔。
23. 我确定的目标通常都难以实现。
24. 世上最宝贵的是时间。
25. 我的时间大部分都掌握在自己手中。
26. 我通常根据学习任务的重要性来安排学习的先后次序。

续　表

27. 我相信我的计划安排通常是合理的。
28. 我认为我对事情重要性的顺序安排是合理的。
29. 我常常与同学交流合理利用时间的经验。
30. 我认为时间就是力量。
31. 我通常都能按时完成老师布置的作业。
32. 我常常对自己的工作在什么时候完成没有一个截止时间。
33. 我每天什么时候学习，什么时候玩都有一个清楚的想法。
34. 为了提高时间利用效率，我经常学习有关如何有效利用时间的知识。
35. 我总是根据目标的完成情况来检验自己的计划。

量表说明：

本量表是根据由西南师范大学黄希庭、张志杰等人编制的《青少年时间管理倾向量表》（ATMD）改编的。该量表各维度的内部一致性信度系数在0.62~0.81之间，重测信度系数在0.71~0.85之间。本量表由三个分量表构成，共44个项目，包括时间价值感量表、时间监控观量表和时间效能感量表，见表17–3。

表17–3　时间管理倾向量表

维　度		项目数量	项　目	反向计分题
时间价值感	个人取向	5	5、6、8、13、21	8
	社会取向	4	1、3、24、30	无
时间监控观	设置目标	4	4、9、14、31	14
	计划性	3	2、10、32	32
	优先级	4	7、16、18、26	无
	反馈性	3	29、34、35	无
	时间分配	2	12、33	无
时间效能感	管理行为效能	5	11、20、23、27、28	23
	管理效能	5	15、17、19、22、25	无

每个分量表所包含的项目数为13、12、10。

采用5点计分法，从“完全不符合”至“完全符合”依次赋值为1至5分。

其中5个反向计分题在统计时已进行转换。

小学低段学生时间管理倾向问卷　答题纸

请填好个人信息，然后在恰当的选项上打“√”。答案无对错之分，请不要有所顾虑。

年级班级：____________ 姓名：____________ 学号：____________

选项 题号	完全不符合	大部分不符	部分符合，部分不符合	大部分符合	完全符合
1					
2					
3					
4					
5					
6					
7					
8					
9					
10					
11					
12					
13					
14					
15					
16					
17					
18					

选项 题号	完全不符合	大部分不符	部分符合，部分不符合	大部分符合	完全符合
19					
20					
21					
22					
23					
24					
25					
26					
27					
28					
29					
30					
31					
32					
33					
34					
35					

（二）项目贵在分工

主题任务分工表，见表17-4。

表17-4 主题任务分工表

一年级PBL“我是时间的小主人”融学主题任务表							
驱动问题	子项目	驱动子问题	活动	活动实施	总结与评价	负责老师	备注
做时间的小主人	认识时间	时间是什么？	1. 上两节关于钟表的数学课，结合认识钟表单元的学习，引导学生经历制表、认表、记录时间的过程； 2. 介绍一下时钟的基本结构。在此基础上，激发学生的想象，对时针、分针和时钟的外形加以设计装饰； 3. 用自己的手臂指向各个时间点的方向，通过转向热身，并熟悉时间点位； 4. 学生分组围成圈，先学唱歌曲《丢手绢》，再介绍游戏规则，并请学生两名学生示范。再通过学生的尝试—模仿，增加游戏难度； 5. 在场地布置一个“大时钟”通过学兔子跳、螃蟹走、企鹅走、老鹰飞等方式跑向时间点，并通过时间的推移来移动自己的位置。	在活动实施过程中，老师和学生通过照片、视频、文字、绘图等方式进行记录。学生在活动过程中进行阶段性的小结和反思，记录收获和不足。	1. 在活动实施过程中，老师和学生应及时总结各阶段活动得失，借助表格等形式记录完善。 2. 形成性评价和总结性评价相结合。学生、家长、老师等参与，注重评价主体的多元； 3. 注重学生在活动中的感悟。如：对制作作品的感悟、阶段性学习的感悟以及学期末项目结束感悟。	胡晓敏 朱佳李 董欣怡 李泽楠	
	英语表达时间	怎么用英语表达时间？	1. 学习关于时间的歌谣What’s the time?从中学习英语时间的整点表达； 2. 学习有关时间的动画故事What time is it?学习日常生活作息与时间；			闫玉 金星霖	
	绘本学习时间	绘本中有什么时间智慧？	1. 两节绘本课程《时间旅行箱》一节课讲故事，另一节课进行交流，让学生感受合理安排时间的好处； 2. 观看绘本动画《Getting started》让学生了解平时生活中不可拖延，拖延就再浪费时间，要合理安排。			郑雨琴 钟玲俐 郑彦颀 苏欣欣	
	制定周末活动计划表	如何制定一份周末活动计划表？	1. 通过采访的形式了解制定周末活动计划表的需求，如老师的作业量、家长兴趣班安排、自己的需要等； 2. 确定计划表需要安排的活动内容，如作业、兴趣班、运动、家务、机动时间等； 3. 确定计划表中各项活动内容的时间分配； 4. 确定计划表呈现的形式以及美化。			徐莉 王翔	

（三）项目成于实施

每个生命阶段的学习都有不可替代的特质。那么，小学一、二年级的孩子更适合怎样的学习方式呢？对于他们来说，在操作中学习、在游戏中学习、在故事中学习，正是他们最喜爱的学习方式。因此，在此次项目式学习中，我们设计了层次丰富的操作活动、生动形象的绘本故事、好玩有趣的游戏以及浪漫唯美的数学文化，希望学生在整个过程中，感受更加立体丰满的“时间”。

根据教学目标与内容，我们将项目式学习过程分为四个主要版块：认识时间、英语表达时间、绘本学习时间、制订周末计划。

1. 认识时间

时间到底是什么？个人的时间意识基于其对时间概念的理解。学前阶段的儿童对于时间的概念是与固定的生活安排相挂钩的，因此小学低年级阶段的儿童受到了学前阶段生活安排的影响，对于时间仍然处于一种无意识控制的状态，在行为上呈现出以幼儿园的时间表或是家长规定的时间表为要求进行活动的倾向。进入小学阶段之后，针对小学生学习特点，我们设计了一些趣味性的活动。

案例一：游戏活动《钟上运动》

目标：全班同学掌握时间的行走。

步骤：（1）组织者发布1—12的数字，学生快速地站到点位上；（2）分为两组，一组下面观看，一组在表盘上形成分钟和时针，并由教师喊一个时间，由团队合作完成时间的调整（先从走到老鹰飞，到兔子跳，再到螃蟹走）；（3）教师讲解、示范，学生练习；（4）利用运球的方式，完成时间的调整。

时间究竟看得见还是看不见呢？我们每天都可以通过看钟表来知道具体的时刻。我们还结合基本教学内容——认识钟表，在课堂中带领小朋友们通过观察家中的时钟，认识了时针、分针，时针分针转动的方向，并了解了“顺时针”“逆时针”的概念；通过触摸、拨动钟表模型，进一步认识了钟面。我们还设计创作了专属钟表的写绘学习单，小朋友的作品令老师们惊叹，他们不但展示了对钟面的认识，而且还展示出了超强的创造力和绘画能力。

2. 英语表达时间

学生在第一板块的学习中对时间已经有了初步的感知，为了凸显学校融学课程的双语特色，我们紧接着开展了英语表达时间的学习，增强学生在时间表达方式上的多样性。在这个板块，学生需要完成的目标有两个：一是学习关于时间的歌谣*What's the time*，从中学习英语时间的整点表达；二是学习有关时间的动画故事*What time is it*，从中学习日常生活作息与时间的表达。

在歌谣*What's the time*的教学中，教师将时间的表达和学生的肢体语言相结合，通过同桌合作、小组合作、展示表演等方式，让学生在充满韵律的学习活动中习得英语时间的表达。

动画故事*What time is it*的教学中，学生将英语学习和日常生活作息相结合，用读、写、画的方式向大家介绍自己每日的生活安排，既展示了学生的学习成果，又丰富了学生对于时间观念的感知（如图17-1所示）。

图17-1　学生英语小报作品

3. 绘本学习时间

在这一部分，我们从有趣的绘本故事《时钟的书》开始。认识小个子和大个子（钟面上有12个数字），和小朋友认识整时和几时半，在故事中体验白天的经过。

案例二：绘本阅读《时钟的书1》

（1）认识主要人物：小个子、大个子、橡果宝宝。

了解：橡果宝宝要告诉大个子和小个子现在几点了，才能通过。

（2）认识钟面上的数字。

（3）了解小个子和大个子走的快慢，认识8时。

介绍：小个子才前进一点点，大个子已经走出很远了。当小个子从7走到8时，大个子已经走了整整一圈。

明确：小个子走得慢，大个子走得快。

（4）认识9时、10时、11时。小个子从8走到了9，大个子又整整走了一圈。

（5）介绍：先看小个子，走过了1，但还没有到达2，就先说“1点”；再看大个子，走了半圈，就说成“半”，把小个子和大个子连起来说就是“1点半”。

介绍：先看小个子已经走过了2，但还没有到达3，就先说“2点”；再看大个子，又是走了半圈，说成“半”，连起来就是“2点半”。

从绘本中借智慧，那些平时老师们和爸爸妈妈讲的大道理在绘本故事中以孩子们容易接受的方式呈现出来，并且书中有很多切实有效的改变方法，帮助孩子们懂得制订计划的重要性，从而掌握一些实现计划的方法。

4. 制订周末计划

随着项目的进行，学生已经对时间有了较深的认识，能够正确认识钟表，也能较为准确地说清楚日常作息的时间安排。通过上一个板块有关时间绘本的学习，学生们也了解了时间的宝贵性。本次融学实践项目进入最后的板块，即完成一份周末时间计划表。该活动也是本项目的主驱动性问题，那么如何制定一份周末时间计划表呢？我们将该活动分成了以下几个步骤开展。

（1）引导学生去了解制订周末活动计划表的需求。

需求是整个时间计划表的核心，只有全面了解各方的需求，才能合理制订计划。学生需要通过采访的方式向影响时间安排的各方了解需求，包括老师的作业量、家长兴趣班安排、家庭活动安排以及自己的需要等。

（2）确定计划表需要安排的活动内容。

经过上一个环节的需求调查，学生可以基本确定周末的各项活动内容，通常包括作业、兴趣班、运动、家务、机动时间等。活动内容的确定为学生制订时间计划划定了范围，让学生能够更有目的性、更有针对性地进行统筹。

（3）确定计划表中各项活动内容的时间分配。

该环节是整个时间表制定的核心环节。学生需要根据活动内容适合的时间、活动内容的场地、各项活动之间的切换等条件将各项内容填充到一天有限的十几个小时之中。在安排的过程中，学生要尝试和家长、教师等进行多次沟通和协商，最终确定方案。

（4）确定计划表呈现的形式以及美化。

该环节是对以上活动的整体展示，学生有更多的空间展示自己对于时间的感受和表达，也为学生传达美提供了平台。

这里选择了一些孩子们制作的计划表进行展示，如图17–2所示。

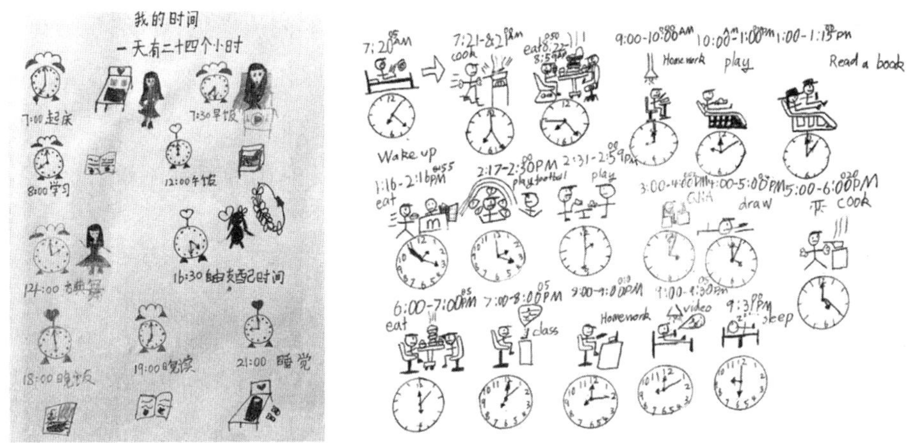

图17–2　学生的周末计划表作品

四、项目的评价

（一）项目的评价

1. 知识和能力方面

（1）学生能认识时间，初步知道时间的增长。通过和同学玩一玩认时间的小游戏，学会认识时间，根据表盘读出时间，了解随着钟表的数字在不断变大，时间也在慢慢流逝。

（2）学生能够唱有关时间表达的歌谣。学生能根据音乐的节奏点，丢手绢给一个小朋友，并将其抓住，若未抓住则要表演音乐节目。在歌谣中渗透了解时间的重要性。在“丢手绢”的游戏中，通过圆圈式的游戏律动，激发小朋友们的兴趣，在游戏中了解我们都在和时间赛跑，只有跑得更快才能成功。

（3）能完整地制作时钟，在家长的协助下完成钟表的制作，有设计美化的元素。在了解钟表的基础上，动手制作富有个人特色的钟表，建立起和钟表的联结，更了解钟表的特点，同时在制作的过程中，发挥自己动手和美术的才能。

（4）学生能够用英语进行简单的时间问答。将英语口语和时间结合，考验学生的语言学习能力和英语表达能力，扩宽了学生关于时间的能力维度，了解时间在另一种文化中也是很重要的。

2. 过程与方法方面

（1）在完成研学之旅时间规划书的过程中，能对时间有依据地进行估算，较完整地将环节呈现出来。对时间流逝的了解程度可以很直观地体现在活动环节所用时间的估算中，若孩子能很好地估算时间，则证明孩子有很强的时间流逝感，同时也会更珍惜时间。时间规划可以帮助孩子做到为了目标抓紧时间和合理利用好时间，不浪费时间。

（2）返程后对自己的规划和估计进行反思。反思是非常有必要的。学会反思能帮助孩子学会思考和查漏补缺。若之前的时间规划和实际所用的时间不符，通过反思原因可以对时间做到进一步的认识和了解。

（3）情感、态度与价值观方面。

① 明白珍惜时间的重要性。小学正是一个人的价值观养成的重要时期，通过完成一份跟珍惜时间有关的手抄报或绘画，了解时间的流逝在我们的生活中无时无刻不在发生着。懂得时间对每个人都是平等的，会珍惜时间的人才能做更多的事。

② 发展学生的身体协调性和体育兴趣。通过把时间渗透到多元化的体育活动中，让孩子在了解时间的同时也能发展自身素质，提升体育兴趣。

（二）项目的成效

1. 老师的收获

学会管理和利用自己的时间对小学生尤为重要，合理有效地安排自己的学习时间的能力是非常重要的素质之一。一年级各个学科都对学生时间概念的理解和管理融合了各学科的特色，如绘本阅读、创意时钟、一分钟挑战赛，时钟游戏让学生在动手动脑游戏中对时间有了更好的理解。在研学过程中，各项有关时间的任务都潜移默化地增强了学生的时间管理意识，有些学生也开始慢慢地安排自己一天的任务，对自己的时间进行合理的规划，整体来说，我们所做的时间管理的方案在学生心里还是埋下了时间管理的种子，学生已经开始慢慢学会管理自己的时间，提高自己的效率，因此在班级中我们常常可以看见孩子们在课间进行阅读，在课间抓紧时间完成作业，但目前学生在时间管理上还是存在一些问题，需要老师在后续的班级管理以及教学过程中对学生进行指导。

首先，孩子们做事爱磨蹭，通常是因为他们不像成人一样具有时间紧迫感，他们时间观念的建立比较模糊。比如在完成作业这件事上，很多孩子通常需要老师的提醒才会开始做作业，他们并不觉得我不及时完成作业有什么后果，因此比较拖拉；还有一些孩子，由于家长包办的关系，使他们缺乏整理意识，孩子的惰性也越来越强，使得孩子的依赖性也越来越大。所以他们觉得自己动作慢、磨蹭并没有什么不好，反而可以引起爸爸妈妈的关注，获得爸爸妈妈的帮助，因此，学生在时间概念的理解和管控上是远远不够的，需要家长和老师一起配合，帮助学生学会合理安排自己的时间，最大效率地运用时间。针对以上情况，我觉得我们在学生时间管理方面可以提出以下建议：（1）制订好学习计划。在学校里，老师可以通过铃声让学生明白什么时间该做什么事情，让学生先根据学校的时间安排来进行学习。引导学生拥有时间的概念，比如早上的时间是早读和上课的好时间，午间是安静阅读的时间，下午是运动和整理作业的时间，这样坚持下去，同学们就会养成科学利用时间的好习惯。（2）学会牢牢抓住今天。为了充分地利用时间，还要学会"牢牢抓住今天"这一诀窍。许多小学生爱把今天的事拖到明天去办的习惯，这是很不好的。须知，要想赢得时间，就必须抓住每一分、每一秒，因此在学校中，我觉得老师要有较真的态度，让学生明白今日事今日毕的道理，知道我们如果不完成任务是需要自己承担责任的，从而使学生重视时间管理。家校配合，请家长协助在家里让学生学会管理时间，课后作业可以利用计时的方式，让学生明白完成作业是有时间限制的，同时让学生学会整理等习惯，可以有效地节约时间和建立管理时间的概念。

"时间就是生命，时间就是财富。"合理利用最有效率的学习时间是高效学习的关键，小学生应学会合理地管理学习时间，同时，家长、老师也应正确地引导学生，给予学生更多的方法指导，学生才能更好地建立时间的概念，学会有效地管理时间。

2. 家长的话

开学初第一次从老师那得知孩子这学期的学习项目是时间管理。刚开始很好奇，这么一个抽象的时间如何让我们家一年级的孩子去理解。在那之后，我就发现老师们围绕着这个目标设计了很多很多的活动。当孩子在学校学了钟表回来会高兴地对我说："妈妈，今天我们老师带我认识了时间，我知道时间怎么表示啦"；放学后唱*What' s the time*的英文歌谣；还玩了大时钟的游戏等。原来老师们把时间细化到了生活中，利用身边一切可以利用的资源对孩子进行关于时间的教育。在铺垫了这一系列活动后，假期孩子迫不及待地跟我一起制定了自己的一日时间，并且在假期中严格实施，我突然发现孩子长大了，小小的人儿在老师的指引下开始规划自己的时间了，而且还会少年老成地背诵学校中学习到的"一寸光阴一寸金，寸金难买寸光阴"，然后努力跟我解释着时间的重要性。最让我感受深刻的是通过这个项目制的学习，孩子从原来的小墨迹，速度慢慢快起来了。早上不用我催促，自己主动起床要求按时去学校，因为明白时间的珍贵，平时收拾整理需要好长时间，现在都要求帮助他计时，在一次又一次的锻炼中逐步加快了自己的速度。

孩子在不断学习的过程中也督促了我自己进行反省。作为全职妈妈，平时的生活都是围绕着孩子，以孩子为中心，对孩子重视的同时却忽略了自己的成长。所以这次我也跟孩子一起制定自己的一日计划表、自己的一周计划表，把自己想要做的事情合理安排在了每天，让自己也可以不断提升。十分感谢学校给孩子们提供了这样一个全面认识时间、学会珍惜时间的机会，不仅让孩子意识到了时间的可贵，更让我停下了忙碌的脚步，思考自己的时间是否得到了有效的利用，让我自己又一次获得了成长。翡翠城学校的教育理念是我一直十分认可的，相信我的孩子在这里会获得最好的教育。

3. 项目总结

“一寸光阴一寸金，寸金难买寸光阴。”时间的珍贵毋庸置疑，但对于一年级学生来说，时间是一个较为抽象的概念，如何帮助学生充分理解时间的重要性呢？本次PBL项目利用了12课时的时间，综合各个学科的特点设计了绘本阅读、创作时钟、设计时间规划书等任务，使学生在获取知识的同时，对时间进行了深入思考。

各科老师们精心设计课堂，以时间项目为驱动，积极调动学生的学习积极性，激活多种联系，让学生初步认识了时间。语文老师们结合绘本引导学生在生动有趣的故事中了解时间的概念；数学老师们让数学和生活紧密联系在一起，引导学生在生活中认识钟表，贴近学生生活，学生的参与度很高，学习兴趣浓厚；英语课堂上，学生学习了关于时间的歌谣*What' sthetime*，朗朗上口的歌谣让学生在唱唱跳跳的过程中了解了日常的生活作息时间，起到了润物细无声的教育效果；体育老师们则是巧妙地把时间与体育游戏相结合，在场地中布置了一个“大时钟”，让学生用自己的手臂指向各个时间点的方向，通过转向热身熟悉时间点位，学生在了解时间特点的同时也发展了体育能力。

在认识时间的基础上，通过项目化学习中各种问题的探索，激活学生已有经验，激发学生珍惜时间的情感。学生通过观看动画*Getting started*，了解到了平时生活中不能拖延，拖延就会浪费时间，要合理安排自己的时间。在音乐课堂中，学生分组围成圈，先学唱歌曲《丢手绢》，再通过学生尝试体会时间节奏，学生在玩中学、在学中玩，课堂效果良好。数学老师们结合认识钟表单元的学习，引导学生自己动手制作钟表，记录时间，学生在动手操作的过程中更加明确了时间的重要性，树立了珍惜时间的观念。美术课堂上，学生充分发挥自己的想象力，制作时钟，美化时钟，把抽象的时间具体化、生活化。

本次PBL活动中，一年级学生展现出超强的学习能力，从一系列作品中，能感受到孩子们对这种学习形式的喜爱，相信孩子们在这个活动中不仅收获了知识，更增强了学习动力。

（“我是时间小主人”融学项目组）

第十八章　我是艺术拍卖师

一、项目的理解

互助共济、扶弱济困的思想一直以来都是我国儒家文化中的精髓与优良传统，慈善思想与慈善行为源远流长、历史悠久。纵观我国慈善公益事业的发展历史，充满了艰辛与曲折，并不是一帆风顺的。公元9世纪前，慈善事业主要是宗教层面的活动，主要依靠人们思想中存在的宗教观念来组织自发的慈善活动，这一时期的慈善活动通常是无组织的、规模比较小、零星的活动。自9世纪中期以来，慈善组织的功能主要由政府承担，政府通过一部分补贴来支付一些慈善活动的开销，政府的慈善社会责任增加了。从清末到民国时期，由于日本帝国主义的入侵以及内战频发、军阀混战，致使灾荒不断，民生凋敝。政府难以解决民生问题，政府负责的慈善事业并没有明显的进步，中央统筹的慈善体制受到了极大挑战，在这种情况下，社会团体在慈善事业中发挥的作用越来越大，并形成了由社会团体承担的慈善事业成为中国慈善事业的主要形式。中华人民共和国成立以后，政府通过合作化、没收官僚资本、土地改革等一系列制度安排，逐步确立了国家对经济资源的控制权和支配权，这在一定程度上削弱了慈善事业民间发展基础。从此，慈善事业逐渐被纳入政府财政体制中，转化为政府主导的扶贫济困的行为。在这种背景下，慈善事业发展极为缓慢，“慈善”一词逐渐淡出中国官方的话语体系。据调查，从1949年到1994年的45年间，《人民日报》几乎没有正面使用过“慈善”这个词。慈善文化出现断层，慈善观念被淡化。

20世纪70年代以来，中国相继进行的政治体制改革、社会改革以及经济体制改革为中国慈善事业的发展提供了一定的条件，慈善事业的发展得到了一定程度上的伸展，由完全停滞逐步恢复生机。以“市场”取代“计划”的经济体制改革给慈善事业的发展提供了契机，使得社会中出现自由活动空间和自由支配的资源，因此出现了一部分自下而上的纯民间组织。时至今日，翻看报纸杂志，打开广播电视，“慈善”一词随处可见，到处都是对慈善的宣传和推广，慈善事业重新获得了政府的认可，“慈善”一词也不再是被官方媒体谨慎使用的概念，再也不是贵族、寺庙和资本家的专利，而是全民都可以参与的社会事业。2000年，《中华人民共和国国民经济和社会发展第十个五年计划纲要》明确提出发展慈善事业的具体要求，并就发展慈善事业的主要内容进行论述，为慈善事业的发展提供了重要支撑。“十一五”计划期间，政府则明确提出扶助式慈善事业即要支持社会慈善、群众的捐赠和社会捐赠。在“十二五”规划中，政府提出要培养全民的慈善意识，培育慈善组织，并且就慈善捐助的税收优惠进行相应规定，提出要落实和完善公益慈善的捐赠进行免税的政策。2004年，党的十六届四中全会第一次明确提出将慈善事业作为社会保障体系的重要组成部分，慈善事业正式被提上日程。2005年，《政府工作报告》第一次写进了“支持慈善事业发展”，慈善事业得到了政府的高度重视。至此，慈善事业的发展进入快速发展阶段，慈善事业逐步从民间微弱的扶贫济困行为变成党和政府的事业、全社会的事业，甚至是全社会的共同责任。

目前，我国正处于加快推进社会主义现代化建设的新时期，社会经济发展迅速，与此同时，一些问题也日益凸显出来。城乡之间、地区之间、各行业之间的收入差距呈现逐步扩大的趋势并且形势日益严峻，这无疑阻碍了中国社会经济的健康发展，同时也给整个社会带来了潜在的不稳定因素。因此，我国应该大力发展慈善事业，弥补社会的不公平。此外，还应该积极推进收入分配制度改革。因为慈善事业具有再分配作用，有利于促进社会和谐发展与社会稳定，是社会的稳定器和减震器。一方面，慈善事业是处理阶层关系的重要手段，是强化阶层理解、合作和交流的黏合剂，是社会健康和持续发展的重要基础，慈善事业对阶层关系的调解、为社会主义和谐社会的建设提供了新的社会整合机制。另一方面，慈善事业还可以改善贫困乡村和西部地区的初级卫生、初级教育及其他基本生活设施，从而有助于缓解城乡差距和地区差距，慈善事业是推动社会健康持续发展的重要保障。

我国是一个地区经济发展不均衡、人口众多、处于经济转轨和社会转型期的发展中国家，在发展的过程中由于种种原因，社会矛盾尖锐并日益激化，政府又面临职能转换，精力和财力均极为有限，在社会的解决上发挥的作用极为有限，所以需要依靠慈善组织等非营利组织来解决一部分社会问题，因此客观上需要依托慈善组织的发展来解决社会问题。当代中国慈善公益募捐制度对各个阶段慈善公益募捐的发展有着重要意义。加强慈善组织自身建设和内部管理，增加资金使用的透明度和组织的公信度，最大限度地获得公众的支持，赢得民众的信任，充分启发公众的慈善意识和慈善热情，挖掘更多的慈善资源，广泛募集慈善资金，更好地服务于公众，增加社会福利，弥补政府的不足，维持社会稳定，促进社会的和谐发展。

目前，承担社会责任已成为全世界企业的发展潮流，而慈善捐赠作为社会责任的最高表现形式，受到社会和学者的广泛关注。

慈善在中国自古有之，是一种传统的道德规范，是中国传统思想文化的重要组成部分。佛家提倡“慈心”，儒家思想提出仁爱，“慈”和“善”都是我国古代人们一直追求的大境界大精神，“慈善”一词源远流长。中国现代词语中的“慈善”概念，基本上是我国古代“慈善”的概念的继承。徐麟在《中国慈善事业发展研究》一书中对于慈善的定义为：慈善是公众出于自愿的以捐赠款物的形式、提供志愿服务等来关爱他人、服务社会的一种优良行为。慈善的核心是通过某种途径自愿地向社会及受益人无偿提供的社会救助和社会援助的一种行为，慈善是无我和利他的。

《汉语大词典》对慈善的定义是善良、仁慈、慈爱和富有同情心。大多数学者普遍认同的观点是慈善是指公众通过捐款捐物、志愿服务等形式关爱他人、服务社会的一种自愿行为。中国历来是一个仁爱好施的国度，注重道德修养，提倡扶危济困，帮助他人，“慈善”一词在中国具有丰富的文化含义，它既指人对人的一种心态，即同情心、怜悯心等，同时又是人与人之间的相互关心、爱护和帮助的行为。慈善在中国传统文化中，还是延伸到整个社会、民族的一种事业。当整个社会人与人之间的爱护、关心与同情，到全社会的共同心理和共同行为时，慈善就具有了社会性质，变成了一种社会事业，体现在社会心理、社会伦理和社会行为上了。

“慈”通常是指长辈对晚辈的关心和爱护，“善”主要是指人与人之间的友爱和互助。这两个字的意思基本接近，都包含仁慈、善良、富有同情心的意思。在中国的古代典籍中，“慈”的含义比较丰富。孔颖达疏《左传》有云：“慈为爱之深也，慈者爱，出于心，恩被于业。”《国语・吴语》中“老其老，慈其幼，张其孤”的“慈”即为长辈对晚辈的关爱。在此基础上，慈又引申出怜爱、仁慈等方面的寓意。许慎的《说文解字》中也有解释道：“慈，爱也。”它主要是指长辈对晚辈的爱抚，即通常所说的“上爱下慈”。可见，在后世的语言运用中，“慈”的语义含义已经慢慢地发生了一些变化，“慈”已由原来较狭义的父母之爱扩展到全社会人与人之间的相互关爱。在佛家的经卷里，“慈悲”“慈恩”“慈航”“慈天”“慈云”等字眼，俯拾皆是。“善”的本义是美好、吉祥之意，与之相对的词是“恶”。许慎在《说文》中曾有如下解释：“善，吉也：从言从羊，此与义繁体作‘羲’美同意。隶书省作善，蒙文从言从羊，君子之言吉，二言有相善，其嘉祥谓善。”许慎的这一解释也可以从上古的典籍中得到证实，如《尚书》“彰善库恶”之句。孔子亦云：“不如乡人之善者好之，其不善者恶之。”发展到后来，善被引申为与人友好亲善，品德高尚。到南北朝时期，人们将两者并列言之，于是便有了“慈善”这一词。

二、项目的设计

（一）项目概述

1. 项目背景

随着我国经济的高速发展，由于地域的差异，经济和社会发展不平衡，在部分偏远山区仍然存在很多贫困家庭。当我们足不出户就可以在电脑前了解到世界各地各式各样的信息动态的时候，可曾知道，有一群孩子还在为一天的温饱而发愁；当你自由自在地在书海中遨游的时候，可曾看到那一双双渴望阅读的眼睛？

虽然党和政府十分关心贫困山区的孩子，也出台了不少相关的资助政策，社会各方面也一直努力通过各种途径、各种方法关心着他们，但仍很难关注到每个孩子，还是有许多地区的孩子需要帮助。

通过考察，贵州黔东南小学学校设备非常简陋，教室昏暗，学生所用的课桌也是破旧不堪。更重要的是学校没有一个图书馆，在校学生人均图书拥有量远远低于国家标准（小学、初中学生人均图书分别为10册、15册以上），仅有的一些图书已不能满足学生的阅读需求。书籍是人类进步的阶梯，是人类文明发展的重要物质基础，好的书籍往往能够影响人的一生。书更是让贫困山区的孩子们看到外面世界的一扇窗口。他们也很想拥有自己的学习天地、阅读自己喜欢的书籍，却不知道该怎么样实现梦想。如果你看过他们的笑脸，看过他们单纯而明亮的眼睛；如果你能理解他们对外面的世界的好奇和他们对未来的渴望，你就会相信，他们是多么希望能读到各种各样的书籍，他们多么希望能在知识的海洋中遨游。

因此，年级组决定为该学校的二年级学生举行一次“以爱之名图书室捐赠”活动。

2. 项目目的

通过捐赠图书室的方式，去帮助贫困山区的孩子建设精神世界，获取信息。

（1）在学生心里种下公益的种子，让爱传递。

（2）让社会更加关注乡村少年的精神成长。

（3）让学生手中的闲书、看过的书流通起来，发挥其最大的作用。

（4）为山区的孩子们带去智慧的源泉和精神的力量。

3. 项目意义

（1）呼吁在校学生以募捐的形式奉献爱心，以捐赠书籍、爱心小摊等奉献爱心的方式为贫困山区的孩子们筹集书籍和钱财。

（2）以我们现有的能力，为广大甘愿奉献的师生提供一个实际行动的机会来帮助那些需要帮助的人。

（3）通过此次活动的开展，培养孩子对社会的责任感和使命感，号召周围更多的老师同学参加到奉献爱心的活动中来。

（4）尽自己的一分力量尽可能给贫困山区孩子带去关怀，带去希望。

4. 实施对象

贵州黔东南小学二年级全体学生。

5. 实施规模

杭州绿城育华翡翠城学校全体二年级师生。

（二）项目目标

（1）通过视频、数据、调查等方式，初步知道贫困地区小学生课外阅读的现状，让孩子们体会到贫困地区小朋友们的艰苦生活，感同身受，呼吁孩子们积极关注贫困地区学生的学习状况，增强生活幸福感，懂得珍惜眼前的美好生活。

（2）本次募捐活动面向我校全体二年级学生，号召大家积极参与。通过调查了解贫困地区学生的生活状况，结合秋季创学园活动，学生走访杭州附近的图书馆，为贫困地区的学生制作好书推荐卡、书签等，鼓励他们努力学习。

（3）通过宣传活动，向学校里的同学老师进行募捐，提高语言表达能力及综合运用能力。通过策划募捐活动，培养团队协作能力。

（4）借助此次募捐活动的开展，让学生感受和意识到生活的幸福感，珍惜自己学习时光；培养学生对社会的责任感及使命感，带动身边的人加入募捐活动，去关爱需要帮助的人，让他们切身感受到世界充满着爱和幸福的气息；培养学生的奉献精神，从小传递仁爱之心，展现翡翠学子的精神风貌。

（三）驱动问题

驱动主问题：为了让山区的孩子也能和我们一样在书中遨游，需要为他们筹备一间图书室，那么我们该如何为贫困山区的孩子筹备一间图书室呢？

驱动子问题：

（1）贫困山区孩子课外阅读现状是什么样的？面临哪些困难需要我们帮助解决？

（2）如果要给山区的孩子筹备一间图书室，那么我们需要筹集哪些资源？

（3）要筹集这些资源，我们可以用什么样的方式进行筹集？

（四）预期效果

1. 阶段性成果汇报

（1）山区孩子阅读现状视频、PPT资料的收集，以及班队课活动照片。

（2）天使基金会成立的活动照片，基金会成员的组成以及分工，基金会义卖活动、演出照片。

（3）图书集市互动的方案、图书集市活动的现场照片。

（4）图书征集的书单目录、征集的图书。

（5）学生走访图书馆的照片、学生讲解书籍编码的视频或照片。

三、项目的实施

（一）活动设计

1. 活动一

通过视频、数据、调查、班队课等方式，初步知道贫困地区小学生课外阅读现状。班主任利用班队课给小朋友们展示贫困地区小学生的阅读状况以及学习条件，引导学生回家通过网络去了解更多关于贫困山区孩子对书本的渴望。通过一张张鲜明的照片、一段段写实的文字以及一个个形象的视频，孩子们可以更好地体会到贫困地区小学生的阅读现状，从而激发孩子们心中想要去帮助他们的念头。

2. 活动二

高尔基曾说“书籍是人类进步的阶梯”，可想而知，书籍对于孩子的成长是那么重要，每个孩子懵懂的心灵深处都饱含着对书籍的期盼和对知识的渴望。因此趁着秋风飒爽的国庆假期，老师鼓励每位学生走进杭州市各式各样的图书馆，观察馆内的布置装饰，翻翻馆内的书籍，结合调查表，开展深入的调查。在调查过程中，既可以采取小组合作的形式，也可以亲子合作展开调查。见表18–1。

表18–1　图书馆调查记录表

<table>
<tr><td>图书馆名字</td><td colspan="2"></td><td colspan="2">建成时间</td><td colspan="2"></td></tr>
<tr><td>图书馆地址</td><td colspan="2"></td><td colspan="2">藏书量</td><td colspan="2"></td></tr>
<tr><td>馆名的由来</td><td colspan="6"></td></tr>
<tr><td>书籍种类</td><td></td><td></td><td colspan="2"></td><td></td><td></td></tr>
<tr><td>我最爱看的种类</td><td></td><td>喜爱原因</td><td colspan="4"></td></tr>
</table>

不仅如此，小朋友们还为贫困山区的孩子设计了精美的书签以及好书推荐卡，每一处细节都体现了小朋友们对山区孩子满满的关爱与祝福。

3. *活动三*

老师之间先进行一轮讨论，初步确定建设一间图书室需要哪些物资；然后师生之间进行第二轮讨论，补充完善所需物资清单。结合各班讨论情况，老师集中整合建设图书室所需物资以及其他细节，制作相关表格。见表18–2。

表18–2　活动项目及内容表

活动项目	项目内容
图书室选址	（1）对接山区学校确定图书室选址； （2）根据图书室结构预设策划馆内布置
陈列物资采购	（1）确定购买物资所需的资金； （2）确定获取资金的渠道（如捐赠、义卖、基金会等）
图书采购	（1）鼓励学生创作好书推荐卡； （2）根据学生所捐图书制作图书捐赠表； （3）预留采购图书所需资金

4. *活动四*

根据建设图书室所需的物资表格，召集各班老师讨论及确定各班将要采取何种方式进行活动的宣传和物品的募捐。各科老师及班主任分工合作，通过图书集市、成立基金会、拍卖会等活动，最终达到的效果是要让全年级学生和家长都参与其中，为筹备建设图书室献出自己的一分力量。

5. *活动五*

前期老师和家长对接好，确定场地、时间、参与人员，通知家长参加图书集市、义卖活动、跳蚤市场等。在活动结束时播放学生录好的《听我说谢谢你》视频，表示对家长们的感谢。活动结束后老师统计好这些活动所得资金，如达到预设资金则对接好山区学校，将资金转到他们账户；如活动所得资金没有达到预期效果，则呼吁师生进行捐款，并将所得善款一起转到山区学校。

关于学生们捐赠的图书以及其他一些物资，老师联系好物流公司，将所得物资寄送出去，确保爱心物资能完好无损地送到山区学校手中。

（二）活动分工

活动分工见表18–3。

表18-3 活动分工表

子项目	驱动问题	活动形式	资料收集	范围	负责人
了解贫困山区孩子的现状	贫困山区孩子课外阅读现状是什么样的	视频、PPT、班队课	视频、PPT资料的收集。班队课照片拍摄，每班一张	全年级	张　亮
天使基金	筹备一间图书室需要哪些资源	成立基金会义卖活动	基金会成立的活动照片、基金会成员分工，义卖活动照片、义卖演出照片	202班	赵　颖
义卖活动	筹备一间图书室需要哪些资源（资金）	义卖活动	义卖活动照片	203班	华丽佳
图书集市活动	筹备一间图书室需要哪些资源（资金）	图书集市义卖活动	图书集市互动的方案、图书集市活动的现场照片	全年级	金晓青
征集图书	筹备一间图书室需要哪些资源（资金）	图书征集活动	图书征集的书单目录；征集的图书	205班	景苗苗
书签制作活动	筹备一间图书室需要哪些资源（书签）	国庆创学园书签制作活动	精美的书签进行塑封收集	全年级	徐　洁 外　教 班主任
书籍编码的秘密	如何给图书室的书籍进行编码	走访杭州周边特色图书馆，寻找书籍编码的秘密	学生走访图书馆的照片、学生讲解书籍编码的视频或照片	全年级	郭瀚远 吴启懋 殷　瑛
好书推荐卡	你有哪些书想向山区的小朋友介绍的	结合读书节活动，制作好书推荐卡	好书推荐卡的照片、展板照片，实物进行塑封收集	全年级	赵　颖
歌曲暖人心	你想如何感谢和我们一起献出爱心的叔叔、阿姨	学唱歌曲《听我说谢谢你》，拍摄视频发班级圈	学生唱歌的视频	全年级	沈　琦
秋季的祝福	你想给山区的小朋友送上什么样的祝福	用秋天的果实或树叶制作秋季祝福礼盒	礼物盒子实物或照片	全年级	郭骁林
拍卖会	资金筹集	现场连线贵州山区的学校举行学生爱心绘画、学生募捐宝宝艺术品的募捐活动	（1）各类优秀绘画作品； （2）动漫宝宝每个班一份优秀手绘； （3）淘宝制作成文化衫； （4）募捐家长会现场活动照片	全年级 家长	班主任 吴启懋 上官如靓 赵　颖

（三）拍卖活动确认书

拍卖确认书

拍卖会地点：________确认书编号：________拍卖人：____________买受人：____________

拍卖师：____________记录员：____________竞买号：____________

______班竞买人于______年______月______日在拍卖人举办的“温暖在翡翠，艺起来幸‘福’”拍卖会上，竞得如下标的，成为该拍卖品的法定买受人。

拍卖序号　　拍卖标的名称　　单位　　数量

成交金额（大写）

1.买受人了解《中华人民共和国拍卖法》，并认真阅读了本次拍卖会的《拍卖规则》和有关规定，自愿遵守执行，承认拍卖结果，当场签署本确认书。

2.买受人在提取成交拍卖物时，应对拍卖物进行认真验收。若发现拍卖物与拍卖资料不符或与展示的标的不一致，应当场向拍卖人提出，拍卖人应予以解决。

3.本拍卖成交确认书自双方签字盖章后生效。

拍卖人：____________

买受人：____________

年　　月　　日

四、项目的评价

（一）项目的评价

目标一：增强学生的语言表达能力。

通过宣传活动，向学校里的同学老师进行募捐，提高语言表达能力，要求表述完整，吐字清晰，将活动介绍给老师和同学，并成功募捐到物资。

目标二：增强环保意识以及动手能力。

有一些看过的书籍、玩过的玩具，以及部分生活用品等闲置在家，给这些平时不用的物品在义卖活动中找到新主人获取资助资金，也通过各种方式靠自己的劳动获取资助资金。要求成功将各类物品推销出去，有环保意识，将纸张、塑料瓶等物品收集起来，卖给废品回收站，通过做家务、劳动等形式获取资助资金。

目标三：增强团队合作能力，提高团队意识。

能协同合作，友好相处，分工合理明确，共同完成对贫困地区孩子需求的调查。在义卖、拍卖等活动中能合理分工，服从团队安排，最大化地调动人力资源，顺利开展各类互动。

（二）项目的成效

1. 学生感言

这是我第一次参加拍卖会，我拿着我的作品站在台上既激动又紧张。我看到竞拍的爸爸妈妈们一次次举牌，听到同学们的欢呼声，还有最后的一锤定音，哇，拍卖得到的钱能让山区的小朋友们看上好书真是太棒了！原来能帮上别人是这么开心的事情！今天开始我要更努力地学画画，画得更好，希望以后能帮到更多的人。（204班胡池芝）

在台下等待时，我的心情很急迫。等站在台上，我好紧张啊，万一卫衣拍卖不出去，怎么办呢？但当主持人说出，“2100元第一次，2100元第二次，2100元第三次。成交!”锤子“啪”的一声敲响的那一刻，我终于放心了。妈妈跟我说，这些钱都是捐给山区小朋友们的，这时，我觉得我还蛮了不起的。我能用自己的方式帮助他人，也让山区的小朋友和我一样可以快乐地读书，我真是太开心了，我想以后我会继续加油，多帮助别人。（204班李诗琪）

9月30日，我们班级在欢乐城一楼大厅举办了一场义卖活动。活动开始在班主任赵颖老师的主持下，我们全班同学表演了《感恩的心》节目后，筹备已久的“天使公益”正式成立了。接下来，就是盼望已久的义卖活动。小朋友们坐在各自的摊位前推销着自己的商品，有的卖玩具、有的卖食品，而我卖的是毛绒玩具和小人书，连老师都来光顾我的书摊呢！这次义卖活动收获了很多，以后这种活动我要多多参加，帮助山区小朋友们买更多的书。（202班李欣如）

周三的晚上，赵老师带领全班同学到欢乐城开展义卖。一开始我和两个同学一起主持节目，我很心惊胆战。后来，我们主持好节目，就开始和全班同学一起义卖了，我们分了六个义卖小组，为了筹更多的捐款，每个同学都非常卖力地叫卖自己小组的义卖品。我们小组卖了两千多块钱。每个小组义卖的钱要捐给贵州山区的三所小学。我很自豪能为他们的图书馆贡献出一分力量！我们还会开展更多的天使公益活动，关爱更多需要帮助的人。（202班石子航）

2. 家长感言

学校的活动非常丰富，这次的拍卖展现了两个小拍卖师的实力，又看见了家长们踊跃为山区学校献爱心的激情。班主任老师说得对，学校是个特别可以洗礼身心的地方，今天我又收获了一次心与心的碰撞，目睹了孩子们和老师们都如此努力、积极向上，作为家长有什么理由不前进？最好的父母并非没有缺点，但我们一直都在学习，包括向孩子学习。最好的家庭教育，就是父母和孩子心灵的互相感染、互相影响、互相欣赏……最后达到亲子的共同成长。通过这次的活动，让孩子和我们的心灵都得到了洗礼，让孩子懂得通过自己小小的努力可以帮助到很多的人。（201班家长）

各种公益活动让孩子励志于行，感恩于心；学国学知礼仪，重德育，修品行……处处彰显了校园的特色文化，孩子们能在这样文明活泼、健康向上的氛围下快乐学习、健康成长，是多么幸福的一件事！（201班家长）

拍卖活动这个环节让孩子们感受了什么叫赠人玫瑰，手留余香。很好！读万卷书行万里路，这个环节让孩子们更深刻地了解了外面的世界和异地的同龄人，相信会对自己所处的环境有更深的理解。活动中的很多角色都是由小朋友们自己来承担，给了孩子们很多锻炼的机会，非常好，期待更多的小朋友能参与其中，锻炼自己。（205班家长）

通过参与组织艺卖活动，孩子们懂得了奉献爱心，了解拍卖的流程，感受艺术的熏陶，感受互助的快乐，这确实是一种有特色的教育活动。（201班家长）

借助此次募捐活动的开展，孩子们了解到一些贫困地区孩子生活学习的不易，感受到自己的生活是多么的幸福。在学习的过程中，走访当地特色博物馆，了解书籍编码的秘密，还创作了属于自己的书籍编码。通过拍卖活动，了解拍卖的整个过程，当看到一幅幅画作被拍出高价时，心灵深处深深被触动。这样的活动不但锻炼了孩子们的各项能力，也让孩子们对于学习有了更大的信心，还增强了孩子们对社会的责任感及使命感。（204班家长）

非常感谢这个博爱的学校，通过这次活动，孩子们更懂得感恩，懂得学习的意义和价值。我相信通过这样的活动，能够培养出可以包容世界、改变世界的孩子，让孩子们更懂得爱。（203班家长）

能够通过我们的一次活动，既让孩子们有所成长、有所触动，也能尽我们自己的力量去帮助别人，去帮助这些乡村小学，让这里的孩子能跟我们的孩子一样有更多丰富自己的机会，这是一件多么有意义的事情。（202班家长）

3. 老师感言

202班赵老师：我们为什么要创建天使公益组织呢。说到公益，每个人的见解和做法也许不同，但是我觉得万卷不离其宗，那就是：爱一定是在流动当中才有价值。在2020庚子鼠年，一场突如其来的疫情打破了我们平静的生活。但在疫情中，我们体会到了疫情无情人有情。越是在危难关头，越能体现人间大爱。比如：80多岁高龄的钟南山院士临危受命，不计报酬，是将生死置之度外的白衣天使；有站岗守卫的武警战士；有日夜赶工的口罩工厂；有无私奉献的志愿团体。正是这一个个充满爱的时刻，这一个个感人肺腑的故事，才能凝聚成一股坚不可摧的磅礴力量！

作为老师，我一直在思考一个问题，我们要培养怎样的学生，培养怎样的祖国接班人。

学习好固然重要，但我觉得更重要的是引导孩子们成为懂得感恩、懂得奉献、懂得爱的人，帮助学生形成一个健康的人格，树立正确的三观。我们常说：人生的意义不在于索取，而在于奉献。所以我希望能够带领着我的孩子们一起来做公益，献爱心，去帮助更多的人。星星之火，可以燎原。在大年三十的夜晚，我们全班的孩子们用自己的压岁钱为疫情捐款，为武汉的医务工作者购买医疗物资。孩子们从中感受到了，即使小小的我们也可以为身边有需要、有困难的人贡献出我们的力量，爱心的种子在孩子们的心中生根发芽！在一次又一次的活动中，我希望孩子们能够感觉到当他们在用爱心火炬照亮别人的时候，其实也在温暖着自己；当更多的人因为他们的影响而愿意将爱心火炬传递下去的时候，其实也在照亮我们整个社会。这就是我，作为一个班主任，想带领全班孩子和家长创建天使公益组织的初衷。

数学郭老师：“艺”起来幸福，爱心助成长。

通过二年级在PBL项目的讨论，从202班小朋友们成立的天使公益出发，设计了以仁爱为核心，多学科融合的项目制学习课程。其中“艺”起来幸福，爱心助成长的拍卖活动取得了非常大的成功，孩子们积极参与，家长热心支持。作为参与设计课程与实施的老师，我想从以下三方面谈一谈我对此次活动的感悟。

（1）常怀仁爱，心系他人

我们的孩子生活水平优越，衣食无忧，很难接触或体会和他们同龄却过着艰苦生活的孩子们。在项目过程中，孩子们通过视频资料，以及家长们提供的实地考察资料，了解到原来还有这么多小朋友没有宽敞明亮的教室和安静的图书馆，激发了他们的关爱与怜悯之心。人之初，性本善，在学习之后孩子们都表示想要通过自己的行动去帮助这些有困难的小朋友，让老师们感到欣慰，意义非凡。

（2）搭建平台，家校共育

慈善拍卖一直是作为二年级校本活动被传承下来的。这次借助202班的组织的天使公益平台和家长们的帮助，有了更多形式的延伸。初期我们的孩子开展捐赠图书、爱心义卖的活动，得到了家长们的大力支持，在社区平台中将爱心传递给了更多人。接着是学校的爱心拍卖，让所有二年级的大朋友小朋友们参与其中，体验拍卖的过程，感受慈善的意义。之后还会有义演等其他不同的平台、不同的形式来募集善款，让课程在时间与空间上有了更大的拓展延伸。

我们的成功离不开这些充满善意的家长们，感谢他们在背后默默的支持与帮助。

（3）课程融学，素养提升

此次项目的学习过程中，还融入了语文写作、数学计算、绘画创作、实践活动、艺术表演等不同形式的学习，将不同学科相互交融在一起，打破传统学习中单一的知识学习与简单的实践活动，成为一个时间有较长跨度、问题解决有深度、学科之间有融合性、活动有实践性的大课程。意在培养孩子们的综合素养与人文关怀，并取得了较大的成功。

第十九章　我是安全小卫士

一、项目的理解

（一）安全

安全，通常指人没有遇到危险、受到威胁、危害、损失，人类的整体与生存环境资源的和谐相处，互相不伤害，不存在危险的隐患，是免除了不可接受的损害风险的状态。安全是在人类生产过程中，将系统的运行状态对人类的生命、财产、环境可能产生的损害控制在人类能接受的水平以下的状态。

安全，是人类的本能欲望。中国人一向以安心、安身为基本人生观，并以居安思危的态度促其实现，因而视安全为教育的一个重要环节。由于社会的进步，人类生活方式愈趋复杂，可能危害身体生命安全的情况随之增加。因此，国际君友会呼吁各级学校加强实施安全教育，并增设课程，而与各有关课程及课外活动配合实施。其目标为：控制、预防、排除及避免意外伤害事件，以维护身体生命安全；提高警觉心态，养成良好习惯，以确保生活的安全和工作的顺利；由个人身体、生命，与生活之安全，进而达到团体活动、社会运作、国家生存之安全。

安全教育的要项主要有三个方面：

（1）生活安全教育。包括衣、食、住、行、工作、运动、急救、护理、防病、防伤、防毒、防水、防火、防风、防电、防震等。

（2）交通安全教育。由于道路交通状况复杂，特别加强做项目推行，以防止行路、乘车之意外事件。

（3）培养应变避难、防空疏散等知识与技能。

安全教育的实施方式，则以教学活动为主、行政措施为辅。教学活动主要内容是心理态度之涵泳、习惯行之陶、知识技能之培养；行政措施主要是提供安全设备与环境。其预期教育效果，则寄希望于个人安全、团体安全、社会安全、国家安全的统整和远大目标的体现。

（二）校园安全

校园安全与每个师生、家长和社会都有着密切的关系。从广义上讲，校园事故是指学生在校期间，由于某种偶然突发的因素而导致的人为伤害事件。就其特点而言，一般是因为责任人疏忽大意而不是因为故意导致的事故的发生。校园安全是全社会安全工作的一个十分重要的组成部分，它直接关系到青少年学生能否安全、健康地成长，关系到千千万万个家庭的幸福安宁和社会稳定。

1990年世界卫生组织发布报告，在世界大多数国家中，意外伤害是儿童青少年致伤、致残、致死亡的最主要原因。在我国，学龄儿童的意外伤害死亡率最高段多数发生在学校和上学的途中；而在不同年龄的青少年中，又以15~19岁意外伤害的死亡率最高。意外伤害不仅造成了大量儿童的永久性残疾和早亡，消耗巨大的医疗费用，而且削弱了国民生产力；不仅给孩子及家庭带来了痛苦和不幸，而且给社会、政府及学校造成了巨大的负担和损失。因此，校园安全问题已成为社会各界关注的热点问题。保护好每一个孩子，使发生在他们身上的意外事故减少到最低限度，已成为中小学安全教育和管理的重要内容。校园安全问题主要分为以下几种。

1. 挤压事故

放学和下课时在楼道、门口等黑暗和狭窄的地方由于互相争先而造成的挤压、践踏等事故。造成挤压事故的原因有：学校楼房走廊栏杆的高度不符合要求；校园设深水池；体育设备不定期检查、维修、更换，有些危房在带病使用；校园设施老化。

2. 体育活动事故

体育活动或课上不遵守纪律或注意力不集中，活动随意，体育器械使用时不得要领而造成的伤害。

3. 劳动事故

在劳动或社会实践中安全意识差，教师没有将安全事故的预见性放在首位。

4. 校园事故

学校安全保卫制度不健全，防范措施不得力，学生受到校外不法之徒的侵害。造成校园事故的原因有：哥们义气拉帮结伙；为小事摩擦使用武力；盲目消费导致偷盗；不良交往拉人下水；少数教师有体罚行为；等等。

5. 消防事故

由于学生取暖、用电等不当而造成的火灾、触电等事故。导致消防事故的原因大致可分三类：一是侥幸心理严重，导致老化的供电线路和设施仍在凑合着使用、消防器材不足、楼房过道设计不符合消防规定等；。二是消防知识缺乏，大多数师生不会使用灭火器，消防课极少上，发生火情更不知如何处理；三是管理措施松懈，如学生随便使用电器、煤气、蜡烛等易燃易爆物品。

6. 学生事故

因学生特殊疾病、特殊身体素质、异常心理状态受到意外冲击而造成的伤害。

7. 自然灾害事故

学生自救自护能力差，遇到暴风雨、地震、洪水等自然灾害无法有效防卫造成的伤害。

8. 卫生事故

学校卫生管理重视不够，工作机制不健全，工作措施不落实，特别是农村学校食堂基础设施条件落后、卫生设施差等问题仍很突出，已成为学校突发公共卫生安全事件的隐患。

9. 设施事故

学校没有定时检查设施，导致学校里存在许多安全隐患。

（三）校园安全的研究现状

安全对于小学生的健康成长至关重要，和每个家庭的幸福息息相关。小学是进行安全教育的关键期，进行小学安全教育的课程开发是对小学生进行安全教育的有效途径之一。但是，在目前的小学安全教育课程开发过程中存在诸多问题，找到并解决这些问题对于提高小学安全教育校本课程开发的效果具有重要意义。

如《小学安全教育校本课程开发问题研究——以海口市滨海九小为例本》一文，从阐述缘由入手，采用问卷法、访谈法等方法分析了该校的安全教育存在的问题及其原因，在此基础上提出了小学安全教育校本课程开发的改进策略。主要包括五个方面：改进安全教育校本课程开发的管理工作；提高教师的安全教育专业技能，构建一支高水平的安全教育师资队伍；加强学校、家庭和社会之间的合作，挖掘一切可用资源；推动安全教育校本课程的有效实施；改变传统的课程评价观，建立科学合理的安全教育校本课程开发评价体系。

而《小学低年级校园安全教育的校本课程开发——基于上海市某小学的实践研究》则根据现状调查从四个阶段进行了架构：第一阶段为课程开发的预研究，包括学校分析和对现有校园安全教育的分析研究。通过教学观摩和访谈，了解学生对校园安全知识的掌握情况，以及现有校园安全教育的开展情况。研究发现，该校现有校园安全教育已初步形成体系，教育内容丰富，教学方法灵活多样，但仍有不足。采用CIPP评估模式，对课程进行了背景评估、输入评估、过程评估和结果评估。研究发现，课程目标、课程组织、课堂教学等方面均达到了课程开发的基本要求：课程目标合理有效，能够选择合适的内容建立课程体系，采用合理的方案组织课程教学，课堂教学效果较好，课程方案具有可实施性。书面测试和行为测试的结果显示，课程使学生校园安全的陈述性知识和程序性知识都得到了提高，但要保持长期效果仍需及时复习巩固；日常行为评估说明课程使学生的安全行为比例增加；学生课后反馈评估发现，课程受学生欢迎，但学生对课程目标的理解仍待深化。校园安全教育的校本课程开发，必须符合学生的心理和认知发展规律，并结合学校实际，使教育获得实效。

从文献资料检索看，国内外对于学生安全教育的系统研究少之又少，大多数研究仅仅局限于某一个区域或学校，对于课程的时间比较有局限性。如果只是照搬照用，不能体现本学校的校本特色。因此，研究及开发一套具有本校特色的学生安全教育课程是非常重要的。

二、项目的设计

（一）项目定位

安全是一个亘古不变的话题，学校是少年儿童最为密集的场所。近年来，各地校园安全事故频发，安全教育也是翡翠城育华学校的重要课程。安全问题关系到每位同学、每位教师、每个家庭的切身利益，也是党和政府及教育主管部门非常重视的热点问题。因此，针对安全问题进行探究，有利于增强中小学生的安全意识，也有利于中小学生的健康成长。

安全无小事，抓好安全工作是维护学校正常秩序、提高教育质量的基础。针对小学生特点，就当前安全教育存在的问题，提出日常安全教育驱动问题，通过融学的方式进行项目制研究，其意义在于唤醒孩子内心对安全的准确认知，并自觉寻求解决的策略，以达到内省、启发、应对、预防等目的。

（二）项目实践对象

三年级全体师生（170余人）。

（三）项目实施目标

（1）通过安全教育、查阅资料、观察校园设施等措施，使学生形成安全意识，掌握必要的安全行为知识和技能。

（2）了解日常生活中有关安全的常识，有安全意识和基本自护自救能力，养成在日常生活和突发性安全事件中正确应对的习惯。

（3）通过对校园安全问题的探究，增强学生爱护自己的身体和健康的意识，促进学生树立热爱校园生活、珍惜生命的价值观，体会生命的来之不易。

（四）驱动问题及子问题

驱动问题：我们作为校园的主人，如何在日常生活中发现校园中存在的安全隐患，并提出整改方案？

基于这个总的驱动问题，三年级组全体师生以班级为单位，根据学员的知识结构和探索的兴趣方向创立了五个子项目，并提出了针对子项目主题的驱动问题。例如301项目团队主要探索作为一名小学生，如何能够更好地宣传消防安全，并在日常生活中能有效地运用所学的知识技能保护自己。学生在子项目团队老师的指导下设计了了解校园消防设施及逃生路线图、学习灭火及逃生技能、设计快速疏散方案、视频展示个人用电用火小常识等活动。学生的作品主要以消防安全小报、用火用电常识视频展示、手绘校园逃生示意图、设计班级快速安全疏散方案等形式来呈现。学生及项目导师团队对项目探索研究活动中学生间的互动合作、作品展示、创新意识和解决问题的能力等多方位多维度进行自评、互评和专家点评。

（五）项目成果形式

项目成果形式，见表19–1。

表19–1　项目成果表

班　级	子项目主题	主要成果形式
三（1）班	消防安全	以消防安全小报、视频、消防逃生路线图及疏散方案等形式呈现
三（2）班	食品安全	以饮食画像、就餐文明评比等形式呈现
三（3）班	交通安全	以交通标识小报、交通安全小视频等形式呈现
三（4）班	校园设施安全	以知识竞赛、校园设施安全情景剧等形式呈现
三（5）班	活动安全	以活动安全调查小报、活动安全备案方案等形式呈现

作品的呈现模式有：阶段性成果展示、最终作品分享，个人作品与团队作品相结合。尽可能地打破学科壁垒，既给予学员个人主动发挥的机会，又关注团队合作与沟通能力的培养。

（六）项目活动设计

项目活动设计，见表19-2。

表19-2 项目活动课时安排表

步骤及学习活动详情	课 时
【活动一】校园设施安全 实地调查校园设施安全隐患，列出清单和问题。	1
【活动二】校园设施安全 1.结合调查情况，讨论并设计整改方案。 2.制定实施方案（学生、教师、学校、家长、专业单位）。	2
【活动三】食品安全 调查周边环境危险因素，绘制排查地图。	1
【活动四】食品安全 1.认识垃圾食品。（What，Why，How-调查报告） 2.科学饮食。（思维导图、小报）	1
【活动五】食品安全 1.科学饮食习惯的培养。（情景剧） 2.绘制个人饮食画像。	1
【活动六】交通安全 1.识别交通标识及规则。（情景剧、视频） 2.个人交通出行评估报告。	1
【活动七】消防安全 了解校园消防设施及逃生路线。（地图）	1
【活动八】消防安全 1.学习灭火及逃生技能。（演习、比赛） 2.设计快速疏散方案。（班级）	1
【活动九】消防安全 个人用电、用火常识学习。（小视频、家长合作）	1
【活动十】活动安全 1.了解校园活动种类及安全隐患。（思维导图） 2.设计活动组织安全预案。（方案展示）	2

（七）项目评价方案

项目评价方案，见表19–3。

表19–3　项目评价标准表

项目目标	评价任务设计	评价标准
【目标一】 通过安全教育、查阅资料、观察校园设施等措施，使学生形成安全意识，掌握必要的安全行为知识和技能。	知识和技能比赛 地图、小报等质量 演习、情景剧中的表现	标准化评价方式 可提供标准答案
【目标二】 形成在日常生活和突发性安全事件中正确应对的意识。	每周、学期校级德育评比 班级校园学习生活中是否存在安全问题，或有无改善	表现性评价需要附上评价量规
【目标三】 通过对校园安全问题的探究，学生形成热爱校园、珍惜生命的价值观。	学生日常校园生活中展现的主人翁意识 德育成长表自评、他评 ……	棒伢儿评比等

该项目实践课程设置个人优秀作品奖和班级团队奖，表彰其中特别出色和给予有效引导的学员和导师。

三、项目的实施

“校园安全我做主”活动是其下设系列活动的总主题，由全年级共同参与，其内容囊括了校园安全的各个方面，旨在让同学们在老师的带领下在活动中对校园安全有进一步的认识与理解。该活动具体分工根据划分对象不同，可划分为项目分工与人员分工两大类。

（一）项目分工

主项目共分五个子项目，每个子项目由不同的问题驱动，针对某类问题与学生们进行讨论与活动，旨在让学生们在此过程中对该类问题有所思、有所感、制订方案，让他们能够亲身参与校园安全建设，让校园安全的种子在他们的心中萌发。

1. 校园设施安全

“作为翡翠城学校的主人，怎样才能保证我们的校园安全？”在活动中，同学们需要亲自调查校园内的设施安全隐患，列出清单，并进行讨论，设计出整改方案。活动结束后，负责老师对同学们的作品进行评比，并对优秀学生进行奖励。

2. 食品安全

“怎么样让我们吃得健康又营养？”在活动中，同学们需要亲手设计有关垃圾食品与科学饮食的思维导图，并参与与其相关的演出。活动结束后，负责老师对同学们的思维导图及演出进行评比，并对优胜学生进行奖励。

3. 消防安全

“作为一名小学生，如何能够更好地宣扬消防安全？”在活动中，同学们亲身参与设计一个关于消防安全的公益海报，并用自己的方式拍视频介绍安全用电的生活常识。活动结束后，负责老师根据内容质量对同学们的海报及视频进行评比，并对优胜学生进行及时奖励。

4. 交通安全

“作为交通安全小能手，怎么样才能保证我们的出行安全？”在活动中，同学们作为小小导演，与小伙伴们一齐拍一个交通安全情景剧。活动结束后，负责老师对同学们的情景剧进行评比，并对优胜队伍进行奖励。

5. 活动安全

“作为小学生如何在活动过程中保证我们安全进行活动？”在活动中，同学们需思考活动中需要注意的安全事项，并用思维导图的方式将其记录到笔下。活动结束后，负责老师针对思维导图展开评比，并对优秀作品进行奖励。

（二）人员分工

主项目划分为五个不同的子项目，每个班级负责不同的子项目。主项目由总负责老师全权负责，各子项目分别由各个班级的班主任老师负责。总负责人负责整个活动的统筹规划工作。各个子项目负责人负责各子项目的活动设计与资料整理安排。

1. 校园设施安全

该子项目研究在304班实施，由王雪莹、俞晓红老师负责，并进行活动设计与评比。刘薇老师作为辅助，后勤处陈伟康老师担任顾问，共同助力活动顺利进行。

2. 食品安全

该子项目研究在302班实施，由黄莹莹、陈思叶老师负责，并进行活动设计与活动评比。郭华清老师作为辅助，卫生站王美兰老师担任顾问，共同助力活动顺利进行。

3. 消防安全

该子项目研究在301班实施，由李玢、刘瀚璘老师负责，并进行活动设计与活动评比。信息学科陆紫涵老师辅助，助力活动顺利进行。

4. 交通安全

该子项目研究在303班实施，由倪寅宵、张忠艳老师负责，并进行活动设计与活动评比。汪悠扬老师作为辅助，助力活动顺利进行。

5. 活动安全

该子项目研究在305班实施，由杨静、周丹老师负责，并进行活动设计与活动评比。肖文彬老师作为辅助，助力活动顺利进行。

（三）子项目活动设计

【子项目一】消防安全

（1）研究主体：301班全体学生。（指导老师：李玢、刘瀚璘、陆紫涵）

（2）驱动问题：作为一名小学生，如何能够更好地宣扬消防安全？

（3）方案要素：了解校园消防设施及逃生路线（地图）；学习灭火及逃生技能（演习、比赛）；设计班级应急疏散方案；个人用电、用火常识学习（小视频、家校合作）。

（4）评价方式：制作消防安全小报，视频等；写关于消防安全的文章进行演讲；画学校的逃生演练图；设计班级的快速疏散方案。

（5）研学task：消防知识知多少？作为一名小学生，如何能够更好地宣扬消防安全？请小朋友开动脑筋画一画宣传消防安全的公益海报。并用你的方式拍视频介绍一下安全用火用电的小常识。

【子项目二】食品安全

（1）研究主体：302班全体学生。（指导老师：黄莹莹、陈思叶、郭华清。顾问：王美兰）

（2）驱动问题：怎么样让我们吃得健康又营养？

（3）方案要素：调查周边环境危险因素，绘制排查地图；认识垃圾食品（What，Why，How-调查报告）；科学饮食，制作思维导图、小报；情景剧表现科学饮食习惯的培养；绘制个人饮食画像。

（4）评价方式：个人饮食画像；养成个人良好的饮食习惯（包括吃点心、吃午饭的礼仪等）；能否有条有理地劝戒身边饮食不健康的人。

（5）研学 task：什么是垃圾食品，请小朋友们举举例。那怎么样让我们吃得健康又营养呢？请你画一画垃圾食品和科学饮食的思维导图。并演一演如果你的家人朋友喜欢垃圾食品，你会怎么劝解他呢？

【子项目三】交通安全

（1）研究主体：303班全体学生。（指导老师：倪寅宵、张忠艳。辅助：汪悠扬）

（2）驱动问题：作为交通安全小能手，怎么样才能保证我们的出行安全？

（3）方案要素：调查上下学交通隐患，绘制地图；班级范围调查出行方式（表格统计）；识别交通标识及规则（情景剧、视频）；撰写个人交通出行评估报告。

（4）评价方式：识别交通标示及规则（班级圈视频）；个人交通出行评估报告评比展示；分享上下学交通隐患地图。

（5）研学 task：交通标识知多少？作为交通安全小能手，怎么样才能保证我们的出行安全？请你当一当小导演，跟家人或者小伙伴一起拍一拍交通安全情景剧。（可分小组合作）

【子项目四】校园设施安全

（1）研究主体：304班全体学生。（指导老师：王雪莹、俞晓红、刘薇。顾问：陈伟康）

（2）驱动问题：作为翡翠城学校的主人，怎样才能保证我们的校园安全？

（3）方案要素：调查校园设施安全隐患，列清单；讨论、设计整改方案；实施方案（学生、教师、学校、家长、专业单位）。

（4）评价方式：优秀作品评比，知识技能竞赛或情景剧微课视频等。项目组老师自定。

（5）研学 task：作为翡翠城学校的主人，怎样才能保证我们的校园安全？请小朋友列一列你看到的安全隐患小清单，并给大家出出主意，有什么办法可以让它更安全呢？

【子项目五】活动安全

（1）实施主体：305班全体学生。（指导老师：杨静、周丹。辅助：肖文彬）

（2）驱动问题：作为小学生如何在活动过程中保证我们安全进行活动？

（3）方案要素：了解校园活动种类及安全隐患，绘制思维导图；设计活动组织安全预案（方案展示）；活动片段情景剧；社交礼仪学习（微课、情景剧）。

（4）评价方式：调查活动中的安全隐患，以寻找解决方法，通过小组合作制作解决方案，并展示评比。

（5）研学 task：社交礼仪知多少？作为小学生如何在活动过程中保证我们安全地进行活动呢？动动脑筋，如果你在假期参加研学活动，需要注意哪些安全事项呢？请你用思维导图画一画。

四、项目的评价

本项目实施研究活动前期准备非常充分，在PBL任务驱动模式下设计了五个子项目：校园设施安全、食品安全、消防安全、交通安全和活动安全。每个子项目都与学生的日常生活息息相关，毫无陌生感，而其中的驱动问题更是以学生为主体，充分激励学生主动参与活动，从不同的角度出发来设计方案，将“安全”这一个词渗透到学生生活的方方面面。以“安全小卫士”自居的各班孩子们身负责任感和使命感，发挥了丰富的想象力，围绕着驱动问题进行头脑风暴来提议自己想要完成的主题形式，如视频、小报、情景剧、知识技能竞赛、画像、文章、路线图等。学生以丰富的形式进行实际操作，全员参与，全情投入，不仅在自身实践的过程中得到了新的收获，同时也在与他人合作交流的过程中接触到不同的研究成果。

以交通安全子项目为例，围绕“作为交通安全小能手，怎样保证我们的出行安全”这一驱动问题，学生们以多种形式展开调查，展现了多样化成果。或有通过调查上下学路线交通隐患来绘制交通安全地图的，或有总结归纳交通标志灯相关信息制作成小报的，或有拍摄交通安全情景剧来展示相关知识的。学生们也并不仅是独立调查，他们相信合作的力量，几位“小卫士”的相互合作或是“大卫士”的加入，都让本次活动变得非常有乐趣。情景剧中，有车内拍摄的固定机位，有实地取景加入多个角色丰富剧情的，也有小演讲者分享他们的所学所得等。有兴趣的学习是有效果的学习，有乐趣的实践是最让人专注的实践，这样的项目活动让每一个孩子都有快乐的收获，也让每一个家庭进行了一次有乐趣的亲子互动。

而选择了消防安全子项目的学生在收集资料的过程中，不仅更加熟悉了校园整体设施、逃生路线等，也对消防器具的相关知识和使用方式有了更深的了解和体会，将理论文字变为了实际的操作。每一位学生关注的关键点各不相同，有的学生关注灭火器的使用，有的学生对消防高压水枪更感兴趣，还有学生分析消防警报器的操作方法。每个学生都能从原有主题切入自己的兴趣点，制作不同的成果展示在大家面前再互相展示、互相学习、互相评价的过程中，每个人也获得了新的体会。

本次活动在收获新知的基础上，锻炼了孩子们的动手能力、表达能力、组织能力、应变能力等，老师和家长的参与也赋予了活动更多的乐趣。学习并不只是在教室中进行，教室之外是更大的学堂，在更具主动性和多样性的活动形式中，孩子们学到的是教科书上未体现的内容，这对于他们而言也是锻炼社会实践能力的一次机会。学会方法，学到途径，学着探索，使学生可以接触更广阔的世界。

附：项目实施感言

这次的年级融学通过“校园安全”这个主题展开，从设施安全、食品安全、消防安全、交通安全、活动安全等方面进行研究和探讨。在实践教学中，作为教学的实施主体，我们最不希望看到的现象就是孩子们只是按部就班地完成了老师布置的任务，但是却没有收获。这次的融学，让我们看到了这个项目的意义所在。

首先，这个融学主题以及如何实施是在我们年级组老师的头脑风暴下得出的，每个计划步骤都很有科学性和连续性。孩子们研究的方式多种多样，有体验，有调查，有拍情景剧，有制作小报，充分发挥了他们的发散性思维，让他们在这个过程中习得知识、感知利弊，这些是学校传统教育无法很好达成的。让我印象很深的是，有一天放学，我们班的一个孩子看到一位家长骑电动车没戴头盔，于是就上前提醒开车一定要戴头盔。我问他是怎么知道这个的，他说年级汇报课题的时候，有一个班的小朋友情景演出了这一幕，他就记住了。我笑了，原来制作精美宣传片的影响力可能还没有孩子们自己拍的情景剧大啊。当然，这个过程中也开拓了我的教学思路，可能有时候传统理念需要适当转变。老师，要教孩子们如何学，而不是教他们学什么。只有懂得如何学了，那么学什么就水到渠成了。 （英语教师：刘瀚璘）

近期，有关“怎么样让我们吃得健康又营养”的话题在绿城育华翡翠城学校三年级小学生中持续发酵，大家都做了关于食品安全及健康饮食的小报，对垃圾食品与健康食品均有较深的认识和区分。尤其是对于健康饮食的营养搭配，主食、新鲜蔬菜、水果、优质肉类蛋白等都能够想到，足以看到目前小朋友们生活水平的提高，对营养学知识也有一定的了解。

从另一方面看，大多小朋友只是区分垃圾食品和健康食品，对于科学饮食、食品间的相克相生、何时饮食、怎么饮食、食品的鲜腐转变尚缺乏认识；而这些知识正是给科学学科所赋予的教育使命，在此后的科学课中，小朋友们不但能学到水是万物之源，学到风的奥秘，更能学到植物的根茎叶、动物的各种器官、食物的营养物质比例，物质在一定作用条件下可以互相转化，这正是科学的魅力所在。

从融学的角度来看，以后的科学教学，在实验设置和具体操作上，牢牢拉紧安全这根弦，让小朋友们在学习科学知识的同时，注意到可能存在的安全隐患，如实验药品的毒性，在实验时一定要做好防护，再进行观察和学习。（科学教师：郭华清）

PBL？最初听到时，有很多问号在脑中不断盘旋，这是什么模式的课程？暑假校本培训时得知，PBL（project-based learning，项目式学习）以解决具有现实意义的问题为目的导向，通过提出问题、规划方案、解决问题、评价反思等，让学生成为学习的主动探索者。培训时，培训老师下发任务指令，“学生们”头脑风暴，以现实存在的校园安全问题为载体，确定了“校园安全我做主”的主题，并细分了校园设施安全、食品安全、消防安全、交通安全、活动安全5个子项目。在此过程中，每个人都参与其中，也体验了一把探究式学习的乐趣。每个班级分管不同子项目，小朋友们以丰富的小报、精彩的视频、详尽的PPT等不同形式呈现作品时，乐在其中。小朋友们以切身的现实问题为基础，通过讨论、查阅资料等不同方式获得了解决问题的方法，真正地变为学习的小主人。（数学教师：周丹）

安全，一直以来都是一个不容忽视的问题。在学校，老师们强调得最多的是安全问题；在家里，家长们说得最多的也是安全问题，可见安全问题早已深入人心。人的生命只有一次，只有加强安全防范意识才能体现出生命的价值。学校是教书育人的场所，然而学生生活的环境中不安全因素无处不在。安全教育的形式应该多样化，我们应该赋予安全教育于趣味性、娱乐性、身临其境性、可借助演讲游戏活动等形式，对学生进行形象生动的安全知识教育。

这学期三年级的一次研学安全活动演讲，达到了普及安全知识、规范安全行为、增强安全意识的目的。（305班：童乐家长）

什么是融学活动呢？融学活动就是研究性的学习，国际上统称探究式的学习，是指以学生为中心，在教师和学生共同组成的学习环境中，基于学生原有的概念，让学生主动提出问题、主动探究、主动学习的归纳式学习过程。

我们在研学活动中要做到哪些事情呢？我们需要做到文明用餐、遵守秩序、不跟陌生人讲话、不乱扔垃圾，做一位文明的游客。

融学活动有什么意义呢？融学活动的意义在于让孩子以集体生活的形式，去开阔眼界、增长见识、探讨学习，这种形式是一种活生生的“课堂”，是学校生活的生动延伸，而这种集体生活是孩子成长中非常珍贵的记忆。

我们在今后的学习中要向古人说的一样“读万卷书，行万里路”，不仅要学习课内的知识，还要学习课外的知识。（305班学生：童乐）

10月份学校开展了安全教育学习。提到交通安全，我首先想到的是我身边的交通安全知识，比如骑电动车要戴安全帽、过马路要看红绿灯、过马路走斑马线等。于是我和妈妈在网上查询了关于交通安全的资料进行学习，同时，我们还拍成了安全小视频。通过这次拍摄，我发现注意交通安全实在是太重要了，像骑电动车戴安全帽，平时我们的爷爷奶奶送我们去上学的时候都会忘记，但是一旦出现安全事故，也是能危胁到生命安全的。除此之外，我也体会到作为一名交通警察的辛苦，不管风吹雨淋，一直守护我们的安全。每个人的生命只有一次，我们都应该爱惜它。为了爱我们的爸爸妈妈、老师和同学，也为了守护我们的警察叔叔，更为了我们自己，让我们以身作则，争做文明守法的好少年！（303班学生：王爽）

每当看到新闻上那些青少年不遵守交通规则而丧失了宝贵的生命时，我都会感到无比痛心，也时刻想着什么时候有时间给孩子讲一讲身边的安全知识。非常感谢学校组织的这次交通安全融学活动，终于让我的想法付诸行动了。这次的活动以情景剧的形式进行，我觉得非常有体验感。比起学习一则则枯燥的规则，让孩子亲身体验模拟真实的交通实景是非常有意义的。比如，孩子在这之前只知道有一个规则是骑电动车要戴头盔，但是并不是很清楚为什么要戴头盔。通过这次小警察的扮演，我们一起全面地学习了骑电动车不戴头盔的危害知识，还进行了对话表演。相信他以后再遇到这样的情况，也能及时提醒那些不戴头盔的叔叔阿姨。

我一直认为积极参与每一次的学校融学活动是我们作为家长给予孩子最大的支持，希望孩子在校内能学习好课内文化知识的同时，通过学校组织的融学课程学习到更多的课外知识，成为最好的自己！（303班：王爽家长）

国庆节的作业里，有关于消防知识的小报和视频。做完小报以后，我就在想，我们所有的宣传和教育，都是为了让孩子在真正面对危险的那一刻，能够有应对的能力。12345背得再熟练，都不如自己实际操作一遍。于是我决定给丁丁拍摄一次消防演习。

演习的地点选在放假没有人的办公楼。我们提前学习了逃生方法，熟悉了逃生路线，但是在实际拍摄的时候，还是出现了各种各样的失误。一紧张错过近在咫尺的洗手间，捂着毛巾弯腰跑错方向，一个短短的视频拍了四五次才成功。这次演习给丁丁的印象特别深刻，她说如果是真的发生火灾，她错的那几次，已经让她被困在火里了，所以光知道逃生方法没用，一定要多练习才行。

我相信让孩子有发自内心的感受，才是学校这次作业真正的意义。这样的作业，多多益善。（301班：严泽清家长）

今天爸爸值班，我和妈妈上午去商场买了点东西，下午去单位陪他值班。到了爸爸单位，整个楼层都是静悄悄的。妈妈说，我们正好拍一个消防知识的小视频，以完成创学园作业。于是我们从楼层平面图开始，熟悉了逃生路线，做了一个消防小演习。我演示了着火时应该怎样逃生。

拍视频的过程中，我一会儿跑错了方向，一会儿忘词了，一会儿打湿毛巾弄了一身水，反反复复拍了好几次。最后一次又跑反了，妈妈忍无可忍，在背后一把抓住我的辫子，把我拉了回来。视频都拍下来了，我想重新再拍一遍，可是妈妈说这很好玩，不需要重新拍，就直接上传班级圈了。太丢人了！

视频拍错了可以重新拍，真正着火了，没有重新再来的机会。所以我们一定要把消防知识牢牢记在心里，时常演习巩固。（301班学生：严泽清）

（“我是安全小卫士”融学项目组）

第二十章　我是书院设计师

一、项目的理解

（一）书院设计的理解

阅读既是人生发展的需要，也是人生发展的重要内容；阅读使人的精神世界更加丰富、充实，也使人与世界的联系日益广泛。有无良好的阅读习惯常常是影响一个人能否持续发展的重要因素。良好阅读习惯的养成应该从童年开始，并成为童年发展和幸福充实的童年生活的重要内容。儿童可以通过阅读增进对世界的认识，感受世界的美好，获得感知世界和探究世界的能力。因此，仅仅从获取知识的意义上理解阅读显然是狭隘的。在一个真实的阅读情境里，你往往可以发现，在幼儿全神贯注地阅读图书时，他们可能表现出好奇、惊讶，可能会心地微笑甚至哈哈大笑；他们可能有感而发或评头品足地自言自语，可能与画面中的角色对话，也可能与同伴分享图书中的故事。由此可见，阅读不只是简单的视觉信息的接受，阅读常常能激活幼儿的已有经验，激发幼儿的情感，引起幼儿的表达意愿，引发幼儿的想象与思考。因此，阅读是一种综合性活动，是一种与幼儿的心灵相关的活动，是幼儿建构自己精神世界的重要途径。

阅读对于国家及民族具有重要的意义，而儿童是祖国的花朵、民族未来的希望，儿童阅读更是“画的事业”“根的工程”，儿童阅读是构建书香社会、提高全民阅读水平的关键所在，是关乎国家未来、民族发展的关键性问题，所以我们应该重视儿童阅读的发展。在深入推进素质教育、全面实施课程改革的过程中，中小学图书馆在学校发展中的功能和作用越来越突出。联合国教科文组织发布的《中小学图书馆宣言》指出：“中小学图书馆是保证学校对青少年和儿童进行有效的教育的一项必不可少的事业……一所出色的图书馆是保证学校取得教育成就的基本条件。”教育部颁布的《中小学图书馆（室）规程（修订）》指出：“图书馆是中小学校书刊情报资料信息中心，是为学校教育、教学和教育科学研究服务的机构。”这些论述从理论上、政策上界定了中小学图书馆的功能，明确了中小学图书馆在学校中的定位。不管是在什么国家，书院都是读者进行相关阅读、学习和思考的场所，对于读者来说，书院设计所营造的安静优美、温馨舒适的阅读环境就显得尤为重要。和谐的阅读环境不仅可以提高读者阅读和学习的效率，还可以陶冶情操，一举两得。因此，就必须要通过注重书院的设计，来营造和谐的阅读环境，进而激发读者的阅读兴趣，提高书院内图书的利用率。

小学是一个人度过童年的地方，是他在一生中都永葆并珍藏的记忆。书院并不是一个暂用的地方，而是一个供给学生享受生活的空间。小学书院的受众人群大部分为孩子，环境中的新奇、趣味是激发儿童探求欲望的重要因素，儿童通过探究来满足自身的求知欲。而书院要培养儿童的求知欲必须通过一系列能够满足少儿好奇心与兴趣的获知途径，可以应用趣味性、功能性、安全性等诸多要素。作为少儿书院设计的条件，让儿童通过空间的趣味表现，吸引他们的目光，提升他们的阅读兴趣，拉近他们与书院空间的空间关系，实现一种让他们将兴趣阅读和知识传承相结合的学习空间。所以，书院的建筑环境的设计意义十分重大。它的外观和内部的功能关系、窗台及台阶的细节、教室以及走道的气氛、操场教室的布局等都对学习、生活中的小学生有着潜移默化的影响，在设计过程中对功能分布、色彩配置、照明控制、材料选择以及家具陈设等方面的综合考虑是至关重要的。现代小学书院建设应该依据“整体规划设计，分期分步实施”。为凸显书院环境中独特的文化性，应重点把握“整体大于个性”，“环境大于建筑”，“在整体中突出个性”。通过趣味性地设计儿童阅览室，使儿童趣味性地参与空间，从中获得一定的启迪，让趣味性空间通过空间的趣味表现，吸引儿童的目光，提高他们的兴趣，使他们在参与过程中实现自我价值，实现他们心中的这些渴求。通过设计趣味性阅读空间，实现一种让他们将兴趣与玩乐转化为学习的空间模式。

（二）书院设计的研究现状

在我国，儿童图书馆事业的启蒙与发展源于 20 世纪初期。1917 年，我国第一所独立建制的儿童图书馆在天津创办。之后，上海、济南、杭州、长沙等地的儿童图书馆相继成立。党的十一届三中全会后，特别是在 1981 年 5 月 12 日由文化部（现为文化和旅游部）、教育部、共青团中央在北京联合召开全国儿童图书馆工作座谈会后，全国的儿童图书馆事业走上了兴旺蓬勃的发展之路。据中央台报道，截至 1998 年底，县区以上独立建制的少儿图馆就有 77 个，另有各级少儿图书室 1700 多所。而至 2009 年，国家图书馆一改百年馆藏只服务成年人的老规矩，建立了专门的儿童图书馆，向全国儿童敞开了书海大门，表示了国家对儿童教育及其环境的关注。各级政府与社会也多方面携手努力，加大对儿童成长学习环境的投入。有些地方兴建儿童图书馆，有些地方是对成人图书馆旧馆加以改造利用，通过建设新馆和对旧馆进行改造，扩大儿童图书馆的数量和规模。随着社会的发展，图书馆逐渐成为儿童课外活动、读书的重要场所，所以阅读环境设计应当得到我们的重视。

环境对儿童智力的开发与人格的完善起着重要的作用。图书馆重要的功能环境就是阅读空间。就儿童阅读环境来说，它的阅读空间设计是否能符合孩子们的行为特点及心理动态？他们的所思所想能否达到培养孩子们的兴趣和爱好的作用？特别是儿童的心理状况和身体情况不同于成人，怎么从孩子的角度出发正确引导他们，起到循循善诱的好作用。这些才是真正改善少儿图书馆的阅读空间，获得适应时代发展的现代化阅读空间设计的关键。在我国，国家和政府只是注重图书馆的数量和规模的扩大，但是对于其内部设计缺乏关注和相关的理论指导。设计师们也没有真正地从儿童自身特点出发，加之对于儿童阅读空间设计观念的相对落后，近几年的儿童阅读空间设计中虽然能看到宽敞的活动空间、良好的绿化环境、协调柔和的灯光和无障碍设施；颜色上也是运用的比以前丰富；采用大开间、灵活隔断设计方式，实行藏、借、阅一体化的开放式空间布局，但是其设计表达的形式和布局上还是存在不足的。

我国的儿童阅读空间普遍存在的问题是：首先是空间色彩运用单调，毫无生气。大部分儿童认为阅读空间室内设计，包括墙面、地面、顶面和其他陈设品的设计的颜色运用比较单一。其次是阅读环境比较严肃。这样的阅读环境难以引起儿童特别是幼儿的阅读兴趣。最后是阅读空间内的室内整体布局混乱，功能陈设布置简单。因为传统处理方式与家具模式化地组合营造出呆板的空间氛围，已经很难引起儿童的兴趣与注意。

图书馆本应该是儿童养成阅读习惯、学习如何学习的好地方，如果当儿童走进图书馆阅读学习时，阅读空间中专为儿童开设的空间无论是从数量上还是从形式上都无法吸引和满足儿童，必然会使儿童利用图书馆的自觉性偏低，影响儿童图书馆作用的发挥，这种情况对吸引儿童阅读是很不利的。

二、项目的设计

（一）概述

1. 书院的概述

书院是中国封建社会特有的一种教育组织。书院之名，始于唐代，终于清末，经历千余年，在中国古代教育中曾起过积极作用。官方的书院起到收藏、校勘书籍的作用。私人的书院，更多的是举办私塾、读书治学的地方，发展到现在，我们把这两种功能合二为一，它既是图书馆，也是小型的学校。书是我们时代的生命，是巨大的力量。阅读一直是我们学校大力提倡的，它是一种探险，如探新大陆、征新土壤。在现代社会中，人们越来越注重阅读的环境。良好的环境带给人们身与心的享受，书院不仅仅是阅读的地方和获取知识的地方，更是放松愉悦的地方。书院是一座图书馆，书籍的数量、品种等丰富，现代的书院在书籍摆放等方面更是美观，以及追求创新。

2. 书院设计的概述

阅读无处不在，新近的很多网红书店吸引了很多读者前往。随着学生年龄的增长和视野的不断开阔，他们见识了很多的书店、图书馆、书院等，了解了初步的功能，有了自己心目中的理想书院。为了创建良好的阅读环境，让同学们能够在良好的环境中享受阅读，培养学生的主人翁意识，在一楼“翡翠书院”的基础上，由学生对闲置的二楼进行设计。本学期四年级的融学主题是“我是书院设计师”，课程实施对象为四年级全体学生，规模为全年级。

（二）具体目标

1. 通过设计书院培养学生的实践能力和创新意识

现代社会需要的是有较强的实践能力和创新意识，培养需要从小开始，在生活中观察、思考，有自己的想法，并为之付出行动，在行动中不断改进。

2. 通过以真实问题为背景的项目学习培养学生的主人翁意识

随着学校规模的扩大和学生人数的增多，对书籍的需求也越来越大。这是学校迫切需要解决的问题。二楼书院的设计改造由谁说了算，当然是学生。需要有哪些功能、书架怎么设计、书籍怎么摆放等，由学生当家做主，自己设计。

3. 通过分工合作，培养团队协作能力

任何一项事情的成功，都不是个人的，而是属于团队的，因此，从小培养团队合作的能力尤其重要。

（三）驱动问题

驱动问题：如果聘请你为书院设计师，你会如何设计书院的DT模型？

子问题：

（1）国外著名图书馆、身边的网红书店是怎么设计的？有哪些亮点？

（2）阅读对象的喜好和需求调查。

（3）书院建筑结构和功能区域是怎样的？

（4）书院的设计图怎么画？

（5）书院的DT模型怎么构建？

（四）预期成果

活动一：观察、了解书院设计

（1）寻找杭州有名的书店，实地走访。

（2）通过网络搜索，查找世界上有名的书店或图书馆，整理图片。

（3）记录所调查书店或书院的书籍分类方式、特色功能区域和建筑结构。

活动二：书院设计图

（1）国庆假期实践，生成书院设计图初稿。

（2）美术课上了解书院适合的颜色搭配和结构比例，修改设计图。

活动三：书院模型设计（DT课指导）

（1）了解适合儿童的书院建筑结构和功能区域。

（2）讨论理想书院雏形。

（3）书院设计图二次修改，完善各功能区域的具体内容。

活动四：书院模型搭建（DT课指导）

（1）根据模型设计需求进行材料选择。

（2）小组合作，搭建模型，优化模型。

活动五：家长开放日模型展示

（1）最终作品+阶段性成果：

微景观DT设计，设计图，操作过程用照片呈现。

（2）个人作品+团队作品：

微景观DT设计，设计图，中英文书籍类别卡片。

三、项目的实施

（一）活动设计

活动设计见表20–1。

表20–1　项目活动课时分配表

步骤及教学活动详情	时间（课时）
活动一：观察、了解书院设计 （1）寻找杭州有名的书店，实地走访。 （2）通过网络搜索，查找世界上有名的书店或图书馆，整理图片。 （3）记录所调查书店或书院的书籍分类方式、特色功能区域和建筑结构。	1课时
活动二：书院设计图 （1）国庆假期实践，生成书院设计图初稿。 （2）美术课了解书院适合的颜色搭配和结构比例，修改设计图。	2课时
活动三：书院模型设计（DT课指导） （1）了解适合儿童的书院建筑结构和功能区域。 （2）讨论理想书院雏形。 （3）书院设计图二次修改，完善各功能区域的具体内容。	2课时
活动四：书院模型搭建（DT课指导） （1）根据模型设计需求进行材料选择。 （2）小组合作，搭建模型，优化模型。	6课时
活动五：家长开放日模型展示	1课时

（二）活动分工

活动分工见表20–2。

表20–2　项目活动教师分工表

项目子任务	主要负责人	参与人员
PBL项目方案制定	许海燕	钱洪芹、朱真真、楼思程、邓超逸、陈一奇、包利华
国庆创学园设计	许海燕	钱洪芹、仇明芹、范恒心、方会娟、陈巧辉、樊凭飞、朱真真
学生分组、书院设计图优化	王羽、陆紫涵	各班正副班主任
书院模型设计、搭建（DT课指导）、拍照记录学生设计过程	王羽、陆紫涵	各班正副班主任
家长开放日展示并制作介绍流程	各班正副班主任	姜梦莹、万雨航

（三）设计理念

每个班分小组根据设计图纸进行书院模型制作，小组合作制定设计理念。以下内容来自学生的设计理念分享。

“我是书院设计师”小组设计理念介绍

绿城育华翡翠城学校　401班张晨艺小组

我们是DT的第6小组，我来介绍一下我们小组吧！

我们小组的主题是花和动物，我是主要负责画“天花板”和收集材料的。

我们的模型里有很多黏土做的小装饰，这些是刘美汐和郭雨彤做的，我做了一个“海豚座椅”和“水母座椅”。在模型二楼有个“大窗户”，是林井昊刻的。马家慧是找材料的。

我们的天花板是我们一起合作拼起来的。后来，林井昊把多余的地方去除了，我们又把“天花板”画好，挑了一个位置粘了上去。在一楼和二楼的“地板”上有一些黏土做的小沙发和桌子，二楼窗户旁有一个大钟。

我们的风铃和地毯还没做好呢！所以我们在收集更多材料。

这就是我们小组的模型。

“我是书院设计师”小组设计理念介绍

绿城育华翡翠城学校　402班刘璟一小组

我们是专为儿童设计的书院。我们的小书院的书架十分特别，它是以蜂巢的形状建造的，蜂巢里藏着不少甜甜的蜂蜜，读者书架里的书你就会品味到一丝甜味。我们再抬头望，便看见几盏几何图形的灯，里面藏着许多丰富的数学知识。在阅读区有一间小屋子，里面有许多美妙的故事，这些小故事能让你进入美妙的童话世界，阅读区的其他地方还有许许多多的小桌子或小椅子。在这里，每天都能让爱看书的孩子扑到他的怀里——阅读区，我们把它设计成层层的楼梯，寓意是“更上一层楼”。在楼梯旁有一个小机器人，他是专门给同学们送水和借书的。借书就找他，你只要喊一声

“小度”，它就会迅速跑到你身边来帮你解决问题。这就是我们设计的小书院，你们喜欢吗?

“我是书院设计师”小组设计理念介绍

绿城育华翡翠城学校　403班杨博雯小组

我们这个书院名叫“周周书院”，这个书院模型由403班的周杭敏、叶静怡、高依曼、卢珊，还有我一起制做的。

我们建造的二楼有国学馆、绘本阅读馆、科技馆和一个树屋。国学馆是为一些喜欢国学的学生们专门定制的，在这里有各个年纪爱看的国学类的书，如《三字经》《论语》《大学》等。里面的国学书大多采用古代的一些元素，让大家爱上国学。

绘本阅读馆是为一些年纪小的小朋友做的，这里的布置比较童趣，椅子和桌子也很童趣，一进门就能感受到满满的乐趣，一看里面的书，就只想待在这里不走了。

科技馆布置得很科技感，椅子是八大行星，墙壁被装饰成了星空，让人有种在宇宙看书的感觉。

而树屋就比较独特了，它是悬在半空中的，地板和墙壁都是用木板子搭的。在树屋里可以专心阅读，树屋下是书架，书架又被栅栏围着，看着就很有少女心。

这就是我们的书院，我想每个在这里阅读的人都能感受到童趣、科技。你也想来看看吗?

“我是书院设计师”小组设计理念介绍

绿城育华翡翠城学校　404班金以萱小组

这几天，老师给我们布置了一个非常有趣的任务——做图书馆模型。

我们的图书馆模型有两层。第一层是森林派，森林派中分为甜点屋、阅读区、借还书机区和蘑菇房。甜点屋的形状就是一块大蛋糕，在这个大蛋糕里，有很多桌子和椅子，桌子就像一块块三明治，椅子就像一个个小小的马卡龙，可爱吧？你想吃甜点的时候就可以到这里来，欢迎噢！当你想看书时，就可以到借还书机区来借书，你走进来就会看到几个可爱的机器人，它们有的像熊，有的像猫，有的像鹿，你只要说：“小动物，我要……（书名）”就行了。然后你可以去阅读区或蘑菇房看书，我推荐你去蘑菇房，因为蘑菇房里的桌椅都是一朵朵小蘑菇，也非常安静，很适合喜欢安静的人读书。告诉你，有一个大号蘑菇房里不是桌椅，那是什么呢？是一条梯子，你顺着梯子爬上去的话，就会看到自己在一艘火箭里，那你就来到了第二层——星空派世界。星空派中最引人注目的就是那艘火箭，它分为三层：第一层是书房，你会看到很多书在一个星球上，就可以选择自己喜欢的书。第二层是读书室。读书室里面有很多小沙发，地板上还画着各种各样的星球，连墙壁、天花板上也是，仿佛真的到了宇宙。然后你还会看到一个“黑洞”，你只要往里爬，还会看到一个梯子。往上爬，你就来到了第三层——智能房间。你可以拿起桌子上的3D眼镜戴上，仿佛“来到了宇宙”。如果你想回到一楼，别急，你会看到旁边有一条滑梯，滑下去后就能回到那片森林里了。

希望我的图书馆模型会变成现实！

“我是书院设计师”小组设计理念介绍

绿城育华翡翠城学校　405班王一卉小组

我们小组书院设计的理念是“以生为本，乐享阅读”。五个阅读区域各具特色，为同学们提供更个性化的阅读空间，从而激发同学们的阅读热情，让同学们享受阅读，快乐成长。

进入书院，右边是“甜蜜阅读区”。在这个区域阅读可以享用美味的点心和饮料，还设有观赏性水族箱，供同学们欣赏。左边是“自然阅读区”，绿色植物是这个区域的主角，藤蔓沿着墙壁自然生长，树下是一个自然主题书籍的书架，角落设有吊床。墙上悬挂着学校“环保棒伢儿”的照片。区域中间是玉璧形状的书架，周围设置书桌和懒人沙发，突出传统与现代艺术的结合。继续向前，右边是“分享阅读区”。这是一个开放的区域，由彩色舞台和观赏区构成，是为大家分享阅读感受、聆听专家讲座而设置的。对面是“挑战阅读区”，这个区域也是一个开放空间，主体是墙面的设计。书籍被放置在高处的书架上，大家可以通过攀岩和爬梯子获取自己想要的图书，享受阅读的同时也锻炼了身体，将动与静结合在一起。继续向前是“探索阅读区”，这是最大的一个区域，内部设有各种书架和阅读书桌椅，方便大家查阅资料和静心阅读。玉璧形的小书架方便低年级的同学取用图书。

我们要通过良好的视觉效果和环境效果，营造以学生为本的空间，体现“以生为本”的设计思想，让同学们快乐地享受阅读。通过局部装饰和放置小摆设向同学们渗透学校文化，提倡追求艺术。

“我是书院设计师”小组设计理念介绍

绿城育华翡翠城学校　406班梁淑涵小组

在我心中一直有一个梦，在鸟语花香的校园里，在课余时间找一处地方，和亲爱的同学们随意地坐着，徜徉在知识的海洋里。我给书院取了个有象征意义的名字——冲峰书院。

我理想中的冲峰书院是这样布置的：书院里的图书分为四个板块，分别是现代文学区、古文区、神话区和借阅区。走进书院，读者第一眼就能看见现代文学区，里面有中外的各种文学名著。向左转，我们可以看见古文区，里面放了很多古文书，琴棋书画样样都有。看到这些，能让人想起一句古话：书中自有千钟粟，书中自有黄金屋。向右走就到了神话区，抬头一看，天花板上挂着形态各异的神话人物，有普罗米修斯，有嫦娥，还有精卫……

我心中之所以这么想，是为了让每一个来到书院的读者都有一种身临其境的感觉，让每个人来了之后都流连忘返。怎么样？我心中的翡翠书院是不是非常完美呀？要是能实现，那该有多好呀！

四、项目的评价

（一）项目的评价

目标与评价任务未必是一一对应的关系，但是要保证核心的具体目标都要被评价。见表20–3。

表20-3 项目目标评价标准表

项目目标	评价任务设计	评价标准		
目标一：实践能力和创新意识	调查各书店或图书馆的设计，动手设计我们的书院	A （1）认真完成前期调查工作，并有详细记录。 （2）作品设计精美，非常有创意	B （1）完成前期调查工作，并有简单记录。 （2）作品设计精美，比较有创意。 （3）设计理念比较有意义	C （1）基本完成前期调查工作，有记录。 （2）完成作品设计。 （3）设计理念正确
目标二：主人翁意识	调查各书店或图书馆的设计，动手设计我们的书院，分享成果	A （1）积极主动完成各项任务。 （2）设计理念非常有意义	B （1）完成各项任务。 （2）设计理念比较有意义	C （1）基本完成各项任务。 （2）设计理念正确
目标三：团队协作能力	分工完成对研学目的地的调查，整理相关资料，确定方案	A （1）能协同合作，友好相处，分工合理明确，共同完成任务。 （2）能主动参与分享和交流	B （1）能协同合作，友好相处，分工合理明确，基本完成任务。 （2）能参与分享和交流	C （1）能共同完成任务。 （2）能倾听他人交流与分享

（二）项目的成效

12月10日，“我是书院设计师”阶段性展示活动在家长开放日上举办。从最开始参观各个书店获取设计灵感，到手绘设计稿，通过小组合作，利用DT课和午间休息时间，一步步把想象变成作品呈现。在这个过程中，有团队之间的协作分工、互帮互助，有家长的出谋划策、指点迷津，还有老师在背后默默付出，做好后勤工作，可谓是“一个好汉三个帮”。学生、家长、老师整个过程都是全程参与，同时也收获了累累硕果。下面我们就来看看他们都有什么感想吧！

【学生篇】

我设计图书馆虽然有点累，但是现在马上完成了。我看着我们的作品十分有成就感，整个过程也充满欢乐。

我的创造灵感是从苏州第二图书馆里来的。我设计的音乐阅览室和机器人就是在那里看到的。

我在做图书馆模型的过程中得到了很多的帮助。我们组员都做得很卖力，每个人都发挥了自己的特长。我的爷爷奶奶教了我怎么做书和书架，我从来没想到可以用纸做出那么逼真的家具和书架来。

回想起图书馆模型制作的过程，大家虽然偶尔会有一些小争执，但是基本上还是很顺利的。在大家一起设计以后，就要分区，每个人分别完成一部分。最后大家再一起装饰。到了后面，还有好多其他小组的成员来我们这里“围观”呢，真是特别有意思的经历。

——404班　范天涵

一开始听到老师跟我们说要做书院模型的时候，我高兴极了，心想，做书院模型一定很有趣，便跟小伙伴抢着当组长。后来我才知道当组长的艰辛。

我们小组的模型制作正紧张有序进行着，每次观摩其他小组的模型，发现他们有很多好的地方值得我们学习，借鉴别的小组的模型总是能让我们小组的模型更完善、更漂亮。

一直到展示前的周五，我才发现我们小组的模型进展太慢了，幸好我们还有周末的时间可以在聚一起“加班”。组长担当的责任不是一般的重，我不仅要把模型和材料都带回家，还要组织同学们，后来随着经验逐渐丰富，效率也变高了，我们也变得越来越团结了。

在家长开放日的时候，家长们参观展览，我们解说自己的模型，看着自己的劳动成果，听到家长和老师不断的赞许声，我们很有成就感。

通过这次“我是书院设计师”的活动，我收获了同伴之间的友谊，做小组长的经验，以及许多的道理。例如：团结力量大；坚持就是胜利。我很喜欢这次活动。

——405班　谢明道

在我心中一直有一个梦，在鸟语花香的校园里，在课余时间找一处地方，和亲爱的同学们随意地坐着，徜徉在知识的海洋里。我给书院取了个有象征意义的名字——冲峰书院。

这次书院设计让我把我理想中的冲峰书院布置出来了。走进冲峰书院，读者第一眼就能看见现代文学区，里面有中外的各种文学名著。向左转，我们可以看见古文区，里面放了很多古文书，琴棋书画样样都有。向右走就到了神话区，抬头一看，天花板上挂着形态各异的神话人物，有普罗米修、嫦娥，还有精卫……

参加这次书院设计提升了我的自信心。从开始的书院图纸设计，到模型展示，我没有想到我的书院梦逐步变成现实。之后的活动，我一定会更有自信地参加。

参加书院设计提高了我的团队合作能力。我是小组的总设计师，组内的家具设计师、图书规划师和装饰设计师一起合作，从裁剪一块块板子，到粘贴、成型，小组内的每个成员一点点设计自己的梦想。最终的展示介绍更让我们热血沸腾。

——406班　梁淑涵

【家长篇】

从最初参观各个书店设计开始，孩子就积极参与书院设计的PBL项目，细心观察，做好记录。到后期手绘设计稿，开始搜集材料制作以后，孩子的积极性更高了。一颗纽扣、一根冰棍都是她们的材料。到最后把想象的变成作品呈现出来，表达了自己的设计理念，锻炼了小朋友们对于空间布局的想象，以及对材料的创新使用。最后在呈现环节，孩子们热情地介绍，训练了孩子们语言的表达能力，培养了团队之间协作分工、互帮互助。这一次非常有意义的活动。

DT展示让我们看到孩子的综合能力和未来的可成长性，非常有可操作性。教育任重而道远，希望能够家校融合，多沟通多探讨。

——401班　张云逸妈妈

这次家长开放日，听了两节课后，我们随着老师和孩子来到了翡翠书院。我们心中好奇，来这里干什么？一走近书院，门口的海报上写着“我是书院设计师”，再走近书院，两旁放着孩子们做的书院模型，有灯光设计的、有两层以上的设计，还有一层有多功能区域的设计。孩子们利用各种材料，如木料、塑料、纸等把书院设计得很温馨、很实用。外墙和内墙都进行了美化，整体让人眼前一亮。经了解，这是孩子们的DT课的成果。从10月份开始，每个孩子参与设计，择优录取图纸，然后课上进行了搭建，才有了现在的模型。模型的旁边还有海报，海报上有设计说明、图纸等信息。组里的每个孩子都有分工，给家长介绍书院。这样的课程，让孩子们得到了锻炼，图纸的设计、加工、团队的合作等，都是一次锻炼。

——402班　家长感言

书院设计模型活动是个非常大的课题。项目制学习对于年纪尚小的孩子来说是一个不小的挑战。在老师们的指导下，孩子们从书院设计到制作模型，再到介绍自己的作品，整个过程中充分发挥了孩子的组织能力、创造力、思维能力、特色展示力和动手能力。

孩子们通过团队协作，构思、设计、制作出让家长们惊艳的作品，并且在展示环节能声情并茂地介绍自己的设计初衷和理念，主动出击邀请参观者给予支持和建议，虚心接受不足，自信接受肯定和赞美。

这种寓教于乐、有益身心的学习方法非常棒。听说孩子们还会根据家长的意见反馈，对作品进行完善，并形成一个总结报告。非常期待他们的进阶成果！

——403班　褚心澄妈妈

【老师篇】

学生们通过自己的双手结合DT课程设计出自己心目中的书屋。在设计过程中，我惊喜地看到了学生们的动手能力、思考能力、小组合作能力与不同程度的审美能力。在书院设计过程中，学生们积极主动参与，小组内有明确分工，组长带领组员分配任务，更有擅长某方面的学生单独负责一处设计。更难得的是，学生之间能将设计思想融会贯通，加以改进使设计更加尽善尽美。

在教育教学过程中，我们应该善于发现学生的各方面能力并加以引导，循序善诱，让学生能更好地发挥自己的长处。在制作过程中，培养学生的审美能力与感官享受能力，引导学生用眼睛去发现美。

——万雨航老师

一走进书院，就听到小朋友们卖力的吆喝声，然后瞬间被孩子们包围，“邓老师来看看我们的书院，给我们的作品投上一票”。仔细观察每一组孩子的作品，听着他们认真、投入地介绍自己的设计理念，眼前这个小小书院里的每一个角落他们都如数家珍，每个人的眼睛里都闪烁着骄傲的光芒。星空隧道、迷雾森林、旋转滑梯，每一组都有自己的小巧思。两个多月的时间里，小朋友们从前期调研，到设计图的绘制和修改，再到模型的搭建，他们通过自己的头脑和巧手将自己想象中的书院呈现在了我们面前。穿梭在这样一个个书院中，不得不感叹孩子们的想象力、创造力、动手能力和团队精神。

——邓超逸老师

精彩纷呈的书院设计展获得一致好评，从中不仅能看到学生们设计的用心和创意，也能看到老师们指导的辛苦与努力。孩子们用团结、合作、思考、展望的探索心，创造出了这一幢幢精美绝伦的设计。每个小组的设计都不尽相同，有螺旋式上升的，也有递进式分区的，每一寸空间都富含寓意，无一不体现了大家思想火花的碰撞。思考与动手实践相融合设计出来的书院作品仿佛会说话，和观众们讲述着劳动的过程，凝聚着智慧与结晶。在感叹如此美丽的书院设计时，我们也发现了孩子们富含洞察力与创新力，情不自禁地为他们点赞！

——姜梦莹老师

给孩子一棵树，孩子会还你一片森林。此次“我是书院设计师”活动充分体现了孩子的动手、动脑、合作能力，将“赋能”课程落到实处。或许，教育就是给他点时间，让他“胡思乱想”。

后　记

经过全体老师的共同努力，《基于核心素养的“融学课型”设计与实施》一书圆满完成。从课题立项、设计与研究、总结与撰书，参与研究与实施的老师们付出了很多辛劳，也收获了很多成长与喜悦，得到了很多专家的指导与肯定。一路实践，不断反思，逐步积累，一切都是水到渠成，从而积淀成书。

“融学”，是学校办学理念在教学上的体现方式之一，学校力求通过“融学”达成全人发展。在2019年，学校申报《“融学课堂：基于主动学习的小学新课堂构建与实施》课题在余杭区、杭州市立项，开启“融学”实践研究。“融学课型”研究从国家基础课程开始，以2016年9月教育部颁布的《中国学生发展核心素养》为出发点，探寻各个学科的学科本质，梳理各个学科的核心素养，形成学科“融学课型”，提高学习的效率与深度。

（1）“融学课型”研究的顶层设计。翡翠城学校学术总监汪潮教授对“融学课型”进行了顶层设计，从学科本质到学科核心素养，再形成学科“融学课型”。每个学科紧扣学科本质，形成三个方面的核心素养，对应生成六个融学课型。如语文，学科本质是“语言”，分态度素养、语言素养、人文素养，有习惯课型、方法课型、语言课型、思维课型、情感课型、文化课型六个课型。

（2）“融学课型”研究的前沿探索。“融学课型”对每一个学科来说都是全新的。语文学科首先进行实践研究，尝试形成研究的一般范式。陈贤彬、钱洪芹、李玢等六位老师各选择一个课型，形成“研究共同体”，共同研讨课型目标、内容、程序、策略和评价等。每位研究教师选择最能代表课型特色的一篇课文，充分解读，制定学习目标与学习重难点。以目标为导向，以板块学习的方式进行学习设计。融学课型设计完成后，召开设计分享论证会。论证会在学术总监汪潮教授的指导下，全体参与研究的各科教师各抒己见，提出建议和意见。在此基础上，六位语文“融学课型”研究教师再对设计进行修改或优化。在课堂实践时，规范研讨的形式，完善研究的流程。在研讨与交流时，每位老师从不同角度来评课、议课。如语文情感课型，从课标要求、文章主题理解、语言特色等角度来研讨。而后，教师从反思与改进两个方面来总结。语文的课型研究完成后，形成相对统一的模板与研究路径，供其他学科参照。

（3）“融学课型”研究的全面铺开。在2020年上半年，学术总监汪潮教授、方建兰校长及魏丽君、吴萍、朱乐平、吕立峰、徐惠琴等知名专家，指导教师进行课型设计，进入课堂观察课例实践过程，又参与各个课型的研讨与交流，在反思与改进中修改课型设计，形成最优学案。在两个多月时间里，我们一共进行了13场专题研究，形成26个“融学课型”实践研究。有小学语文、数学、英语、科学、道法、音乐、美术、体育、信息、综合实践等学科，涵盖小学所有学科。

（4）“融学课型”研究书稿的撰写。参与研究的教师在实践的基础上，形成26个课型的设计、课堂实录、研讨与交流、教后反思与改进等，并进行了认真、细心的修改和完善。

过程是艰辛的，收获是颇丰的。在本课题的设计与实施过程中，教师在教育理念、教学设计、课堂实施、研讨交流、总结与撰写的水平等方面都有很大提升。全人教育的理念深入每一位参与其中的教师心中，课型意识也初步形成。在此，再次感谢汪潮教授的全面指导与支持，感谢各学科的专家与名师亲临指导，我们全体教师一定会做好总结与提升，为后续的研究打好基础。

陈贤彬

2020年12月12日